◎ 高等院校经济与管理核心课经典系列教材 ◎
国际经济与贸易专业

国际服务贸易

INTERNATIONAL SERVICES TRADE

（第四版）

饶友玲　张伯伟 ◎ 主　编

首都经济贸易大学出版社
Capital University of Economics and Business Press
·北　京·

图书在版编目(CIP)数据

国际服务贸易 / 饶友玲, 张伯伟主编. -- 4 版. --北京:首都经济贸易大学出版社, 2023.7
ISBN 978-7-5638-3561-4

Ⅰ. ①国… Ⅱ. ①饶… ②张… Ⅲ. ①国际贸易—服务贸易 Ⅳ. ①F746.18

中国国家版本馆 CIP 数据核字(2023)第 135572 号

国际服务贸易(第四版)
GUOJI FUWU MAOYI
饶友玲 张伯伟 主编

责任编辑 田玉春
封面设计 砚祥志远·激光照排 TEL: 010-65976003
出版发行 首都经济贸易大学出版社
地　　址 北京市朝阳区红庙(邮编 100026)
电　　话 (010)65976483 65065761 65071505(传真)
网　　址 http://www.sjmcb.com
E-mail publish@cueb.edu.cn
经　　销 全国新华书店
照　　排 北京砚祥志远激光照排技术有限公司
印　　刷 唐山玺诚印务有限公司
成品尺寸 170 毫米×240 毫米 1/16
字　　数 393 千字
印　　张 21.25
版　　次 2005 年 8 月第 1 版 2010 年 9 月第 2 版
2019 年 3 月第 3 版 **2023 年 7 月第 4 版** 2023 年 7 月总第 9 次印刷
书　　号 ISBN 978-7-5638-3561-4
定　　价 48.00 元

内容提要

本书主要涉及服务贸易基础理论、服务产业经济与服务贸易特征、服务贸易政策三部分内容(共10章)。第一部分包括第一章至第三章,第一章介绍了有关服务与服务贸易的基本概念、统计方法、服务外包以及全球和中国服务贸易最新发展情况与趋势,第二章至第三章将传统贸易理论、新兴的信息经济学等诸多经济、贸易理论对发展服务业及国际服务贸易的指导作用进行了系统的梳理。第二部分包括第四章至第八章,具体分析了典型的不同服务业的产业经济特征,从本质上剖析其发展的内在规律,并对这些行业服务贸易的国际规范及其最新发展状况与政策选择进行了系统阐述与分析。第三部分包括第九章至第十章,第九章讨论了国际服务贸易政策的演变及其主要内容,第十章阐述了国际服务贸易规则及最新谈判情况、世界各主要国家(地区)服务贸易的政策与管理,并提出了进一步促进中国服务贸易发展的政策选择。

本书除可作为高等院校本科生或研究生相关课程的教材外,还可供相关领域从业人员参考。

第四版前言

当今世界正经历百年未有之大变局，新一轮科技革命和产业变革深入发展，国际力量对比深刻调整。我国已转入高质量发展阶段，服务贸易日益成为构建新发展格局、培育国际合作与竞争新优势的重要力量。“十三五”时期，我国服务贸易总量规模稳步增长，进出口额累计达 3.6 万亿美元，比“十二五”时期增长 29.7%。2020 年，克服新冠肺炎疫情影响，我国服务进出口 6 617.2 亿美元，规模保持世界第二位，全球占比提升至 6.9%。其中，服务出口 2 806.3 亿美元，比 2015 年增长 28.4%，年均增速 5.1%，高于全球 5.3 个百分点；服务进口 3 810.9亿美元，比 2015 年下降 12.5%；服务贸易逆差 1004.6 亿美元，比 2015 年下降 53.7%；服务贸易结构显著优化，2020 年，知识密集型服务进出口 2 947.6 亿美元，占服务贸易总额比重达 44.5%，比 2015 年提升 17.1 个百分点；服务外包离岸执行额 1 057.8 亿美元，比 2015 年增长 63.7%，成为稳外贸的重要力量①。

发展中国的服务贸易，必须坚持以习近平新时代中国特色社会主义思想为指导，立足新发展阶段，贯彻新发展理念，服务新发展格局，以高质量发展为主题，以供给侧结构性改革为主线，把服务贸易作为贸易创新发展的新引擎、对外开放深化的新动力。依托超大规模市场优势，持续推进深层次改革、高水平开放、全方位创新，推动服务贸易总体规模进一步扩大，知识密集型服务贸易所占比重进一步提升，服务贸易逆差状况进一

① 依据 2021 年 10 月 19 日商务部等 24 个部门发布的《“十四五”服务贸易发展规划》整理。

步改善，服务贸易大国地位进一步巩固。面向全球打造“中国服务”品牌，推动“中国服务”“中国制造”共同参与国际经济合作，形成国际竞争新优势①。

服务贸易在我国高质量发展所处重要地位不断增强的背景下，此次修订将上述发展服务贸易的基本理念和宗旨贯穿于教材修订之中，将思政元素有机融入教材内容当中，让专业知识和思想教育同向同行，形成协同效应。此次修订反映了国际服务贸易在新时代的新特点和发展新要求，联系当前经济热点，教育引导学生在学习中思考和践行“四个正确认识”②，通过翔实的数据和生动的案例展示新时代我国在国际服务贸易中取得的巨大成就，增强民族自豪感，坚定“四个自信”。同时，教材不回避我国在国际服务贸易发展中所面临的挑战，有利于学生正确认识时代责任和历史使命，激励学生“自觉把个人的理想追求融入国家和民族的事业中，勇做走在时代前列的奋进者、开拓者”。

本教材的再版是集体努力的结果，许多人为教材的修订、评阅和出版贡献了他们的智慧和宝贵的时间、精力，作者在此表示由衷感谢！感谢上海大学殷凤教授对本教材所提的建议和所做的贡献；感谢龙云涛、郭家盼、刘子萱、孟庆媛、杜玥、罗诗佳、孙宇明、王小语、孙淑婷和沈星瑜等对本次修订所做的工作；感谢首都经济贸易大学出版社田玉春等编辑的信任、支持和付出。衷心地感谢海内外相关领域学者们的大量前期研究成果，正是他们的真知灼见极大地充实、丰富了本教材的内容。

饶友玲

2023 年 7 月于南开园

---

① 商务部.中国服务贸易发展报告(2020 年).2021-09-09.

② 正确认识世界和中国发展大势，正确认识中国特色和国际比较，正确认识时代责任和历史使命，正确认识远大抱负和脚踏实地。

目 录

第一章 服务与服务贸易 1

第一节 服务的概念与特征 …… 1
第二节 服务产业与服务贸易 …… 7
第三节 国际服务外包 …… 23
第四节 国际服务贸易的发展 …… 30

第二章 服务贸易的基本理论 49

第一节 服务的价值论 …… 49
第二节 服务贸易的比较优势理论 …… 60
第三节 规模经济与不完全竞争理论 …… 68
第四节 新经济增长理论与信息服务贸易 …… 72

第三章 信息经济学在服务过程中的作用 80

第一节 服务过程中的道德风险 …… 80
第二节 服务中的逆向选择 …… 90
第三节 服务中的信号传递 …… 105

第四章 准公共产品性的服务业——教育服务贸易 109

第一节 教育服务贸易的基本内容与经济性分析 …… 109
第二节 教育服务贸易的发展与政策选择 …… 119

第五章 具有自然垄断性的服务业——通信服务贸易 132

第一节 通信服务贸易概述 …… 133
第二节 通信服务业及其运营 …… 134

第三节　通信服务业及其管制 …… 153
第四节　中国通信服务贸易的发展与政策选择 …… 158

第六章　亟待与国际接轨的金融服务业——保险与银行服务贸易　169

第一节　金融服务概论 …… 170
第二节　国际金融服务贸易的发展特征与多边协议 …… 180
第三节　保险服务贸易 …… 186
第四节　银行服务贸易 …… 197

第七章　新兴服务业——体育和传媒服务贸易　223

第一节　体育服务业与体育服务贸易 …… 223
第二节　电视传媒服务业 …… 240

第八章　专业性的服务业——医疗卫生服务贸易　255

第一节　医疗卫生服务贸易的基本内容 …… 255
第二节　公共卫生服务政策 …… 258
第三节　中国入世与医疗卫生服务的政策选择 …… 262

第九章　国际服务贸易政策　273

第一节　国际服务贸易政策的演变 …… 274
第二节　服务贸易自由化政策 …… 276
第三节　服务贸易保护政策 …… 280

第十章　国际服务贸易规则与国别政策及管理　296

第一节　《服务贸易总协定》概述 …… 297
第二节　主要国家、区域组织国际服务贸易政策及管理 …… 306

参考文献 …… 328

第一章 服务与服务贸易

世界产业的发展已经从农业主导和工业主导过渡到服务业主导的新阶段，20 世纪 80 年代以来的第三次产业革命，使世界从以产业制造和销售为核心的产品经济时代进入到以提供优质服务为核心的服务经济时代。服务和服务业的内涵及其所覆盖的领域也发生了巨大的变化。

在发达国家和地区，其服务业的产值在国内生产总值中的比重甚至高达 70%。在中国，随着改革开放的进一步深入，服务业的开放也在逐步加快，服务业已经成为中国经济新的增长点、吸纳就业的主要源泉、新一轮的消费热点和外商投资的新焦点。特别是中国加入世界贸易组织(WTO)以后，服务业的开放给中国经济发展带来了更多的机遇和更大的挑战。

第一节 服务的概念与特征

"服务"这个词，在日常生活用语中，其含义往往是指"为组织(或他人)工作"，而在经济学中的含义则众说纷纭。经济学中一般把在人类社会生活中占有相当重要地位且数量有限的经济物品划分为两种基本的存在形态：实物形态和非实物形态。前者称为商品或货物，后者称为服务或劳务。可见，服务是相对于产品而言的一个经济学概念。

一、服务的概念

(一)广义的服务概念

传统意义上,一般把服务当作劳务。图 1-1 给出了传统意义上服务的含义。

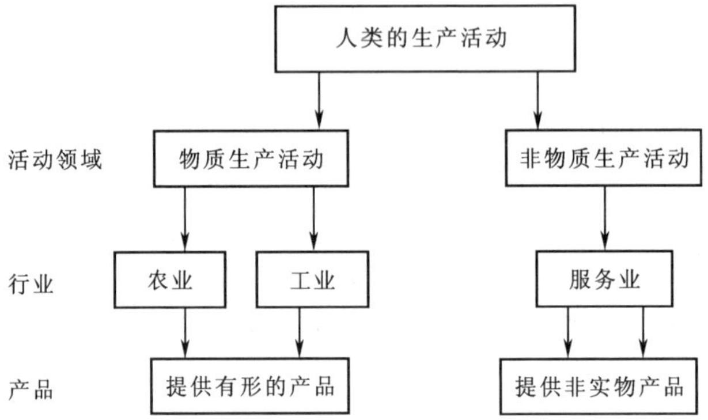

图 1-1　传统服务

严格地说,服务与劳务是有区别的。首先,服务是社会劳动分工的产物,是生产力发展的表现;劳务是人们将自己的劳动能力供他人使用,是生产关系发展的表现。其次,在生产活动过程中,服务生产的特点是服务生产者必须备有劳动者、生产资料,其劳动对象由消费者来提供(或指定);劳务生产的特点是劳务生产者仅备有劳动者,其劳动对象和劳动资料由消费者来提供(或指定)。

随着信息化社会的发展,服务、服务业的概念和内涵发生了巨大的变化。为此,必须以广义服务的概念来重新定义服务的性质。新的服务概念是指通过提供必要的手段和方法,满足接受服务的对象的需求的“过程”。由图 1-2 可以看出,服务是一个过程,在这个过程中,服务的提供者通过提供任何必要的手段和方法,满足接受服务对象的需求。

在这个定义中,所谓必要的手段和方法,既可通过直接接触,也可通过间接接触;既包括非物质手段和方法,诸如劳动或体力、智慧、知识和软技术手段(如咨询、组织、管理、调解和仲裁等),也包括物质手段,诸如货物、有形工具、机器、设备等一切必要的自然物和制造品,但是不包括后者的制造。

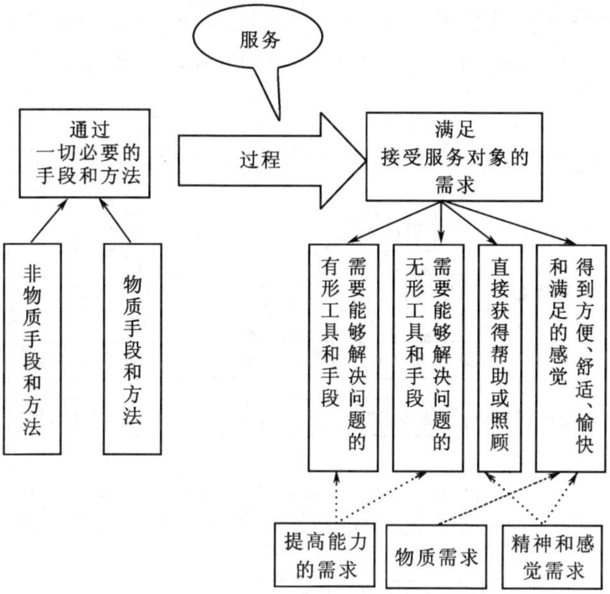

图 1-2 服务的含义

1.服务接受者的需求。服务接受者的需求包括:获得他们在解决问题时所需要的有形工具和手段(如货物、设备、机器等),获得他们在解决问题时所需要的无形工具和手段(如经验、智力、知识和信息等其他能力),使他们直接获得所需要的帮助或照顾,使他们感觉到方便、舒适、愉快和满足。前两个需求是使服务对象获得解决问题的能力,以便可以独立解决问题;后两种需求是由服务主体直接帮助接受服务的一方解决问题。总之,接受服务者的需求包括物质需求、精神和感觉需求、提高能力的需求等。

2.接受服务的对象。从服务供应者的角度看,接受服务的对象是服务行为的对象(或者说服务的消费者),一般认为是自然人、企业法人、社会团体、政府部门,以及其他一切需要服务的对象。

3.服务的供应者。服务的供应者同样也包括上述几个主体。

(二)广义服务概念与传统服务概念的区别

新的服务概念的发展,使得服务业早已超出了传统意义上的第三产业范畴。图 1-3从技术的角度描述了服务业和制造业的形成过程和区别。广义服务业包括了围绕无形产品的服务业、围绕有形产品的服务业及围绕无形和有形集成产品的服务业。图 1-3 中的所谓硬技术产业是指制造业、采掘业等以硬技术为核心技术的产业,软技术产业是指智力服务业、社会产业等以软技术为核心技术的产业,软硬集成的产业是指软件产业、网络产业等软技术和硬技术相互集成的产业。

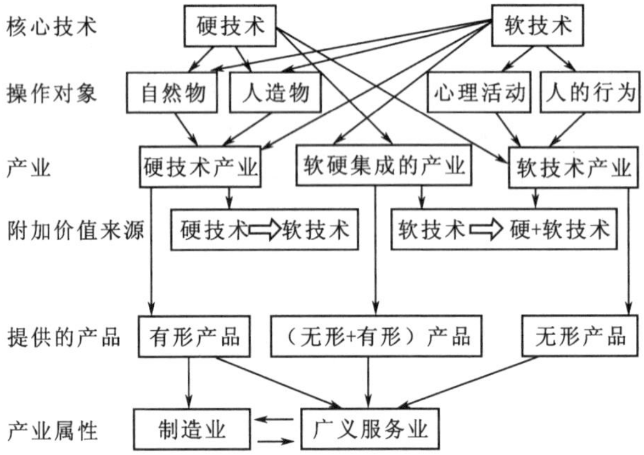

图 1-3　广义服务业的形成

图 1-3 中附加价值的来源中,传统的制造业、采掘业和农业附加价值的主要来源是自然资源的开采技术、加工技术和人造物品的生产和加工技术(管理等软技术也创造价值)。但随着服务经济和信息技术的发展,现代制造业附加价值的来源越来越向软技术(此时的软技术不仅是管理技术)倾斜。服务业的附加价值本来主要来自软技术,而现代服务业的附加价值则越来越依赖于软技术与硬技术的紧密集成(如金融业和电子商务等)。表 1-1 给出了从传统服务业到广义服务业的进化及两者的区别。

表 1-1　　服务的新概念

	对服务的传统认识	新概念下的服务含义
服务功能	满足物质需求	满足物质、精神和心理需求,提供解决问题的能力
服务对象	个人、家庭和企业	个人、家庭、组织和社会
解决问题的手段	劳动、智力	一切必要的手段和途径

续表

	对服务的传统认识	新概念下的服务含义
提供的产品	非物质服务	兼具物质和非物质服务
核心技术	不被视为具有核心技术	软技术
核心技术的操作对象	缺乏研究	考虑“人”的内在心理活动和外在行为
所属产业	第三产业	广义服务业
与制造业的关系	相互独立	相互渗透和影响

在传统意义上，一般把提供劳动、智力等无形“产品”的过程称为服务，而广义服务是以满足服务对象的需求为其宗旨，因而不仅包括提供有形产品和无形“产品”的过程，还包括提供软硬技术相整合而形成的产品的过程。即服务就是解决（满足）服务对象之需求的过程。

过去，很少把服务的方法和过程看作技术，更多的只是把服务看作非技术因素，看作是第一产业、第二产业发展的“辅助部门或催化剂”。将提供服务的方法和过程共同来研究，有利于深入研究服务和服务创新的实质，很多服务经济中的新问题（包括服务方法的标准和知识产权问题）等就可以得到理论上的解释。

实际上，当代的服务业和制造业已经越来越相互渗透而难以区分，其本质就是软技术在为硬技术的创新和硬技术产业创新服务的过程中（或软技术产业在利用当代硬技术成果来提高其智力含量的过程中），软硬技术相互集成的必然结果。另外，根据广义服务系统的概念，两者相互渗透也有利于系统地研究和解决激励服务创新的环境问题（如服务领域的政策、标准、法律、知识产权，包括商务方法的专利），进一步推动服务创新。

二、服务的特征

服务有诸多特征，概括起来主要有以下几点。

（一）服务的无形性

无形性或不可感知性是服务最主要的特征。这一点可以从以下两个不同的方面来理解：

首先，与有形的消费品或产业用品比较，服务的物质及组成服务的元素很多情况下都是无形的，使人不能触摸或凭肉眼看见其存在。

其次，使用服务后的利益很难被察觉，或是要等一段时间后享用服务的人才能够感觉到“利益”的存在。

（二）不可分离性

有形的产业用品或消费品在从生产、流通到最后消费的过程中，一般要经过一系列的中间环节，生产与消费的过程一般具有一定的时间间隔。而服务则与之不同，它具有不可分离的特征，即服务的生产过程与消费过程同时进行。也就是说，服务人员提供服务于顾客时，也正是顾客消费服务的时刻，两者在时间上不可分离。服务的这种特性表明，顾客只有且必须参加到服务的生产过程中才能最终消费到服务。

（三）异质性

商品的消费效果和品质通常是均质的，同一品牌的家电或服装，只要不是假冒，其消费效果和品质基本上很少有差异。而同一种服务的消费效果和品质则往往存在着显著的差异。这种差异来自供求两方面：其一，服务提供者的技术水平和服务态度往往因人、因时、因地而异，他们的服务随之发生差异；其二，服务消费对服务也时常提出特殊要求。所以，同一种服务的一般与特殊的差异是经常存在的。统一的服务质量标准只能规定一般要求，难以确定特殊的、个别的需要。这样，服务质量就具有很大的弹性。

服务质量的差异或者弹性，既为服务行业创造优质服务开辟了广阔的空间，也给劣质服务留下了活动的余地。因此，与能够执行统一标准的商品质量管理相比，服务质量的管理要困难得多，也灵活得多，还往往导致寻租等外部性的存在与蔓延。

（四）不可储存性

基于以上第一和第二两个特征，服务不可能像有形的消费和产业产品一样被储存起来，以备未来出售；消费者在大多数情况下，亦不能将服务携带回家保存。当然，提供服务的各种设备可能会提前准备好，但生产出来的服务如不当时消费，就会造成损失。不过，这种损失不像有形产品损失那样明显，它仅仅表现为机会的丧失和折旧的发生。

如果把服务的异质性、无形性和不可分离性结合起来，还可以看到服务与商品的另一个感性差别，即购买商品所能得到的品质和效果是能够事先预期的，是相对确定的，而购买服务所可能得到的品质和效果则是难以事先预期的。也就是说，与商品相比，服务具有较强的经验特征和信任特征。如医疗手术，由于通常不具备足够的医学知识，病人即使在接受手术之后，也很难判断这种手术是否必要或者施行是否得当。显然,不同的商品表现出的品质特征也会不同。如服装、家具、珠宝等有形产品,顾客在购买之前就可借助其颜色、款式、价格、手感、硬度等对其品质进行评判,因此具有较强的寻找特征。而旅游、餐饮等服务产品,其品质只有在顾客旅游结束或用餐完毕时,或在旅游和用餐过程中,才能感知到,因而经验特征较强。

图 1-4 描绘了从有形产品到服务,再到专业性服务,商品的特征逐渐从较强的寻找特征向经验特征和信任特征过渡。随着这一过渡,消费者对商品的评价由易变难,同时,消费者购买或消费时所承担的风险也逐步加大。

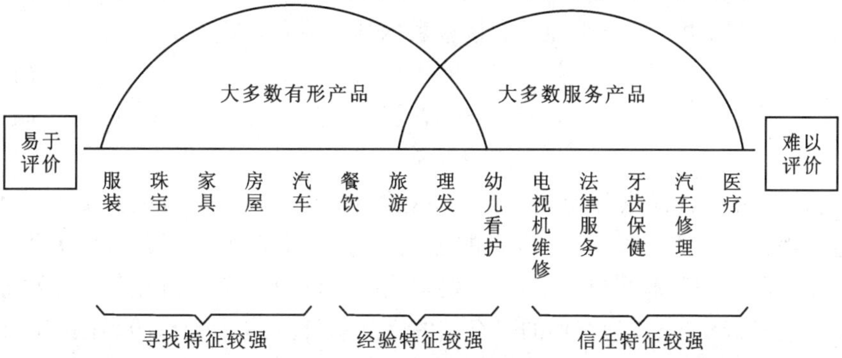

图 1-4 三类产品的特征

在现代市场经济体系中,服务与商品存在着一定的替代性和统一性。替代性表现在服务可以替代商品,如运输服务可以替代工农业生产者自备运输工具,餐饮服务可以替代消费者自己的烹饪活动,反过来,商品也可以替代服务。统一性主要体现在两者的基本一致性,即人们对于服务与商品的需求都是通过货币购买来实现的。考虑到货币资产或金融资产的价值属性,商品与服务同货币资产交换的一致性,也为统一服务与商品提供了某种感性的经验基础。

第二节 服务产业与服务贸易

一、服务业及其分类

所谓产业是指:主要从事相同或相近事业的一些企业群。进一步,若这些企业群所从事的事业都以某种技术为基础或以某种方法作为创造附加价值的主要手段,则该技术或手段可称为这些企业群所组成的产业核心技术。

服务产业就是以服务为宗旨,软技术作为核心技术的产业,也可以把相关服务当成专门职业的集合体。

目前,服务业是各国经济中生命力最为旺盛的部分,服务业许多部门的生产率增长速度远远超过了其他部门,而且吸纳的就业和技术人员也最多。

(一)服务业的分类

分类需要有一个标准,不同的标准有不同的分类方法。假设一个舍弃了对外经济往来和政府职能的国民经济体,一段时期(如 1 年)内的经济物品增量就是该经济的国内生产总值(GDP)。若用 Y 代表国民总收入,则根据不同的经济分析背景,可以用以下三类经济变量来表示其量值和形式:

$$Y=W+R+L+P \tag{1-1}$$

$$Y=C+I \tag{1-2}$$

$$Y=G+S \tag{1-3}$$

式中:W 为劳动者提供劳动服务的工资报酬;R 为资本所有者提供资本服务的利息报酬;L 为土地(资源)所有者的土地服务报酬;P 为经营者阶层提供经营管理服务所得的利润报酬;C 为各个要素或阶层的总消费支出;I 为各个要素或阶层的总投资支出;G 为有形的可存储的商品总价值;S 为无形的难以存储的服务总价值。

式(1-1)是以经济中各生产要素所有者的要素服务报酬总和来计量国民总收入;式(1-2)是以国民总支出的方式表明这一时期国民总收入的运用;式(1-3)表示这一时期国民收入总价值或经济体系产品总增量的感性形态。

1.国家统计局的分类。1994 年,国家统计局在《中国统计年鉴》中首次细分行业并统计公布在业职工人数等指标,其中对第三产业(服务业)做了两级分类,包括:农、林、牧、渔服务业;地质勘察、水利管理业;交通运输、仓储及邮电通信业(铁路、公路、管道、水运、航空、交通运输辅助业,其他交通运输业,仓储业,邮电通信业);批发零售和餐饮业(食品、饮料、烟草和家庭用品批发业,能源材料和机械电子设备批发业、零售业,商业经纪与代理,餐饮业);金融、保险业;房地产业(房地产开发业,房地产管理业,房地产代理与经纪业);社会服务业(公共服务,居民服务,旅馆业,租赁服务业,旅游业,娱乐服务业,信息咨询服务业,计算机应用服务业,其他社会服务业);卫生体育和社会福利业;教育、文化艺术和广播电影电视业;科学研究和综合技术服务业(自然科学研究,社会科学研究,综合科学研究,气象,地震,测绘,技术监督,海洋环境,环境保护,技术推广和科技交流服务业,其他服务业);国家机关、政党机关和社会团体。

2.不同学者的分类。各国学者对服务做出不同的分类。

(1)戚斯根据顾客对服务推广的参与程度,将服务分为三大类,即高接触性服务、中接触性服务和低接触性服务。

(2)科特勒从四个方面对服务进行分类:

一是根据提供服务的工具不同,将服务业划分为以机器设备为基础(如自动化汽车刷洗、自动售货机等)和以人为基础(如会计服务)两种。而以人为基础的服务,又可分为非技术性、技术性和专业性服务等。

二是根据顾客在服务现场出现的必要性大小进行划分,有的服务要求顾客必须亲临现场,如身体健康检查和理发等,有的服务则不要求顾客亲临现场,如汽车修理。

三是服务会因个人需要的不同而有分别,如同一家医院对公司职员与单一个人的医疗收费可能不同。

四是根据服务组织的目的与所有制形式,将服务业分为营利性和非营利性服务以及私人服务和公共服务等。

(3)拉夫罗克将服务分类同管理过程结合起来,从五个方面对服务进行了划分:

一是根据服务活动的本质,把服务分成四类。作用于人的有形服务,如民航服务、理发;作用于物的有形服务,如航空运输、草坪修整;作用于人的无形服务,如广播、教育;作用于物的无形服务,如保险、咨询服务。

二是根据服务组织同顾客之间的关系对服务分类。连续性、非正式关系的服务,如广播电台、警察保护;间断的、会员关系的服务,如邮购、街头收费电话。

三是根据在服务过程中服务提供者选择服务方式的自由度大小以及顾客对服务本身的满意程度进行划分。如公交车服务,提供者和顾客的选择自由度都很小;电话服务、旅馆服务等,顾客的需求可得到充分的满足,但服务提供者对服务方式的选择自由度却很小;一些服务提供者的选择余地较大,而又难以满足单个顾客的需求,如教师在很大的教室讲课;还有一类服务,不仅单个顾客的需求能够得到充分的满足,服务提供者也有发挥的空间,如美容、建筑设计、律师服务等。

四是根据服务供应与需求的关系进行划分,可分为:需求波动较小的服务,如保险、银行服务;需求波动幅度大而供应基本能保证的服务,如电力、电话等;需求波动较大并会超过供应能力的服务,如交通运输、饭店等。

五是根据服务推广的方法(即服务组织和顾客取得联系的方式),可划分为顾客去找服务组织、服务组织去找顾客、服务组织与顾客见面交易等不同的形式。

如果从服务参与实物生产过程的角度,还可将服务产品分为中间服务产品和最终服务产品。这里的中间服务就是将服务的价值转移到实物产品,消费者通过实物产品来获得服务,如 CD 盘、计算机软件等,这种服务也可看作是以实物生产方式进行的服务。

(二)基于产业部门的服务业的分类

基于产业部门的服务业的分类可参考图 1-5。

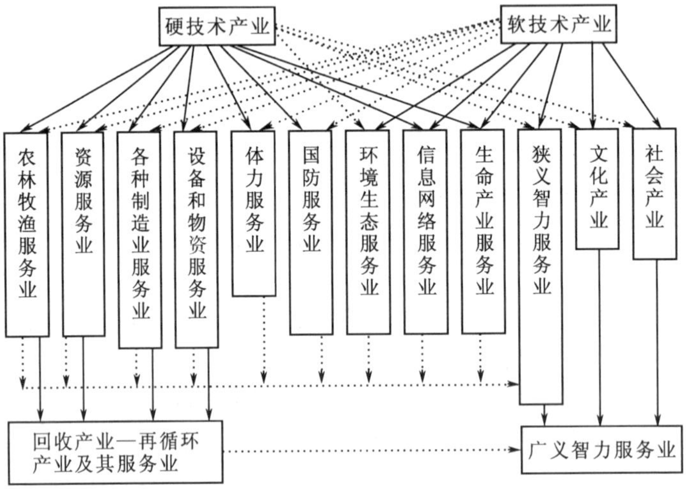

图 1-5　服务业产业

1.工业服务业。制造业服务化是一种必然的趋势。类似信息技术(IT)产业,在各个工业部门中,“服务”将成为开拓未来业务和增加利润的重心,这使得越来越多的企业的经营模式和投资重点从以“技术和产品”为主转向以“应用和服务”为主,进而形成各具特点的服务产业。就汽车服务业而言,在欧美一些发达国家,汽车业利润构成的近 60%来自汽车服务业,而全球汽车业的利润也有 50%~60%是从服务中产生的。

2.设备和物资服务业。传统意义上,一般把交通运输、商贸、流通、餐饮、金融、保险、房地产和公用事业等行业划分为第三产业,这些服务业的主要特点是依靠装备和设备来提供服务,或者是利用劳动力来提供服务。目前,这些设备和物资服务,一方面通过与硬技术特别是信息技术的大量集成来实现,技术含量大大提高;另一方面通过融入先进软技术,如连锁经营、特许经营、物流配送、代理制、多式联运和电子商务等组织形式和服务方式,逐步成为智力密集型产业,进入现代服务业行列。

3.智力服务业。智力服务业是指针对服务市场,以智力作为主要的服务手段,为其他产业、团体或个人提供服务的产业。智力服务业主要包括:

(1)咨询服务业。咨询服务业是专门提供判断力、智慧、洞察力和解决问题的方法的产业,它包括战略规划、企业管理、贸易谈判、法律、技术和个人健康等各种咨询服务。硬技术的发展为咨询产业提供了更新、更好的工具和手段,同时,软技术的发展将继续扩大咨询业的服务范围和影响。

(2)公关产业。随着经济、技术、服务的全球化,公关产业几乎覆盖了媒介关系、政府关系、形象策划、产品和服务市场、大型活动、社区关系、危机管理等社会和经济活动的所有领域。

(3)各种专业管理业。这是为企业和团体提供专业服务的产业,具体包括财产管理公司、财务公司、生产公司、人才公司(包括猎头公司)、后勤服务公司、税务服务公司、法律服务、信息服务和计算机服务等。

(4)电子商务业。这是一类专职提供电子商务新技术、新服务的产业。电子商务的服务对象可分为实体商品、媒体和信息商品、在线服务等。

(5)设计业。设计业包括产品设计、建筑设计、工业设计、室内设计、城市设计和交通设计等"硬设计",还有企业设计、事业设计、人的形象设计和企业形象设计等"软设计"。

(6)版权产业。版权产业属于为部分软技术知识产权提供服务的产业。版权产业在文化服务业中首先得到了发展,一般是指为创造有版权作品或者受版权保护产品的再创作、复制、生产和传播提供服务,其服务领域涵盖报刊、书籍出版业,电台和电视台广播业,录音节目制作及影视磁带出版业,电影制作、戏剧创作演出、广告业,计算机软件开发和数据处理等信息产业。20世纪90年代以来,电子出版、数字化、网络传输等技术的发展及其在文化领域的广泛应用,大大推动了以版权产业为核心的文化服务业的发展。

4.文化服务业。文化产业是开发利用文化价值和文化资源,使之商品化的产业,即从事文化产品的生产、流通和以文化为内涵的各种服务活动或部门的集合。

文化服务业就是围绕娱乐业、体育产业、旅游产业、休闲产业、兴趣产业、体验产业、美丽产业、媒体业(传媒业)、自我实现产业等提供服务的产业。

5.社会服务业。有别于统计年鉴中的公共设施服务业、旅馆业、旅游业、居民服务业、租赁服务业、计算机应用服务业、娱乐服务业、信息咨询服务业、其他社会服务业的分类,这里的社会服务业是指以社会活动作为特殊经济领域的产业,是通过开发和应用社会资源来创造经济效益和社会效益的产业。

社会服务业是围绕社会产业主体的社会经济活动领域,提供信息、金融、保险、专业管理、咨询、法律、技术、中介、政府关系和国际关系等服务的产业。

社会产业主体的社会经济活动领域包括:①各种社会组织和社会团体的活动,具体包括教育和研究部门的活动,医疗、卫生、保健部门的活动,社会福利部门的活动,妇女组织和团体的活动,生态和环境保护部门的防灾、环保活动,行业组织(协会、商会、工会)和学术团体的活动,其他各种非营利组织(包括志愿者组织、政党、议会、法院等部门以及国家机关和政党机关)的活动等;②企业的经营活动;③社区或地区性网络的社会经济活动,如社区等社会基层组织的社会、经济活动,地区性组织的社会、经济活动等。

社会产业的服务分有偿服务(企业介入部分)和无偿服务(政府提供部分),前者可归入社会产业的经济效益。在未来的经济社会发展中,社会服务业将扩张到更加宽广的领域。

6.健康服务业。健康服务业是围绕人类生命中的关键目标——延缓衰老、抵抗疾病和延长寿命所进行的生命服务活动,包括卫生服务、医疗服务、保健服务和护理服务等,它们基本属于社会服务业范畴。相对于信息技术产业称为 IT 产业,健康产业称为 HT(健康技术)产业。

7.环境和生态服务业。随着政府和公众对可持续发展认识的不断提高,政府对环境和生态的投资逐步加大,公众的环境生态保护意识也在提高,环境产业作为独立产业发展起来,因而围绕环境和生态的服务业就成了新兴产业。

8.服务的服务业。这是指围绕各类服务业提供如下服务:围绕服务行业推行物业管理、连锁经营、物流配送、多式联运、网上销售等组织形式和服务方式的创新;围绕服务行业的服务流程进行研究开发,在服务过程中尽量多地采用新技术,以提高服务效率来提高附加价值;与制造行业一样,为现有的服务业提供咨询、法律、培训等一系列服务;专门开发智力服务业所需要的软硬技术,比如为咨询业开发咨询工具等。一般来说,这几种服务不会与原来的服务业相分离,其价值是以提高传统服务业的智力含量或提高效率的方式来体现,即所谓传统服务业的创新。[①]

(三)基于财税公共政策的服务业的分类

从增值税的征税范围看,将服务业分为七大类:

---

① 为了表示这种进步,人们通常冠之以“现代”,如现代流通业、现代金融业等。

1.交通运输服务,包括陆路运输服务、水路运输服务、航空运输服务和管道运输服务等。

2.邮政服务。邮政服务的提供主体是中国邮政集团公司及其所属邮政企业,包括邮政普遍服务、邮政特殊服务和其他邮政服务。

3.电信服务。电信服务是指利用有线、无线的电磁系统或者光电系统等各种通信网络资源,提供语音通话服务,传送、发射、接收或者应用图像、短信等电子数据和信息的业务活动。它包括基础电信服务和增值电信服务。

4.建筑服务,即针对各类建筑物、构筑物及其附属设施的系列服务。它包括工程服务、安装服务、修缮服务、装饰服务和其他建筑服务。

5.金融服务,包括贷款服务、直接收费金融服务、保险服务和金融商品转让等。

6.现代服务,包括研发和技术服务、信息技术服务、文化创意服务、物流辅助服务、租赁服务、鉴证咨询服务、广播影视服务、商务辅助服务和其他现代服务。它具体包括:

(1)研发和技术服务,包括研发服务、合同能源管理服务、工程勘察勘探服务、专业技术服务。如气象服务、地震服务、海洋服务、测绘服务、城市规划、环境与生态监测服务等技术服务。

(2)信息技术服务,包括软件服务、电路设计及测试服务、信息系统服务、业务流程管理服务、信息系统增值服务。

(3)文化创意服务,包括设计服务、知识产权服务、广告服务和会议展览服务。

(4)物流辅助服务,包括航空服务、港口码头服务、货运客运场站服务、打捞救助服务、装卸搬运服务、仓储服务、收派服务。

(5)租赁服务,形式包括融资租赁和经营租赁,范围包括动产、不动产。

(6)鉴证咨询服务,包括认证服务、鉴证服务和咨询服务。

(7)广播影视服务,包括广播影视节目(作品)的制作服务、发行服务、播映(含放映)服务。

(8)商务辅助服务,包括企业管理服务、经纪代理服务、人力资源服务、安全保护服务。

7.生活服务,是指为满足城乡居民日常生活需求提供的各类服务活动,具体包括文化体育服务、教育医疗服务、旅游娱乐服务、餐饮住宿服务、居民日常服务和其他生活服务。

二、服务贸易

传统上,由于服务储藏和传送的困难,使得服务贸易难以实现。但现在,服务正在变得更有贸易性,服务贸易成了国际竞争的一部分。随着经济和技术的全球化,服务业得以在全球范围内寻找服务对象、提供服务产品、实现交易,服务成了重要的国际贸易内容,促进了国际贸易的发展,服务贸易在国际贸易中的比重迅速增长。

(一)服务贸易的类型

在国内,一种观点认为,服务贸易可分为三种类型:第一,通过服务提供者或消费者的移动而进行的服务贸易,这种服务贸易以提供者或消费者的跨国界流动为条件,如旅游、工程承包、医疗服务等;第二,不一定要求人员跨国界流动,而在一国国内即可实现的服务输出与输入,如邮电通信、广告服务、金融证券服务等,也属于服务贸易;第三,通过交换物化服务(如知识信息产品等)而进行的服务贸易,这是一种特殊形式的服务贸易,其中相当部分已被列入商品贸易统计中,如书籍、影视片、科技文件、电子数据、程序软盘等的贸易。

另外一种观点则认为,服务贸易有广义与狭义之分。狭义服务贸易是有形的,是指发生在国家之间的直接服务输出与输入活动。广义服务贸易既包括有形的劳动力的输出与输入,也包括无形的、提供者与消费者在没有物理接近情况下的交易活动,如卫星传送和传播、专利技术贸易等。广义服务贸易的范围十分广泛,关贸总协定各缔约方提交的材料中列出的服务项目多达150多种。

世界贸易组织(WTO)《服务贸易总协定》(GATS)将国际服务贸易按提供方式划分为以下四种形式。

1.跨境供应模式(过境交付)。跨境供应模式即从一缔约方境内向另一个成员方境内提供服务,在这种情况下,服务提供者不需要过境,因此多借助于远程通信手段如国际电话通信服务。

2.国外消费或过境消费模式(境外消费)。国外消费或过境消费模式是在一个成员方境内向任何其他成员方的服务消费者提供的服务。在这种情况下,服务接受者要进入服务提供者所在的国家或地区接受服务,如出国旅游、留学等。

3.商业存在模式。商业存在模式是指一成员方的服务提供者,通过在任何其他成员方境内的商业实体提供服务。这种商业实体或商业存在,可以是设在另一个成员方的分公司等分支机构或代表处,例如外商投资企业、外资或合资银行等以直接投资为基础的服务,这种服务贸易就会涉及资本和专业人士的跨国流动。

4.自然人流动模式。自然人流动模式是由一个成员方的自然人给任何其他成员方的自然人提供服务,如建筑项目或各种咨询项目中,那些作为服务提供者的相关专家被请到国外服务，就是自然人的跨国流动服务，这里不涉及投资行为。

此外，服务贸易的交易手段也逐步多样化，包括智力资本报酬的形式（法律、咨询和医疗服务）、手续费和版权税的形式、劳务输出的形式和人员流动的形式等。

（二）服务贸易的特征

服务贸易作为非实物劳动成果的交易，与实物产品贸易进行对比，除了服务所具有的无形性、不可分离性、异质性、不可储存性之外，服务贸易还通常表现出如下的特点。

1.贸易主体地位的特殊性。服务的卖方就是服务产品的生产者，并以消费过程中的物质要素为载体提供相对应的服务。服务的买方则往往就是服务的消费者，并作为服务生产者的劳动对象直接参与服务产品的分享过程。

2.服务贸易市场的高度垄断性。国际服务贸易在发达国家和发展中国家表现出较为严重的不平衡性，这当然是因为服务市场所提供的服务产品受各个国家的历史特点、区域位置及文化背景等多种因素的影响。比如，医疗工程、网络服务、航空运输及教育等敏感领域，因直接关系到国家的主权、安全和伦理道德，会受到外界（制度）或自身（内省）的限制。因此，国际服务贸易市场的垄断性较强，表现为少数发达国家对国际服务贸易的垄断优势，与发展中国家的相对劣势。比如，从国际服务贸易总额来看，发达国家与发展中国家的比例为3∶1（1994 年数据）。另外，国际服务贸易的各种壁垒也比商品贸易多 2 000 多种，从而严重地阻碍了国际服务商品进行正常交易。

3.贸易保护方式具有隐蔽性。由于服务贸易标的物的特点，各国无法通过统一国际标准或关税进行限制，而是更多地采用国内政策、法令的改变来约束。如市场准入制度，对于贸易出口国或进口国进行限制或者采用非国民待遇等非关税壁垒形式。

4.国际服务贸易的约束条例相对灵活。GATS 条款中规定的义务分为一般性义务和具体承诺义务。一般性义务适用于 GATS 缔约方的所有服务部门，不论缔约方这些部门是否对外开放，都有对其的约束力，包括最惠国待遇、透明度和发展中国家更多参与。具体承诺义务是指必须经过双边或多边谈判达成协定之后才承担的义务，包括市场准入和国民待遇，且只适用于缔约方承诺开放的服务部门，不适用于不开放的服务部门。对于市场准入来说，GATS 规定可以采取循序渐进、逐步自由化的办法；允许缔约方初步进行承诺，并提交初步承诺书，然后再进行减让谈判，最后实现自由化。对于国民待遇来说，GATS 规定允许根据缔约方自身的经济发展水平选择承担国民待遇义务。总之,GATS 对于服务贸易的约束是具有一定弹性的。

5.服务产品的营销管理具有更大的难度和复杂性。无论从国家宏观方面,还是微观方面来看,与实物产品的营销管理相比较,国际服务产品的营销管理都具有较大的难度与复杂性。从宏观层面上讲,国家对服务进出口的管理,不仅仅是对服务产品载体的管理,还必须涉及对服务的提供者与消费者的管理,包括劳动力服务要素的衣、食、住、行等各项活动的管理,具有复杂性。另外,国家对服务产品的管理主要通过立法的形式,但是立法具有明显的滞后性,很难紧跟形势发展的需要。从微观层面上讲,由于服务本身的特性,使得企业在进行服务产品营销管理的过程中经常会受到不确定性因素的干扰,控制难度较大。比如,由于服务产品质量水平的不确定性,服务产品不可能做到"三包"。再比如,商品贸易可以通过供需关系的协调,使其达到供需平衡,从而使消费者与生产者达到均衡,而服务贸易难以通过时间的转换来完成或解决供需矛盾,实现供需平衡。

在全球经济一体化、自由化背景下,国际服务贸易将会呈现出更多的特点,同样也会给服务产品的生产者、消费者带来机遇和挑战。

(三)服务贸易的分类

对服务贸易的分类,根据不同的角度和标准,也有不同的分类方法。

1.世界贸易组织(WTO)的分类。按照 WTO 对服务贸易的分类 ,服务贸易共分为 12 大类,分别是:运输服务,旅游服务,建筑服务,保险服务,金融服务,电信、计算机和信息服务,知识产权使用费,维护和维修服务,加工服务,其他商业服务,个人、文化和娱乐服务,以及未另行分类的政府服务。

2.联合国标准贸易分类(UNSITC)。UNSITC 是按照加工程度或知识含量,对服务项目进行由低到高的排列,共划分 46 个项目。

3.国际标准工业分类(IGIC)。IGIC 按行业将服务贸易划分为批发贸易、零售贸易、餐馆、运输与储存、通信、金融机构、不动产及商业服务、公关管理及服务、社会服务及社区服务、娱乐及文化服务、个人及家庭服务、国际机构及跨境组织等。

4.国际货币基金组织(IMF)的分类。IMF 将服务贸易划分为货运服务、港口服务和旅游服务等六个大类。

5.中国的学者杨圣明把服务贸易定义为"服务在国家之间的有偿流动过程",并将服务贸易的内容做了如下分类:

(1)以服务的生产者(提供者)和服务的消费者(接受者)是否跨国移动为标志,将服务贸易划分为过境贸易、要素收益贸易、当地贸易和第三国贸易四种类型。

(2)按服务贸易与货物贸易的关系不同,将服务贸易划分为追加服务贸易与核心服务贸易两类。

(3)按服务的部门(行业)不同,将服务贸易划分为11个部门(商业服务、通信服务、建筑及有关工程服务、销售服务、教育服务、环境服务、金融服务、健康与社会服务、与旅游有关的服务、文化与体育服务、运输服务),140多个项目的服务交流。

(四)与服务贸易相关的概念

随着服务贸易的发展,开拓服务贸易手段和方法成了贸易创新的重要内容,因而各国都加强了对服务贸易的研究。下面就介绍一些与服务贸易密切相关的概念。

1.无形贸易。无形贸易是指直接向国外居民提供无形产品获得收入的过程。无形贸易有两种主要形式:一是本国居民或厂商投资外国企业获得的利润、利息或股息;二是向外国服务消费者提供服务获得的收入。

大体上说,国际服务贸易与国际无形贸易可以互换使用。但从严格意义上讲,国际无形贸易比国际服务贸易范围更广,它除包括服务贸易外,还包括国际直接投资收支、捐赠侨汇和赔款。无形贸易具体包括:

(1)货物进出发生的从属费用的收支,如运输费、保险费、装卸费、商品加工费和船舶修理费等。

(2)与货物进出无关的其他收支,如国际旅游费、外交人员费、侨民汇款、专利或特许权费、国外投资汇回的股息和红利、公司或个人在外国提供服务的收支,以及驻外机构费用等。

以上各项中的收入称为无形贸易的出口,支出称为无形贸易的进口。无形贸易一般不显示在各国的海关统计中,但构成各国国际收支的重要组成部分。

2.劳务贸易。国际货币基金组织国际收支平衡表中的劳务贸易,除包括一般意义上的服务贸易外,还包括各种对外投资所得的收益,无论这种收益来源于投资货物还是服务,无论是直接投资还是间接投资。在这里,劳务贸易范畴较服务贸易要宽些(还包括对外投资收益)。严格地说,劳务贸易统计数据不等于服务贸易额,目前,在缺乏完整的服务贸易统计数据的条件下,通常近似地以劳务贸易统计项作为服务贸易统计项。

3.国际劳务合作。国际劳务合作是指劳务提供者与劳务消费者根据合作契约开展的国际交易,包括境外劳务合作与境内劳务合作两种方式。前者又称为劳务输出,指一国劳动力到他国谋取就业机会,被国外雇主雇用而获得劳动报酬,如对外工程承包、船员输出和出国技术合作等。后者指在劳务提供者所在地进行的各种劳务输出活动,如来料加工、来样定做、来件装配,以及在国内开展的国际旅游和在国内举行的国际性学术文化交流活动等①。在中国,国际服务贸易与国际劳动力流动共同构成国际劳务合作范畴。

4.国际劳动力流动。国际劳动力流动与国际服务贸易的区别,主要表现在以下方面:

(1)国际劳动力流动是指劳动力在国家(或地区)与国家(或地区)之间的移动,一般涉及劳动力国籍或身份的变化,这种变化或者是永久的(如那些具有劳动能力或技能的移民),或者是暂时的(称为临时劳动力流动)②。

(2)尽管多数国际服务贸易涉及劳动力的国际流动,但这种劳动力的国际流动与国际劳动力流动引起的人员的国际流动存在差别:首先,国际劳动力流动导致的人员流动是单向的,即由劳动力流出国流入劳动力的流入国,而国际服务贸易涉及的人员流动则是双向的,既可以是服务提供者到服务消费者所在地提供服务、服务消费者在本地接受服务(如歌星出国演出),也可以是服务提供者在本国提供服务、服务消费者出国消费服务(如前往外国旅游)。其次,国际服务贸易导致的人员流动具有业务性质,这种流动持续的时间明显短于国际劳动力流动的时间③。

5.生产者服务贸易。生产者服务是指作为货物商品和其他服务生产过程的投入品的那些服务。从宏观角度分析,生产者服务的产生大多是由于制造业内部的服务生产具有明显的外部化趋势,从而导致生产者服务业作为一个独立部门而出现,生产者服务在相当程度上是作为生产要素的技术和社会分工扩展的结果。由于生产者服务业与贸易密切相关,而且其本身也越来越成为可贸易品,某些基础设施性质和下游生产阶段的服务,如运输、电信、批发和零售服务等,事实上都是进行和增加货物贸易的条件。这些生产者服务在各国推进国际贸易发展的过程中,越来越多地被用于国际贸易。

总体来看,生产者服务贸易具有两个主要特征:一是大多数生产者服务贸易品的投入与产出具有非物质性,即含有高度的专有技术和知识内涵;二是生产者服务贸易品具有明显的交易特点,即大多数生产者服务贸易品是在其交易过程中生产出来,而不是预先生产出来以备购买。

---

① 显然,国际劳务合作既包括国际服务贸易的内容,也包括国际劳动力流动的内容。

② 有人认为,外资企业在东道国雇佣的人员以及来料加工装配等活动,应归入国际劳动力流动,但国际上通常不将它们列入国际劳动力流动范畴。

③ 习惯认为,国际服务贸易的人员流动时间一般在六个月内,更常见的是几天或数月不等,而国际劳动力流动导致的人员流动时间一般在一年以上(这也是国际收支统计中判断“居民”与“非居民”的时间标准)。

6.要素服务贸易。要素服务贸易是指涉及劳动力、技术和资本等生产要素跨国界移动的服务贸易。具体地说,对外工程承包或劳务输出涉及劳动力生产要素的国际流动,因而属于要素服务贸易。外国投资者投资所获利润、利息和股息等收入,国际技术转让中转让方获取的转让费等收入,也属于要素服务贸易收入。要素服务贸易与货物贸易存在本质区别,前者是提供服务所需的各种生产要素的国际交易,后者则是作为生产要素使用结果的货物商品的交易。

7.非要素服务贸易。不涉及生产要素的跨国界移动的服务贸易,称为非要素服务贸易,如旅游、会计、运输、保险与再保险、咨询、租赁、广告、教育、卫生等部分专业服务,以及维修和政府服务等。简单地说,非要素服务包括运输、旅游、其他私人服务和政府服务。

与要素服务贸易相区别,非要素服务贸易不是涉及生产要素的服务贸易,而是一种无形的最终产品贸易。

在世界银行等国际机构统计中,非要素服务贸易与货物商品的国际贸易常常合并在一起统计。一般地,划归非要素服务贸易的投资收益、利息、股息、财产和服务收入没有列入国际收支账户。

8.存在服务。存在服务是指以货物商品形式存在的各种服务,又称为物化服务,如影视光盘、磁盘或磁带、电影胶卷、书籍,以及计算机软件和互联网上的数据流等的国际贸易。这类物化服务虽然也具有物质形态,但其含有的服务价值要比其载体价值高昂得多。更加重要的是,服务消费者的消费对象不是物化服务的载体或物质,而是包含在这些载体或物质内的服务(知识或信息)。显然,这种形式的服务贸易不是传统意义上的纯粹服务,而是一种物化形式的服务①。

9.国际商务。国际商务是指跨国界移动的任何形式的商业活动。国际商务的最简单方式,通常是传统的商品和服务的双向流动。货物商品的国际贸易,通常包括各种货物商品的进口和出口。服务的国际贸易,既包括旅游、运输、银行、保险、电讯、交通、咨询、管理和技术,也包括专利、程序、商标、版权,以及电影、电视剧和杂志的出租,还包括银行出售外币、提供经纪人服务以及大饭店的外国办事处等。

国际商务活动不仅包括货物贸易和服务贸易,而且包括融资与投资、外汇风险管理、国际经济合作、商务市场营销、商务结算与会计、商务翻译与交流、商务文化与惯例、国际企业管理与经营、国际商务信息与市场调研,以及

① 习惯上,西方国家一般将纯粹服务与存在服务分别统计。如在英国,歌星的现场演出和版权等收入,与唱片和磁带等的销售收入是分别统计的。

国际商务谈判与礼仪等领域的活动。因此,对国际商务的一种广义理解是,国际商务活动是国际经济、贸易、金融与投资,以及其他与商务运作过程相关的各类活动的统称,是不同国家或地区的各类经济实体或个人之间,为追求各自经济利益而相互间进行的商品与服务的买卖投资、经济合作乃至投机等各类营利活动。

三、国际服务贸易统计

服务贸易统计是国家制定服务贸易政策以及科学发展服务贸易的重要基础性工作,制定服务贸易统计制度是成功开展服务贸易统计的必要条件。由于服务产业本身复杂多样,定义起来比较困难,从而使服务贸易统计错综复杂①。

目前,在反映国家(地区)之间交易的国际经济统计中,主要有三种统计:以记录跨境货物交易为特征的国际商品贸易统计;以记录跨境服务交易为特征的跨境服务贸易统计;与国际投资活动有关,具有非跨境交易特征的外国附属机构贸易的统计(FAT 统计)。三者互为补充,从不同角度记录国际经济交易状况。

(一)国际商品贸易统计与跨境服务贸易统计

国际商品贸易是国家(或地区)间最直接、最传统的经济联系方式,是跨越国境(关境)的商品流动,与之对应的商品贸易统计是跨境的商品流动的统计,它的重点是商品在国家(或地区)间的流动,与谁是商品的所有者、谁是交易的受益人无关。

通常所说的服务贸易统计是与国际收支统计联系在一起的,即所谓跨境服务贸易统计。跨境服务贸易统计是指国际收支平衡表所记录的、经常项目下居民与非居民之间的服务交易,即跨境的服务流动的统计,具有服务跨境消费和跨境交易的特征。如美国的旅游者在中国的旅游消费支出,就是中国的服务出口收入。

随着经济全球化的发展,对外直接投资迅速增长,国家间经济联系的方式不再仅仅是具有跨国境特征的商品和服务进出口,还包括由于资本流动而导致的商品和服务的非跨境交易。

根据 WTO《服务贸易总协定》(GATS),服务贸易包括跨境交付、境外消费、商业存在、自然人流动四种提供模式。在服务贸易统计实践中,通常将跨境交

① 1993 年 9 月,IMF 决定修改已使用 16 年之久的《国际收支手册》,并要求所有成员今后能够根据修改的内容,提供更详细的服务贸易报告书。

付、境外消费、自然人流动三种模式合并统计和发布,即国际收支统计口径下的服务贸易统计;商业存在模式单独统计,即国外分支机构统计口径下的服务贸易统计。

(二)FAT 统计

FAT 统计反映了外国附属机构在东道国发生的全部商品和服务交易情况,包括与投资母国之间的交易,与所有东道国其他居民之间的交易,以及与其他第三国之间的交易,核心是其中的非跨境商品和服务交易,见图 1-6。

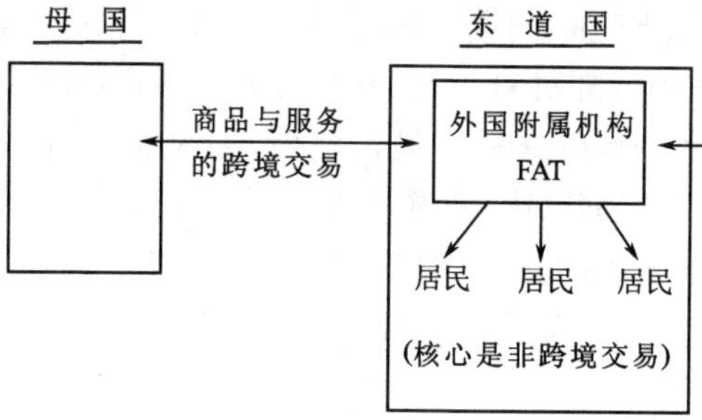

图 1-6 FAT 统计示意

对绝大多数国家来说,直接投资都是双向的,既有外国在本国的直接投资,也有本国在外国的直接投资。这种投资的双向流动反映在统计上,就形成了 FAT 的内向统计和外向统计。就报告国而言,记录外国附属机构在本国的交易情况的统计,称为内向 FAT 统计;记录本国在国外投资形成的附属机构在投资东道国的交易情况的统计,称为外向 FAT 统计。

FAT 统计有以下几个特点:

1.从统计范围看,FAT 统计实际上包括了外国附属机构的全部交易——跨境交易和非跨境交易,但核心是非跨境交易,即企业的国内销售。

2.从统计对象看,只有对方绝对控股并且绝对能够控制的企业,亦即外方投资比例在 50%以上的企业才列入 FAT 统计范围。

3.从统计内容看,FAT 统计既包括投资的流量和存量,也包括企业经营状况和财务状况及对东道国经济的影响,但最主要的内容是企业的经营活动状况。因此,FAT 统计反映的中心内容是:外国附属机构作为东道国的居民,与东道国其他居民之间进行的交易,即其在东道国进行的非跨境交易的情况,以及这种交易对东道国经济和市场产生的影响。

4.FAT 统计在实践中的区别。按照 WTO 的要求，外国附属机构的当地服务销售被作为国际服务贸易的内容，所以，一般将对非跨境的服务销售进行 FAT 统计作为广义国际服务贸易统计的内容；而对外国附属机构的当地商品销售进行的 FAT 统计，则被认为是外国直接投资统计的进一步深化，也是对商品贸易统计的有效补充。因此，当 FAT 统计应用于国际贸易统计时，一般是用在广义国际服务贸易统计之中。

5.从作用来看，FAT 统计弥补了国际商品贸易统计、跨境服务贸易统计和外国直接投资统计的不足，将外资企业的生产和服务对贸易流动的影响以及由此产生的利益流动反映出来。

假定三个国家，投资国 A 原来直接向第三国 C 出口商品或服务，现改为通过在东道国 B 投资进行生产和经营并对 C 出口，从而导致国际商品贸易流和跨境服务贸易流的流向发生变化。但在这种贸易流的背后，利益分配的格局未变，东道国在其中只是起了利益传递作用。投资及贸易利益最终仍是流向投资国 A 的。FAT 统计反映这种利益流动的真实情况，用图 1-7 表示如下。

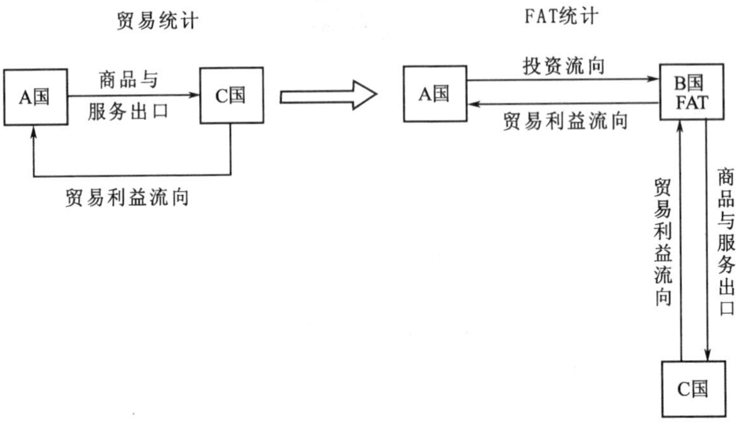

图 1-7　FAT 统计对贸易统计与投资统计的补充

（三）广义服务贸易统计

广义的服务贸易统计必须将贸易统计与投资统计紧密结合起来，因为对某些服务贸易而言，投资不再是补充手段，而是贸易的必要条件，所以，必须在记录投资活动的同时,对其经营活动和经营本质进行反映,这一点可以通过 FAT 统计来解决。当然,FAT 统计在操作中会遇到一些困难,会给服务贸易统计带来麻烦。如何进行服务贸易统计成为各国感到十分棘手的问题。目前,服务贸易统计正处在逐步完善、规范的过程之中。

第三节 国际服务外包

一、服务外包

(一)服务外包的基本含义及形式

《商务大辞典》认为,服务外包指“依据双方议定的标准、成本和条件的合约,把原先由内部人员提供的服务,转移给外部组织承担的经营方式”。实践中,“服务由内到外的转移”并不完全等同于服务外包,服务由内到外的转移包括服务外包和服务出售。

服务外包和服务出售的区别在于:

第一,从投入产出生产函数角度看,服务外包是在企业生产函数不发生变化,也就是要素投入和产品产出性质不发生变化的情况下,把要素投入环节中某些服务项目转移到外部,由外部机构来完成的管理方法或分工形态;服务出售是指企业或机构把整个一揽子服务链条全部转移给外面的专业机构,自己则从事与之无关的其他链条运作的行为。

第二,从生产经营链条的角度看,服务外包是指企业或机构在保持生产经营链条性质不发生实质性变化的情况下,把链条中的某些服务活动,通过契约的方式转移给专业服务机构,而自己专注于核心性功能和业务的一种经营模式或经营战略;服务出售是指企业或机构把整个一揽子服务链条全部转移给外面的专业机构,自己则从事与之无关的其他链条运作的行为。

第三,从相关主体业务连接频次角度看,服务外包涉及的业务主体是接包方和发包方,他们业务紧密关联,在合约期内频繁发生业务联系,存在合约期限长、业务往来频繁等特点;服务出售涉及的是买方和卖方两个主体,一旦达成买卖协议,货款两清,则不再关联,具有合同期限短、业务往来一次性和业务一次性彻底转移的特点。

综上所述,服务外包是在不改变与之相关的产出结构和生产链条性质情况下的服务外包,属于内部分工的外部企业化。

服务外包本质上是一种合约关系,按照发包方和接包方企业的空间和国别分布，服务外包可分成国内服务外包和国际服务外包（离岸外包）。企业通过签订外部合约的方式将产品所需的中间投入服务交给国外的某个或数个独立企业完成，即将服务产品的某些环节和中间投入外包给国外独立的其他企业时，这种方式则被称为国际服务外包。国际服务外包是服务外包在国家之间的延伸。国际服务外包有两种形式：一是公司内国际服务外包，即服务的外国提供者与服务的使用者属于同一公司（公司内贸易范畴）；二是公司外国际服务外包，即服务的外国提供者与服务的使用者是相互独立的。

WTO将服务外包分为以下四种形式①：

（1）有关联的在岸服务外包（Captive Onshore Outsourcing），即企业内部服务需求由设在本国的附属企业提供。

（2）非关联的在岸服务外包（Non-captive Onshore Outsourcing），即企业内部服务需求由设在本国的非附属企业提供。

（3）有关联的离岸服务外包（Captive Offshore Outsourcing），即企业内部服务需求由设在境外的附属企业提供。

（4）非关联的离岸服务外包（Non-captive Offshore Outsourcing），即企业内部服务需求由设在境外的非附属企业提供。

（二）服务外包的特征

服务外包具有以下特征：

1.服务分工精细化。服务外包属于企业产品（物品和服务）链条中某个区段或环节内分工的外包，是专业化分工协作进一步精细化和向纵深发展的表现。其特征为：微观企业为了实现利润最大化，将产品生产过程包含的不同服务种类、区段和流程，拆散分布到相同或不同的空间、地区的不同服务企业完成，该行为不仅在理论上打破了服务不可贸易的魔咒，还从宏观层面形成了服务业专业分工从行业分工、服务产品分工向工序、区段和环节分工转化的新格局，形成了更加精细化的服务分工新体系②。把服务项目交给他国企业来完成的新服务外包运作方式，已成为国际服务贸易分工中的新亮点。

2.服务供给长尾化。服务外包的接包方可能把其中一块或多块业务转包给第二个服务企业，第二个接包企业把部分业务分包给第三个企业乃至第四个企业，以此衍生出服务外包业务环环相扣的一级接包方、二级接包方、三级接包方和四级接包方等多级接包主体结构。由于多级接包企业可能分布于不同地点、不同地区，甚至不同国家，使服务供给链条从一个地区向另一个地区、从一个国

① WTO.World Trade Report 2005：Exploring the links between trade[S].standards the WTO.

② 卢锋.服务外包的经济学分析：产品内分工视角[M].北京：北京大学出版社，2007.

家向另一个国家延伸,导致了服务外包的长尾化。服务外包的长尾化,是全球化的表现。它使发包企业生产经营链条中的投入产出关系在组织结构和空间分布上形成纵向化链式结构,相应地,一种产出过程所实现的价值增值过程也拓展成价值链式结构,显现出长尾化趋势。

3.服务层次核心化。现代服务外包已经摆脱了传统服务外包只发包企业非核心性服务业务的认识上的束缚,除餐饮外包、电脑修理外包和简单的打字复印外包,把一切核心关键性服务业务也发包出去,如会计管理外包、核心技术设计外包等,国际汽车品牌雪佛兰和国内汽车新秀奇瑞都曾把车型设计委托给外部设计厂商,宝洁、英国石油公司把财务会计、人事管理等部门职能不同程度转移给埃森哲服务厂商,从而使服务外包业务在发包企业的业务位置和受关注程度发生了深刻变化。

4.服务外包离岸化。现代服务外包的发展还呈现出国际化趋势,大量的服务业外包由在岸(On-shoring)向离岸(Off-shoring)发展。国际服务外包把地理位置分散、信息资源互补的国家和区域联系到一起,是深化国际产业分工、优化产业结构的重要手段。进入21世纪以来,不仅全球服务业离岸外包规模迅速扩大,业务外包领域也已经从软件、信息技术服务、医药等高技术行业延伸到商业流程、供应链管理等服务链条的各个环节。不同行业、不同规模的企业都将服务离岸外包作为国际化的重要战略加以实施。基于服务业高附加值的特点,这种由国内到国际的空间拓展,使跨国公司大量配置国际服务业资源,提高了产业利润。与此同时,离岸外包交易方式在不断拓展。传统的外包方式大多限于甲、乙双方之间,即乙企业承接甲企业产品,负责生产加工向甲企业交货。由于承接商的规模不断扩大,渠道增多,大规模的总承包商更多地进行转包、分包,外包业务链条不断扩展。

5.服务水平高端化。服务外包属于广义的服务业,早在亚当·斯密时期,现代意义上的传统服务外包就已经存在。但是,引起理论界广泛关注的是,20世纪80年代以后伴随着IT产业大发展而出现的以新技术、新业态和新服务方式为表现形式的、属于现代高端服务业重要组成部分的现代服务外包,它具有信息技术承载度高、附加值大、资源消耗低、环境污染少、高知识品位、吸纳大学生就业能力强、国际化水平高等特点。由于现代服务外包与IT产业的发展紧密相连,现代服务外包也被称为基于信息技术的服务外包。从外包对象上看,信息革命成果的商业性普及推广,使IT服务以及软件生产成为现代服务外包的主要对象,知识含量高的人事管理、财务会计、研发设计等也成为服务外包的内容,发达国家大型企业节能减排管理也呈现外包化。新兴IT服务和流程外包已形成数以千亿美元的市场规模,并以显著高于GDP的增长速度上升。

（三）服务外包的内容

广义的服务外包指依据服务协议，将某项服务的持续管理或开发责任委托授权给第三者执行的一种管理模式。企业将其非核心的业务外包出去，利用外部最优秀的专业化团队来承接其业务，从而使其专注核心业务，达到降低成本、提高效率、增强企业核心竞争力和对环境的应变能力的目的。

服务外包主要包括信息技术外包、业务流程外包和知识流程外包。

1.信息技术外包。信息技术外包（ITO）是指信息产业的发包企业，在保持产出水平不变的前提下，将其信息系统生产链条中的部分业务分割出来，以合同方式委托给外包企业的运作方式。其内容包括：一是系统操作服务，即银行数据、信用卡数据、各类保险数据、保险理赔数据、医疗/体检数据、税务数据、法律数据等数据（包括信息）的处理及整合；二是系统应用服务，即信息工程及流程设计、管理信息系统服务、远程维护等；三是基础技术服务，即承接技术研发、软件开发设计、基础技术或基础管理平台整合或管理整合等。

2.业务流程外包。业务流程外包（BPO）也叫商务流程外包，是指基于事先定义并且可以度量的绩效指标，把一个或多个 IT 密集的商务流程指派给外部提供者完成，服务提供商相应拥有、调配和管理这些流程。这些流程包括物流、采购、人力资源、财务会计，或者其他行政及面对顾客的商务功能。业务流程外包的发包企业涉及面非常广，包含除信息技术服务业外的所有企业或机构，既包括制造业也包括农业，既包括生产企业也包括服务企业。发包商通过部分服务要素投入的外包，重新构建商务流程结构。由于现代业务流程外包需要现代 IT 技术支持，所以很多内容称为 IT 技术支持服务的业务流程外包，具体包括企业内部管理服务、企业业务运作服务以及供应链管理服务等。

3.知识流程外包。知识流程外包（KPO）是业务流程外包的高智能延续，是 BPO 最高端的一个类别。一般来说，它是指将公司内部具体的业务承包给外部专门的服务提供商。KPO 的中心任务是以业务专长而非流程专长为客户创造价值。由此，KPO 将业务流程外包甚至整个外包产业推向更高层次的发展，更多地寻求先进的分析与技术技能，以及果断的判断。KPO 涉及的领域大多为企业的核心领域，对员工有更高的技术要求，流程高度复杂并且充满了不确定性，工作的执行要求专家们对某一特殊领域、技术、行业或专业具有精准、高级的知识，执行过程和结果较难衡量。具体内容是指客户将知识密集的业务，或者需要先进的研究与分析、技术与决策技能的流程交给第三方来执行，包括专业策划服务、知识产权服务、专业培训服务、政策法规调研等。其他服务项目有：知识产权研究，股票、金融和保险研究，数据研究、整合和管理，分析学（数据分析学)和数据挖掘服务,人力资源方面的研究和数据服务,业务和市场研究(包括竞争情报),工程和设计服务,设计、动画制作和模拟服务,辅助律师的内容和服务,医学内容和服务,远程教育和出版,医药和生物技术,研发(IT 和非 IT 领域),网络管理,决策支持系统(DSS)等。

二、国际服务外包的理论基础

最初对跨国公司外包行为进行解释的是经济学中的新古典理论和新贸易理论,侧重分析经济活动的空间区位分离及通过比较优势、规模经济、学习效应带来的效率水平提升,揭示外包即经济活动空间展开可能带来的生产成本节约。此后,学者们又陆续发展和借鉴了管理学以及其他学科的理论,并将其应用到外包研究中来。大致来看,这些理论按照视角的不同分别阐述,主要包括:经济学视角的理论,即交易成本理论(Transaction Cost Theory)和代理理论(Agent Theory);战略视角的理论,即资源基础理论(Resource-based View)、资源依赖理论(Resource dependency Theory)以及博弈论与拍卖理论(Game/Auction Theory);社会学视角的理论,主要包括社会交换理论(Social Exchange Theory)、制度主义理论(Institutionalism Theory)和权力理论(Power Theory)。此外,还有学者从比较优势理论、核心竞争力理论以及价值链理论等角度展开阐述,有学者从产业发展与经济增长的关系加以论证,有学者从国际生产折中理论和交易成本理论等区位选择理论角度进行阐述。在此,我们主要从交易成本理论视角阐述服务外包的理论基础。

交易成本理论使用非常广泛,其对跨国公司经营过程中出现的联盟、外包以及各种中间组织形式具有很强的解释力和预见性,故而,交易成本理论是目前最经常被使用的解释有关外包安排决策机制的理论,也是公认的从经济学角度评估外包的最主要的理论。

(一)交易特性与服务外包的可行性分析

根据交易成本理论,资产专用性、买卖双方的交易频率及其不确定性是分析通过外部市场进行交易的可行性的关键因素,它们决定了与内部直接控制比较而言的外部市场购买的成本收益,决策者在有限理性和机会主义倾向的假设下选择适当的方式。

跨国公司在具体的经营过程中,要考虑具体的经营环境和资源特征以选择不同的资源获取方式。当跨国公司通过内部化节约的交易成本不足以抵消组织成本的增加时,跨国公司应采取市场或者其他中间组织形态方式获取资源,反之则采取内部化的手段获取资源。

第一,资产专用性水平。企业的服务职能或者服务环节相对制造环节而言更倾向于“自制”,原因是服务环节更为复杂且需要更多的专用性知识。随着企业所处环境的发展变化,服务的资产专用性水平不断下降,从而使服务更倾向于外包。这是由于:①地点特殊性要求下降。企业的服务环节或者服务职能是企业价值链的重要组成部分,一般需要靠近所需服务的客户或企业。由于之前远距离通信和控制技术低下,如果服务提供方离服务接受方空间距离太远,就会造成联系与交易成本过高。因此,一般来说,对服务地点特殊性要求比较高。但随着经济全球化的深入和远程通信和控制技术的提高,地点的特殊性要求下降,企业服务提供地的选择范围大大扩展。②有形资产专用性下降,具体来说就是服务执行的前提限制(例如满足服务提供所需的硬件和软件)稳步下降。一些离岸服务外包的基础设施日益完善,提供服务所需的硬件和软件设施的专用性水平不断下降。③人力资本专用性日益降低。人力资本的专用性主要体现在两个方面:一方面是语言技能,另一方面是专业技能。在一些离岸国家,雇员的语言技能日益提高,使语言不再成为障碍。

第二,交易频率。所谓交易频率是指双方交易的次数。交易频率高倾向于“自制”,交易频率低则倾向于“购买”。企业是采取“购买”还是“自制”取决于初始成本与每次交易费用的比较。当交易双方所从事的交易,其次数非常频繁时,交易双方通常会针对该交易设计一套特殊的交易形态,以便专门处理此项交易,即使交易本身需花费相当多的成本,但仍可以通过许多次交易的分摊,将该项投资成本予以回收。

如今的信息技术和沟通系统改变了服务提供和交易的成本曲线。一旦用于监控和管理系统相关的固定初始成本投入以后,与每次交易相联系的变动成本非常小,以至于与固定成本相比可以忽略,每次交易的成本主要是固定成本的分摊部分。由于外部服务提供商具有规模优势,相对于企业内部提供,能以更低廉的成本提供相同的服务,因此,越来越多的跨国公司选择将服务外包出去。

第三,不确定性。服务主要有外部环境的不确定性和内部不确定性两种。外部环境的不确定性是指市场变化和不可预测的程度,包括技术、定价、关键合作伙伴以及市场中断的风险。内部不确定性包括两种类型:不能明确知道所需以及不确定供应商能否按照承诺达到要求。

第二次世界大战以后,全球大多数国家政治稳定,将发展的重点放在经济发展上,基础设施和法制环境建设日渐完善,并且努力与国际标准接轨,大大降低了国际服务外包的宏观环境的不确定性。信息技术的发展,大大降低了外包过程中的信息不透明和非对称性,客观上降低了内部的不确定性。

服务外包作为一种降低成本、获取全球竞争优势的有效手段，日益受到企业的关注，跨国公司纷纷采取这种模式。随着外包的增加以及许多咨询公司对外包服务的专业指导和咨询，服务外包无论是在决策还是在执行过程中都日渐成熟，风险控制环节的作用不断增强，执行过程中的风险和不确定性也不断下降。

第四，交易费用。企业之间建立起长期外包关系，有助于降低费用和提高收益。因为基于长期的合作关系，双方往往信息传送比较流畅，因此，搜集接包对象的费用大为降低。这种长期稳定关系也有助于降低各种履约风险，即使在交易中出现了一些纠纷，外包伙伴往往为了长远的考虑，会选择谈判的方式解决，尽量避免再次从市场寻找伙伴的交易成本。从交易主体来看，与外包企业的合作使得双方通过这种沟通与协调方式增进了彼此的了解，一定程度上提高了双方的"组织学习"能力，降低了"有限理性"可能带来的风险。同时，交易双方的长期合作关系极大程度地抑制了机会主义行为，因为这种合作关系可能不只是单对单的，目前联合外包非常普遍，机会主义作风往往带来的是整个行业的排斥。因此，这种合作关系会使因道德风险而产生的交易费用降到最低程度。从交易特性的三个特点来看，通过将非核心业务分包给外部企业，企业就可以使用伙伴企业的人力资源等专用性资产，只需支付较低的可变成本即可。交易的不确定性和市场的多变性以及交易主体的有限理性，很容易导致"机会主义"行为。通过建立长期的合作伙伴关系，显然可以减少信用危机的产生及降低相关费用。所以，从交易的过程、主体和特性各个因素来看，外包可以减少交易费用。总之，采用外包，能避免交易中的盲目性，减少搜寻信息的成本；能够降低讨价还价的成本；能有效地节约交易中的监督执行成本，并减少因机会主义行为而发生的成本；有利于提高双方对不确定性环境的应变能力，降低由此带来的交易风险。

（二）国际服务外包与交易成本

日益降低的资产专用性水平以及交易费用的下降使服务购买决策更可行。跨国公司最终决定是否采用外包决策还取决于外包带来的生产成本的节约与外包导致的交易费用以及其他成本的增加二者之间的比较。一般来说，国际服务外包增加的成本主要有以下几项：

第一，移交成本。将原本由企业内部提供的服务职能或环节转而由外部供应商提供，所造成的隐蔽成本是非常高的，特别是涉及转移给国外的供应商时，这种隐蔽成本更为突出。移交不是简单的交接，而是接包方的熟练运用。内部员工花费时间帮助接包方的过程造成了移交成本。成本来自合同履行的最初阶段,外包商无法快速掌握企业的业务。企业业务越复杂,其移交成本就越高。

第二,特殊困难。尽管专用性水平和交易费用的降低促进了组织间交换,但就离岸外包来说,还是有一些特殊的困难。例如会产生一些交流障碍,这些障碍的产生源于文化差异、口音和语言技能、当地商业标准与规章制度等,会增加服务业务离岸的交易成本。

第三,由于时区不同所导致的协调障碍(Cannel,1999)。时区是一柄“双刃剑”,既可以提供不间断服务,但也增加了与其他时区人员交流的困难。

第四,更换外包商的成本。这种隐性成本是更换外包商或重新将业务职能收回到企业内部所带来的成本。企业决定将业务外包出去,一般都是长期行为,不会随便更换或自己进行整合。但如果必须要进行外包移交,就要寻找外包商、签订新合同以及负担转移资源的费用。如果必须将业务收回到企业内部,就需要负担从头建设的业务费用。

第四节　国际服务贸易的发展

一、全球国际服务贸易发展

国际服务贸易是在一个国家内的服务经济基础上,通过服务业的国际化和国际分工而发展起来的。它首先是为国内的人(法人或自然人)提供各种服务以获得报酬,随着经济生活的国际化和国际分工的发展,各国经济活动的相互依赖,各国的服务业随同其他生产要素共同国际化了。

国际分工和合作是导致国际服务贸易产生和发展的基本动因。在国际贸易中,早期是以货物贸易为主,并追加一些必要的服务,如运输、仓储、运输器械维修、商业、饮食业等。这些服务贸易在国际贸易中的比重实在是非常微小,还不能称为国际服务贸易。真正称得上国际服务贸易还是从中世纪开始。西方国家大规模的国际服务出口开始于 15 世纪,伴随着哥伦布 1492 年发现新大陆,资本主义殖民性质的大规模移民得到进一步发展,当时,服务输出主要以移民形式出现。到 19 世纪后半叶,随着垄断资本主义的形成和发展,这样的国外输出日益扩大。

从工业革命开始到第二次世界大战之前,也是国际服务贸易发展的重要转折时期。伴随着工业革命,分散而脆弱的商品经济向以社会化大生产为基础的较发达商品经济过渡。每一个国家的这种经济演进过程都不可能超越这个阶段而进入更高阶段,所不同的是,各个国家在完成这一转变时往往面临着特定的国际经济政治环境和国内自然经济基础所带来的特殊问题,因而常常采取适应本国政治经济制度的政策体系去引导转变。一般的规律是:这一转变的发生和持续,要以商业革命为先导。商业革命对这种转变有两方面的贡献。

第一,商业革命的完成,实际也就是完成资金的积累。

第二,商业革命使大批原先根本不提供商品或仅创造少量商品的产业和行业进入商品生产大军的行列,因而也就建立了新的商品交换体系和劳动交换体系,并为新的社会分工系统和新的区域经济格局的形成奠定了基础。工业革命的发生、发展过程是与交通运输业和邮电业的发展变化相联系的,这一时期也是服务经济的突出膨胀时期。

(一)战后国际服务贸易的发展

1.国际服务贸易的发展阶段。第二次世界大战后世界经济的发展分为三个阶段,即从20世纪40年代到20世纪70年代初为第一阶段,20世纪70年代初到20世纪80年代末是第二阶段,20世纪80年代末至今是第三阶段。

战后第一阶段是世界经济处于恢复和发展的阶段,这一阶段也正是第三次科技革命的产生和发展时期,因此整个世界经济发生了极大的变化,第三次科技革命使生产率得到极大提高。20世纪70年代初到80年代末,世界经济经历了一个调整期。自20世纪70年代起,主要资本主义国家进入了长达十几年的“滞胀”阶段,但国际贸易增长很快,特别是国际服务贸易。这期间,劳务输出、技术贸易、国际旅游、银行保险等服务部门发展得特别快。从20世纪80年代末至今,国际服务贸易继续保持增长,其增长速度高于世界货物贸易增长的速度。

2.国际服务贸易的发展结构与特征。国际服务贸易在全球的发展特征体现在如下方面:

(1)全球服务贸易总体规模发展迅速,但有反复。服务可贸易性提高,服务贸易加速发展,但近两年有所下降。服务贸易已成为当今国际经济中发展最为迅速的领域。1980—2014年,全球服务贸易总额从7 674亿美元扩大到96 021亿美元,是1980年的12.5倍。2012年后,周期性和结构性因素共同导致了贸易增长减缓。2010—2014年,世界商业服务贸易的进口增长率和出口增长率分别为7%和6%,而同期商品贸易进口增长率和出口增长率分别为5%和6%。2014年全球服务贸易进出口额分别为4.78万亿美元和4.94万亿美元,之后连年增长。但受新冠肺炎疫情及多种因素影响,2020年全球服务贸易进出口总额同比下降20.6%。其中,进出口额分别为4.68万亿美元和4.99万亿美元,同比分别下降21.3%和20.0%。2015—2020年世界服务贸易的发展情况见图1-8。

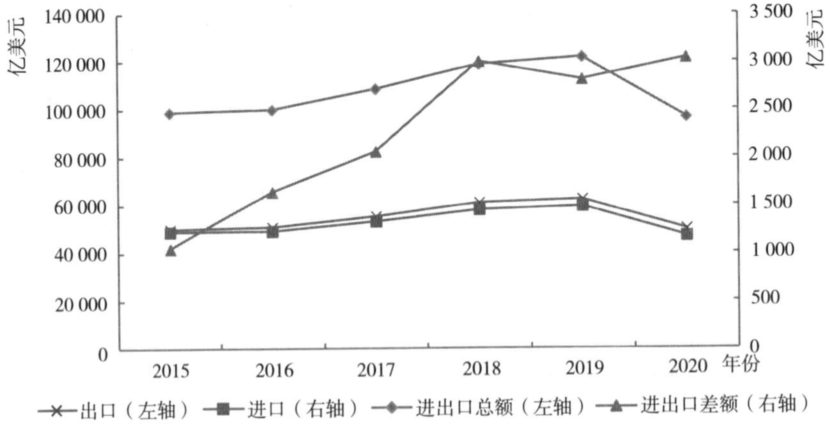

图 1-8　2015—2020 年世界服务贸易额变化趋势

资料来源：WTO International Trade Statistics Database.

(2)发达国家在国际服务贸易中仍占有主导地位，发展中国家地位不断上升，新兴经济体表现突出，呈现较强的集中性特征。从世界服务贸易进出口总额来看，2020 年，世界前 10 位国家依次为：美国、中国、德国、爱尔兰、英国、法国、新加坡、荷兰、印度和日本。发达国家主导全球服务贸易格局的态势并未改变，见表1-2、表 1-3 所示。

表 1-2　　2020 年世界服务贸易总额前 10 名　　单位：亿美元

排名	国家/地区	服务贸易进口额	服务贸易出口额	服务贸易进出口总额	服务贸易差额
1	美国	4 603. 01	7 056. 43	11 659. 44	2 453. 42
2	中国	3 810. 88	2 806. 29	6 617. 17	-1 004. 59
3	德国	3 088	3 106. 61	6 194. 61	18. 61
4	爱尔兰	2 957. 45	2 627. 04	5 584. 49	-330. 41
5	英国	2 047. 48	3 424. 39	5 471. 87	1 376. 91
6	法国	2 316. 64	2 455. 78	4 772. 42	139. 14
7	新加坡	1 726. 89	1 875. 64	3 602. 53	148. 75
8	荷兰	1 692. 52	1 866. 44	3 558. 96	173. 92
9	印度	1 539. 25	2 032. 53	3 571. 78	493. 28
10	日本	1 845. 31	1 602. 87	3 448. 18	-242. 44

资料来源：WTO International Trade Statistics Database.

表 1-3　　2020 年世界主要服务贸易经济体进口、出口贸易额及排名

单位:亿美元,%

排序	出口				进口			
	国家	出口额	占世界比重	同比增长率	国家	进口额	占世界比重	同比增长率
1	美国	7 056.43	14.2	-19.5	美国	4 603.01	9.8	-22.1
2	英国	3 424.39	6.9	-15.5	中国	3 810.88	8.1	-23.9
3	德国	3 106.61	6.2	-10.4	德国	3 088	6.6	-16.8
4	中国	2 806.29	5.6	-0.9	爱尔兰	2 957.45	6.3	-11.0
5	爱尔兰	2 627.04	5.3	6.0	法国	2 316.64	4.9	-14.2
6	法国	2 455.78	4.9	-16.5	英国	2 047.48	4.4	-26.2
7	印度	2 032.53	4.1	-5.4	日本	1 845.31	3.9	-10.5
8	新加坡	1 875.64	3.8	-13.6	新加坡	1 726.89	3.7	-17.1
9	荷兰	1 866.44	3.7	-32.3	荷兰	1 692.52	3.6	-36.3
10	日本	1 602.87	3.2	-22.7	印度	1 539.25	3.3	-14.2
	世界	49 853.29	100	-20.0	世界	46 815.35	100	-21.3

资料来源:WTO International Trade Statistics Database.

从国际服务贸易国别来看,美国服务贸易的进出口额基本上位居世界首位。20 世纪 70 年代以来,绝大多数年份的美国货物贸易均有大额逆差,服务贸易却在较快增长中保持了连年顺差。美国是当今世界最大的服务进出口国,美国国际服务贸易的进出口额在世界的排序均处于第一,且服务贸易有巨额顺差;进口和出口服务贸易位居前 15 位的国家中,除美国外,欧洲国家最多;2020 年,中国服务贸易进口位列第二、出口位列第四,是服务贸易逆差额较大的国家。近年来,欧洲和亚洲的国际服务贸易规模占了全球近 70%的份额。

从表 1-2、表 1-3 可以看到,2020 年各主要国家服务贸易总额、进口额和出口额的国家排名并不完全一致。出口额前十位的国家分别为美国、英国、德国、中国、爱尔兰、法国、印度、新加坡、荷兰和日本。进口额和出口额前十位国家占世界服务贸易进口额、出口额的比重分别达到 54.6%和 57.9%,呈现较强的聚集性特征。美国服务贸易进口额、出口额均排名第一,服务贸易顺差 2 453 亿美元;中国服务贸易发展迅速,进口额排名第二,出口额排名第四,贸易逆差逾

1 000亿美元;英国服务贸易出口额排名第二,进口额排名第六,顺差 1 376.9 亿美元;德国服务贸易进口额、出口额均排名第三,顺差 18.6 亿美元;印度服务贸易进口额排名第十,出口额排名第七,贸易顺差为 493.3 亿美元①。

(3)世界数字服务贸易对服务贸易的贡献度逐年增加。全球数字服务贸易稳步增长,在服务贸易中主导地位逐步显现。2019 年全球数字服务出口规模达 31 925.9 亿美元,占服务出口的 52.0%,占全部出口的 12.9%。2010—2019 年数字服务贸易、服务贸易、货物贸易年平均增长率依次为 6.1%、5.0%和 2.5%。数字服务贸易在服务贸易中的核心地位得到确立和巩固,于 2015 年首次超过 5 成,2010—2019 年数字服务贸易在服务贸易中的占比从 47.3%上升至 52.0%。数字服务贸易驱动全球贸易向服务化方向发展,2010—2019 年服务贸易在全球贸易中的占比从 21.0%上升至 24.9%,提升 3.9 个百分点。相比服务贸易、货物贸易,发达经济体在数字服务贸易领域具备更明显优势。2019 年,发达经济体数字服务出口规模达 24 310.0 亿美元,在全球数字服务出口中的占比达 76.1%,超过其在服务贸易和货物贸易中的占比。美欧主导全球数字贸易市场,2019 年,美国、英国、爱尔兰、德国、荷兰等 5 国在全球数字服务出口中的占比近 5 成,其中仅美国占比就达到了 16.7%②。

(二)现代国际服务贸易迅速发展的原因

随着科学技术的发展,世界正向知识经济迈进,资本和劳动力从物质生产领域向服务领域的转移加速,从而促进社会分工深化,服务贸易由此向多元化、集约化方向迅速发展,进入现代服务贸易发展阶段。现代服务贸易得到迅速扩张并形成宏大规模的主要原因有以下五个方面。

1.服务输出的产生和发展是世界经济发展不平衡规律作用的结果。在服务输出和发展的诸因素中,经济是第一位的。由于世界经济发展不平衡,加深了国际分工,各国之间的贸易就相应发展。首先是货物贸易的发展。随着世界商品贸易的发展,与其相关的国际服务业也得到迅速的发展,这是因为商品贸易的进行需要靠服务去完成。同时,在对资源的商业开发所需的劳动力不足时,就自然要在商品流通的行业中加上劳动力的流动,即购买国外服务。

世界经济发展的不平衡,使得各国经济发展水平的差距拉大,再加上各国自然资源及劳动力分布不均,导致各国对服务的需求量不等,发达国家和较富裕国家对国外服务的需求增长很快。

2.服务输出是社会生产力发展和产业结构调整的结果。生产力发展水平不

① WTO International Trade Statistics Database.

② 中国信息通信研究院. 中国数字经济发展白皮书(2020 年). 2021-04-25.

同，劳动力素质不同；为了发展生产，求得生存，必然要求劳动力在国家（或地区）之间流动。各国和各地区之间生产力发展水平的不平衡就决定了它们在整个国际经济体系中占有不同的位置，这种既有区别又有联系的国际分工促使国际服务贸易成为必要和可能。

另外，产业结构调整也使境内服务输出迅速增长。在当前的国际产业结构大调整中，发达国家将许多组装业、制造业向发展中国家转移，充分利用这些国家和地区丰富而廉价的劳动力资源，这也使得那些发展中国家获取了巨额的外汇服务费用，并形成大规模的境内服务输出。

同时，战后跨国公司的兴起促进了服务贸易的发展，“企业移民”成为服务跨国流动的常见形式①。

3.科学技术促进了服务贸易的繁荣。人类社会发展至今共发生了三次重大的科学技术革命，每次科技革命都极大地推动了社会生产力的发展，同时也使服务输出产生一次飞跃。特别是战后的第三次科技革命，更是加速了科技人员和其他服务的国际流动。科技进步推动了生产的自动化、机械化，对发达国家工人的文化水平要求愈加提高，而发展中国家的一些科技人员和普通工人也因本国的经济落后、待遇低，希望去发达国家寻找工作机会来改善工作条件和生活水平，这就促进了科技和其他服务人员的流动。另外，发达国家随着科技进步加速，急欲转移已淘汰的技术，并伴随“企业移民”的过境而向发展中国家提供服务，由此促进了服务人员在全球范围内的移动。

科技的发展，带来了电信服务业的迅速扩展。电信服务业自身作为核心服务，随着计算机技术的进步，在国民经济建设和发展中发挥着关键性的作用。各国普遍使用电信服务，如利用现代化的通信网建立网络信息系统，搜集国际服务市场动态的情报资料，设置专门机构进行可行性研究，并对本国的服务出口决策者提供指导，加强对服务人员的培训，以提高本国人员素质，适应国际市场的需要②。

此外，电信服务作为其他服务的传递和提供手段，其自身的技术进步也带来了整个服务业的革命。如电信服务业所带来的数据处理服务、软件服务、办公自动化服务和制造设计服务、研究开发服务、消费者服务等的迅速增长，促进了整个国际服务贸易的繁荣。特别是严重依赖于电信服务的银行、保险业的繁

---

① 所谓“企业移民”，是指发达国家或比较发达国家，包括新兴工业化国家和部分技术较先进的发展中国家及地区，把自己已淘汰的技术设备以投资的方式转移到另一国进行生产，从而带动向外输出的服务人员。这些服务人员，一部分长期居住在国外，而多数人则是工作一段时间后就返回国内。这些服务人员和技术、资本服务是作为一个整体向外输出的。

② 不少国家，特别是发达国家直接通过电信网向境外提供服务，如GATS中第一类中的“过境服务”贸易就是该类服务。

荣,又进一步促进了国际服务各项目的发展,强化了金融服务作为其他服务的“黏合剂”和“催化剂”的作用。

4.经济全球化促进了国际服务贸易的发展。世界经济中的全球化和区域化发展态势,减少了贸易壁垒,极大地促进了全球和区域内服务贸易的增长。

5.各国在金融、税收、法律方面的优惠和保护措施,直接推动了本国服务输出发展的规模和速度。此外,在外交和贸易谈判方面,各国也积极与有关各方进行利益平衡交易协商,扩大服务贸易向国际市场的渗透。

6.在全球数字经济蓬勃发展的大背景下,基于数字技术开展的线上研发、设计、生产、交易等活动日益频繁,极大促进了数字服务贸易的发展,数字贸易推动全球贸易向数字服务化方向发展。

在数字服务领域,五大关键基础性数字服务可能对未来数字贸易发展产生较大影响:一是云存储和计算服务为服务的上线、上云提供支持,推动形成“云端经济”生态,催生出众包、云外包、平台分包等新模式新业态。二是数字平台服务是数字经济和数字贸易高效有序运转的重要支撑,其提供了一种将有关当事人聚集在一起在线互动的机制,为数据、商品和服务的供需对接,以及研发、设计、制造等的分工协同提供支持。三是人工智能服务推动数字服务智能化发展,提升数字服务自动化、智能化水平。四是5G网络服务催生新应用场景和数字服务需求,推动新的数字服务产业出现、发展和全球化分工。五是区块链服务构筑安全、可信贸易环境,为数据、数字产品和数字服务的贸易提供保障。

据WTO预计,到2030年数字技术将促进全球贸易量每年增长1.8%到2%。随着新一代信息技术的发展与全球价值链的深度融合,数字贸易已经成为驱动全球经济增长的新引擎。

总之,各国提供服务存在的比较优势差异是国际服务贸易展开的基本原因。服务贸易的范围从高技术的电信业到一般技术的手工印刷业,范围极广,不同的国家在不同的行业有比较优势。一般而言,实物资本与运输服务的优势直接相关;人力资本和电信服务基础设施与保险、银行、信息、咨询等专业经济服务的优势息息相关;旅游优势则在较大程度上取决于自然资源和国内的电信、交通、旅馆等基础设施的发展。各国输出其优势服务,输入劣势服务并发展劣势服务业已成为各自的努力方向。因此,服务的跨国流动成为现实,服务贸易由此展开、发展并形成规模而日趋繁荣。

近年来,各国尤其是发达国家采取向服务业倾斜的产业结构调整策略,使服务业在本国经济中的地位不断上升;信息技术革命降低了信息传递、获取和处理成本,也使一些原本不能转移或贸易的服务产品有了转移或贸易的条件;密集和通畅的网络连接打破了贸易的空间限制,推动了远程办公、远程服务等;

为了应对全球市场竞争，跨国公司不断调整资源配置和公司经营战略，按照成本和收益原则剥离非核心的后勤与生产服务业务，服务外包成为各个企业降低成本的有效途径；在 WTO 制度框架及多边贸易体制下，各国在服务领域的开放度不断提高，服务贸易壁垒逐步降低，使跨境经济活动的制度交易成本大大降低。

全球经济复苏进程加快、新一轮产业变革特别是数字经济的蓬勃发展将推动全球服务贸易的持续增长。新兴经济体有望成为拉动服务贸易增长的主要引擎，数字技术将推动新兴服务贸易加快发展，交付模式不断创新，全球服务外包市场将继续快速发展。同时，全球服务贸易也将面临贸易保护主义等方面的严峻挑战。

（三）国际服务贸易市场及其发展趋势

1.现代国际服务贸易市场。国际服务贸易市场是世界各国进行服务交换的场所，是整个国际市场的一部分。自 20 世纪 80 年代开始，大量的国际贸易都是在一些大公司的控制下进行的，但市场仍然是国际贸易的重要媒介。对于国际服务贸易市场，从不同的角度可以有不同的划分，如按国家的发达程度，可以分为发达国家市场与发展中国家市场；从行业角度可以划分为国际金融服务贸易市场、国际电信服务市场、国际运输服务市场等；从地理位置出发可以划分为欧洲、亚洲、北美洲市场等。

2.现代国际服务贸易市场的发展趋势。由于服务业与国家主权、社会文化目标、经济目标密切相关的独特性质，国际服务市场的变化、发展与世界政治、经济形势的格局息息相关，从一个侧面反映着世界政治、经济的发展趋势。随着世界经济向着知识经济方向发展，国际服务贸易发展日新月异，特别是随着多边服务贸易谈判把服务贸易作为新的谈判议题，并且将它与货物贸易在战略地位上并行，更促进了其发展，令它成为世界各国普遍关注的热点领域。

总体而言，当代国际服务贸易市场呈现出以下发展趋势：

（1）目前正经历着一场服务经济的革命。20 世纪 90 年代以来，一种新型经济即知识经济出现。知识经济是以知识为基础，人力资本和技术是知识经济增长的主要推动力，高技术产品和服务部门是知识经济的支柱，强大的科学系统是知识经济的坚强后盾。在这场新经济革命中，人类对体力劳动的需求正在逐步减少，而在这场革命中所涌现出来的新的服务经济行业中，大多数人要靠服务工作谋生。

（2）服务贸易的国际化和全球化。20 世纪 90 年代以来，随着国际贸易流量的增大和跨国公司的不断成长，服务部门的国际化速度大大提高了。这种发展受到了信息技术的极大影响,信息技术既加快了服务的可贸易性,又方便了向国外市场提供服务。这种发展也带来了经济规模的扩大,使跨国公司扩大产品经营范围的能力大大提高。特别是金融、信息和专业范围领域里的跨国公司,是许多不同服务部门的重要供应者,它们的业务在迅速扩张,可以在全球范围内出售其服务。这种发展态势的主要动因是:

第一,跨越国界的数据流动和世界范围内信息网络的出现,使得凡入网的公司便有能力提供超出传统服务部门的各种服务。

第二,要求跨国公司扩展其经济业务,以便能为客户(主要是其他跨国公司)继续提供服务,这特别适用于从事保险和银行业务的那些公司。这种国际商业支持系统不断扩张的现象也涉及广告公司和专业服务领域,如会计、法律和咨询服务等行业。

第三,少数跨国公司在世界市场上提供服务的能力在不断增强,这反过来又会促进国际服务贸易的发展,最终将导致跨国企业集团的进一步发展。

(3)国际服务贸易市场贸易壁垒重重,但正向自由化方向发展。1995 年 1 月 1日正式生效的《服务贸易总协定》(GATS),在世界范围内正式推动实施服务贸易自由化的进程,通过服务贸易的逐步自由化来促进所有贸易伙伴的经济增长和提高发展中国家的经济发展水平,并通过不断进行多边谈判,将世界服务贸易的自由化程度推进到一个新的阶段,扩大了服务贸易的市场准入。

(4)国际服务贸易市场呈现多元化趋势。服务贸易市场多元化表现在以下几个方面:

第一,地理位置分布多元化。各大洲基本上都形成了自己的服务市场。

第二,服务贸易内容多元化。随着科技进步,新的服务业不断出现,原先认为是"不可贸易"的服务项目,现在进行国际交换也已成为可能,而且传统的服务内容也在进一步扩展。

第三,贸易形式多元化。仅 GATS 规范的国际服务贸易就有过境交付、消费者移动、商业存在和人员移动四类方式,包含的项目成百上千。

第四,贸易国家多元化。各国都在全球范围内寻求服务的供给,并以自己的服务优势向外输出。典型的是:发达国家不仅输入普通的服务人员,而且对于高附加值服务及其人员的需求也日益增加。

(5)服务外包发展迅速,前景广阔。近年来,随着跨国公司的战略调整以及系统、网络、存储等信息技术的迅猛发展,由信息技术外包(ITO)、业务流程外包(BPO)、知识流程外包(KPO)组成的服务外包异军突起,基于服务外包的国际产业转移已成为未来经济全球化中的一个基本趋势。

发达国家和地区是主要的服务外包输出地,美国、欧洲和日本占全球服务外包市场规模的90%左右。发展中国家是主要的服务外包业务承接地,近年来承接服务外包的发展中国家数量激增,其中,亚太地区是全球最具吸引力的服务外包投资地,中国、印度、菲律宾承接了全球服务外包60%以上的份额。拉美的巴西、墨西哥等国也是世界上重要的服务外包承接国。

伴随着服务外包总量的扩大,服务外包领域也日益扩展,新的服务外包领域在逐渐形成,服务外包市场多元化发展趋势明显。特别是近年来信息技术及网络技术的发展,使服务外包所需的技术水平逐渐提高,全球知识密集型服务外包兴起。许多公司不仅将数据输入、文件管理等低端服务转移出去,而且还将风险管理、金融分析、研究开发等技术含量高、附加值大的业务外包出去。目前全球服务外包涉及的范围已由传统的信息技术外包和业务流程外包拓展到金融、保险、会计、人力资源管理、媒体公共管理等多个领域。随着IT业与金融业的交叉和融合,两者以相互结合的方式强化了服务外包的离岸趋势。从市场结构来看,全球服务外包业务正逐渐从“最基础的技术层面的外包业务”转向“高层次的服务流程外包业务”,虽然传统的ITO外包发展依然良好,但BPO和KPO外包增速迅猛,正在成为发展的主流。

(6)数字贸易在五大领域的应用初见成效。一是在制造领域,服务型制造是制造与服务融合发展的新型制造模式和产业形态,服务要素在投入和产出中的比重不断增加,扩大了制造业数字服务的进出口需求。二是在商务领域,跨境电商生态中产生了一系列数字服务和数字服务贸易,如数字平台服务、市场信息服务、支付结算服务、物流信息服务等。三是在金融领域,金融科技应用了大量互联网、大数据、区块链、云计算等数字技术和服务,国际结算、支付等跨境金融服务因此呈现高度数字化特征。四是在传统服务领域,在线教育、在线医疗快速发展,为消费者提供更多服务选择。五是在生活娱乐领域,在线视频、游戏产业初具规模,全球数字版权交易稳步增长①。

二、中国服务贸易发展状况②

(一)中国服务贸易发展的总体规模特征

中国服务贸易起步晚但发展迅速,增长平稳。2000年,中国服务贸易规模为712亿元,仅为货物贸易的1.8%,到2021年,这一规模已达到52 982亿元,扩大了74倍之多,实现了质的飞跃③。受新冠肺炎疫情冲击,2020年中国国际

① 中国信息通信研究院. 中国数字经济发展白皮书(2020年). 2021-04-25.

② 商务部. 中国服务贸易发展报告(2021年). 2022-09-01.

③ 刘丹鹭. 推动中国服务贸易高质量发展[J]. 中国社会科学网-中国社会科学报,2022-06-01.

服务贸易规模有所下降。2020 年中国服务贸易进出口总额为 6 617.18 亿美元，排世界第二位，比 2019 年减少了 15.70%；2020 年中国服务贸易总额占中国外贸总额的比重为 12.46%，比 2019 年减少了 2.17%。2019 年中国服务贸易出口额为 2 836.0 亿美元，位居世界第四，占世界服务贸易出口总额的 4.7%；服务贸易进口额为 5 014.0 亿美元，居世界第二，占世界服务贸易进口总额的 8.6%。中国近十年来的服务贸易变化情况如表 1-4 所示。

中国服务贸易的国际位次显著提升。根据联合国贸易和发展会议（简称贸发会议或 UNCTAD）数据库的统计数据，中国服务贸易进出口在世界的位次由 2005 年的第七位上升至 2014 年的第二位，并连续六年保持这一名次。2005—2020 年，中国服务贸易进出口总额占世界服务贸易进出口总额的比重由 3.2% 上升至 6.79%，其中出口额占比由 3.2% 上升至 5.63%，进口额占比由 3.2% 上升至 8.01%。

表 1-4　2010—2020 年中国服务贸易进出口情况　单位：亿美元，%

年份	出口额	进口额	进出口总额	较上一年的增长率	年份	出口额	进口额	进出口总额	较上一年的增长率
2010	1 783.0	1 934.00	3 717.00	—	2016	2 095	4 521	6 616	1.15
2011	2 010	2 478	4 488	20.74	2017	2 281	4 676	6 957	5.15
2012	2 016	2 813	4 829	7.60	2018	2 668	5 250	7 918	13.81
2013	2 070	3 306	5 376	11.33	2019	2 836.0	5 014.0	7 850.0	-0.86
2014	2 191	4 329	6 520	21.28	2020	2 806.3	3 810.88	6 617.18	-15.70
2015	2 186	4 355	6 541	0.32					

资料来源：商务部商务数据中心。

（二）中国服务贸易结构特征

中国服务贸易结构不断优化，新兴服务类别进出口额逆势增长。在服务贸易的行业结构类别中，传统服务贸易占比较高，行业之间发展不平衡，但结构处于不断优化中。

2015 年，我国旅游、运输及建筑等传统服务贸易占服务贸易进出口总额的比重超过 70%，知识密集型服务贸易，例如电信、计算机和信息服务，知识产权使用费的占比仅为 5.4%、3.2%。到 2020 年，我国传统领域服务贸易进出口额为 22 923.5 亿元,下降 29.9%,占服务贸易总额比重较 2019 年下降 10.2 个百分点至 50.2%。

剔除受疫情不利影响的 2020 年,2015—2019 年中国知识密集型服务进出口年均增长 11.0%,高出传统服务进出口 9.6 个百分点,对服务进出口增长贡献率达 70.9%。其中,知识密集型服务①出口年均增长 11.4%,高出传统服务出口 9.9 个百分点,对服务出口增长的贡献率达 77.6%;知识密集型服务进口年均增长 10.5%,高出传统服务进口 9.1 个百分点,对服务进口增长的贡献率达 64.3%②。2020 年,我国知识密集型服务领域进出口额 20 331.2 亿元,同比增长 8.3%,占服务进出口总额的比重达到 44.5%,同比提升 9.8 个百分点。其中,电信、计算机和信息服务,金融服务,保险服务,知识产权服务费的进出口额均实现两位数增长,进出口增速分别为 16.0%,15.4%,13.9%和 12.9%。如表 1-5 所示。

表 1-5　　2020 年中国服务贸易进出口情况　　单位:亿元,%

服务类别	进出口		出口		进口		贸易差额
	金额	同比增长率	金额	同比增长率	金额	同比增长率	
总额	45 642.7	15.7	19 356.7	-1.1	26 286	-24.0	-6 929.3
加工服务	1 209.3	-11.8	1 174.8	-12.9	34.5	59.7	1 140.3
维护和维修服务	760.2	-20.4	528.6	-24.7	231.6	-8.2	297
运输	10 434.8	0.2	3 904.1	22.9	6 530.7	-9.7	-2 626.6
旅游	10 192.9	-48.3	1 141.3	-52.1	9 051.6	-47.7	-7 910.3
建筑	2 295.8	-10.8	1 733.6	-10.3	562.2	-12.3	1 171.4
保险服务	1 222.4	13.9	370.9	12.5	851.4	14.5	-480.5
金融服务	507.6	15.4	288.7	7.0	219	28.6	69.7
知识产权使用费	3 194.4	12.9	598.9	30.5	2 595.5	9.4	-1 996.6
电信、计算机和信息服务	6 465.4	16.0	4 191.4	12.8	2 274	22.5	1 917.4
其他商业服务	8 643.2	1.7	5 160.8	2.0	3 482.4	1.3	1 678.4

① 知识密集型服务领域指电信、计算机和信息服务,金融服务,知识产权使用费,保险和养老金服务,个人、文化和娱乐服务,其他商业服务。

② 商务部. 中国服务贸易发展报告(2020 年). 2021-09-09.

续表

服务类别	进出口		出口		进口		贸易差额
	金额	同比增长率	金额	同比增长率	金额	同比增长率	
个人、文化和娱乐服务	298.2	−18.1	90.7	9.8	207.5	−26.3	−116.8
政府服务	418.5	15.3	172.9	62.3	245.6	−4.2	−72.7

数据来源:国家统计局。

(三)中国数字服务贸易发展特征

在数字服务领域,《全球数字贸易与中国发展报告》(2021年)显示,随着5G、云计算、人工智能、大数据等数字科技的加速创新,中国作为数字贸易大国的地位正在逐步巩固,出口列全球第八,进口位列全球第七,数字贸易指数列全球第九,是唯一进入全球数字贸易发展前十位的发展中经济体。2020年中国数字经济发展规模为39.2万亿元,占GDP的比重接近40%。

数字技术极大地改变了服务贸易的发展趋势,培育了服务贸易新业态①。中国信息技术服务的云化发展趋势凸显,2020年,信息技术服务实现收入49 868亿元,同比增长15.2%,增速高出全行业平均水平1.9个百分点,占全行业收入比重为61.1%②。其中,电子商务平台技术服务收入达9 095亿元,同比增长10.5%;云服务、大数据服务共实现收入4116亿元,同比增长11.1%③。

中国可数字化服务贸易出口额总体呈现逐年增长的态势。根据联合国贸发会议数据库的统计数据,2005年中国可数字化服务贸易出口额为173.48亿美元,2015年增加到933.13亿美元,2016—2020年中国可数字化服务贸易出口额从937亿美元增长到1 543.75亿美元。中国可数字化服务贸易出口的国际地位显著提升,2005年中国可数字化服务贸易出口额在世界各国中排第十一位,可数字化服务贸易进口额世界排名第六,2020年中国可数字化服务贸易出口额的世界排名上升至第六位,可数字化服务贸易进口额世界排名第五。

我国“十四五”服务贸易发展规划中,将“数字贸易”首次列入我国服务贸易发展规划。商务部发布的《中国数字贸易发展报告》(2020年)预计,“十四五”时期,我国数字贸易规模将持续扩大,到2025年,可数字化的服务贸易进出

---

① 中国信息通信研究院. 中国数字经济发展白皮书(2021年). 2021-12-09.

② 工业和信息化部. 软件和信息技术服务业统计公报(2020年). 2021-03-31.

③ 同上。

口总额超过4 000亿美元,占服务贸易比重达到50%左右。

案例一

“十四五”服务贸易发展规划发布
——首提“数字贸易”,建立数据资源产权等制度规范

据商务部官网2021年10月19日消息,商务部等24部门近日印发《“十四五”服务贸易发展规划》(以下简称《规划》)。

该《规划》是商务领域重点专项规划之一,是国家“十四五”规划和2035年远景目标纲要在服务贸易领域的具体化。《规划》明确了服务贸易“十四五”时期发展的目标,并对2035年远景目标进行了展望,提出深化改革开放、加快数字化进程、优化行业结构、完善区域布局、壮大市场主体、深化对外合作六项重点任务。

《规划》首次将“数字贸易”列入服务贸易发展规划,明确未来一个时期我国数字贸易发展的重点和路径。

据中国信通院政策与经济研究所发布的《数字贸易发展白皮书》(2020年),数字贸易本质是贸易方式数字化和贸易对象数字化。其中:贸易方式数字化是指数字技术与国际贸易开展过程深度融合,带来贸易中的数字对接、数字订购、数字交付、数字结算等变化;贸易对象数字化是指以数据形式存在的要素、产品和服务成为重要的贸易标的,导致国际分工从物理世界延伸至数字世界。数字贸易发展特征是以安全有序跨境数据流动为驱动,以平台和平台的服务体系为支撑,以全球性数字化生态为发展方向。

据世贸组织预计,到2030年数字技术将促进全球贸易量每年增长1.8%~2%。随着新一代信息技术的发展与全球价值链的深度融合,数字贸易已经成为驱动全球经济增长的新引擎。

《规划》提出顺应经济社会数字化发展新趋势,抢抓数字经济和数字贸易发展机遇,发挥新型服务外包创新引领作用,加快推进服务贸易数字化进程。

《规划》要求,完善数字贸易促进政策,加强制度供给和法律保障。积极支持数字产品贸易,为数字产品走出去营造良好环境。持续优化数字服务贸易,进一步促进专业服务、社交媒体、搜索引擎等数字服务贸易业态创新发展。稳步推进数字技术贸易,提升云计算服务、通信技术服务等数字技术贸易业态关键核心技术自主权和创新能力。

数字贸易通过数据流动,强化各产业间知识和技术要素共享,促使制造业、服务业紧密融合,带动传统产业数字化转型。因此,数字贸易必然面临着暴涨

的数据量,对数据监管提出了更高要求。

《规划》指出,积极探索数据贸易,建立数据资源产权、交易流通等基础制度和标准规范,逐步形成较为成熟的数据贸易模式。同时,提升数字贸易公共服务能力,建立数字贸易统计监测体系,加强国家数字服务出口基地建设,布局数字贸易示范区,加强数字领域多双边合作。

其中,数字贸易示范区依托于国家数字服务出口基地,在数字服务市场准入、国际规制对接、跨境数据流动、数据规范化采集和分级分类监管等方面先行先试,开展压力测试,培育科技、制度双创新的数字贸易集聚区。开展数字营商环境评价,复制推广先进经验和做法,充分发挥示范区的辐射带动作用,引领我国数字贸易蓬勃发展。

近年来,我国发力数据监管领域,已先后通过或落地《个人信息保护法》《数据安全法》及其相关配套法律法规等。各地亦在紧锣密鼓地完善数据立法体系,持续探索个人信息保护、数据分类分级、数据确权、数据跨境等一系列议题。

《规划》也指出,建立健全数字贸易治理体系。要求加强数字贸易治理,在数字贸易主体监管、个人信息保护、数据跨境流动、重要数据出境、数据产权保护利用等领域,及时出台符合我国数字贸易发展特点的政策法规。加强各部门协调联动,推出系统性综合举措。充分利用区块链、云计算等技术手段,加强风险防范,提升数字贸易治理能力和水平。

此外,在深化服务贸易对外合作方面,《规划》还提出要积极参与重点领域国际规则制定。这其中就包括在推动跨境数据流动、完善数字知识产权保护和个人隐私保护、建立争端解决机制、加强网络数据安全保护、应对数字贸易壁垒等方面加强探索与合作,主动参与数字治理、数据安全、数字货币等国际规则和标准制定等。

资料来源:https://new.qq.com/rain/a/20211020A06JTA00.

案例二

上海自由贸易试验区——提升服务外包产业水平的新平台

建立自由贸易试验区,是贯彻落实“四个全面”战略布局的重大举措。2013年9月18日,国务院批准建立上海自由贸易试验区。2015年3月24日,广东、天津、福建自由贸易试验区获批,意味着自由贸易试验区建设再上新台阶,新一轮高水平对外开放和更大范围的改革试点稳步推进。试验区重在制度创新,着力探索金融等服务业领域开放创新发展,形成可复制、可推广的经验,打造中国经济升级版,推动我国进一步融入经济全球化。

服务外包是生产组织方式的深刻变革，已成为经济全球化的新特征，受到普遍重视。历经“十一五”“十二五”时期的快速发展，提升质量和水平成为保持我国服务外包产业持续快速发展的内在要求。自由贸易试验区是新形势下推进改革和提高开放型经济水平的“试验田”，应着力发挥试验区在制度创新、重点业务发展、渠道开拓、市场布局、营商环境构建等方面的多重作用，有力推动我国服务外包产业发展水平的提升。

一、本质——制度创新提升服务外包产业水平

制度创新是自由贸易试验区发挥平台作用、提升服务外包产业水平的根本所在。试验区着重在政府职能转变、管理模式创新、贸易和投资便利化方面积极探索。

在投资便利化方面，实施负面清单管理模式和外商投资备案管理制度，创新企业境外投资管理方式。在贸易便利化方面，探索建立具有国际先进水平的监管制度。

服务外包产业是依托于新兴科技革命成果迅速发展起来的新业态，国际化水平高、竞争比较充分、创新驱动发展特征明显，对管理体制机制创新提出了更高的要求。企业通过到试验区内设立分支机构或直接注册，有利于释放快速兴起的服务外包产业的发展活力。

一是服务外包企业到试验区设立分支机构，如“服务外包交易促进中心”，可以进一步提高项目承接和境外市场开拓能力。

二是在试验区内设立的境内外服务外包企业可以更好地开展竞争与合作，“引进来”与“走出去”更好地结合，更充分地利用国际国内“两种资源、两个市场”。

三是贸易便利化等领域的创新将有助于推动文化创意、动漫设计、生物医药等领域服务外包业务发展，提升我国服务外包产业在研发设计等高端环节的竞争能力。

四是跨境电子商务等的发展，将带动信息技术运营和维护、电子商务平台建设、数据处理、供应链管理、采购服务等服务外包业务的发展。

五是金融领域的开放创新发展将为金融服务外包带来重要机遇。

二、核心——扩大服务外包产业重点领域

加强对接自由贸易试验区服务业扩大开放领域及政策举措研究，明确试验区内服务外包业务发展的重点领域，是发挥试验区平台作用的核心。

《国务院关于促进服务外包产业加快发展的意见》(国发〔2014〕67号)明确了未来几年服务外包产业的发展导向。要同步推进信息技术、业务流程和知识流程外包服务，着力发展高技术、高附加值服务外包业务，促进其向产业价值链高端延伸。自由贸易试验区制定了服务业扩大开放的领域和措施,在金融服务、航运服务、商贸服务、专业服务、文化服务、社会服务六大领域暂停或取消投资者资质要求、股权比例限制、经营范围限制等。

三、重要契机

服务业领域的扩大开放,直接为相关领域服务外包产业发展带来了重要契机。试验区开放发展的综合优势,将有力地促进高技术、高附加值服务外包业务发展。

在信息技术领域,包括软件定制、互联网、信息系统运营与维护、在线视频服务等;在商业咨询领域,包括投资咨询、法律咨询、专业调查等;在金融领域,包括分析与预测、应用系统开发、资金结算等;在生物医药领域,在创新样品进口备案制度基础上,施行生物医药研发耗材免征关税制度等,将加快生物医药研发、化学合成药研发、新型疫苗研发、工程技术孵化等;在文化创意领域,将促进数字可视化研发、影视音像制作、动漫设计等;在人力资源领域,将推动人力资源规划与培训、绩效和福利管理等,扩大国际国内人才交流与合作,尤其是探索产业发展的中高端人才供给机制;在业务流程领域,促进业务流程设计、营销方案策划等综合解决方案开发;在电子商务领域,将促进流程设计、运营及维护,促进跨境支付、跨境物流、跨境信用、跨境信息安全等支撑系统开发;在医疗服务领域,将促进远程诊断、保健咨询等的发展。

四、关键——提升服务外包产业渠道开拓能力

发挥自由贸易试验区的综合优势,加快建立自主可控的营销渠道,有助于提升我国服务外包产业发展质量和水平。经过初期的高速发展,我国服务外包产业已经进入量质并举新阶段。

当前,国内工资水平等要素成本上升、国际上行业竞争加剧,都要求我国服务外包产业提升发展质量和水平。从人均营业额来看,我国与印度仍有较大差距,究其原因,制约我国服务外包产业发展的重要因素之一就是营销渠道欠缺、营销能力不强。

建立自由贸易试验区,将鼓励跨国公司入区建立亚太地区总部或区域性总部,整合贸易、物流、结算等功能。这样有助于我国服务外包企业与跨国公司交流与合作,提高跨国公司服务外包业务市场开拓能力。

同时,我国服务外包企业入驻园区后,能更便利地“走出去”,建立营销网络和研发中心,加强对海外市场特点的调查研究,提升市场细分和定位能力,逐步探索建立自主渠道,提高独立开拓国际市场能力。

五、支撑——扩展服务外包产业市场布局

随着自由贸易试验区扩区及扩围,发挥自由贸易试验区的平台作用,将推动我国服务外包国际市场多元化战略和国内市场布局优化，促进我国服务外包产业持续快速发展。

新设立的自由贸易试验区原则上以上海自由贸易试验区试点内容为主体，结合地方特点和国家战略需要，研究充实新内容。新近获批的广东、天津、福建自由贸易试验区，分别立足于面向港澳深度融合、京津冀协同发展、深化两岸经济合作，并对接国家“一带一路”倡议。

通过自由贸易试验区这一重要平台，在密切与跨国公司合作、巩固发达国家市场的同时，加强与台港澳等周边地区业务合作，夯实我国服务外包产业发展的已有市场，着力提高服务外包高端业务比重。

如中国香港的离岸服务外包就定位于高端服务，包括影视音像、软件信息、娱乐文化、动画制作、商业设计、法律服务、会计服务、金融服务等，密切与“一带一路”沿线国家和地区联系，积极开拓新兴市场。

目前，上海、广东、天津自由贸易试验区与长三角、珠三角、环渤海及京津冀等产业集聚区契合，福建自由贸易试验区与海西经济区紧密衔接，可以更好地发挥自由贸易试验区的平台作用，辐射带动在岸服务外包业务发展，进而推动服务外包产业发展成为产业转型升级的有力支撑。

从近年来我国国际服务外包业务发展来看，新兴市场业务发展迅速。据商务部统计，2014 年我国承接“一带一路”沿线国家服务外包合同金额和执行金额分别为 125 亿美元和 98.45 亿美元，同比增长 25.2%和 36.3%。2015 年 1～2 月，我国承接“一带一路”沿线国家服务外包合同金额和执行金额增速均高于全国平均水平。

随着在岸潜力的逐步释放，近年来我国在岸服务外包业务发展速度明显加快，成为服务外包产业持续快速发展的新动力，服务外包在推动经济增长、支撑产业升级、促进外贸发展方式转变、加快现代服务业发展、扩大就业领域作用日益凸显。

六、保障——构建国际化营商环境

建立与国际接轨的营商环境是推动服务外包产业可持续发展的重要保障。

事实上，营商环境是制约我国服务外包产业提升质量和水平的重要因素之一。国发〔2014〕67 号文件明确要求，建设法治化营商环境，研究完善服务外包产业的法律体系，促进产业发展和规范经营行为。

建立自由贸易试验区，就是要培育国际化和法治化营商环境，率先建立符合国际化和法治化要求的跨境投资和贸易规则体系，并更好地为全国服务。

自由贸易试验区将深化行政审批制度改革、创新政府监管体系、积极探索建立健全社会信用体系、实施企业年报公示和经营异常名录制度、建立健全信息共享和综合执法制度、建立社会力量参与市场监督制度、探索建立专业监管制度、建立健全安全审查和风险防控制度等。企业经营将获得更大自由度和便利化，大大降低企业营运成本。探索出台投资、知识产权保护、争端合理解决等方面更具可操作性的制度。国际化、法治化、规范化的营商环境既能有效推动试验区内服务外包企业发展，也对构建服务外包产业法治化营商环境具有示范和借鉴意义。

总之，自由贸易试验区作为新形势下推进改革开放的重大举措，将为促进我国服务外包产业提升发展水平提供一个重要平台。各级服务外包业务主管部门、服务外包示范城市、服务外包企业及有志于发展服务外包产业的地区应该密切关注自由贸易试验区发展动向，加强研究，及时借鉴和推广有助于促进产业发展的新经验，尽快将服务外包产业提高到一个新水平。

资料来源：李西林.自贸试验区：提升服务外包产业水平的新平台[J].服务外包，2015(5)(http://tradeinservices.mofcom.gov.cn/g/2016-05-16/280273.shtml).

第二章 服务贸易的基本理论

相对于有形商品贸易理论长期研究所形成的较为完整和系统的理论体系而言，服务贸易的内涵和外延、理论框架及研究方法等问题均在探讨之中①。

第一节 服务的价值论

在经济学的古典经济学派中，价值理论处于一个重要的地位。自从经济学产生以来，伴随着各学派不同的研究视角，在价值理论方面形成了不同的理论体系，主要有劳动价值论、生产费用价值论、效用价值论和均衡价值论等。马克思继承并发展了劳动价值论，其他学者也分别从不同角度提出各自的观点。

一、研究服务价值理论的基本原则

研究服务价值理论对促进经济学学科建设和服务业的发展，有着重要的理论意义和实践意义，应把握好以下两个原则。

（一）应以服务产品理论充实和重新构建服务贸易的理论

以服务产品的理论充实和构建服务贸易理论，我们要做到以下几点：

---

① 自20世纪80年代以来，发达国家的服务业发展十分迅猛，发展中国家的服务业也有了长足的发展，服务贸易持续超过商品贸易的增长，一些国家已经步入以服务业为主的后工业社会。这说明随着整个世界经济和产业结构的发展，国际服务贸易将逐渐成为国际贸易价值流量的主要组成部分，应成为理论分析的重要对象。为此，各国学者都越来越重视对服务贸易理论的研究。

1.克服思维定式,树立新的产品观。辩证唯物主义指出:理论由实践赋予活力,由实践来修正,由实践来检验。马克思主义政治经济学是科学,就必然要随着实践的发展而发展。因此,要正视服务业迅速发展的现实,克服只从工农业出发考虑和分析经济问题的思维定式,树立服务是现代社会产品重要组成部分的新观念,打破传统政治经济学"唯物质产品观"的束缚,以服务产品理论充实社会产品、使用价值、商品观念,丰富劳动价值理论、资本和剩余价值、资本循环和周转、社会再生产等理论,通过对实物产品和服务产品运动中呈现的经济现象和经济关系的分析,揭示新的经济规律,建立适应三大产业发展需要的新的政治经济学理论体系。

2.要树立包括有形产业和无形产业在内的新产业观。服务业概念虽是西方经济学家提出的,但它反映的是全人类共有的经济发展趋势、产业兴旺发达和需求层次演变的顺序。服务业生产的服务产品已成为世界经济体系中比重越来越大的部分,不能因为马克思没有使用过服务业概念,就对服务业是否符合马克思政治经济学的基本原理持怀疑态度。其实,马克思虽然没有把服务业作为《资本论》的系统研究对象,但他在《剩余价值理论》《资本论》及其手稿中,对涉及服务业的基础理论,如运动形式的使用价值,服务消费品,服务的功能、特点、生产公式、发展趋势,非实物产业的划分等方面的问题均做过原则性的提示。这对树立新的产品观和产业观、探索服务业的运行规律、促进产业结构的合理化和高级化,均有着重要的现实意义。

3.克服凝固化态度,树立新的价值观。对服务业的研究,我们要克服将马克思的原著当作解决现实问题的灵丹妙药和现成答案、不敢越雷池半步的思想凝固化状态,根据现实状况研究问题,做出新概括,树立实物劳动和服务劳动都创造价值、服务产品具有价值的新观念。也就是说,必须克服"重物质生产、轻服务生产"的偏见,树立科学、技术、信息、服务等非实物使用价值均是财富的观点。

(二)以非实物产品理论为基础建立服务产品"四环节"理论

根据服务产品理论,服务业既然生产出具有使用价值和价值的服务产品,那么,在服务业乃至社会经济领域中,自然也就存在着以服务产品运动为轴心而形成的服务产品的生产、服务产品的流通、服务产品的分配和服务产品的消费,这被简称为服务"四环节"。

在以往的研究中,生产、流通、分配和消费是以实物产品为对象的,即物品在生产领域生产出来,被分配给其生产者,投入流通领域进行交换,最后被消费掉。然而,物品的生产、流通、分配和消费并没有囊括社会上所有的生产、流通、分配和消费现象,实物产品只是社会产品的一部分(随着社会的发展,其比重在下降),在实物产品之外,还有表现为无形产品的服务产品。服务产品不能由自然界恩赐,只能由人类生产,它同样要被分配给社会成员,投入流通领域进行交换,并被人们有目的地消费。因此,在第一、第二产业实物产品的生产、流通、分配和消费之外,还存在着服务业的生产、流通、分配和消费,这是两类针对不同对象的"四环节"。前者以实物产品的运动为轴心,后者以服务产品的运动为轴心。随着服务业在经济生活中比重的上升,长期被忽视的服务产品运动的"四环节",应该通过服务业经济学加以系统的探讨。

服务"四环节"理论对于加快发展服务业具有重要的理论和实践意义,这体现在以下几个方面:

第一,服务"四环节"理论既是服务业概念的延伸,又是它得以完整、科学地确立的根基。如果服务产品的生产、流通、分配和消费范畴不确立,服务业的"产业性"就失去了支撑点而缺乏逻辑严密性和科学性。因此,如果说非实物产品理论是服务业经济学的理论基石的话,那么,服务"四环节"理论则是服务业经济学的主体,它有助于认识服务业无形产品的运动引起的一系列新经济现象、新经济关系,并从中寻找有助于服务业发展的规律性。

第二,服务生产观通过突破传统的狭义生产观,确立服务生产就是对非实物形式的劳动成果的创造,是服务劳动过程和服务价值的形成与增值过程的统一的观念。这使人们认识到服务业的发展绝非再分配第一、第二产业创造的价值,而是为社会财富的增长做出重要贡献。因此,要研究服务劳动过程的特点和服务价值增长的规律性,加快服务业生产的发展,扬弃忽视服务业生产状况的工农业总产值指标。

第三,服务流通观的确立使人们认识到服务业流通问题的存在及其重要性,将流通理论的着眼点从第一、第二产业扩展到服务业,关注包括服务差价、服务比价、服务与货物比价体系在内的服务业价格体系,研究服务业流通中的服务供求关系及其规律,并将社会再生产和流通的宏观平衡的关注点从农、轻、重扩展到三次产业的内部和外部。将比重日趋增大的服务业因素引入流通理论的研究中,有利于运用市场经济的方法推进服务业的自我完善、自我发展和社会主义市场经济体制的建立。

第四,对服务分配理论的分析,阐明服务业分配是对服务业生产的服务产品的占有过程,并使人们清晰地认识到服务业中的市场分配方式、半市场分配方式和非市场分配方式在导向平等与效率目标方面的不同特点,有助于明确服务分配方式的改革方向。它对服务业分配水平的制约因素及其变动机制的揭示,有助于正确解决服务业分配水平的问题。

第五，对服务消费理论的探讨使人们明确服务消费的概念、属性和方式，认识服务业的服务消费对社会产生的协调、效益、闲暇、福利和稳定等功能，有助于从理论上掌握加快发展服务业的重大战略意义。另外，对服务消费结构的定性、定量分析和预测，对于以市场消费需求为导向发展我国服务业、选择战略重点、确定发展力度，也有很大的实践意义。

二、服务的价值属性

（一）关于产品价值论的主要论述

劳动价值论的基本特征是将劳动视为商品的内在属性，价值是一种特殊的社会生产关系。劳动表现为价值，是由“消耗在物上的劳动的一定社会方式”决定的。马克思劳动价值论的一个本质的特征就是将价值的本质归结为特殊的生产关系。

对于价值是由什么创造的，目前学术界有不同的观点：

一种观点是坚持劳动价值理论的传统边界，对只有“物质生产劳动”才创造价值的论点持肯定意见。它认为劳动创造价值有两个必要条件：一是创造出物品；二是用于交换。按此看法，只有工农业劳动才创造价值，所有服务行业都不创造价值。即便是被马克思明确列为“第四个物质生产部门”的运输、通信业，由于不直接制造出有用物品，也不创造价值。

另一类观点也对只有“物质生产劳动”才创造价值的论点持肯定意见，不过，它看到了上述矛盾，试图在一定限度内扩大劳动价值论的适用范围。该类观点认为，除了工农业等直接生产物品的劳动创造价值外，间接生产物品或提供某种能量的服务行业，诸如商业、餐饮、修理、运输、通信等行业，只要其劳动与某种物品或能量“挂钩”，其结果体现为某种物，都可列入创造价值的行列。至于劳动结果不体现为某种物的服务行业，如科、教、文、卫、体等，则不创造价值。这类观点实际上还是把生产物品（只是扩大到间接生产）看成创造价值的试金石，故其论点从本质上说与前一类是一致的。

还有学者认为，劳动创造价值的两个条件应是：

其一，创造出使用价值（不论是实物形式的还是非实物形式的）。

其二，用于交换。

据此，三大产业的所有劳动，无论是工农业劳动，还是服务劳动，只要它们能创造出用于交换的使用价值，就是创造了价值。因此，不仅应承认工农业创造价值，商业、餐饮、修理、运输、通信等行业创造价值，而且应特别强调，劳动结果不体现为某种物的服务业，如科、教、文、卫、体等同样创造价值。本书秉承这种观点来进行阐述。

（二）对服务产品的价值分析

服务劳动价值论是传统劳动价值论的自然延伸。既然服务业提供的非实物劳动成果也是一种产品——服务产品，既然这种产品具有非实物使用价值，那么，只要服务产品是为交换而生产的，它作为用于交换的劳动产品，就是商品，也就具有使用价值和价值二要素。

服务产品的价值就是凝结在非实物使用价值上的、得到社会表现的一定量的抽象劳动。这是因为，作为人类抽象劳动时间的凝结，服务劳动同样形成价值。私人劳动和社会劳动的矛盾使生产服务产品的劳动取得社会形式，从而表现为价值，服务产品与实物产品不能按异质的使用价值量，而只能按其中凝结的同质的抽象劳动量进行交换，从而以价值为尺度决定其交换比例。

可以说，服务价值产生的原因在于它的服务劳动的凝结性、社会性和抽象等同性。

理论上，服务产品的价值量构成可包括如下三个方面：一是不变资本 C，包括燃料、物料、辅助材料价值及工具和设施折旧费等；二是可变资本 V，这是服务劳动者必要劳动所创造的价值；三是剩余价值 M，这是服务业乃至整个社会发展的基础。

实践中，对服务产品价值量的确定是十分困难的，一般可将服务产品分为重复生产型和创新生产型，分别确定其价值量。

1.重复生产型服务产品的价值量决定。诸如运输、旅游、医疗、教育、文艺演出、生活服务等是不断重复生产的，属于重复生产型服务产品，它们的价值量是由生产该项产品所耗费的社会必要劳动时间决定的，具有可重复性、不可扩散性和独享性。要消费这类产品，必须拥有其物质载体——服务过程，非拥有者不能分享其使用价值，这就决定了社会有必要重复、大批量地生产同类产品。因此，随之而来的也有各不相同的个别劳动时间。这是因为：第一，服务劳动过程主观条件即服务劳动者是有差别的；第二，服务劳动过程的客观条件即服务生产资料的装备水平也有差别。

2.创新生产型服务产品的价值量决定。科学发明、设计、文艺创造等服务具有创新性，它们之所以是成果，就在于其独创性，在于它们首次反映了人类以前未曾认识的某项客观规律、某种表现形式。创新型服务产品又具有扩散性和共享性，其价值量由最先生产出这种产品所耗费的个别劳动时间决定。创造性劳动具有独创性、新颖性和开拓性，其劳动内容和形式尚未在社会范围内扩展，故它具有三个重要特征：一是创造性劳动的最终效果与劳动过程耗费的时间无直接关系;二是创造性劳动的范围仍然相当广泛,它或者以独立的形态存在,或者与一般性劳动相结合,即在一般性劳动中含有新的创造性劳动;三是从事创造性劳动的单一劳动者主体很难具有可换位性。

创新生产型服务产品是创造性劳动的产物,并且它的价值衡量需要通过市场交换来确定,需要通过对服务产品输入方经济效益的预期来衡量。除了以上分析外,还要考虑到许多创造性劳动的成果——创新生产型服务产品是在前人和当代许多人工作的基础上完成的这一因素。

三、服务的使用价值属性

服务产品只要不是废品,就具有使用价值——非实物使用价值,这是一种不采取实物形式的,与劳动过程紧密结合在一起的,只能在活动状态中被消费从而满足某种需要的使用价值。而第一、第二产业生产的实物产品的使用价值则具有离开生产者和消费者而独立的形式,因而能在生产和消费之间的一段时间内存在,可称为实物使用价值。

可以说,由于服务具备了满足需要、构成财富、交换价值的物质承担者的一般功能,以及能节约劳动时间并密切经济联系的特殊功能,因而它具有使用价值。

(一)服务产品使用价值的形式

服务产品按其使用价值的不同消费功能,可划分为两大类。

1.服务消费品。服务消费品(服务形式的消费品)是满足人的生活消费需要的服务产品。它又分为:一是满足精神需要的服务消费品,主要有教育服务消费品、艺术服务消费品、娱乐服务消费品、信息服务消费品、科学服务消费品;二是满足物质需要的服务消费品,它主要有医疗卫生服务消费品、运输服务消费品、个人生活服务消费品、体育服务消费品、商品服务消费品、金融保险服务消费品。

2.服务型生产资料。服务型生产资料(服务形式的生产资料)是满足人的生产消费需要的服务产品。它又可分为:一是智力型服务性生产资料,满足人在生产消费过程中的智力需要的服务产品,它主要包括科研服务型生产资料、信息服务型生产资料、维修服务型和技术服务型生产资料;二是非智力型服务性生产资料,是满足人在生产消费过程中智力以外需要的服务产品,它主要包括运输服务型生产资料、仓储服务型生产资料、金融保险服务型生产资料、商业服务型生产资料、房地产服务型生产资料。

就服务型生产资料而言,某些服务产品使用价值的消费功能的发挥,可以实现其他产品的生产、分配、交换和消费。例如,商业产品的使用价值就具有实现其他产品的流通的功能,而科研服务产品的使用价值则具有实现其他产品的生产的功能,等等。

(二)服务产品使用价值的特征

1.服务产品具有非实物特性。与实物产品的使用价值不同的是,服务产品的使用价值具有非实物特性。它是一种在活动形态上提供的、不能离开服务劳动者单独存在的、不采取实物形式的特殊使用价值——非实物使用价值。它具有非实物性(不可触摸),生产、交换和消费的同时性,非贮存性,非移动性,再生产的严格被制约性,劳动产物的必然性(不可能是没有花费人类劳动的自然产物),这些是非实物使用价值区别于实物使用价值的重要特性。

人类通过劳动会产生两大类成果:一类是以实物形式存在的实物劳动成果。它具有静止质量(即处于相对静止状态中可以测定的质量)、一定的体积和不可入性(即不同的实物不能同时占有同一空间),都由基本粒子构成。第一产业生产的粮食、棉花、茶叶、牲畜等,第二产业生产的钢铁、机械、电器,以及房屋、煤气、自来水、电力等,都有这些特性。实物劳动成果可称为实物产品。另一类是不采取实物形式的非实物劳动成果。它是无形的,具有一系列非实物属性,如没有静止质量、体积,不由基本粒子构成,具有一定程度的可叠加性(即不同的非实物劳动成果可交织在同一空间)。服务业的司机、店员、教员、医生、演员、导游、律师、话务员等给人们提供的服务,虽然都是客观实在的,人们也能用自己的感官感知其存在,但它们却是无形的,不能像实物劳动成果那样给人们可以触摸的形体。非实物劳动成果可称为服务产品。在社会生产体系中,第一、第二产业主要生产实物产品,服务业则基本生产服务产品。

非实物使用价值也是构成社会财富的重要内容。其原因在于:人们追求财富的目的是获得多样性的使用价值来满足自己多方面的需要,以达到健康、幸福的境界,因而,财富是与使用价值等同的东西。不论财富的社会形式如何,使用价值总是构成财富的物质内容。随着社会生产力的发展,使用价值本身在一个需要和生产的体系中发展起来,因而,财富内容本身及其概念也在发生着变化:农业社会主要以农业使用价值为财富内容;工业社会主要以工业使用价值为财富内容;在现代社会中,满足各种需要的社会财富日益分为以实物使用价值为内容的实物财富和以非实物使用价值为内容的非实物财富两大类,并且后者的比重正在上升。

在消费对象稀缺的条件下,人类为了满足其物质和精神需要,以求生存、繁衍、发展和享受,就必须通过劳动创造出能满足其需要的劳动成果。这种劳动成果就是产品。不管劳动成果是实物形态还是非实物形态，只要它能消除相对稀缺、满足人的需要，达到人类从事劳动的目的，就会被承认为产品。非实物劳动成果，如教育服务、医疗服务、文艺服务、交通服务、旅游服务、信息服务等，都无可争辩地具有满足人多方面需要的功能，并由此与实物劳动成果构成互补或替代关系。

非实物使用价值在市场经济中也是交换价值的物质承担者。因为，价值本质上是商品生产者互相交换劳动的一种社会关系，因此，它必须以劳动产品的交换为前提。而产品只有具有使用价值，才能被投入交换，进而被衡量交换价值，这就决定了价值必须以使用价值为承担者。只要产品的使用价值具有能满足交换对方某种需求的有用属性，使产品能够投入交换，它就可以并且实际上充当了交换价值的承担者。非实物使用价值能实现以上职能，所以它同样可以充当交换价值的物质承担者。

2.服务产品使用价值具有消费替代性、消费互补性与消费引致性。下面分别加以说明。

(1)消费替代性，是指不同产品的使用价值因有相同或相近的消费功能，故可以在生产或生活消费中互相替代的性质。人们消费一种服务产品，就可以同时减少对实物产品的消费，或减少对另外一些服务产品的消费。

(2)消费互补性，是指不同产品由于使用价值的功能不同但有联系，在消费中构成互相依存、互相补充的关系这样一种性质。

(3)消费引致性，是指某种产品的使用价值具有这样一种性质，因为它与其他使用价值在功能上存在着因果链的联系，只要消费这种产品，就将引起以后一系列由此导致的其他产品的消费。

服务产品的使用价值具有消费替代性、消费互补性和消费引致性的根本原因在于，非实物使用价值具有一切使用价值所具有的共性——可消费性。由于服务产品与实物产品功能相近，故可以互换；由于其功能相异而有联系，故可以互补；由于其功能上存在因果链，故可以“引致”。但服务产品的使用价值与实物产品的使用价值不同，服务产品的使用价值具有非实物特性。它是一种在活动形态上提供的、不能离开服务劳动单独存在的、不采取实物形式的特殊使用价值——非实物使用价值。服务产品使用价值可以在下述两种情况下变相“贮存”：在价值形式上贮存，即先将现实的服务产品使用价值转化为价值形态——货币，在需要消费服务产品时，再将货币转化为相应的服务产品（即购买服务产品）；在实物形式上贮存，即将运动着的服务产品的使用价值转化为某种带有服务内容的实物产品，并通过贮存这种实物产品的使用价值，保存与服务产品类似的服务价值，比如通过录音、录像、摄影、记录等，不仅可以“贮存”文娱服务、导游服务，还可以“贮存”教育服务、技术服务等。

3.服务产品使用价值具有非转移性。服务产品使用价值的非转移性，是指服务产品使用价值不可能从产地转移到销地的性质。这个性质使得服务业的生产与消费面临空间上不一致的情况时出现矛盾，这个矛盾必须通过生产者和消费者的相对位移来克服。服务产品使用价值具有非转移性，但其所有权是可以转移的，在它尚未被生产出来时，完全可以通过“订货”使其未来的所有权发生多次转移。

4.服务产品使用价值再生产的被制约性。服务产品使用价值具有再生产的严格被制约性，这是因为实物产品使用价值具有可贮存性、可转移性，使其产品的实现所遇到的矛盾能得到一定程度的缓和。若甲地不能实现，可运到乙地推销；若暂时无法售出，可贮存起来将来再售出。而服务产品使用价值的非贮存性、非转移性，决定了它在生产出来的同一时刻、同一地点，就必须将自己实现为货币，马上实现价值补偿。所以，服务产品使用价值生产积累的可能性较之实物产品受到更多的限制。

四、服务的效用价值论

效用价值论也叫“主观价值论”，它由门格尔、杰文斯和瓦尔拉于1871—1874年先后提出，后由维塞尔和巴维克继承并加以发展。该理论认为，商品的价值决定于“边际效用”①。

（一）效用价值理论

效用是人的劳动所创造的福利。财富是已积累起来的效用，它可以贮存起来以供将来之用，其期限可以超过所有者或受益人的寿命。那么，效用的反面是无效用，无效用也是人的行为的一种结果，它可以使财富减少，从而降低人的福利。

效用只有当生产者或所有者在市场上进行交易时，才能变成价值，而无效用只有对那些必须让渡福利以作为获取价值的条件的人，才能变成成本。

效用的表现形式有一个历史的演变过程。在缺乏语言和书写工具的漫长历史岁月里，从一个时期到另一时期，从一代到另一代传递效用的唯一方法是采取有形的形式。因此，效用的概念很自然地就同有形商品的所有权相联系。

随着文字的出现，以及记录和传播思想的实用工具的发现与运用，它们本

① 效用是消费者主观上感觉到的商品满足其欲望的能力，边际效用是消费者每增加消费一个单位商品所增加的效用。边际效用决定该商品任一单位的价值。

身就变成了财富的来源。比如书本、磁带、磁盘、录像带等，它们带给人们的效用已大大超过其自身的物质价值。

（二）服务效用价值理论

在现代经济社会中，服务的生产活动和商品生产活动一样，都可以为人们创造财富，带来福利和效用。

服务可创造效用，如果它可以用价格表示出来，并在市场上出售，便产生了价值。要注意的是，服务所产生的总效用与其市场价值之间的关系并不是十分确定的。如果效用被看作所有生产活动的最终目标的话，即所有有形与无形产品都可以按照与最终用户的需求有关的简单需求功能来加以合并或结合，那么，总效用可以看作市场价值与有效的外部经济的组合效应，亦即已支付和未支付的效用。比如，知道通过某一乡村的道路可能对某个旅行者具有特殊的效用（走近路可以节省时间，或节省体力等），但并不产生市场价值。一块面包对一个饥肠辘辘之人是有效用的，而且也有市场价值。从广义来说，这两种效用的形式几乎是一样的，因为两者都产生福利，但从具体情况看，知道某人走过的路的价值包含诸多因素，而不单是只满足一个人的胃口。因此，在对服务进行分析时，必须弄清哪些因素是市场价值的主要决定因素，并将其与构成商品市场价值的因素进行比较。

从构成要素看，一般情况下，服务中的人力资本、劳动和实物资本三者所占的比重是不同的，并决定了服务的效用，进而决定了服务在市场中的价值。服务生产中所使用的诸多要素的特殊结构，不仅依赖于这些要素的可利用性及成本，而且取决于所提供服务的性质。因此，某些服务从性质上看属于人力资本密集型，另一些服务则属于实物资本密集型，还有其他一些服务则属于劳动密集型。

从供给特点看，服务生产的特殊模式有别于商品生产的模式。正是在这一点上，服务生产对经济机构之间的关系及社会政治结构产生影响，而这些经济机构要在这种社会政治结构中开展其各种活动。服务的特殊自然属性，一般要求服务的供给者和消费者同时存在并有一个地方进行市场交易，而另一些服务只可以通过通信线路进行输送或通过卫星传送出去。因此，从某种程度上讲，服务生产是一种“个性化”的生产，不像商品那样，生产者与消费者之间的关系完全是非个人之间的关系，我们可以称之为“非个性化”的生产。如果某种类型的服务可以对不同消费者产生出或多或少的同样数量的效用，也就是使服务标准化，而非个性化，那么，只有在这种情况下，才有可能使服务生产获得规模经济效益，因为这种规模经济是对大量生产相同单位产品而导致单位成本降低这一效应的回报。

上述诸多因素的存在,使服务质量存在差别,然而,不同质量的服务究竟能产生多大效用,仍然是无法判断的。对于商品来说,常常会有耐用商品和非耐用商品的区分。非耐用商品(如食物)可在某一时点上或很短的时间周期内产生效用,而耐用商品可在一个长时期内产生效用。如果从效用持续时间的角度考虑,有些服务可以看成是"耐用"服务,有些服务的"耐用性"则给人一种"只可意会,不可言传"的感觉。但更多的服务则是"非耐用"服务。"耐用"服务的典型例子是保险服务。某些服务只表现为"只可意会,不可言传"的"耐用性",是指服务对个人、社会团体和整个经济所产生的不可测度的扩散效应,这些扩散效应可能并不存在市场价值。这便是经济学家所说的"公共商品"、"社会的一般管理费"、正的"外部性"或"无报酬的产出"等。城市公交车服务不仅对公交乘客提供直接效用,而且也对期望找到最终服务需求的潜在乘客提供了可能性。警察的存在作为一种潜在的效用资源,可以给居民带来安全感,这要比捉拿罪犯所产生的直接效用具有更为重要的意义。这些服务的"外部性"实际上也创造了效用,虽不足以用传统定义的价值形式表现出来,却是非常重要的,这就不能不令人们对它在经济发展过程中所作的贡献进行思考。

这样一来,服务的效用价值就由要素的价值(包括知识),以及在不同的经济体制和社会环境中所发挥的功能效用两个部分组成。

进入服务生产的诸要素本身也有有形和无形之分。非熟练劳动和实物资本是有形的单位,其在某一市场上的可利用性是可以比较精确地加以测定的,并受到传统供需理论分析的支配;人力资本不能这样容易地加以测定,但它却起着越来越重要的作用。

服务效用价值的第二个组成部分是服务在经济中所发挥的功能效用。它既可以传递到其他服务产品上,也可传递到有形的财富上去。正如服务产品既可以是中间的,也可以是最终的一样,即服务的功能如果用来增强财富的供应的话,便是中间性的;如果有助于消费者从所购买的商品或其他服务中获得效用的话,便是最终的。然而,服务产品既可以同其他商品或服务互补,又可以替代它们。服务功能从本质上看是同其他产品互补的,因为没有服务,它们传递到这些产品上的效用便不存在。例如,若没有短信服务这一业务,用手机发送短信所创造的效用就不存在。

第二节 服务贸易的比较优势理论

一、服务贸易与商品贸易及要素贸易

以下描述可以帮助我们进一步理解服务贸易的内涵。假设生产活动 $Y=F(X_1,X_2)$，Y 为货物或服务的产出，X_1 和 X_2 代表投入，其中一项属于服务。假设生产出现在 A 国，X_1 由 B 国提供。如果 Y 代表汽车生产，X_2 代表 A 国劳动力，X_1 为 B 国资本。这样，在 A 国有 B 国的外国投资，但没有贸易选择。如果 X_1 代表外国技术诀窍或管理服务，则可以认为 X_1 为 B 国的服务出口。另外一个例子，设 Y 代表理发，X_1 代表来自 B 国的理发师，X_2 表示一间租用的理发店，可认为 Y 是 B 国的理发服务出口，即使这种服务生产实际上发生在 A 国。最后，假设 X_1 为 C 国汽车，X_2 为 A 国汽车特许经销商，Y 为在 A 国销售的 C 国汽车。那么，可认为 Y 为进口商品，即使其价值通过 A 国服务业获得增值。

根据国际贸易理论，考虑一个标准的两种要素、两种商品模型①。假设两种商品 X 和 Y 使用两种要素 K 和 L 生产。两者初始水平上生产函数同质，要素 K 和 L 被混合提供和充分就业。两国间的唯一区别被假定为本国具有相对丰裕的禀赋 K，且 Y 为相对的 K 密集型商品。为简化，假设两国间偏好一致或近似。

（一）纯商品贸易

图 2-1 和图 2-2 要说明的是一种商品的要素服务贸易同样可产生均衡。当一定数量的资本从 H 国移动到 F 国以换取一定数量 X 的交易时，将产生最终均衡点 C，这对于商品贸易和要素贸易也是相同的。

根据以上假设，我们对商品贸易和要素贸易进行分析。

图 2-1 为含有世界总资本和劳动在两国间的分配 E 的要素图。K_h 和 L_h 分别表示国家 H 以 O_x 为原点的资本和劳动禀赋。在图 2-2 中，$T_hT'_h$ 和 $T_fT'_f$ 分别为国家 H 和 F 的生产可能性曲线。货物自由贸易时国家 H 和 F 分别在 C_h 和 C_f 点消费。当国家 F 具有同样的贸易三角时，国家 H 在 C_h 点消费是因为出口 Q_hB 的 Y 以进口 BC_h 的 X。

虽然商品贸易在图 2-1 中没有被作为典型来表述，但也容易理解。由于假设消费相同或相似，包括在两个消费向量中的要素 K 和 L 必然位于对角线 O_xO_y 上，且各国生产价值必须等于消费价值，因此，包含于产品中的要素价值等于包

① 假定贸易等于要素价格。

含于消费中的要素价值。这样,经过 E 点,且以均衡要素价格比率为斜率的直线将给出在 O_xO_y 线上 C 点处两个国家包含要素的消费。

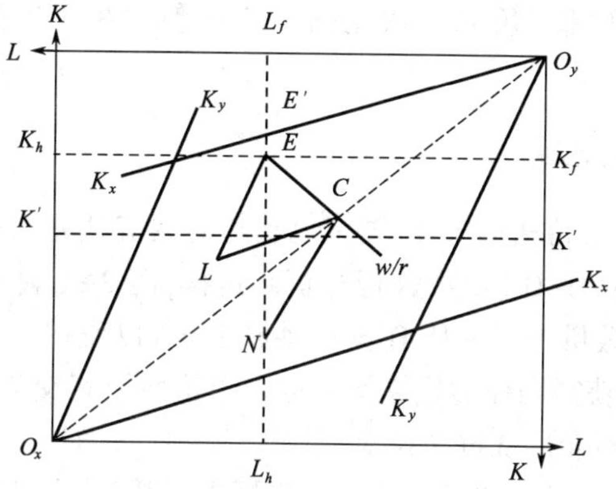

图 2-1 纯商品贸易

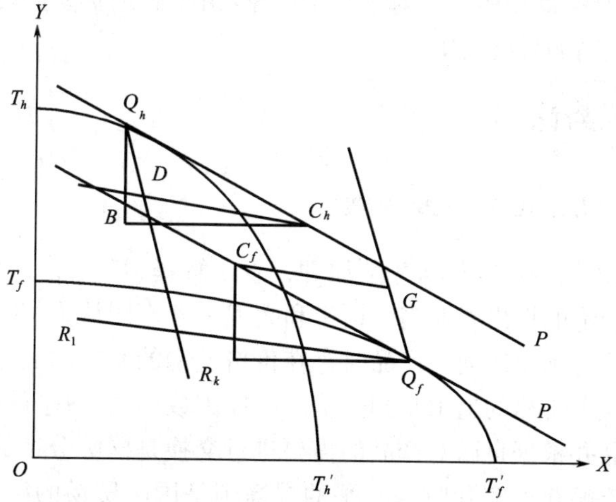

图 2-2 纯要素贸易

在图 2-1 中，K_y 和 K_x 分别表示产业 Y 和 X 的资本/劳动力比率，它们分别对应于图 2-2 中在 Q_h 和 Q_f 点上的均衡生产。通过画出与 K_y 平行的 EL 线和与 K_x 平行的 LC 线，可以确定包含于商品贸易群中的生产要素。这样，EL 线给出图 2-2 中生产 Q_hB 要求的要素向量，LC 线表示生产 BC_h 所需要的要素。从而，图 2-1 中的要素流三角 ELC 决定图 2-2 中包含在商品贸易三角中的要素流动。

（二）纯要素贸易

可以对含有要素价格均等化、要素流动与商品流动完全替代特征的标准赫克歇尔—奥林模型（H-O 模型）进行分析。这样，图 2-1 显示的便不是商品交易，而是如果一定数量的资本从 H 国移动到 F 国，以及一定数量的劳动力从 F 国移动到 H 国，将获得同样的最终均衡点。当这些要素交易时，两国将在 C 点处生产和消费，且不会出现贸易要求。

图 2-2 也能描述这些要素的流动。当资本离开 H 国，H 国沿着图 2-2 中的基线 R_k 从 Q_h 点移动到 D 点，F 国则从 Q_f 点移动到 G 点。当劳动力在基线 R_1 交易时，劳动力从 F 国移动到 H 国，在 H 和 F 国分别用从 D 点移动到 C_h 点和从 G 点移动到 C_f 点表示。新的转换曲线（图中未显示）将与价格线 P 在 C_f 和 C_h 相切。

图 2-1 和图 2-2 表明，纯商品流动和纯要素流动既能够在要素空间中表示，也能够在商品空间中表示。对于两个国家，由于假定贸易使要素价格相等，它们都将给出相同的最终均衡。

二、比较优势论

（一）比较优势论的一般原理

长期以来，传统的比较优势一般原理一直是解释国际贸易成因和格局的最基础方法。该理论的提出者亚当·斯密和大卫·李嘉图认为：劳动生产率的差别或技术差别是各国生产同一产品时存在价格差别的基本原因，这种价格差别及其生产者对较高价格的追求是国际贸易的原因或动力；每个国家专门生产自己有优势的产品并根据自己对产品的需要进行交换是国际分工的结构，各国经过国际贸易都能够获得实际收入水平的提高则是国际贸易的结果。基于获得和维持这一结果的因素，国际贸易得以维持和发展。

上述比较利益实质上是比较两国在生产同一产品时的劳动生产率，从而是劳动力熟练程度在各国的差异。两国在同一商品生产上的劳动生产率差别又进一步表现为，两国在生产同一产品时的相对劳动生产率，即表现为生产某种产品的机会成本的差别。

当一国在两种产品生产上的劳动生产率都高于另一国家时，从相对意义看，该国专门生产其中劳动生产率较高的一种商品时，可以发挥本国劳动力的比较优势，即将本国的生产要素都投入到机会成本比较低的商品生产中，进而通过贸易交换到本国放弃生产的那种产品。相应地，尽管另外一国生产两种产品的劳动生产率都低于前一国，但是它仍然可以专门生产自己（相对于外国）机会成本较低的产品，进而通过交换，获得本国放弃生产的商品。在这里，技术差异——劳动生产率的差异成为各国进行国际贸易和分工的原因，并成为决定各国专门生产某种商品结构的基础。这种贸易和分工使参加国际贸易的双方都获得了利益：对于消费者来讲，其选择商品消费的可能性扩大；对于生产者来讲，其生产商品的效率提高了。

具体来讲，有两个国家（本国和外国）生产两种商品 A 和 B，使用一种生产要素——劳动，两种商品的价格在本国和外国分别为 P_A，P_B 和 $P_A{}^*$，$P_B{}^*$。如果两种商品的劳动生产率在两国存在差异，那么两种商品的相对价格在两国之间不相等，即：

$$\frac{P_A}{P_B} \neq \frac{P_A{}^*}{P_B{}^*} \tag{2-1}$$

在信息完全和不存在交易成本的前提下，一个国家可以通过出口其贸易前相对价格较低的商品、进口其贸易前相对价格较高的商品而获得贸易利益。一个国家的比较优势表现为贸易前相对价格较低的商品。假设 $P_A/P_B<P_A{}^*/P_B{}^*$，那么本国就应该出口商品 A，进口商品 B，另一国则相反。这一比较优势一般原理在阐述各国进行贸易的内在原因时具有广泛的意义，在一定条件下也适用于国际服务贸易。

（二）服务贸易的比较优势

1.比较优势一般原理对服务的指导性。从生产的角度讲，服务和商品都是在一定技术条件下使用各种生产要素生产出来的。如果用李嘉图的术语分析服务的价值，服务应该有三个主要的构成要素：劳动力要素、人力资本要素和实物资本要素。这三个要素及其在服务中所占的比重，决定了服务在市场中的价值。

根据劳动价值论，一种服务的价值（进而是价格）与它的劳动生产率成反比。从国内角度来看，如果服务 A 的劳动生产率比服务 B 的劳动生产率提高得快，那么服务 B 的相对价格就要上升。在国际上，外国生产的所有服务的劳动生产率可能都比本国的高,但只要两国生产率的差异对所有的服务来讲不完全相同,两国之间的服务价格就会产生差异。如果外国生产服务 A 的相对劳动生产率高于本国的,而本国生产服务 B 的相对劳动生产率高于外国的,那么服务 A 的价格在外国相对较低,服务 B 的价格在本国相对较低。一个国家的比较服务优势表现为生产率相对较高的服务。

与商品贸易同理,通过出口其生产率较高的服务,进口其生产率相对较低的服务,可以使参与贸易的每个国家都从中获益。

2.比较优势一般原理指导服务贸易的适应性。由于商品与服务之间存在着差别,所以比较优势的一般原理在国际服务贸易领域的适用性受以下几方面因素的影响:

(1)各国对服务贸易领域多会进行各种形式的干预,这完全不符合李嘉图理论所做的完全竞争市场结构的假设。政府出于各种目的的考虑而对服务领域实行特别管制和市场干预,比如市场准入、许可证制度等。再比如,政府出于保护本国幼稚服务行业的目的而拒绝开放国内的某些服务市场。此外,服务贸易不是通过海关措施,而是通过立法和国内规章来实现管理,也就是说,影响服务贸易的主要因素是国内法规而非关税等措施。可以说,相对商品而言,市场结构和国内管制环境对服务生产与分配的影响更为重要和直接。

(2)李嘉图主要分析商品,但许多服务贸易与外国直接投资密切相关,许多国家对服务领域的国外直接投资的各种担心以及由此而引发的对服务领域的限制政策也会影响到它的适用性。比如在某些服务领域中,如果想有效地在国外市场提供服务,往往需要依靠在国外市场的垄断或商业存在,即设立分公司或其他分支机构,这很可能导致国外政府制定各种限制性政策阻碍其服务商品的提供。

(3)在确定比较服务优势时,对服务生产率的计量很困难。简单地说,生产率指的是投入与产出的比率。如果把劳动作为投入要素,那么生产率就变成了劳动生产率;如果把资本作为投入要素,那么相对应的就是资本生产率。就产出而言,通过其表示方法,即以实物量表示还是以产值表示或是以附加值表示,来区分各自的生产率。在计量服务的生产率时,服务的投入要素较容易确定,但问题的关键在于产出以什么表示合适。比如对教育、医疗、行政机关的服务产出的确定,如果以相对应的数量来表示,就有可能出现降低服务质量的问题。服务领域只有在保证服务质量不变的前提下,才能以量的标准作为生产率指标。因此,服务生产率提高应该以一定质的产出为基准,用同样产出的相应投入(成本)比以往降低多少来衡量。由于服务的生产和消费是同时进行的,所以服务的生产率就必须考虑到服务消费者的直接反应,比如对服务的满意程度

等。具体地讲,计量服务生产率的困难主要体现在以下几点:

第一,服务的实际产出在某些服务领域很难获得。如利用互联网可以使人们迅速获得许多有用的信息资料,学到很多新的知识,但是确切计量使用计算机服务的产出是很难的。

第二,目前已有的计量方法难以用数量方法衡量服务的实际效用。服务对人们的健康、学习、生活等的实际效用究竟有多大贡献,这类实际数据及信息很少,所以很难做出准确判断。

第三,把消费者在服务生产过程中的作用纳入计量模型是一个很复杂的问题。随着高新技术的发明和使用,人们自我服务的范围越来越广,如网上的学习、健康检查等。因此,消费者消费服务的时间就成了服务生产应该考虑的一个重要因素。消费者由于所受的教育、消费的动机等存在差异,在消费服务的时间上存在质量、效用和效率的差别,这些在计量模型中很难体现出来。

上述问题的存在,增加了用李嘉图比较优势一般原理分析比较服务优势的复杂性。尽管服务与商品贸易相对而言有着明显的区别,而且也应该对这些差别给予重视,但比较优势理论强有力的逻辑超越了这些差别。传统比较优势的一般原理是基于这样一个简单的命题:每个贸易者都关注的共同利益来源于使其自身效率更高的行为。虽然解释贸易者拥有比较优势的各种理论未必都正确,但上述命题总是有效的。正如比较优势存在于商品生产中那样,它们也同样存在于服务生产中。

三、要素禀赋论

(一)要素禀赋论的一般原理

瑞典经济学家赫克歇尔和伯蒂尔·奥林从生产要素禀赋的角度对导致国际贸易产生的原因进行了分析。该原理与比较优势论的共同点在于,它们都是以各国生产同一产品的价格或成本差别作为国际贸易的原因和动力。二者的主要不同是,生产要素禀赋论认为现实生产中投入的生产要素不只是劳动力一种,而是多种生产要素,而投入两种生产要素是生产过程中的基本条件。根据他们所提出的2×2×2(两个国家、两种商品、两种生产要素)模型,也称赫克歇尔—奥林模型(H-O模型),在各国生产同一产品的技术水平相同的情况下,两国生产同一产品的价格差来自产品的成本差别,而这种成本差别又来自生产过程中所使用的生产要素的价格差别,这种生产要素的价格差别决定于该国各种生产要素的相对丰裕程度。由于各种产品生产所要求的两种生产要素的比例不同，一国在生产密集使用本国比较丰裕的生产要素的产品时，成本较低，而生产密集使用别国比较丰裕、本国又比较稀缺的生产要素的产品时，成本就比较高，从而形成各国生产和交换产品的价格优势，进而形成国际贸易和国际分工。此时本国专门生产自己有成本优势的产品，而换得外国有成本优势的产品。或者说，国际贸易使参加贸易的国家在商品的市场价格、生产商品的生产要素的价格相等，以及在生产要素价格均等的前提下，两国生产同一产品的技术水平相等（或生产同一产品的技术密集度相同）的情况下，国际贸易决定于各国生产要素的禀赋。各国的生产结构表现为，每个国家专门生产密集使用本国较丰裕生产要素的商品。

具体而言，假设现有两个国家，生产两种商品，使用资本和劳动力两种生产要素。假设两国技术水平相同，市场结构为完全竞争市场，生产要素禀赋的相对差异和各种商品所需生产要素结构比例不同，导致了生产要素价格的差异：资本相对丰裕的国家资本要素的价格较低，劳动力的价格较高，劳动力相对丰裕的国家劳动力要素的价格较低，资本要素的价格较高。由此使得商品的成本出现了差异，进而导致商品的相对价格出现差异：在资本丰裕的国家，资本密集型商品的价格更低些，劳动密集型商品的价格较高；在劳动力丰裕的国家，劳动密集型商品的相对价格较低，资本密集型商品的相对价格较高。这样最终导致国际贸易的产生，两个国家通过分工与交换均可从中获得贸易利益。

生产要素禀赋论假定，生产要素在各部门间转移时，增加生产某种产品的机会成本保持不变。生产要素禀赋论突破了单纯从技术差异的角度解释国际贸易的原因、结构和结果的局限，而是从比较接近现实的要素禀赋角度来说明国际贸易的原因、结构和结果。

（二）要素禀赋论对服务贸易的指导性

两国之间的要素禀赋差异不仅可以说明商品与商品之间的相对价格差异，在普遍意义上讲也可以说明商品与服务之间以及服务与服务之间的相对价格差异。在不考虑技术因素的条件下，服务的成本取决于生产所需要素的密集程度和要素价格：劳动密集型服务的相对价格在劳动力资源丰富的国家较低，在劳动力稀缺的国家较高；资本密集型服务的相对价格在资本丰富的国家较低，在资本贫乏的国家较高。就一般情况而言，一个国家的比较要素服务优势，表现为密集使用其禀赋相对丰裕的生产要素的服务，通过出口密集使用其禀赋相对丰裕的生产要素的服务和进口密集使用其禀赋相对稀缺的生产要素的服务而从中获得利益。在现实生活中，发达国家的资本禀赋较丰裕，欠发达国家的劳动力禀赋相对丰裕，就不同的服务而言，资本密集型的服务在发达国家的相对价格要低于欠发达国家,而劳动密集型服务的相对价格则相反。比如,发达国家在以金融、运输、电信等为基础的资本密集型的现代服务贸易领域拥有比较优势,而发展中国家在以劳动密集型为基础的饮食、劳务输出等服务贸易领域拥有比较优势。

四、服务要素比较优势论的适用性

比较要素服务的优势在一定程度上确实可以用于解释国际服务贸易领域的一些现象,许多经济学家对此进行了论证,而且资本、劳动力等要素依然构成服务贸易比较优势的基本来源,但它也有一定的局限性。

第一,服务要素比较优势的一个重要特点,就是它具有移动性和短暂性。许多服务是人力资本密集型的,比如信息处理、工程咨询等。由于人力资本是通过教育、培训以及研究和开发获得的,因此人力资本所导致的比较优势完全取决于一个国家提供教育、培训和研究与开发等基础设施的能力。同时,与人力资本有关的知识和技能又体现在可以自由流动的人的身上,这些专业人员流动到哪个国家,就可能把相关的比较优势带到该国。另外,当其他国家达到相同的技术水平和教育水平时,高新技术的优势很快就会失去,而他国则通过教育、培训和研究与开发等,也能得到与人力资本、技能相联系的比较优势。

第二,由于知识、技术在服务的生产中所起的作用日益增强,可以说技术已成为服务贸易发展的一个内生变量。技术、管理、知识是现代服务生产与销售的必要因素,知识密集型服务日益起着把技术进步转化为生产力和国际竞争优势的作用,并推动一国服务贸易的比较优势不断发生转移。所以,在服务要素优势中,服务生产所投入的要素,必须突破原有的 H-O 模式,即不仅仅包括传统的劳动力和资本,也应该包括诸如技术、政府管制、竞争策略、人力资源等要素,这些要素同样应该被看作构成服务贸易比较优势的重要来源。

第三,许多服务是作为中间投入(如金融、咨询和电信服务)出现在贸易与非贸易品的生产过程中的,因而出现两个阶段生产函数,先是服务生产函数,再是投入使用的商品生产函数,但这两个阶段要素投入是不同的。如专业服务之间存在巨大差别且往往没有替代品,这些服务生产投入的大多是具体的特殊要素,而传统要素优势论认为生产要素的投入是同质的。

第四,服务贸易的发生往往与要素的移动同时进行。无论是过境交付、商业存在还是消费或人员移动,都要涉及劳动力、资本、信息中的一项或多项移动,因而,服务要素的过境移动通常成为服务贸易实现的要件。相对而言,服务贸易的生产要素移动要比货物贸易频繁得多,这也是该理论要解决的一个问题。

第五,H-O模型主要从供给角度分析国际贸易,但当可贸易服务的生产函数与主要要素投入相结合时,任何国际服务贸易都将依赖于需求因素而不是生产成本,强调的是需求因素导致的成本增量或消费者选择,运输成本、信息成本、服务种类、消费环境、消费者收入及偏好等因素均构成服务贸易的条件。正因为国际服务贸易中服务的生产和消费基本上是同时进行的,因此,在服务贸易生产函数中体现重要的要素投入时,必须考虑到需求因素,要更加注重服务贸易的流向、相关的市场结构以及需求特征,仅仅从资源禀赋角度探讨服务贸易优势是远远不够的。

由于上述种种原因,传统的要素禀赋论不能完全解释服务贸易,但也有许多专家对其现实意义给予了充分的肯定。如萨皮尔和卢茨在世界银行的一份报告中指出,一个国家的要素配置对其在国际服务贸易中的地位有重要影响,原因在于:有形资本禀赋充裕的国家在运输服务业上有比较优势,而人力资本丰富的国家则在保险和其他私人服务业上拥有比较优势。

欣德利和史密斯认为,在理论和经验分析中,没有必要在概念上严格区分商品和服务。从纯理论角度看,应用国际经济的标准模型分析服务的贸易与投资并不存在多少困难,服务贸易研究的主要困难不在于理论而在于测度和统计上。他们的结论是:尽管服务与商品相对而言有显著差别,对这些差别也应给予重视,但比较优势理论强有力的逻辑可以超越这些差别。

第三节　规模经济与不完全竞争理论

目前,学术界对服务业的规模经济与不完全竞争,多数是从生产者服务角度进行研究的,这与生产者服务作为国际服务贸易主流是分不开的。

一、规模经济与不完全竞争理论的基本原理

继古典贸易理论之后,对贸易原因提出新的解释的,主要是从20世纪70年代末发展起来的“新贸易理论”,其主要贡献者是美国经济学家保罗·克鲁格曼(Paul Krugman)。该理论以企业在生产中的规模经济和世界市场的不完全竞争为基础,解释战后增长迅速的工业国之间及相同产业之间的贸易。

新贸易理论的假设条件与古典贸易理论不同:一是假设企业生产具有规模经济;二是假设国际市场的竞争是不完全的。规模经济是指随着生产规模的扩大,其单位产品的平均成本逐步下降,市场需求量会随着价格的下跌而增加。这意味着企业可以通过扩大其生产规模降低商品的单位成本,进而占据竞争的优势地位。

具体而言,在参与国际贸易以前,企业只面对国内有限的市场和有限的需求,由于需求有限制约产量,使得生产成本和产品价格不得不保持在较高的水平上。当企业参与国际贸易时,面对的是国际大市场,需求的增加会使企业降低成本并进而降低价格,从而增强企业竞争力。

企业对规模经济效果的追求,将导致产品在一个行业或产业内排他性的增强,先进入的企业可以通过逐步扩大自己的生产规模形成单位产品的成本优势乃至价格优势,这是一种凭借规模经济效果所取得的市场势力或市场控制能力。此外,琼·罗宾逊认为,尽管理论上假定市场是完全竞争的,但在现实中,大多数的市场是不完全竞争的。这是因为,任何企业都希望通过某种优势获得对市场价格的操纵或控制权,而获得垄断或控制权的便利途径就是生产差异产品。从消费者的角度看,随着收入水平的提高,他们不仅要追求某种消费品消费数量的增加,以提高自身消费的福利水平,还可以通过在多种同类产品的供应中选择最适合本人消费偏好的产品来提高自己的福利水平。因此,在一国封闭经济的条件下,市场不完全竞争的特点表现在:其一,规模经济排除了企业自由进入某些部门的可能性;其二,差异产品意味着企业追求控制产品价格的可能性。这两个方面都打破了原有的自由竞争的市场结构。然而,在一国市场范围内,追求规模经济效果和追求差异产品是矛盾的,因为规模经济效果要求生产大批量、同质产品,从而带来市场价格的下降,而对差异产品的追求却要求生产小批量、异质产品。解决这一矛盾的最佳途径是开展国际贸易。因为国际贸易可以使批量生产的产品分布在不同国家的市场上,从而在每个国家都成为小批量产品,且成为差异产品。

由于工业产品的多样性,任何一国都不可能生产某一行业的全部产品,这就使国际分工和贸易成为必然。但具体由哪国集中生产哪种产品,则没有固定的模式,既可以自然(竞争)产生,也可以协议分工。这种发达国家之间工业产品"双向贸易"的基础是规模经济,而非技术不同或资源配置不同所产生的比较优势。

规模经济和差异产品贸易理论强调,在规模经济下,生产者和消费者对差异产品的追求是国际贸易产生的原因,对规模经济效果的追求,进而对获得超额利润的追求是国际贸易产生的动力①。

新贸易理论的第二个重要方面是相互倾销贸易理论。詹姆斯·布兰德和保

① 这一理论观点还意味着,国际贸易的结构是不确定的,因为建立在规模经济效果基础上的国际贸易暗含着这样两个重要的假定条件:一是各国之间不存在技术水平的差异,二是各国生产要素禀赋不一定存在差异。甚至可以说,在参加贸易国家的生产要素禀赋相同的条件下,国际贸易仍然可以存在。

罗·克鲁格曼指出,寡头垄断厂商为实现企业利润最大化,将增加的产品产量以低于本国市场价格的价格销往国外市场。尽管表面上在国外市场上产品的售价降低了,但从销售所有产品所获利润最大化的角度看,在这种销售不影响其在本国销售的其他产品的价格的情况下,厂商所获得的总利润水平是提高了。同理,其他国家的厂商也会采取同样的战略。这种相互倾销行为所形成的贸易不是由于两个厂商生产了差异产品,而是因为各自对利润最大限度的追求。可以看到,相互倾销贸易理论说明了各国开展对外贸易的原因只在于垄断或寡头垄断企业的市场销售战略。在相互倾销的基础上,国际贸易的利益来自各国企业通过“倾销”所获得的垄断利润和在本国市场上销售价格保持不变情况下所获得的垄断利润总和。

如果说规模经济和差异产品贸易理论开创了新贸易理论的新阶段,那么相互倾销贸易理论将建立在不完全竞争基础上的国际贸易理论推向了更高的层次:即使各国生产的商品之间不存在任何差异,垄断或寡头垄断企业仍然可以出于对最大限度利润的追求,开展各国之间的贸易。

新贸易理论的第三个重要方面是外部规模经济基础上的国际贸易。外部规模经济是指由于企业外部经营规模的优势给企业带来的额外报酬或外在优势。该理论认为,企业是否具有贸易优势的一个原因不在于各国之间绝对的要素优势的差异,而取决于有关部门在某个时点上的发展规模。如果一国在某个行业发展的规模较大,相应地会形成一个行业的规模优势。其具体表现为:该行业有一个可供共同使用的劳动力队伍,它可以调剂各企业间的余缺;行业规模较大,有助于技术的进步和技术成果的迅速普及。总之,一定的行业规模有利于资源或生产要素的共享,从而能够在自身企业规模不变的条件下获取经济利益。

在新贸易理论中,企业的优势表现为两种形式:一是企业的内部规模经济;二是企业的外部规模经济。前者可以使企业自身产生竞争优势,而后者是借助行业优势产生的企业优势,这两种优势都会导致国际贸易的产生。外部规模经济贸易论认为,某些具有要素优势的国家之所以不能在某个行业处于优势地位,可能是因为该国的这个行业还没有发展起来。由此可见,发展中国家需要在政府的干预下获得某种规模经济优势或行业规模优势。

二、规模经济不完全竞争理论与服务贸易

(一)服务、生产及其聚集与分散

就服务贸易而言,生产者服务这种类似要素的服务需求实质上是一种诱

导性需求,即最终商品的需求直接影响着生产者服务的需求。一般货物贸易中的商品通常是先生产后消费,即先存在生产过程和作为生产结果的实物产品,而后再向市场消费者推销。然而,服务通常是"量身定做"的,即要根据消费的不同要求提供质量不同的服务。而且由于服务质量与商品质量相比,更难以形成统一的衡量标准,即服务较商品更难实现标准化,因此,无论对理论研究还是实际应用,服务的需求比服务的供给更为重要①。

首先,生产的发展、生产技术的提高使得生产区段不断分离,生产区段的分离需要以服务纽带作为桥梁来控制和协调彼此之间的活动。服务纽带的发展导致了服务贸易,特别是生产者服务贸易的迅速发展②。

其次,服务部门可以通过内部积聚(内部化)和外部积聚(外部化)两种形式实现规模经济效应。

随着生产的扩张以及社会分工的发展,专业化的生产技术具有越来越重要的影响。生产的专业化与社会分工程度的加深,推动着生产区段的分离。服务业对此起着重要的作用。两个生产区段需要通过服务设施来协调和联结,而两个生产区段活动的联结不可能没有成本,如果各个生产区段的地理位置不同,服务纽带中就应包含运输服务成本,至少有必要对两条生产线的速度、产量和质量做出计划和协调。这些服务纽带体现在每一个生产区段中额外增加的服务设施上。生产区段的分散导致总成本中增加了联结两个生产区段的服务纽带成本。

又假设一国具有对某种商品的总体比较优势,但是,并非国内每个生产区段和服务纽带的成本都比较低,那么,厂商为追求更高效率,将在国内和国外分散生产。

(二)中间投入与规模经济

一般认为,许多进入国际贸易市场的中间产品和生产者服务都可能具有规模经济或产品差异的重要特征,中间产品比最终产品拥有更高的资本密集度,而且许多生产者服务既具有差异特征,也具有知识密集特征,即许多生产者服务都属于智力投入,获取知识时又需要大量的初始投入成本,但在提供以知识为基础的服务时却能以非常低的边际成本提供服务。

也就是说,规模收益递增是资本密集型中间产品生产和知识密集型生产者服务的共同特点,而许多中间产品呈现出差异化或与国内要素互补的特征。在

① 故而,服务贸易理论应着重从需求角度来探讨国际服务贸易的产生和发展,而不应像一般货物贸易那样,主要从商品的供给角度分析贸易的产生和发展。

② 随着信息技术的发展,进行国际化分散生产所需的最小规模越来越小。

包含高度熟练劳动的生产者服务贸易中，相对于初始的固定成本，实际提供服务的边际成本较低，使得服务贸易具有与H-O传统贸易不同的成本特征，并导致专业化程度的提高和国际分工的发展。

（三）专业服务和规模经济

弗兰科斯通过一个具有张伯伦型垄断竞争特征的产品差异模型（一个部分、两个国家），讨论了生产者服务与由于专业化而实现的报酬递增间的关系，以及生产者服务贸易对货物生产的影响。服务部门的专业化导致规模经济效应的出现，专业化应用于生产过程的程度依赖于每个厂商的生产规模，而生产规模又受到市场规模的限制。服务贸易自由化导致服务产品种类增多，生产规模扩大使服务进口国向更专业化生产的方向发展，服务出口国或向专业化，或向非专业化生产方向发展，并使与要素总收益相联系的制成品价格下降。随着本国厂商数量的减少，外国厂商数量逐渐增加，但留存下来的本国厂商的规模较贸易自由化前扩大。

第四节 新经济增长理论与信息服务贸易

新经济增长理论与信息服务贸易是目前国内外经济学家比较关注的问题。

一、新经济增长理论

（一）新经济增长理论的内容

1.新经济增长理论概述。1983—1986年，美国加州大学伯克利分校保罗·罗默以知识的外部经济性、边际收益递增和新知识产出递减三个基本要素[①]，提出了内生的技术变革的长期竞争均衡模型。该模型指出，在一个特定的均衡状态下，人均产出可以无限制地增长，甚至可能持续地以一定比率单调增长。在不断增长的资本存量中，投资率与资本报酬率可以不断增加而非递减。知识积累导致技术变革，因而知识积累构成经济长期增长的原动力。对知识（信息资源）的投资具有自然的外部效应：由于传播成本远远低于生产成本，知识不可能完全保密，但可以无限地以线性增长。消费品的生产是知识及其他投入品的函数，且边际收益递增，但对科研等知识生产部门的投资增加却伴随着新知识的

① 按照索洛的理论，发达与欠发达国家之间除了在人力资本和非人力资本领域的差别外，几乎没有什么差别。然而，世界经济近几十年发展的事实并非如此，发达与欠发达国家之间的差距不仅仅表现在这些方面，更重要的还体现在知识与信息方面。

产出递减,因而消费与经济增长的速度不可能太快。

内生的技术进步增长模型由四个基本投入要素组成:以消费品单位衡量的资本、以劳动者数量衡量的劳动力、以劳动者知识的积累效应衡量的人力资本,以及技术水平指数。其中,人力资本属于竞争性知识的组成部分,技术水平指数属于竞争性技术内容,因而可以无限增长。该模型假设技术变革构成经济增长的核心,在相当程度上技术变革是由市场刺激导致的,研制新产品所需要的知识、方法与生产其他经济产品有着本质的区别。这种区别主要在于信息生产的成本与使用规模无关,创新知识或发展更好的知识相当于投入固定成本,而且知识属于非竞争性产品,具有溢出效应,即不完全的排他性。知识的无限增长特征和不完全独占性与经济长期增长密切相关。

2.理论的启示。新经济增长理论有两个关键启示:

(1)新兴的经济(如知识经济)是以思想(信息)而不是以实物为基础的,因而新兴经济中的制度安排和价格体系应充分地使思想得到有效的配置。思想产品(信息产品)与实物产品(物质产品)之间的差别在于:后者趋向于生产的单位成本基本保持不变,而前者含有巨大的开发成本,但此后追加的单位成本基本为零。如果厂商对新思想没有垄断权,那么,任何人都不会将自己的资源投入到生产新思想的领域。从这个角度来说,专利制度等知识产权制度是一种维护经济增长的经济制度。

(2)新思想的探索与开发领域十分广泛,从而为无限增长提供了可能。即使是一个简单的程序,也有可能演化出相当复杂的生产工序和不同的劳动生产率。在新经济增长理论中,知识产生的经济影响被认为近似于以几何级数的形式发挥作用而推动经济增长。在生产或服务过程中,几乎没有人会认为能找到一种最佳的资源配置方法,而只是找到一种更好的资源配置方法。但是,如果某一个环节由于新思想而获得技术改进,那么,就会形成一种更加有效的资源配置方式。

(二)信息与商业周期

投资信息产业对经济增长的影响来自两个方面。

首先,投资信息产业、促进信息产业化可以获得经济效益。由于信息产业具有自然垄断、规模经济、范围经济的特征,投资信息产业不仅可以降低单位劳动成本,而且可以通过提高生产率来节省劳动力,在既定产出条件下雇用更少的工人。信息技术对劳动力的替代效应,在一定程度上可能引发社会失业问题。投资信息产业导致的这种对就业的影响,可以用图 2-3 的形式来表示。Q_0 和 Q_1 分别代表投资信息产业前后厂商的产出曲线。图 2-3 中,当投资信息产业、信息技术被使用或普及后,意味着某个既定的产出可以用较少数量的投入获得。结果,最优生产要素比例从投资信息产业前的 A 点移到投资信息产业后的 B 点,B 点对劳动力的需求小于 A 点,由于投资需求没有变化,因而出现节约劳动力的技术进步效果。

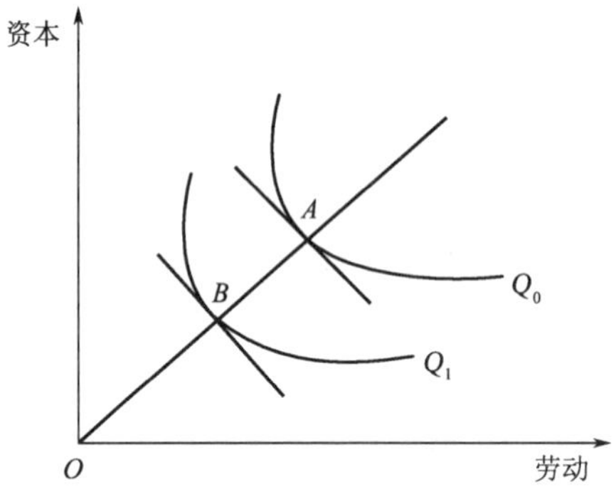

图 2-3　信息资本与劳动

其次,投资信息产业、促进产业信息化以提高经济效益,由此可带动信息市场和信息贸易的发展而促进经济增长。产业信息化导致对信息产品及服务的需求不断增加,国际信息贸易在这种需求的拉动下获得发展。信息贸易成为以知识经济为基础的经济增长的发动机。

(三)信息产业与经济增长点

对信息产业及相关部门(如人力资源)的投资,以及巨额投资带来的各种乘数效应和外部效应,诱发了对信息产品与服务的需求不断增加,这种来自市场的需求又诱发了追求利润的新一轮风险投资、交叉融资等经营活动。在信息厂商利润最大化的竞争中,厂商对研究与开发(R&D)、技术改造与更新的投入不断扩大,新产品和新技术不断涌现,由此带动了产业规模由单纯的技术经营转变为资本与技术混合经营或纯资本经营,并影响到就业、税收和外国直接投资的增加。更重要的是,在信息产业外部,信息产业投资及其经营直接提高了政府、企业和个人的信息效率,从而带动了全社会劳动生产率和经济效益的提高,促进了经济稳定持续的增长,形成了信息产业促进经济增长的良性机制。

虽然信息产业具备促进经济增长的内在机制,但并不等于只要投资和经营信息产业,就一定能使信息产业成为新的经济增长点。信息产业是否能够真正成为新的经济增长点,需要具备一定的条件和环境。而是否将信息产业作为本地区的龙头产业或新的经济增长点,则应具体分析本地区的实际状况以及国际、国内在信息产业领域的竞争状况。

1.虽然信息产业本身具有促进经济增长的自然垄断、规模经济、范围经济和差异经济特征,但并不等于只要经营信息产业就一定会给经济带来增长回报。

2.信息产业是否能够真正成为本地区新的经济增长点,取决于本地区为信息产业提供的内部机制和当时的外部经济环境是否吻合。具体地说,就是指政府是否能够在信息产业发展中给予足够、合理的政策扶植和财政支持,并且这种扶植和支持的方向是否与外部经济环境允许的条件和发展方向相吻合。

3.是否将信息产业作为本地区新的经济增长点,需要具体分析本地区是否拥有有利于信息产业发展的自然禀赋、人力资本和基础设施,如现有信息产品制造和软件厂商的基础、信息资源与信息经济发展所需要的高额原始资本积累、技术人才和居民素质、信息技术的研究与开发投入、信息基础设施状况以及政府对信息产业管理的效率和经验等。这些因素是信息产业推动经济持续增长的必要前提和先决条件。

4.信息产业是否适合作为本地区新的经济增长点,需要具体分析现有信息产业与其他支柱产业之间的相互关系。如果信息产业与现有其他已经发展起来的支柱产业之间能形成互补关系,发展信息产业就会促进现有其他支柱产业的发展,从而带动全地区经济的增长。如果信息产业与现有支柱产业之间会形成替代关系,即发展信息产业将导致现有其他支柱产业的资本短缺、人才流失和失业上升,那么,发展信息产业带来的经济增长的提升效用就可能被其对现有其他支柱产业的冲击而增加的社会成本和经济成本所抵消。

5.使信息产业真正成为新的经济增长点,不仅需要培育大的信息产业集团,更重要的是需要培育竞争性的信息市场。

6.信息产业成为新的经济增长点,需要巨大的风险投资和不断投入的市场资本。没有高额的风险投资,难以启动信息产业,更难以使信息产业达到能够推动、刺激经济增长的最小规模。没有成熟灵敏的资本市场和便利的交叉融资途径,难以使信息产业获得持续发展的资本经营基础。

7.信息产业成为新的增长点,需要较为发达的工业化体系和商业体系作为基础。没有相当完善的工业化体系和商业化体系,难以产生真正意义上的商业信息需求,而没有真正意义上的商业信息需求,就难以构成作为信息产业发展基础的商业信息市场。

总之,是否将信息产业作为本地区的支柱产业,是否将信息产业作为本地区新的经济增长点，需要对上述条件和环境进行具体的调查研究。如果政府的信息产业政策与信息产业发展潮流并不吻合，即使政府制定的信息产业政策本身并没有错误或不妥，即使信息产业的规模不断扩大，也可能不如人们所预期的那样对经济增长产生刺激或推动。

二、现代信息服务与国家竞争力

（一）现代信息服务的范畴

按照服务贸易的定义，可以将现代信息服务贸易活动划分为A，B，C和D四类基本形式，如图2-4所示。

		信息服务消费者	
		不移动	移动
信息服务提供者	不移动	A	B
	移动	C	D

图2-4　现代信息服务贸易的形式

1.A类信息服务贸易。在A类信息服务贸易中，信息服务提供者与消费者都不移动，它包含两类具体贸易形式。

第一，借助互联网络等进行远距离信息服务贸易、跨国金融信息服务贸易，如网络上的信息贸易、其他跨国数据流贸易、国际电讯贸易、跨国金融信息服务贸易，或某个外国企业通过其本地计算机终端检索位于他国服务器的商业数据等。

第二，信息服务消费者与服务提供者物理分离而借助物质载体参与的贸易，如计算机软件贸易、音像制品贸易、文学艺术作品贸易和专利许可贸易等，这类信息服务贸易可同时异地（或异时异地）进行交易，是构成现代信息服务贸易不可缺少的组成部分。

2.B类信息服务贸易。在B类信息服务贸易中，信息服务提供者不移动而依靠消费者移动来完成服务的跨国交易，如企业派职员出国学习或培训，或跨国公司内部高级职员出国轮训，或进口教育服务（出国留学）等，这类信息服务一般要求服务提供者与消费者保持物理接近。

3.C类信息服务贸易。在C类信息服务贸易中，信息服务提供者移动而消费者不移动。这种形式的服务交易必然伴随着信息生产要素的跨地区（国界）

移动,如跨国信息服务公司在国外开设分支机构或子公司进行与直接投资相关的信息服务贸易。

4.D 类信息服务贸易。在 D 类信息服务贸易中,信息服务提供者和消费者双方都移动。这类信息服务交易通常发生在第三国,如在香港的一家法国公司向同在香港的一家美国公司购买电讯服务,或在东京的一家韩国公司向当地的一家美国信息服务公司购买数据服务等。

现代信息服务[①]可以划分为两大类:一类为一般意义上的信息服务,也称无形信息服务,如跨国数据流服务、电讯服务、工程咨询服务、技术培训与教育服务,以及金融信息等商业信息服务等。这类信息服务通常要求服务提供者与消费者物理接近,服务生产与消费同时同地进行(部分也存在同时异地进行的情况)。另外一类信息服务是有形信息服务,包括计算机软件、音像制品、文化娱乐制品和某些高技术产品等涉及知识产权的各种有形产品。这类信息服务区别于前一类信息服务的特点在于它无须服务提供者与消费者物理接近,服务提供与消费之间既可同时同地进行,也可以同时异地(或异时同地)进行。现代信息产品贸易与现代信息服务贸易共同构成信息贸易,如图 2-5 所示。

- 信息贸易
  - 现代信息产品贸易
    - 计算机硬件、电子元器件
    - 电讯及办公设备
    - 电子信息显示设备
  - 现代信息服务贸易
    - 有形信息服务贸易
      - 软件、部分高技术产品
      - 音像娱乐制品
      - 其他知识产权产品
    - 无形信息服务贸易
      - 金融信息、商业信息
      - 电讯(网络)服务、咨询
      - 技术维护、培训与教育

图 2-5 信息服务贸易的构成及相互关系

① 需要注意的是,信息产品和信息服务是有严格区分的。信息产品包括计算机硬件、电讯及办公设备、电子元器件、各种用于显示信息的电子产品或娱乐产品(如仪器仪表、电视机和放映机)等,以及各种纯粹的信息记录载体等。假定信息产品属于资本密集型产品,计算机软件、音像制品和其他知识产权产品、电讯服务、咨询服务、技术服务等在此均属于现代信息服务范畴,并且它们都属于技术密集型产品。

（二）信息服务贸易要素与国家竞争力

信息服务贸易的要素包括信息技术要素、信息资源要素、信息管理要素、服务要素、信息资本（投资）要素和信息产品要素六个方面。

1.信息技术要素。信息技术要素也称高技术要素，它主要指信息基础设施、信息的物理载体。

2.信息资源要素。信息资源要素是指信息服务的标的物是数据库、数据仓库、软件、音像制品、专利技术、文艺作品或其他知识产权产品。

3.信息管理要素。信息流服务属于技术与管理密集型产品，信息贸易过程既是实施信息管理的过程，又是提高信息管理技术和质量的过程。信息服务贸易可以提高厂商的信息管理效率。

4.服务要素。信息服务贸易，特别是国际信息服务贸易为国内厂商提供了一种利用国际信息市场的可能途径，外国信息厂商进入本国市场将带动和加强信息服务市场竞争，竞争导致信息服务市场价格的下降和信息服务质量的提高，从而给外向型厂商提供了低成本参与国际竞争的外部信息条件，提高了本国厂商的国际竞争力。

上述四项要素不仅给厂商带来竞争优势，而且将提高政府的管理效率，因为信息技术、信息资源、信息管理和信息服务市场将提高政府的行政管理效率和干预经济发展的成功率，这无疑会间接地提高国家的竞争优势。

5.信息资本（投资）要素。国际信息贸易往往与国外直接投资活动紧密联系在一起，信息服务贸易与信息服务业外国直接投资之间在相当程度上难以严格区分。信息服务贸易带来国外直接投资，而国外资本的持续流入需要各种跨国信息服务来支持，这一方面是跨国企业内部贸易的需要，另一方面也是市场全球化发展的迫切需要。

6.信息产品要素。信息服务贸易内含有的信息技术、信息资源、信息管理、信息服务和信息资本诸要素的有形或无形的跨国流动，必然促进信息产品的生产和销售。信息产品的生产和销售，又将进一步促进国家的产业升级（产业信息化）和信息业的规模发展（信息产业化），这将提高本国厂商的管理效率，从而提高国家整体竞争力。

图 2-6 是上述六要素与迈克尔·波特国家竞争优势组合理论的相互关系图。波特认为，需求条件、生产因素、相关与辅助产业、厂商策略（企业结构和行业竞争）、机会和政府是构成一国竞争力的基本因素，这些基本因素构成图 2-6 中的钻石体系。

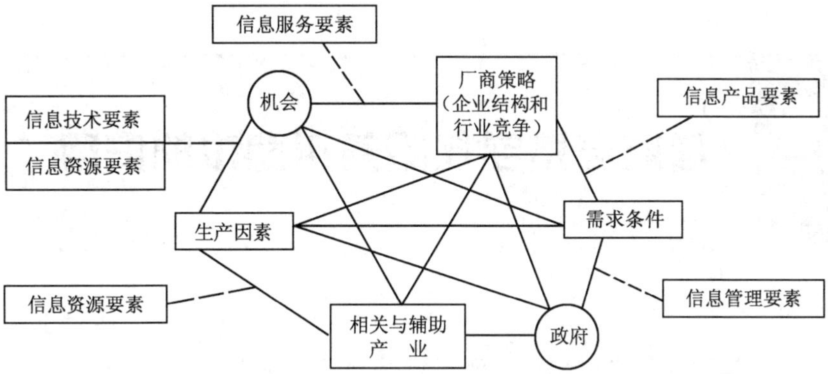

图 2-6　信息贸易与竞争优势

图 2-6 说明，国家经济竞争力的提高一般要经历四个阶段：第一阶段为生产因素主导阶段，如农业生产优势依赖于基本生产要素的积累；第二阶段为投资因素主导阶段，国家竞争优势主要表现为政府和企业积极投资，以及生产要素、厂商决策和竞争环境得到持续改善；第三阶段为创新主导阶段，该阶段的竞争产业建立在较为完整的竞争力体系上，企业向着国际化和全球化方向发展；第四阶段为丰裕主导阶段，该阶段的竞争力来自前三个阶段财富与创新技能的积累。如果说波特理论在一定程度上反映了国家竞争力的变化过程的话，那么，信息服务贸易将对除第一阶段外的其他三个阶段的发展产生影响，并且这种影响会随着经济竞争力水平的提高而不断加深。

总之，服务贸易的产业基础是服务业，各国服务贸易的竞争实际上是各国服务业之间的竞争，服务业发展对服务贸易竞争力的构成具有根本性的决定作用。对于服务业和服务贸易的理论研究，也应遵循这种逻辑思路，按照从服务到服务业、从封闭经济到开放经济（服务业的对外投资与跨国公司，以及服务贸易）的逻辑顺序展开。因此，针对中国服务贸易发展的实际，应着重关注以下几个方面的理论问题：首先，服务业开放研究，加入 WTO 后服务业市场进一步开放的进程及影响效应分析；其次，服务业及服务贸易的制度研究，即研究如何构建具有国际竞争力水平的服务业与服务贸易的制度环境；最后，服务贸易与货物贸易、经济增长的协调发展关系研究。

第三章 信息经济学在服务过程中的作用

信息经济学在当代经济学众多分支理论中占有重要的地位。对于没有实物产出的服务贸易这种特殊贸易方式而言，它的许多方面都具有信息经济学分析对象的特点。因此，为了满足读者深入理解服务贸易的需求，特设此章，可供选学①。

第一节 服务过程中的道德风险

在服务劳务交换中，鉴于服务过程的特点，不妨认为服务的提供者具有信息博弈中代理人的特性，而接受服务的消费者是委托人。我们需考察这种特定类型的信息不对称及其在合约中的关系行为。

现在，仍然假设代理人的行为不能被委托人所观察（或即使可以被委托人观察，它也是不可证实的），同时假设，这一问题的所有其他因素都具有对称信息，且努力不可证实（这意味着，它不能被包含在合约的条款中）。

服务双方的博弈过程是：按时间顺序，最初，委托人决定提供怎样的合约给代理人；然后，代理人根据委托人确定的合约条款决定是否接受这一关系；最终，如果合约被接受，对给定所签的合约，代理人必须决定他最希望的努力水平（它可以由代理人自由决策，因为努力不是一个合约变量）。所以，当委托人设计这个定义关系的合约时，委托人心里必须明白，合约签订以后，代理人将选择的是对他自身而言最好的努力水平。

---

① 在学习本章之前，应已掌握或先介绍博弈论的基本知识。

一、道德风险下的两种努力水平

考虑代理人有可能只在两种可能努力水平——高或低间选择。假设委托人是风险中性的①，代理人也是风险中性的，因而是属于风险规避的代理人关系。

假设努力只能取两种可能值：$e \in \{e^H, e^L\}$。努力水平 e^H 表示代理人努力工作，e^L 表示代理人工作懈怠。自然，代理人努力工作时努力的负效用将大于一个懈怠的代理人努力的负效用：$v(e^H) > v(e^L)$。将对结果的集合 X 从差到好排序：$x_1 < x_2 < \cdots < x_n$，对于所有的 $i \in \{1, 2, \cdots, n\}$。令 $p_i^H = p_i(e^H)$，表示当代理人提供高努力时，获得的结果为 x_i 的概率。同样地，用 $p_i^L = p_i(e^L)$ 表示当代理人提供低努力时获得的结果为 x_i 的概率。

假设，对所有的结果上述概率都大于零。相比低努力，委托人更偏好高努力。而一旦 p^H 优于 p^L，给定高努力的生产率就大于给定低努力的生产率。即：

$$\sum_{i=1}^{k} p_i^H < \sum_{i=1}^{k} p_i^L, \quad k = 1, 2, \cdots, n-1 \tag{3-1}$$

式(3-1)反映出代理人懈怠时坏的结果比他勤奋工作时更为可能的现实。即比起低努力，高努力更容易得到大于 x_i 的结果（$\forall\ k<n$）。显然，$\sum_{i=1}^{n} p_i^H = \sum_{i=1}^{n} p_i^L = 1$ 为真。

很明显地，如果委托人需要低努力，无疑道德风险问题就不存在。支付给代理人一个定额就足够了，这与在对称信息下为保证代理人的保留效用水平而对他的支付是一样的，于是代理人会选择 e^L（这表明给定一个固定的支付，代理人总会选择最低的努力水平，因为这将最大化他的效用，或最小化他努力的负效用）。因此，在对称信息下对于 e^L 的最优合约，即付给代理人固定的工资 $w^L = u^{-1}[\underline{U} + v(e^L)]$，只有在委托人确实需要努力水平 e^L，且满足激励相容约束 $u(w^L) - v(e^L) \geq u(w^H) - v(e^H)$ 时，对称信息合约才是最优。

如果委托人需要 e^H（这种情形是当好的结果极具吸引力时，或当 i 较大 x_i 也较大时），正如前面所分析出的，任一固定支付（即在对称信息下对于 e^H 是最优的）只会使代理人选择 e^L。为使代理人选择 e^H，需要寻求一个合约，在此合约下代理人的支付将取决于获得的最终结果。则此时的激励相容约束就将改写为：

---

① 这允许确定不对称信息对最优的形式的影响，因为在对称信息下，最优合约是对代理人的固定支付。任何对这一合约形式的偏离，都可以归因于道德风险问题的存在。

$$\sum_{i=1}^{n}[p_i^H-p_i^L]u[w(x_i)]\geqslant v(e^H)-v(e^L) \tag{3-2}$$

条件式(3-2)有个非常直观的解释:如果获得的与此努力相关的预期效用大于所蕴含的成本的增加(负效用),代理人会选择努力水平 e^H。

为考核代理人选择高努力的最优合约,委托人必须解决:

$$\begin{cases}\max\limits_{\{w(x_i)\}_i}\sum\limits_{i=1}^{n}p_i^H[x_i-w(x_i)], \quad i=1,2,\cdots,n\\ \text{s.t.}\ \sum\limits_{i=1}^{n}p_i^H u[w(x_i)]-v(e^H)\geqslant \underline{U}\end{cases} \tag{3-3}$$

满足式(3-2)和(3-3)条件的库恩—塔克点的拉格朗日方程为:

$$L(\{w(x_i)\},\lambda,\mu)=\sum_{i=1}^{n}p_i^H[x_i-w(x_i)]+\lambda\{\sum_{i=1}^{n}p_i^H u[w(x_i)]-v(e^H)-\underline{U}\}$$

$$+\mu\{\sum_{i=1}^{n}(p_i^H-p_i^L)u[w(x_i)]-v(e^H)+v(e^L)\} \tag{3-4}$$

将拉格朗日方程对工资 $w(x_i)$ 求导,对于所有 $i=1,2,\cdots,n$,其一阶条件为:

$$-p_i^H+\lambda p_i^H u'[w(x_i)]+\mu(p_i^H-p_i^L)u'[w(x_i)]=0, \quad i=1,2,\cdots,n$$

即:

$$\frac{p_i^H}{u'[w(x_i)]}=\lambda p_i^H+\mu(p_i^H-p_i^L), \quad i=1,2,\cdots,n \tag{3-5}$$

将等式(3-5)从 $i=1$ 加到 $i=n$(此时,有 $\sum\limits_{i=1}^{n}p_i^H=\sum\limits_{i=1}^{n}p_i^L=1$),得:

$$\lambda=\sum_{i=1}^{n}\frac{p_i^H}{u'[w(x_i)]}>0 \tag{3-6}$$

进一步,如果将一阶条件式(3-5)改写成如下的形式,则可以更容易地推导出最优合约的特性为:

$$\frac{1}{u'[w(x_i)]}=\lambda+\mu[1-\frac{p_i^L}{p_i^H}], \quad i=1,2,\cdots,n \tag{3-7}$$

由式(3-7)可以看出 $\mu\neq0$。因为若 $\mu=0$,则式(3-7)就表明 $w(x_i)$ 必须保持不变,这就如同对称信息的情形。而如果这样的情况发生,激励相容约束条件便不能得到满足。

库恩—塔克条件强调,与激励相容约束相关的乘数 μ 必须是非负的。$\mu>0$(约束的影子价格严格为正)意味着道德风险问题存在,蕴含着对委托人严格为正的成本。当关于努力的信息对称时,委托人的利润严格大于当他面临有道德风险时的情形。

$\mu>0$ 也说明:代理人的工资将根据获得的结果而变动。特别地,p_i^L/p_i^H 的比值越小,工资将会越高;比值越大,式(3-7)右边就越小。若式(3-7)左边变小,分母必须增大,这需要 $w(x_i)$ 增加(因 u' 是递减的)。

比值 p_i^L/p_i^H 也被称为似然比。它表明了 x_i 的传递努力水平为 e^H 的准确度。该似然比越小,p_i^H 相对于 p_i^L 就越大,从而用来传递努力的信号 e^H 就越强。因此,如果想让代理人付出高努力,工资就必须增加。

若委托人是风险中性的,他就要根据结果向代理人支付,只有这样才能激励代理人。因此委托人必须考虑,如同在有效解中一样,在从给予代理人保证中获益与从代理人具有正确激励中可得的获益之间寻求均衡。为满足这一目标,委托人在合约中使用唯一的可证实变量作为关于代理人行为的一个信息来源。委托人在此情形中使用的结果,与统计推理具有相似的目标,即在合约中引入结果的收益的方法是提供有关代理人努力的信息。

最优方案的一个基本方面是,工资不应取决于委托人对于结果的评价值。这是由于在事实上,这一评价与代理人付出的努力不相关,因此它不能作为努力的信息,而且不能用作代理人的激励。另一方面,结果作为代理人行为的信息工具是有价值的。只要更大的结果与更大的努力相联系,支付就将与这一信息相关而且随结果递增①。

对一个更好结果给更好工资的必要条件是 p_i^L/p_i^H 随 i 递减。在统计学中,这被称为单调似然特性(这是一个强条件)。一阶随机占优的假设 $\sum_{i=1}^{n} p_i^H < \sum_{i=1}^{n} p_i^L$,$i=1,2,\cdots,n$,不能保证单调似然特性。但假若这一特性被满足,则 $w(x_i)$ 关于 i 递增,借助式(3-7),得到:

$$u'[w(x_i)] = \frac{1}{\lambda+\mu\left(1-\dfrac{p_i^L}{p_i^H}\right)}$$

① 工资关于结果递增也不总是最优的。例如,存在这样的境况:委托人想要代理人去选择一份努力,其可能的结果是一个巨大的成功或是一个悲惨的失败,两者发生的概率都较大,且不存在极可能发生的中间结果。在此情形中,最优合约应该是对低结果的支付比中间结果更多。可见,合约的目标并不是最优风险分摊安排,而是给予一个激励的工具。

简化后有：

$$w(x_i)=(u')^{-1}\left[\frac{1}{\lambda+\mu\left(1-\frac{p_i^L}{p_i^H}\right)}\right] \tag{3-8}$$

从式(3-8)易看出，对于那些得到 $p_i^L=p_i^H$ 结果的 x_i，$w(x_i)=(u')^{-1}(1/\lambda)=\overline{w}$。可以把这个值作为一个参照。对于那些满足 $p_i^L/p_i^H>1$ 的 x_i，有 $w(x_i)<\overline{w}$；反之，则可得到$w(x_i)>\overline{w}$。

在前面的叙述中，总是假设委托人(关系的所有者)提供合约，而代理人只能接受或拒绝它。然而，在某些实际生活的境况中，相反的情况也会发生：完成工作的人是向关系的所有者提供合约的人。此时，委托人依然获得关系的结果，但他只能接受或拒绝代理人的提议。在这一框架下获得的结论与委托人提供合约的结论完全一致。当代理人设计合约时，他必须考虑到委托人只会接受可信的合约，也就是代理人会提供他们在合约中宣称的努力为有效的合约。即虽然在结论和效率之间相同的权衡出现了，但最优合约的特征是相似的①。

二、信贷和技术服务中的道德风险

以下将通过信贷市场的配给和在技术转让合约中引入专门知识两个实例来具体分析服务过程中的道德风险问题。

(一)道德风险和信贷市场的配给

当某厂商准备向银行支付当前的市场利率，但它仍然不能得到它想得到的全部贷款货币时，此厂商的信贷便受到配给。

考虑一个厂商，他可以在两个投资项目之间选择，分别以 a 和 b 表示之。两个项目都需要投资 I 去完成。对于 $i=a,b$，结果 $\tilde{X}_i$关于两个项目是有风险的，即：

$$\tilde{X}_i=\begin{cases}X_i, & \text{以概率 } P_i\\ 0, & \text{以概率 } 1-P_i\end{cases}$$

假设项目 a 是低风险的，而且预期它更有利可图，尽管对项目 b 的支付在 b

① 唯一不同的是，正是委托人(而不是代理人)处在他的保留效用水平。

成功时更大，即有：

$$p_aX_a>p_bX_b>I,\quad 1>p_a>p_b>0,X_a<X_b$$

厂商为了支付金额 I 必须借钱。总利息支付用 R 来表示，它只有在项目成功时才会被支付，即银行不能从一家破产的厂商那里获得支付。

当项目 $i(i=a,b)$ 启动时，该厂商的预期支付为：

$$U(R,i)=p_i(X_i-R)$$

而银行的预期利润为：

$$\Pi(R,i)=p_iR-I$$

即假设所有的参与人都是风险中性的。

在对称信息下，从银行的角度看，最优合约要求 $R=X_a$，且合约上要求只能完成项目 a。此时，$U(X_a,a)=0$，这样厂商贷款的所得就大于等于其不贷款的所得，所以不存在信贷配给。

现在假设在这一市场上存在道德风险问题，且债务合约不能完全依赖所选的项目（对项目的选择就是代理人的努力）。一旦固定总利息支付 R，厂商将会选择带给它最大利润的项目。给定 R，该厂商将会投资 a，当且仅当：

$$p_a(X_a-R)\geqslant p_b(X_b-R)\Leftrightarrow R\leqslant\frac{p_aX_a-p_bX_b}{p_a-p_b}$$

如果以下式表示 $\hat{R}$，则有：

$$\hat{R}=\frac{p_aX_a-p_bX_b}{p_a-p_b}$$

如果 $R\leqslant\hat{R}$，则该厂商将会选择项目 a，而在 $R>\hat{R}$ 时，他会偏好 b（该厂商对于 $R=\hat{R}$ 是无差异的，为简便，假设此时他选择项目 a）。

给定项目的选择取决于 R，银行的利润由下式给出：

$$\Pi^*(R)=\begin{cases}p_aR-I, & \text{若 } 0\leqslant R\leqslant\hat{R}\\ p_bR-I, & \text{若 } \hat{R}<R\leqslant X_b\end{cases}\tag{3-9}$$

式(3-9)中，X_b 是承担项目 b 时该厂商愿意支付的最大数额，而$\Pi^*(R)$的形式则可由图3-1表示。

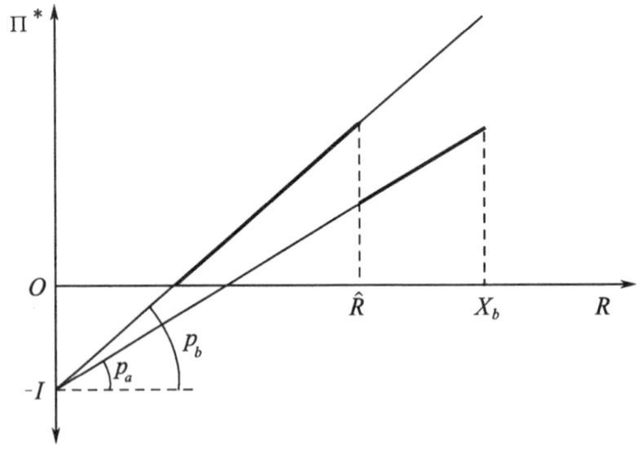

图 3-1　函数 $\Pi^*(R)$ 的形式

假设处在银行垄断的情形下，且银行总是选择 R 来最大化它的利润。因此，银行要比较函数 $\Pi^*(R)$ 中的两个最大值：$\hat{R}$ 和 X_b，它会让 $R=\hat{R}$。若：

$$p_a\hat{R}>p_bX_b \tag{3-10}$$

则 $\Pi^*(\hat{R})>\Pi^*(X_b)$。另一方面，若：

$$p_a\hat{R}<p_bX_b \tag{3-11}$$

最优利率是 $R=X_b$。

又假设银行能贷出的总货币量固定，且等于 L（其中 $I\leqslant L<NI$）。在此，N 为厂商的数目。式（3-11）所描述的情形中，其最优的利率为 $R=X_b$。此时，厂商的利润为：

$$U(X_b,b)=p_b(X_b-X_b)=0$$

也就是说，在这一利率下，厂商在借钱与不借钱之间是无差异的，所以，不存在信贷配给。

但在式（3-10）描述的情形中，当最优利率为 $R=\hat{R}$ 时，获得贷款的厂商的利润为：

$$U(\hat{R},a)=p_a(X_a-\hat{R})>0$$

这意味着,所有厂商都会要求贷款(如果他们得到贷款,他们可以获得严格为正的利润),所以要求的可贷资金为 NI,而银行提供的只有 $L<NI$。因而将会有一些想贷款且愿意支付市场利率的厂商得不到贷款。

上述过程中存在两个道德风险问题的结果。一方面,市场利率将变化,它要么低于对称信息下的利率,要么高于对称信息下的利率。另一方面,银行将情愿决定不提高利率(尽管有厂商愿意支付高于贷款市场的利率)。于是,信贷配给的道德风险问题就产生了。

(二)在技术转让合约中引入专门知识

一般地说,专门知识的传播不是固定支付(通常是建立在依据采用新技术的厂商达到的销售量来进行支付的基础上的)。另外,在专利和专门知识之间有一个重要的区别。专利包括对新技术的充分准确的法律描述。如此,购买专利使用权的厂商就具有良好的信息确切知道买什么,且合约能够完备地规定要交易什么。另一方面,专门知识很难证实和度量,它不容易在合约中描述出来。因此,一旦签订了合约,转让该技术的一方就很可能有不转让其全部专门知识的倾向。

考察一个由购买技术的厂商(兼备技术排他性)对供给产品的考虑(该厂商将是一个技术垄断者)。市场的反需求函数为:

$$p=a-Q \tag{3-12}$$

式(3-12)中,p 表示价格,Q 表示销售数量,a 是一个表示市场规模的正的参数。有一个研究实验室(委托人),它具有一项技术 T 可以转让给垄断者(代理人)。该技术是可证实的,这意味着它可以在合约中被规定,而且它能使垄断者以更低的成本生产。在进行技术交易的同时,委托人也能转让他的专门知识,但这很难度量,因而合约中不包括转让此专门知识。

专门知识的转让只能取两个值 $K\in(0,k)$。$K=0$ 的情况应解释为专门知识不能被转让,而 $K=k$ 则意味着它能以数量(或质量)k 被转让。

代理人成本函数为 C,$C(0,0)$ 表示未获得技术时代理人(不变)的边际成本,$C(T,0)$ 相当于转让技术可证实的部分(而不是专门知识)时的边际成本,$C(T,k)$ 是当技术和专门知识都被转让时的边际成本。假设成本函数满足 $\frac{\partial C}{\partial k}<0$,$C(T,0)>C(T,k)$。

一个技术转让合约有一组合(F^K,V^K),其中,F^K 代表技术特许合约的固定支付,而 V^K 为可变的部分,如销售提成费。用(F^0,V^0)表示的合约不包含专门知识，而(F^K,V^K)表示的合约是：委托人(即技术转让厂商)以可信的方式保证，他具备有效的激励去转让他的专门知识。

受让技术厂商的目标函数是他的利润函数：

$$\Pi(Q,T,K)=(a-Q)Q-[C(T,K)+V^K]Q-F^K$$

而技术转让厂商的目标函数是：

$$B(Q,T,K)=F^K+V^KQ-d(K)$$

在此，$d(K)$是转让专门知识K的负效用(或成本)。假设$d(0)=0$及$d(k)=d>0$。

为计算子博弈完备均衡，首先要分析在给定新技术可变的条件下代理人厂商将如何生产，有：

$$\hat{Q}(T,K,V)=\arg\max_{Q}\Pi(Q,T,K)$$

最优生产决策为：

$$\hat{Q}(T,K,V)=\frac{a-C(T,K)-V^K}{2} \tag{3-13}$$

若给定技术和专门知识对厂商生产的影响，则委托人必须确切地决定要转让多少专门知识。当且仅当：

$$F^k+V^k\hat{Q}(T,k,V^k)-d\geqslant F^k+V^k\hat{Q}(T,0,V^k) \tag{3-14}$$

合约(F^K,V^K)将有效地引导转让厂商转让所有的非专利知识。即这一策略可以保证委托人得到一个更大的利润。

由式(3-13)和式(3-14)，有如下条件：

$$V^k\geqslant\frac{2d}{C(T,0)-C(T,k)} \tag{3-15}$$

正如所预期的，以这样的方式，合约(F^0,V^0)将导致转让厂商不转让专门知识，如果：

$$V^0\leqslant\frac{2d}{C(T,0)-C(T,k)} \tag{3-16}$$

在该博弈的第二阶段，受让技术厂商必须决定是否接受委托人所提出的特许合约。若合约被拒绝(或没有接受新技术)，则代理人的保留效用$\overline{U}$即为可获得的利润。当合约被设计成转让专门知识的合约时，则参与约束为$(Q,T,K)>$

$(Q,0,0)$。由式(3-13),该条件可以写成:

$$F^k \leqslant \left[\frac{a-C(T,k)-V^k}{2}\right]^2-\left[\frac{a-C(0,0)}{2}\right]^2 \tag{3-17}$$

类似地,在不能转让专门知识的条件下,如果转让技术的厂商为合约提供者,只要$\Pi(Q,T,0)\geqslant\Pi(Q,0,0)$,则受让技术厂商将接受合约。就是说:

$$F^0 \leqslant \left[\frac{a-C(T,k)-V^0}{2}\right]^2-\left[\frac{a-C(0,0)}{2}\right]^2 \tag{3-18}$$

在该博弈的第一阶段,委托人必须设计合约。即:

(1)如果专门知识将与技术一起被转让,他必须决定最优合约是怎样的;

(2)如果仅仅技术被转让,最优合约又是怎样的。

为选择不转让专门知识情况的最佳合约(F^0,V^0),委托人必须在满足式(3-13)、(3-16)和式(3-18)的条件下,解:

$$\max\left[F^0+V^0q(T,0,V^0)\right] \tag{3-19}$$

式(3-19)就是在垄断者生产量对其最优式(3-13)的约束下,最大化其利润;合约将有效地导致委托人不转让专门知识[式(3-16)],且代理人情愿接受这一合约[式(3-18)]。给定式(3-18),则在最优点成立(易看出它的乘数严格为正)。将这一约束与式(3-13)一同替换到目标函数中,就可得出在式(3-15)满足时,V^0 是下式的解:

$$\max\left\{\left[\frac{a-C(T,0)-V^0}{2}\right]^2-\left[\frac{a-C(0,0)}{2}\right]^2+V^0\left[\frac{a-C(T,0)-V^0}{2}\right]\right\}$$

如果导出转让技术的厂商关于 V^0 的利润函数,暂且忽略约束式(3-15),得:

$$-\left[\frac{a-C(T,0)-V^0}{2}\right]+\left[\frac{a-C(T,0)-V^0}{2}\right]-\frac{V^0}{2}=-\frac{V^0}{2}<0$$

对于所有 V^0,这一无约束的最大值是 $V^0=0$。但这一最大值也满足式(3-16)。所以,受约束问题的解也为 $V^0=0$。当合约中没有不可证实的因素时,转让技术厂商的利润随专利权使用费而递减的事实是可以预测的。委托人对改变代理人的生产成本没有了兴趣(如果成本低,后者就获得更大的利润,而前者自己的那部分却因特许合约的固定条款而保持不变),即:

$$F^0=\left[\frac{a-C(T,0)}{2}\right]^2-\left[\frac{a-C(0,0)}{2}\right]^2$$

对于合约(F^K,V^K)，在式(3-13)，式(3-15)和式(3-17)满足时，转让厂商必须做到：

$$\max[F^k+V^k q(T,k,V^k)-d] \tag{3-20}$$

类似地，约束式(3-15)成立，且最优化合约为：

$$V^k=\frac{2d}{C(T,0)-C(T,k)} \tag{3-21}$$

$$F^k=[\frac{a-C(T,k)-V^k}{2}]^2-[\frac{a-C(0,0)}{2}]^2 \tag{3-22}$$

因此，若转让厂商决定将其专门知识连同技术中可证实的部分一起转让，则特许合约应该包括一个专利权使用费的支付。这一使用费是转让专门知识的成本d的增函数(该函数关于专门知识价值k递减)。

可见，一旦合约签订，为使转让厂商有效地转让他的知识，必须有$V^k>0$。这一结论也暗示：当合约仅仅包括一个固定的支付时，无法激励转让厂商去继续努力和转让他的专门知识(这样做是有成本的，而在此情况下，没有额外的利润)。为使转让知识的激励存在，需要使转让知识“有利可图”。所以，转让厂商获得的支付必须取决于技术如何被使用，换言之，取决于代理人生产和销售的状况有多好。

第二节　服务中的逆向选择

考虑仅有一个委托人和一个代理人的情况。首先，委托人提供的一个自我选择的合约“细节”是最优的(即委托人将为每种可能的代理人类型都准备一种合约形式与条款)。其次，在最优合约中，最差的代理人将确切地获得其保留效用，而其他的代理人类型将获得信息租金。最后，有效合约将为最好的代理人设计并由他签订(因限制了信息租金，其他的合约将被曲解)。

一、逆向选择一般模型

下面分析在不对称信息经济模型的框架下，出现逆向选择问题的后果。考察一个风险中性的委托人，他与一个代理人(可能是风险中性的或者是风险规避的)签约，以他的名义实施某种努力。假设，努力的发挥e与向委托人的预期支付$\Pi(e)$相联系。在此，代理人的努力将被假设为可证实的，且委托人是风险中性的，则(通过省略与努力相关的)每一个结果可以用概率来表示。因此，有

$\Pi(e)=\sum_{i=1}^{n}p_i(e)x_i$。为简便,假设$\Pi'(e)>0$和$\Pi''(e)<0$。

同样,代理人可以是上述两种类型中的任何一种,委托人不能区别他们。这两种类型的不同仅涉及努力函数的负效用,即类型一的$v(e)$和类型二的$kv(e)$,$k>1$。因此,任何特定努力的负效用对于类型二的代理人都更大。

进一步,不妨将第一种类型叫做"好的"类型(以G表示),将第二种类型叫做"差的"类型(以B表示),这是因为对于同样的努力,委托人将不得不向第二种类型支付的更多。给定这一记法,则代理人各自的效用为:

$$U^G(w,e)=u(w)-v(e)$$

$$U^B(w,e)=u(w)-kv(e)$$

如果不存在逆向选择问题,且委托人与G型代理人签约,那么需解下面的问题:

$$\begin{cases}\max\limits_{[e,w]}\Pi(e)-w\\ \text{s.t.}\,u(w)-v(e)\geqslant \underline{U}\end{cases}\tag{3-23}$$

式(3-23)中,给定初始假设,(w,e)是凹的。

若为G型代理人,则其最优合约(e^{G*},w^{G*})为:

$$u(w^{G*})-v(e^{G*})=\underline{U}\tag{3-24a}$$

$$\Pi'(e^{G*})=\frac{v'(e^{G*})}{u'(w^{G*})}\tag{3-24b}$$

式(3-24a)是参与约束;式(3-24b)是效率条件,它要求G型代理人与委托人的努力与工资的边际替代率相等。

若为B型代理人,则其最优合约(e^{B*},w^{B*})为:

$$u(w^{B*})-kv(e^{B*})=\underline{U}\tag{3-25a}$$

$$\Pi'(e^{B*})=\frac{kv'(e^{B*})}{u'(w^{B*})}\tag{3-25b}$$

图3-2给出了这两个合约之间的关系。由图可见,委托人要求代理人付出更多的努力是最优的(对他来说,努力就是更低的成本),即$e^{G*}>e^{B*}$。不过,很难确保他们的工资之间具有这样的关系,因为存在着相反符号的两种效应。一方面,任何特定的努力水平给B带来的成本都大于G,如此则对于给定的努力

水平,为加入合约,B 就要求比 G 更高的工资。但另一方面,委托人要求 B 的努力小于要求 G 的努力,这样,在相等的努力成本上,后者将要求得到更高的工资。

图 3-3 从图形角度考察了最优合约如何计算的第二种形式。图中给出了代理人确切地得到他的保留效用的组合(e,w),以及委托人可以得到的最高等利润曲线的情况。可以看出,在信息对称条件下,付出的努力是正常的(确切地说,代理人类型得到更高的工资将取决于现有的特定问题)。

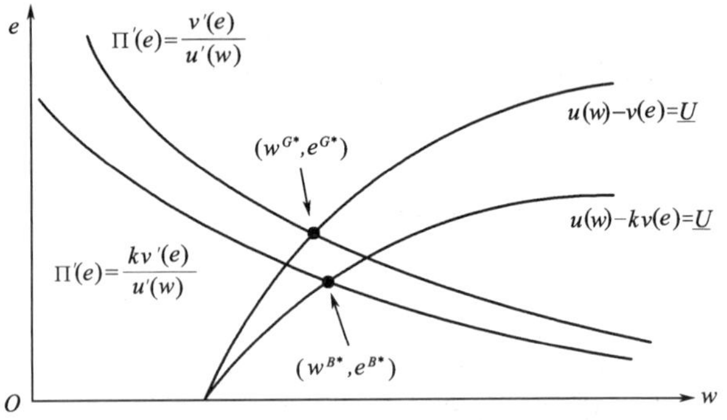

图 3-2　两个合约之间的关系

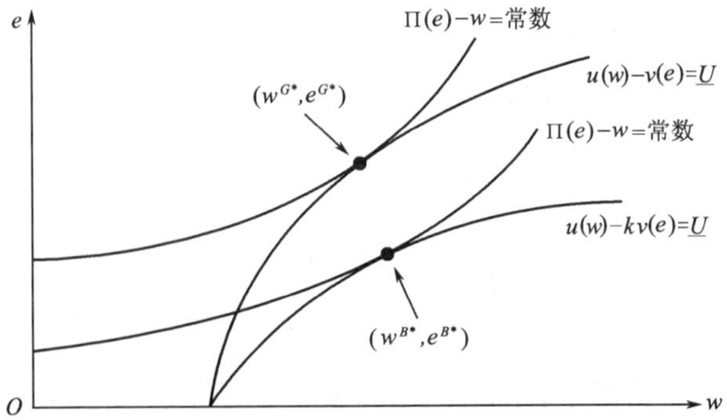

图 3-3　第二种形式的合约

如存在信息不对称问题，即代理人知道他们的类型，但委托人不知道代理人的类型，则合约$\{(e^{G*},w^{G*}),(e^{B*},w^{B*})\}$对于委托人就是不利的。若委托人向任何代理人提供两种合约，以允许代理人自由选择他最喜欢的合约（因委托人不能识别他正在接触的代理人的类型），那么 B 型代理人将选择为他设计的那种合约，但 G 型代理人却会偏好(e^{B*},w^{B*})而放弃(e^{G*},w^{G*})。G 型代理人从第二种合约得到 $\underline{U}$，但是在第一种合约的条件下，他的效用更大，为：

$$U^{G}(e^{B*},w^{B*})=u(w^{B*})-v(e^{B*})>u(w^{B*})-kv(e^{B*})=\underline{U} \qquad (3-26)$$

如同道德风险一样，对称信息合约在信息不对称条件下不是最优的。图 3-2 中，在(e,w)空间中，给定两种合约的位置，就会出现效用随着 w 的增加（或 e 减少）而增加的情况。

为计算在这种情况中委托人所能够提供的最佳合约，假设委托人将代理人是 G 型的概率看做 q，$0<q<1$。

设计一个合约(e,w)，把代理人是一种类型或者其他类型的概率考虑进去，而且是任何一种代理人都可以接受的。一般地，委托人可以做得更好。他甚至可以设计一个合约的细节$\{(e^{G*},w^{G*}),(e^{B*},w^{B*})\}$，其中$(e^{G*},w^{G*})$是直接针对最有效率类型的代理人的，而$(e^{B*},w^{B*})$是打算给最低效率类型的代理人的①。一般来说，由于委托人能够分离两种合约，他可以获得比仅仅提供一种合约更多的预期利润。但为了正确地设计合约，G 型代理人必须选择为他设计的合约，而 B 型代理人必须选择打算设计给他的合约。因此，合约的格式必须是自我选择的。由于委托人不能观察到代理人的类型，所以合约的细节必须使每一个代理人如实地披露他的类型所得到的效用大于他欺骗委托人所得到的效用。

在搜寻最优合约的过程中，委托人可以把合约细节限制在如下的程度，即任何一种类型的代理人都有激励如实披露他的特征。假设委托人关注一个代理人的信息，而代理人可能伪造（如他的收入信息）。委托人可以问代理人各种间接的问题（如，代理人怎样在不同的物品中分摊他的支出、政治偏好和嗜好等）。这些消息将被委托人用来通过某种规则推断代理人的收入，而代理人也知道这些规则。结果，当代理人不得不伪造他收入的信息时，他也有同样的激励去伪造将用来推断他收入的一系列回答。因此，一个人直截了当地询问代理人的收入（也就是利用直接机制），可以得到同样的结果。

由上可见，委托人的问题是在所受约束之下最大化他的预期利润，其约束

① 事实上，委托人向两种类型的代理人提供单一合约的事例，是两种合约恰好相同的合约细节的特例。

为，在考虑到委托人提供的各种合约之后，代理人决定向委托人表明，他选择为他这种特定代理人类型设计的合约，即：

$$\max_{[(e^G,w^G),(e^B,w^B)]}\{q[\Pi(e^G)-w^G]+(1-q)[\Pi(e^B)-w^B]\}$$

$$\text{s.t.}\quad u(w^G)-v(e^G)\geqslant \underline{U} \tag{3-27a}$$

$$u(w^B)-kv(e^B)\geqslant \underline{U} \tag{3-27b}$$

$$u(w^G)-v(e^G)\geqslant u(w^B)-v(e^B) \tag{3-27c}$$

$$u(w^B)-kv(e^B)\geqslant u(w^G)-kv(e^G) \tag{3-27d}$$

式(3-27a)和(3-27b)两个约束保证这两种代理人类型将接受他们各自的合约(参与约束)，而式(3-27c)和(3-27d)两个约束是确保每一种代理人类型个人有兴趣接受为他那种类型所设计的合约(而不是为其他的代理人类型设计的合约)。

注意到式(3-27b)和(3-27c)蕴含了式(3-27a)，这样，就可以排除式(3-27a)，实际上，这也是逆向选择问题的特点。委托人必须关心唯一参与约束所涉及的最低效率的代理人。最有效率的代理人的激励相容约束说明，他将不会冒充某种其他类型的代理人。而对于其他类型的代理人，给定他们自己的参与约束，即便与合约规定的努力相对应的是较大的负效用，也被保证至少得到他们的保留效用。所以，最有效率的代理人类型也必须被保证至少得到保留效用。

另外，为满足这些约束，最优合约必须要求最有效率的代理人付出更大的努力，即 $e^G\geqslant e^B$。且：

$$v(e^G)-v(e^B)\leqslant u(w^G)-u(w^B)\leqslant k[v(e^G)-v(e^B)] \tag{3-28}$$

式中：$k>1$，故 $v(e^G)>(e^B)$。

可以证明，对于最优合约细节$\{(e^G,w^G),(e^B,w^B)\}$，应具有下列特征：

第一，参与条件仅仅对具有高成本的代理人成立，而其他的代理人则只能得到$(k-1)v(e^B)$的信息租金。即最有效率的代理人，由于他的私人信息而得到超过他的保留效用水平的效用。这是逆向选择条件下合约的一个特征。需要为委托人担心的唯一约束与最低效率的代理人相关。

第二，高效率代理人的激励条件的解有效，而相应的低效率代理人的激励条件的解无效。

第三，好的代理人的效率条件无效。这个性质被称为“高端不扭曲”，且它表明，给定逆向选择问题，唯一有效率的合约是为具有最佳特征的代理人设计的合约(为不想伪装自己的代理人设计的合约不会扭曲)①。

第四,扭曲是被引入最低效率(B 型)代理人的效率条件。扭曲背后的直观感觉是使得合约(e^B,w^B)对于 G 型代理人的吸引力更小。由于扭曲,委托人相对于 B 型代理人损失了效率,但他向 G 型代理人支付的信息租金更少了②。

现考虑给定出现逆向选择问题时,工资与付出的努力之间的关系(及在对称信息条件下最大化所引致的结果)。对于 G 型代理人,效率条件在两种情形中是相同的,见图 3-4(尽管在对称信息条件下参与条件是有效的,而在不对称信息条件下参与条件是无效的)。图中,记 $A=(k-1)v(e^B)$。易于检验,$e^G\leqslant e^{G*}$ 和 $w^G>w^{G*}$ 是有效的。

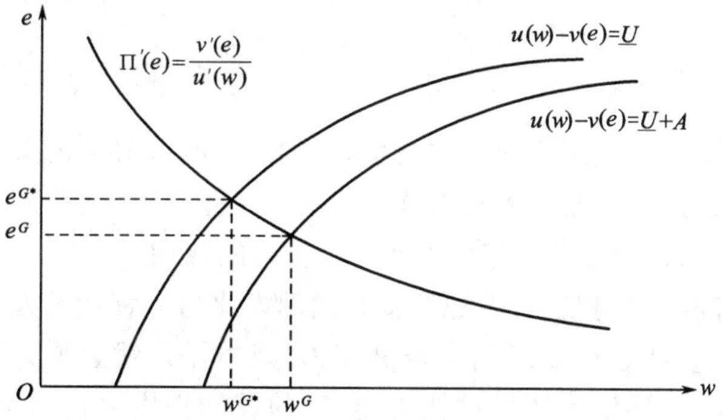

图 3-4 G 型代理人

另一方面,对于 B 型代理人,有图 3-5,则有:

$$C=\frac{q(k-1)v'(e^B)}{(1-q)u'(w^G)}$$

对于上述合约 $e^B<e^{B*}$ 和 $w^B<w^{B*}$,易于看出 $w^G>w^B$(没有代理人会选择报酬支付的更少、需要努力更多的合约)。

---

① 但如果代理人是风险中性的,则效率条件是定常的。如果代理人是风险厌恶的,则效率条件依赖于 w^G。推荐给 G 型代理人的合约在两种情况下都是有效率的。

② 这两种效应之间的替换有利于扭曲。从 B 型代理人的有效努力水平开始,一个边际变动只能引起委托人得自于 B 型代理人的福利的二阶效应(最优水平的一个变动的一阶效应为零),而它引起了 G 型代理人的信息租金的一阶效应。

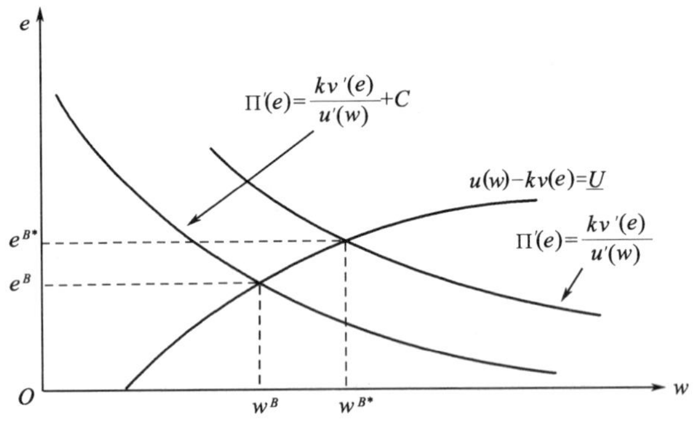

图 3-5　*B* 型代理人

当委托人不能够识别代理人的类型时,信息对称条件下的关于最优合约的细节不是自我选择的。若有人提供这种合约的细节,G 型代理人将宁愿签订为 B 型代理人设计的合约,而不签订为他自己设计的合约。

代理人之间的差别在于,一种类型的代理人比另一种代理人更经得起努力的负效用。因此,若 B 所要求的工资高于 G,则委托人就必须为要求代理人增加努力而支付一份补偿。如果委托人愿意,他就能提供一份多个合约的细节,以使 $e^{G}>e^{B*}$, $w^{G}>w^{B*}$,进而使得它是自我选择的,即:

$$U^{G}(w^{G},e^{G})=U^{B}(w^{B*},e^{B*})$$

及:

$$U^{B}(w^{B*},e^{B*})>U^{B}(w^{G},e^{G})$$

无论如何,委托人更为关心要求 G 付出比 B 付出较多的努力。因此,改进初始合约的一种办法是要求最有效率的代理人付出更大的努力,并及时地以更高的工资补偿他(正好足以使他不去选择适于低效率的代理人的合约)。

对于委托人来说,力图仅通过改变 G 的合约,而不改变 B 的合约来改进这一境况,并不一定是最好的解决办法。为 B 设计的合约对于 G 是“诱惑”。因此,在逆向选择条件下为 B 提供的合约也被修改为:

$$e^{B}<e^{B*}, w^{B}<w^{B*}$$

这样修改的理由是:通过提供的合约的扭曲(从而造成效率损失),这个合约对于 G 变得不是有利可图,且必须降低付给他的信息租金(现在支付的工资与信息对称条件下对于同样的努力要支付的工资的差)。这样,在提供给 B 的合约上创造的效率,与减少支付给 G 的信息租金之间,就存在着一个替换:由于修改 B 的努力水平仅仅导致了委托人福利的二阶效应,所以这一替换有利于上述扭曲。

最优扭曲的程度取决于代理人是 G 型的概率(代理人是 B 型的概率越大,改变提供给 B 型代理人的合约就越不那么有利可图),而当代理人呈现为 G 型的时候(这是相当少有的情况),更可取的是支付租金。另一方面,如果代理人几乎都是 G 型的,委托人将宁愿设计一个合约细节,在最低效率的代理人(他们是稀缺的)合约中引入大的扭曲,而不愿将低的信息租金给予最有效率的代理人。

上述讨论可以归纳为下述两点:

首先,逆向选择问题的出现独立于代理人的风险规避。尽管代理人是风险中性的,这个问题依然具有同样的基本特征,而且可用同样的方法解决它。

其次,委托人更乐于接受与代理人类型无关的代理人签约时的最优合约细节。委托人具有的另外的选择权是,提供一个仅仅为低努力成本的个人愿意接受的合约,为 B 型代理人留出职位。

二、逆向选择模型在服务业中的应用

下面通过几个具体的实例,来进一步分析逆向选择模型在服务业中的应用。

(一)保险公司之间的竞争

考虑这样一种情况:为了吸引想要确保自己防范某种风险的客户,一群保险公司展开竞争。假定存在两种类型的客户(代理人),其特征分别以遭受事故的概率来刻画:将那些具有低事故概率的代理人称为“好的”风险(记为 π^G),而将那些具有高事故概率的代理人称为“差的”风险(记为 π^B),且 $\pi^G<\pi^B$。若没有事故发生,代理人拥有财富 w;将事故定义为损失 L,在事故的自然状态下剩余 $w-L$ 的净财富。所有的代理人都是风险规避的,进一步用 $u(\cdot)$ 代表其效用函数。另一方面,也假设所有的保险公司都是风险中性的。

1.以前保险合约模型的简单合约点。假定只有一家保险公司,它以不变的单位价格 p 提供保险费,让每个保险客户选择其最优的保险数量。若事故发生,代理人向委托人支付 pz,委托人会收到数量为 z 的保险费。

对于 G 型代理人,必须:

$$\max_{z}\left[\pi^G u(w-L-pz+z)+(1-\pi^G)u(w-pz)\right]$$

G 型代理人的最优保险数量 z^G,由一阶条件给定:

$$\frac{u'(w-L-pz^{G}+z^{G})}{u'(w-pz^{G})}=\frac{(1-\pi^{G})p}{\pi^{G}(1-p)}$$

另一方面，对于 B 型代理人，则决定最优保险费的条件是：

$$\frac{u'(w-L-pz^{B}+z^{B})}{u'(w-pz^{B})}=\frac{(1-\pi^{B})p}{\pi^{B}(1-p)}$$

由于 $(1-\pi^{G})/\pi^{G}>(1-\pi^{B})/\pi^{B}$，该一阶条件要求 z^{G}/z^{B}。这一情形可以图 3-6绘出。图中直线是保险公司的等预期利润线（其斜率取决于两种状态依存的相对价格），而连续实线的无差异曲线对应于好的风险的代理人，不连续虚线的无差异曲线对应于差的风险的代理人。O 点代表自给自足（或无保险点）。对于一个 B 型代理人，点 I^{B} 代表在保险统计上公平价格的全额保险合约，$p=\pi^{B}$ 保证：只要 B 型代理人签约，委托人只获得年预期利润（点 I^{G} 代表了相同的意思，但对应于 G 型代理人）。当委托人对两类代理人提供相同的保险价格时，点 E^{B} 和 E^{G} 代表代理人的最优选择，有 $\pi^{B}>p>\pi^{G}$。若价格对于两类代理人是相同的，则差的风险的个人将保险过度（其价格严格低于 π^{B}，在该价格上他能够全额保险），而好的风险的个人将保险不足。在这种情况下，第一类代理人将给保险公司带来预期亏损，而第二类代理人将给保险公司带来正的预期利润。

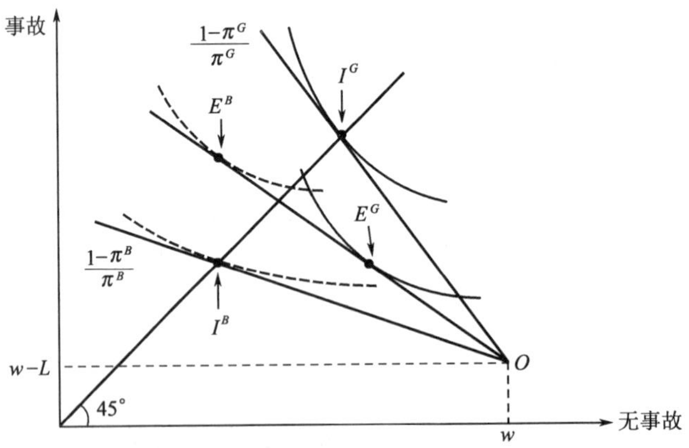

图 3-6　两类保险代理人

由前面的分析会发现，委托人总是亏损，无论他提供何种合约。若考虑一个保险公司以“平均保险费率”$p=q\pi^{G}+(1-q)\pi^{B}$ 提供合约，q 代表好的风险的比率，则此时，由于差的风险总是会选择比好的风险更高的保险费，故保险公司将遭受(预期)亏损。为弥补这些亏损，保险公司将索要更高的价格。不过，好的风险将选择更低的保险费，而差的风险将想要更高的保险费。

另外一种可能性是，存在一种只有差的风险购买保险的均衡。设代理人的无差异曲线如图 3-7 所示。此时，相应于价格 $p=\pi^B$，差的风险的个人购买全额保险，相应地，保险公司赚取零预期利润；好的风险类型不愿投保，因为点 I^G 没有要约，在价格 $p=\pi^B$ 时，好的风险类型愿意投保的点是 O。所以，自我选择出现了：在均衡时，只有高风险的人购买保险。

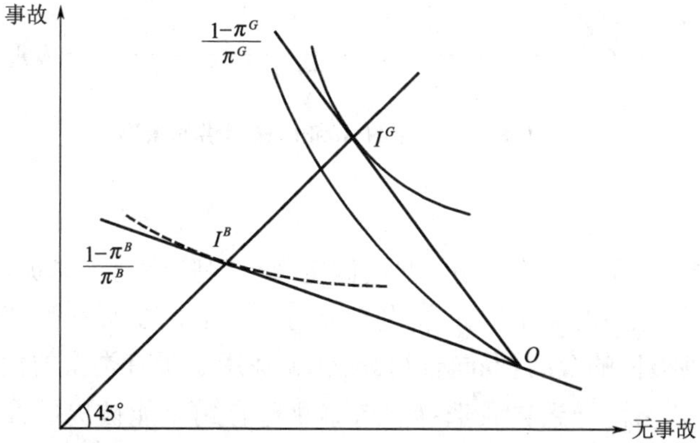

图 3-7　差的保险代理人将驱逐好的保险代理人

以上的分析基于这样的理念：保险公司可以决定保险单价，客户可以选择他们想要的保险。由于在以前的模型中，保险公司不能对不同类型的客户区别对待，因此，在合约中，保险公司只使用一种工具——价格①。这意味着保险公司只在合约空间内提供了一些合约点。

图 3-8 是只有合约 A 和 O 被提供的情形。点 α_1 代表保费，α_2 是事故情况下的净赔偿[等价于对应 $z=\alpha_1+\alpha_2$ 的保险，提供 $\alpha_1/(\alpha_1+\alpha_2)$ 的价格]。考虑保险公司既提供价格又提供保险范围是前面的特例，而其中只给定价格，每个代理人只能以此价格选择自己想要的保险。

① 事实上，保险公司有较大的回旋余地，它们可以提出一些特定价格与保险合约组合，客户可以在其间自由选择，即客户选择了一种价格，同时也就选择了一定的保险数量。

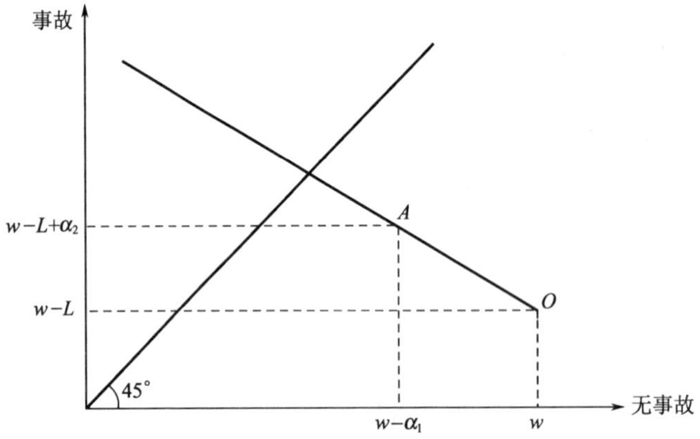

图 3-8　只有合约 *A* 和 *O* 被提供的情形

2. 竞争导致的均衡合约。进一步，假定每个保险公司可能提供一种或多种合约，保险公司之间的竞争决定着均衡合约。由于存在两种类型的代理人，因此也存在两种类型的合约：混同合约(α_1,α_2)适用于所有类型的代理人；分离合约$(\alpha_1^B,\alpha_2^B)(\alpha_1^G,\alpha_2^G)$导致自我选择。考察哪些合约可能被提供，即哪些合约具有强劲的竞争力。

显然，混同合约将不具有强的竞争力。因为，若要使混同合约具有强竞争力，它必定意味着零预期利润①，而任何可能具有强竞争力的混同合约，必定位于对应于价格 $\rho=q\pi^G+(1-q)\pi^B$ 的线上，q 是低事故概率的代理人所占的比重，见图 3-9。

沿着价格 ρ 定义的直线选择任一特定的合约 C。两种类型代理人的无差异曲线必定相交(见图 3-9)。假定一家作为竞争对手的公司在阴影区提供合约。该合约将只吸引具有较低事故概率的个人(那些无差异曲线最陡峭的个人)，因为只有这些客户才会偏好新合约甚于 C 合约(高风险类型仍然偏好 C 合约甚于新合约)。但若一家公司在 G 型代理人的平均价格线[该线斜率为$-(1-\pi^G)/\pi^G$]以下提供合约，且 G 型代理人签订了合约，那么预期利润将严格为正。因此，代理人将期待其他公司提供该合约，而在 C 合约处只有负的预期利润(因只有差的风险类型会留下来签订这一合约，其签约价格

① 若不是这种情况，总是会有厂商提供稍低的价格，且依然能够获取正的预期利润。

低于 π^B)。

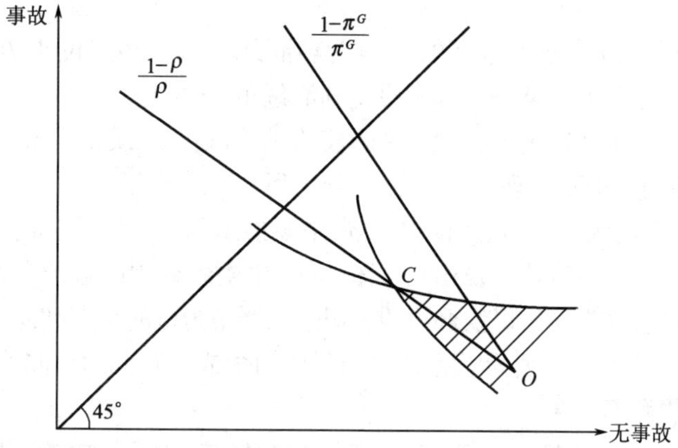

图 3-9　两类代理人的签约价格

现在继续考察分离均衡(两种满足代理人自我选择他们自己的合约)是否存在。由于类似于在混同合约情况下考虑的那些原因,唯一可能的均衡解是 C^G 和 C^B,见图 3-10。

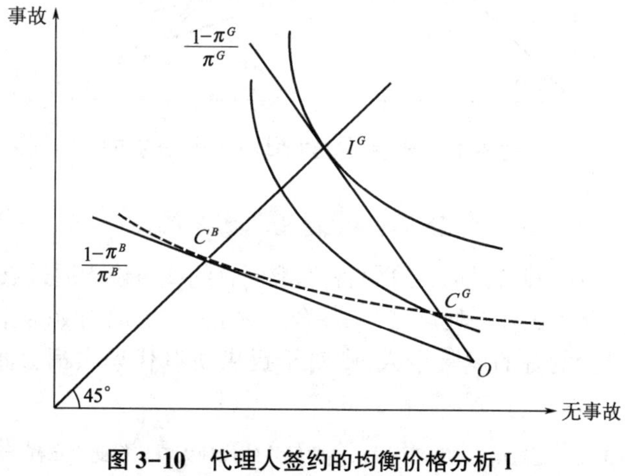

图 3-10　代理人签约的均衡价格分析 I

(1)给定只有好的风险类型会签约,为了得自合约的预期利润为零,C^G 必须在斜率为$-(1-\pi^G)/\pi^G$ 的等预期利润线上(否则,就总会有某些其他公司为了拉拢客户而以稍低的价格提供合约)。同理,C^B 必定位于斜率为$-(1-\pi^B)/\pi^B$ 的线上。

(2)起先合约 C^B 处于适度的等预期利润线上,C^G 必定位于 B 型代理人的无差异曲线和对应于价格 π^B 的等预期利润线的交点上①。

(3)C^B 必定在 45°线上,否则的话将存在靠近 45°线的其他合约,而低于 45°线的合约将使 B 型代理人的境况改善。所以,$C^B=I^B$。

再考虑 q 值的大小,若 q 值相对高,带来零预期利润的混同合约线将与通过点 C^G 的低风险个人的无差异曲线相交。图 3-11 中阴影区中的合约都将被两种类型的代理人所接受,并都将给提供合约的公司带来严格为正的预期利润。其结果{C^G,C^B}不可能是一个均衡。因为没有其他的分离均衡或者其他的混同均衡是可行的,在此情况下,均衡不存在。

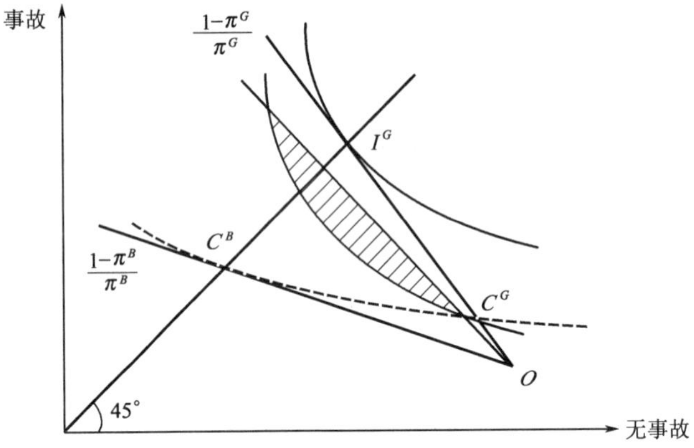

图 3-11　代理人签约的均衡价格分析Ⅱ

若 q 值相对小。则在此时,零预期利润混同合约线将位于通过点 C^G 的 G 型代理人无差异曲线下方的任一处。{C^G,C^B}合约对是一个分离均衡(见图 3-12)。可见,若存在相对少的好的风险个人,则对于提供所有代理人都会签约的厂商的

① 如果此交点位于任一更高点(从几何上看),差的风险的代理人将偏好此交点甚于合约 C^B。而如果此交点位于任一更低点,则作为竞争对手的公司将会向 G 型代理人提供更好的(对于 G 型代理人)合约,该合约为分离合约,且能带来正的预期利润(因任何严格低于 C^G 的合约都会被 C^G 所支配,因此对于保险公司和客户均更为有利的合约来说,都提供了某种获利的余地)。

激励就低。这种合约会吸引每一个代理人,所以合约的价格将足够低。但大多数将签约的客户都将是差的风险类型,随之公司将遭受预期亏损,这一亏损是少数好的风险类型的正的预期利润所无法补偿的。

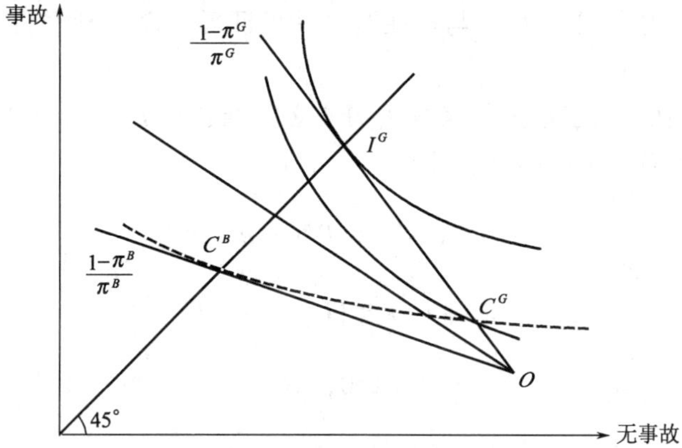

图 3-12 代理人签约的均衡价格分析Ⅲ

如果均衡存在,将其与最优对称信息合约细节$\{I^G, B^G\}$相比,就能够得出:在两种情形下,高风险代理人会获得相同配置。而另一方面,低风险代理人必须为信息不对称的后果支付成本(不允许因此而辨识出低风险的代理人),因为即使保险价格是公平的,他们也不允许对其风险进行全额保险。

(二)最优许可证合约分析

本部分考虑在专利所有人(卖方)与想利用专利的厂商(买方)之间所可能确立的最优方式。假设:卖方是一个拥有专利的研究实验室,除了通过许可证合约,它不可能获得任何利润;买方是一个垄断者,他的平均生产成本为常数c^0,若其生产数量为Q,则他的总成本就是c^0Q。受要约的创新具有平均成本从c^0降低为c的效应($c<c^0$)。垄断者产品的市场需求函数以$D(p)$表示。

许可证合约规定,签署合约时买方须支付固定金额F,再加上为每单位产量的支付ε,ε是每次运用许可证技术生产时对每单位产品支付的费用。若垄断者购买该专利,生产数量Q,则其总成本为$F+(c+\varepsilon)Q$。$\Pi^m(x)$是垄断者在平均成本为x时的利润(无固定成本),即:

$$\Pi^m(x)=[p^m(x)-x]D[p^m(x)] \tag{3-29}$$

式中：$p^m(x)$是成本为 x 时的垄断价格。

$$p^m(x) \in \arg\max_p (p-x)D(p) \tag{3-30}$$

令 $D^m(x)=D[p^m(x)]$为价格是 $p^m(x)$时垄断者的需求。垄断者会对他在没有许可证时的利润$\prod^m(c^0)$与他在购买许可证后可获得利润$\prod^m(c+\varepsilon)-F$间进行选择。

卖方（委托人）的问题是：考虑到买方必定准备在 $F\geqslant 0,\varepsilon\geqslant 0$ 时接受合约，以最大化其得自许可证的利润，即：

$$\max_{(F,\varepsilon)}[F+\varepsilon D^m(c+\varepsilon)]$$

$$\text{s.t.}\ \ F\leqslant \prod{}^m(c+\varepsilon)-\prod{}^m(c^0)$$

$$\varepsilon\geqslant 0, F\geqslant 0$$

显然，参与约束有效，且问题的解(F^*,ε^*)由：

$$\varepsilon^*=0 \text{ 和 } F^*=\prod{}^m(c)-\prod{}^m(c^0) \tag{3-31}$$

给定。因此，最优许可证合约只包含固定支付。若买方和卖方能够分享对称信息，即为真。

考虑：在买方比卖方拥有更多信息时（存在一个逆向选择问题），私人信息可能涉及若干变量中的任何一个，如有关市场需求函数，买方可能知情更多；买方拥有有关创新如何更好地应用于特定的生产过程的更多信息。将这些理念中的第二个模型化。假定创新是两种可能类型，好的 G 和差的 B 中的一种。一项好的创新使平均成本降至某一水平 c^G，而如果创新是差的，平均成本将是 c^B（在此，$c^G<c^B<c^0$）。垄断者知晓创新的价值而卖方不知情。

在对称信息条件下，最优合约将是：

$$\varepsilon^{G*}=0,\ F^{G*}=\prod{}^m(c^G)-\prod{}^m(c^0)$$

$$\varepsilon^{B*}=0,\ F^{B*}=\prod{}^m(c^B)-\prod{}^m(c^0) \tag{3-32}$$

给定逆向选择问题，式（3-32）所提出的合约则必须更改。可以证明，最优的不对称信息合约是：卖方提出的最优合约的细节是分离的，并有：

$$\varepsilon^G=\varepsilon^{G*}=0, \varepsilon^B>0, F^G<F^{G*},\ F^B<F^{B*}$$

当买方拥有关于创新价值的私人信息时，分段支付允许其分离出低质量的创新。

当买方对创新评价高时,他将被提供一个完全基于固定支付的合约。该固定支付低于相应的对称信息支付①。因此,对分段支付的短暂观察,可能归因于买方特定的私人信息的存在。为分离出对创新的不良应用,便产生了这些合约。通过扭曲 B 型厂商的最优合约,委托人可向对创新评价最高的厂商索取更高的固定溢价。这两个合约的相对位置可参见图 3-13。

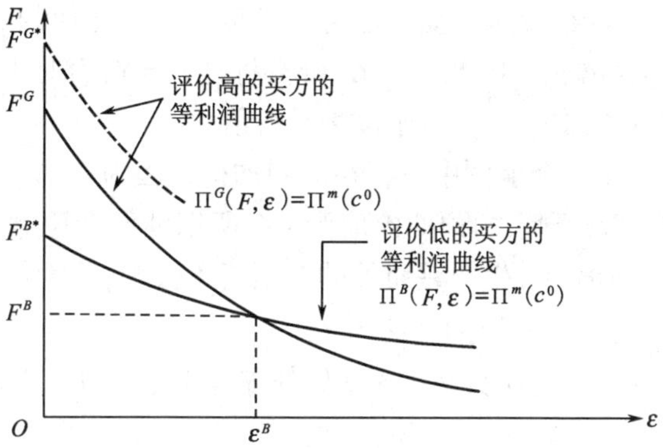

图 3-13　对最优许可证合约的分析

第三节　服务中的信号传递

在许多合约中,参与人一方较另一方具有更多某些相关变量的信息。有时为了获利,知情方会试图通过某一行动或决策将信息传递给另一方。

信号传递不只是一种在非常特殊的经济情形下才发生的现象。国家需要传递自身的信号吸引国外的投资者。毕业生为某工作而接受面试时,也都会试图传递自己适合该工作的信号。服务行业中同样涉及许多信号传递的问题。

一、传递质量信号的价格

考察一个生产某种物品的垄断者。公司知道物品的质量,但消费者不知道。消费者认为,物品的质量要么好要么差,而好的概率为 q。若质量为 G(好),消费

① 原因是对创新评价高的买方会获得信息收入。

者得到的剩余为 X,而质量为 B(差)则只给消费者零剩余。若物品的价格为 G(高),则消费者的效用要么是 $X-p$,要么是$-p$,这取决于质量是好还是差。若物品的质量为 G,则它的单位生产成本为 c^G,其他情况下成本为 c^B,$c^G>c^B$。

存在着两个时期,消费者在每个时期可以购买一个单位的物品。若一个消费者在 $t=1$ 时期买了该物品,他便得知了物品的质量,于是他在 $t=2$ 时期购买时就具备了对称信息。为简化,假设若消费者在 $t=1$ 时没有购买,则他在 $t=2$ 时也不购买。

假设公司是一个垄断者,容易知道在 $t=2$ 时期的最优决策将是什么,因为现在消费者知道了质量,若质量为 G,他们就愿意支付任何的 $p_2 \leqslant X$,而若质量为 B,则他们就不会购买。因此对于 G,价格将是 $p_2=X$,而对于 B,则没有市场。消费者在 $t=2$ 时期的支付恰好等于该物品所值。

假设 $qX<c^B$。在这个事例中不存在混同均衡。因为若消费者在不知道质量的情况下购买了物品,剩余的预期价值为 qX,所以消费者愿意支付的最大值为 $p_1=qX$。但在这一价格下,生产差质量的垄断者不会卖,因为他第一时期的利润将是 $\prod_1=qX-c^B<0$,第二时期的利润为零。

考虑垄断者可以传递(分离出)良好质量信号,则均衡必定具有如下两个特征。

第一,在一个分离均衡中,当垄断者是 B 型时,消费者"知道"质量是差的,故在任一价格下他们都不会购买。因此,在一个分离均衡中,B 型垄断者将不会在市场上售卖,他得到的将是零利润。

第二,在 $t=1$ 时期,p_1 价格下,好质量物品的利润为:

$$\prod^G=(p_1-c^G)+\delta(X-c^G) \tag{3-33}$$

式中:$\delta \in (0,1)$是未来收入的贴现率。显然若$\prod^G>0$,则生产好质量物品的垄断者将不希望偏离。为使其无论怎样都没有激励去冒充低质量,需要使 $p_1 \leqslant c^B$。因此,令 $p_1=c^B$ 是一个充分信息性的信号,则 G 型垄断者在计划的分离均衡处的利润为:

$$\prod^G=(c^B-c^G)+\delta(X-c^G) \tag{3-34}$$

针对式(3-34),可以区分为两种可能性:

其一,当 $\delta(X-c^G)<c^G-c^B$ 时,在可能的均衡中利润$\prod^G$ 就为负,所以它并不是一个均衡。给定已知的情况,正的价格下不存在混同均衡,则在这一行业中不存在市场。物品具有差质量的可能性蕴含着它没有被卖出(即使它实际上是好质量),因为若消费者一次也没有买过该物品,消费者就无法鉴定物品的质量。

其二，当 $\delta(X-c^G) \geqslant c^G-c^B$ 时，就存在一个显示（分离）均衡，其中若物品具有好的质量，垄断者会要价 $p_1=c^B$，低于他的生产成本，而若垄断者的质量是 B，他就不会进入市场①。

二、卖方具有私人信息时的最优许可证合约

信号传递问题应用的目的是，在卖方拥有专利价值的私人信息时，分析建立技术许可证合约的最优方式。

继续假设专利的卖方是个研究实验室，其买方是该行业中的一个垄断者。市场的需求函数为 $D(p)$。最初的边际生产成本为 c^0，创新会使成本降低到 c^G（或 c^B），$c^G<c^B<c^0$。在目前的框架中，只有发明者才知道最终成本会是多少，而卖方不能将一种创新类型与其他创新类型区分开来。一个许可证合约规定了买方必须支付的固定费用 F 和专利权使用费 ε。

若买方不具备有关专利质量的信息，式（3-32）的合约就不是有效的合约。因专利所有者会希望推出与该专利的真实价值无关的（F^{G*}，0）。而预料到这一行为的买方将不会接受此合约。高质量创新的所有者需要提供一个合约来传递高质量的信号，而这是创新者信息为低质量时绝不会提供的。

可以证明：为形成分离均衡的一部分，合约（F^G，ε^G）必须满足的条件有三个。

第一，参与条件（当 $q=1$ 时），有：

$$\Pi^m(c^B+\varepsilon^G)-F^G \geqslant \Pi^m(c^0) \tag{3-35}$$

第二，为使$\{(F^G,\varepsilon^G),(F^B,\varepsilon^B)\}$是一个分离均衡，有必要使低质量的创新者没有兴趣去冒充高质量的创新者，所以有：

$$F^G+\varepsilon^G D^m(c^B+\varepsilon^G) \leqslant F^{B*} \tag{3-36}$$

第三，为使高质量的创新者没有兴趣提供合约（F^{B*}，0），必须有：

$$F^G+\varepsilon^G D^m(c^G+\varepsilon^G) \geqslant F^{B*} \tag{3-37}$$

许多合约（F^G，ε^G）满足式（3-35）、式（3-36）和式（3-37），这就意味着有许多合约传递高质量的信号。仅仅考察这些合约中的最优者：卖方会选择最大化其利润的合约 C，这和直观标准相同②。因此，可能的合约（F^G，ε^G）就是满足以

① 这一均衡可用来解释有些物品最初的售价是较低的，但在消费者知道物品的质量后会提价。

② 因为使其他合约不同于式（3-35）~式（3-37）下最大化利润的合约 C，以形成分离均衡的一部分，一旦 C 被观察到，买方具有的信念必定满足 $q(C)<1$；但这并不“合理”，因若卖方是 G 型的，C 是他唯一情愿提供的合约。

下方程的解：

$$\max_{(F,\varepsilon)}\{F+\varepsilon D^{m}(c^{G}+\varepsilon)\}$$

$$\text{s.t.}\quad F\leqslant\prod^{m}(c^{G}+\varepsilon)-\prod^{m}(c^{0})$$

$$F\leqslant F^{B*}-\varepsilon D^{m}(c^{B}+\varepsilon)$$

$$0\leqslant\varepsilon\leqslant c^{0}-c^{G}$$

图 3-14 给出了上述结论的直观解释。在点(F^{B*},0)处，双卖方型等利润曲线的斜率满足这样的情况，即只要对于阴影区合约有任何偏离，就会发送创新是高质量的信号。所有这一区的合约都建立在专利权使用费支付的基础上，且它带给高质量创新所有者的利润大于 F^{B*} 的利润。此外，当买方确信他购买了一个高质量的创新时，这些合约就会被该垄断者所接受。

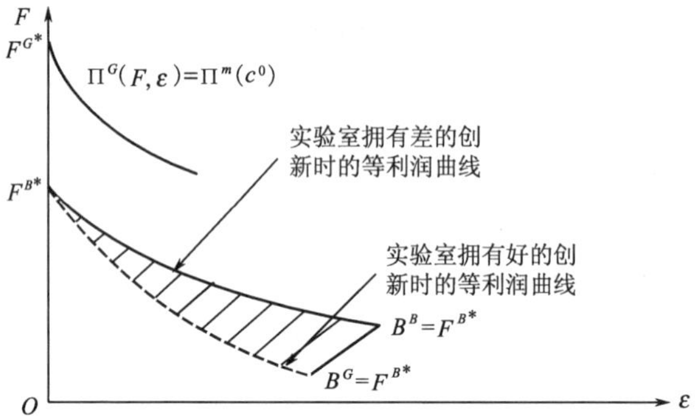

图 3-14　对技术创新者质量的分析

让我们综合上述分析的结论：若生产建立在良好创新的基础之上，则物品在市场上的销量较大，所以，良好创新的所有者通过收取专利权使用费所获得的利润大于创新是低质量的情况。固定支付并不能区分这两类创新，为了传递质量的信号，必须使用专利权使用费支付。

在上述框架下对混同均衡的分析是相当复杂的。总之，不可能出现两个卖方在均衡处选择相同合约的情况。混同均衡所需要满足的充分条件是 $D^{m''}(c)<0$。

第四章 准公共产品性的服务业——教育服务贸易

产业是源，贸易是流。服务产业的大发展，推动了服务贸易的快速增长；产业的发展离不开政府公共政策的安排；任何制度的产生和选择都是人们对其成本和收益进行比较的结果，人们选择的依据是某种制度安排所能带来的净收益。

在各个国家的实践中，作为一种制度安排，绝大多数情况下，类似国防、教育、基础设施和公共卫生等产品（或服务）是由政府以公共产品①（或准公共产品）的形式向社会提供的。从服务业的角度看，典型的准公共产品就是教育服务。

第一节　教育服务贸易的基本内容与经济性分析

从经济学的意义看，教育是一种产业，是教育服务产品的生产过程。

① 经济学通常将社会产品分成私人产品和公共产品两大类。按照市场经济的一般原则，任何产品的买者都应为其所获得的产品支付费用。但市场效率依赖于产品的排他性和竞争性，如果产出不具备相关性质，生产者就无法获得相应的收益，从而不能寄希望于市场提供足够的产品。私人产品就是具有排他性和竞争性的产品。在现实生活中，还有一类产品并不具有私人产品的上述性质，通常将它们称为公共产品。

一、教育服务贸易的基本内容

（一）教育服务贸易的基本概念

教育服务在《服务贸易总协定》涵盖的12类服务部门中被列为第5类。世界贸易组织（WTO）按照联合国暂定的主要产品分类（UN Provisional Central Product Classification, CPC）将教育服务分为初等教育服务、中等教育服务、高等教育服务、成人教育服务和其他教育服务。

国与国之间主要出于经济目的而进行的教育服务输出与输入即构成教育服务贸易。从经济学层面看，教育服务贸易其实是一种跨国的教育选择，选择的主体可以是以学生及其家庭为主的教育消费人群，也可以是政府或社会机构。前者是在开放的市场环境中选择效用最大化的服务，属于个人消费；后者是政府或社会机构出于发展经济的需要来选择消费国外的教育服务，为受教育者“买单”，即政府（机构）采购，如公派留学就是一种典型的方式。教育选择的客体是服务生产者提供的具有一定质量、品牌和特色的，多样化的教育服务。

（二）教育服务贸易的形式

《服务贸易总协定》从服务分类学角度明确服务贸易的范畴，规定了服务贸易的四种方式，教育服务贸易和其他类服务一样，存在跨境交付、境外消费、商业存在和自然人流动等四种服务提供方式。

1.跨境交付。跨境交付是指一成员方在境内向任何其他成员方境内提供的服务。其特点是服务提供者和服务消费者分别处于不同的国家，真正跨境移动的是服务本身。在教育服务贸易中，表现为跨国远程教育这一形式，即在教育提供者和消费者都不跨境移动的情况下，利用网络技术、多媒体技术等现代信息技术手段实现教育服务的跨境移动。WTO鼓励一成员方向另一成员方提供上述远程教育课程与服务。随着新信息技术在远程教育中的不断应用，跨国远程教育发展迅猛。

2.境外消费。境外消费指在一成员方境内向任何其他成员方的服务消费者提供的服务。其特点是服务消费者必须进入服务提供国，即服务消费者进行了跨境移动，而服务的生产者不移动，服务是在服务生产者实体存在的那个国家（地区）生产的。出国留学这种教育服务贸易形式就是教育消费者到他国的学校或科研机构求学、进修。WTO鼓励一成员方公民到另一成员方去留学、进修。

3.商业存在。商业存在指一成员方的服务提供者通过其在任何成员方境内建立产业实体提供的服务。其特点是服务跨越国界与对外直接投资联系在一起，重点强调通过生产要素、资金、服务工具跨境移动到消费者居住地提供服务而产生贸易。这类教育服务贸易形式有：一国企业到他国开办培训机构；一国学校到海外设立分校或与东道国的教育机构合作办学。其中合作办学是主流。

4.自然人流动。自然人流动指一成员方的自然人在任何其他成员方境内提供的服务。其特点是服务提供者以自然人身份进入并临时居住在服务消费国，它强调自然人(服务提供者)跨境移动在别国境内提供服务。对教育服务贸易而言，WTO鼓励一成员方聘请另一成员方的公民去从事专业服务工作，具体服务主要指聘用外籍教师这种形式。

二、教育服务产品的特性

(一)教育活动的外部经济性和准公共产品性

1.教育活动的外部经济性。当一个经济主体的活动对社会或其他人产生了有利的影响，而且这个经济主体又没有从受益者那里得到任何补偿时，这种经济活动就具有外部经济性。教育活动即是一种有着外部经济性的活动，通过教育可以提高公民的文化知识水平，不仅会增加公民个人的生产力和收入能力，使其从教育消费中获得福利，同时公民个人文化知识水平的提高还会使整个社会获得益处，从而使教育活动具有外部经济性。

教育活动的外部经济性表现在如下几个方面：

(1)教育在提高受教育者个人的生产力的同时，也提高了整个社会发展生产力的潜力，增强了国家的竞争能力。

(2)教育提高了公民的文化素质，对一个国家建立政治文明也有着重要意义。很难想象，在一个文化水平普遍很低的国家，能够建立起高度发达的政治文明。

(3)教育对于文化的传递和保存、文化的传播与交流以及文化的净化和创新等，都有重要的作用。教育是一种重要的文化传播渠道，古往今来，文化主要通过教育的方式传承下来。教育传播文化主要有纵向传递和横向扩散两种方式：教育的纵向文化传递，主要是通过一批人以一定形式将经过选择的文化传递给另一批人，从而完成对文化的保存、整理和扬弃；教育的横向文化扩散，主要是通过与不同民族、不同国家、不同地域的文化的交流与融合，取长补短，弥补本土文化的不足。

(4)教育还有一种溢出效应。这种溢出效应也是一种外部效应，不过与上面讨论的外部效应有些区别。比如，当一个受过教育的人迁到一个社区时，这个社区的人们由于没有为该人士的教育成本做过任何贡献，因而获得了公共收益;而对于出现了人员外流的社区来说,就会产生社会收益损失。这就意味着,在人员频繁流动的社会里,更高层的政府部门应能分担教育成本,以减少教育溢出效应的影响①。

2.教育的准公共产品性。教育活动提供的产品是教育服务,若仅从向社会提供产品这一点上看,教育活动与企业的生产活动并没有本质的区别。但由于教育活动有着巨大的外部经济性,人们并不将教育活动看成是一般的企业经济活动,而且在实践中,几乎所有的国家通常都将正规的教育机构划定为非营利性机构,并向这些机构提供不同程度的政府资助。按照经济学的解释,这种情况与教育服务产品的准公共产品性质有关。

(1)公共产品的特征。与私人产品相比,公共产品具有如下的重要特征:

第一,非竞争性。对于一般的私人产品,当增加一个消费者时,其边际成本不等于零,这就使得这种产品的消费具有竞争性。但对于公共产品则不然,在一定条件下,增加一个消费者不会减少任何一个人对该物品的消费量,生产的可变成本并没有发生变化,即新增消费所带来的边际成本为零。这种消费上的非竞争性来自产品的不可分性,即公共产品是作为一个整体提供的,不能被分割为若干单位并分别提供给不同的消费者。

第二,非排他性。对于私人产品,购买者支付了价格就取得了该产品的所有权并可轻易地排斥他人消费该产品,这就是受益的排他性。但某人或某群体在享用公共产品的同时,无法将其他人或群体排除在公共产品的受益范围之外,这或是因为实现排他在技术上不可能,或即使排他性在技术上可行,但由于实现排他的成本过高,使排他失去了实际意义,于是便有了事实上的非排他性。

一般认为,同时满足以上两个条件的产品是严格意义上的公共产品,称为纯公共产品。纯公共产品的典型例子是国防。但在现实生活中,纯公共产品并不普遍存在。一些产品虽然具有消费的非竞争性,但在技术上却能够实现受益的排他性;而另一些产品虽然不具有消费的非竞争性,却因排他的成本过高而很难在技术上实现受益的排他性。基于此,很多产品实际上是介于私人产品与公共产品之间的、具有公共产品部分特性的混合产品,这类产品称为准公共产品。

(2)教育的准公共产品性质。教育服务产品作为一种准公共产品,主要体现为:

第一,教育服务产品是一种具有"拥挤性"的公共产品。教育服务产品虽然

① 类似地,只要有移民现象,同样的论点也可以提出来作为发达国家对发展中国家的教育系统进行投入的依据。

其效用可为全社会所享用,但由于消费者数量的增加会导致拥挤,使得每个消费者从中所获得的效益下降,这使得教育服务产品的消费具有一定的竞争性。即在给定的教育系统内,应有唯一的最优学生数量,一旦超过这一数量,新增的参与者就会对已有的参与者造成负效用,若要求同等效用,边际成本就会上升。

第二,教育服务产品是一种具有“价格排他”的公共产品。教育服务产品的效用虽然可以被全社会享用,但产品却可以定价,在技术上能够实现排他,那些不愿意支付费用的消费者可以被排除在消费范围之外,即消费上具有一定的排他性。除了某些特殊的教育形式外(如慕课等),教育服务产品的提供是可以实现价格排他的。

第三,教育服务产品是一种“收费成本”极低的公共产品。公共产品的问题在于无法实行谁消费谁付钱的原则。因为收费很困难或收费成本太高,生产者无法得到足够的生产回报,生产成本难以得到必要的价值补偿,或者其他人(由于“搭便车”)从公共产品中得到的好处可能比生产者还要高,这必然会挫伤生产者的积极性,导致公共产品的供给不足。因此,一般认为,公共产品不能通过市场供给,而只能由政府来提供。但除了少数教育形式如政府提供的广播电视教育外,绝大多数教育服务产品并不存在收费困难和搭便车的问题,教育服务产品的提供很容易解决收费问题,“谁接受教育就由谁付钱”在技术上没有任何障碍。所以,教育服务产品虽然是一种公共产品,但并不存在公共产品难以解决的收费问题。

除了上述近似私人产品的特点外,教育服务具有的公共产品特征表现为:

首先,教育服务具有巨大的外部经济性,而这种外部经济性是具有非竞争性和非排他性的。也就是说,教育服务提供的一些利益对个人来说是具有竞争性和排他性的,从这一点看的确具有私人产品的特征,但教育服务提供的另一部分利益对社会来说却是非竞争性和非排他性的,从而使之具有公共产品的特征。

其次,从受教育者个人来说,他从教育消费中得到了直接的利益,包括个人终身收入的提高、在劳动力市场上多方面的选择机会等,这一部分利益具有竞争性和排他性;但教育服务产生的另一部分利益对每个社会成员来说又是非竞争性和非排他性的,如全社会都能从受过良好教育的公民身上获益,包括全社会进行科技开发和产品更新能力的提高、生产力的提高、社会文明程度的提高等,因而这部分利益具有公共产品的性质。

最后,从社会公平的角度看,由于教育承担着培养公民诚实和良好美德,并为社会成员提供公平竞争机会的任务,因此,教育服务是一种所有公民都有权获得的重要产品,公民应公平享有这一权利,从公平价值和分配角度看,它明显具有公共产品的特征。

(二)教育支持的差异性与最佳规模

1.教育服务支持的差异性。按照经济学的分析,公共产品由于存在着非竞争性和非排他性,使得市场机制对公共产品的供给难以发挥作用,即发生所谓"市场失灵"问题。这是因为,如果无论付费与否都可以享受到公共产品的好处,人们通常不会成为自愿付费者。此时,私人通常不会愿意生产这类产品,从而将导致公共产品的供给不足。所以,一般认为,公共产品只能由政府来生产或提供。

但准公共产品的情况却比较特殊。由于准公共产品是介于私人产品和公共产品之间的一类产品,既有私人产品的特点,又有公共产品的性质,虽然从理论上说,许多准公共产品常常是由政府和市场共同提供,但在实践中,由政府和市场共同提供准公共产品时,既可以是政府与市场共同分担提供公共产品的任务,也可以是以政府提供为主、市场提供为辅的手段,或者是以市场提供为主,政府起到拾遗补阙的作用。

教育作为一种准公共产品,主要是因为教育除了给受教育者带来收益外,还有着巨大的外部经济性,给社会带来福利,因此,从总体上说,教育这种准公共产品应该由政府和市场共同提供。但事实上,教育本身具有不同的层次或类型,如有基础教育和高等教育之分、学校教育和在职教育之分、基础理论学科的教育与实际应用学科的教育之分等,而不同层次的教育所具有的外部经济性又是不一样的。一般认为,基础教育给受教育者个人带来的收益小于高等教育,但基础教育的外部经济性却远高于高等教育。即基础教育的私人收益率要低于社会收益率,高等教育的私人收益率要高于社会收益率。因此,基础教育应该实行义务教育,主要由政府提供;高等教育则应该实行非义务教育的办法,由政府和市场共同提供。事实上,目前世界上大多数国家都对基础教育实行了义务教育,义务教育已经成为衡量国家现代化程度的重要标志。在高等教育内部,基础理论学科和实际应用学科的私人收益率和社会收益率也是有差别的:自然科学的基本理论以及文、史、哲、师范等类别和专业的教育,其个人收益率较低,有明显的为社会服务的公益性;医学、法律、工商管理等类别和专业的教育,其个人收益率较高。因此,在通常的情况下,政府对不同学料的支持力度也有差别。

总之,由于教育这种准公共产品的内部结构较为复杂,不同层次或类型的教育在个人收益率和社会收益率方面差别较大,因而,教育作为一种准公共产品的提供方式具有多样性。总体上看,教育这种准公共产品是由政府和市场共同提供的,但政府提供和市场提供的比例或份额,不仅与不同层次或类型的教育的个人收益率和社会收益率的状况有关,而且还会受到政府财政能力、社会发展阶段以及人们对教育的认识程度等多种因素的影响。

2.教育服务的合适规模。教育的外部效应将对社会提供教育服务产品的数量产生重要影响。由于教育的特殊性,教育服务产品的提供是由个人需求和社会需求共同决定的。因此,分析社会应该提供多少教育服务产品时,不仅要考虑教育的个人收益,而且要考虑教育的社会收益。这种社会收益其实就是教育产生的外部经济性。如果社会提供的教育服务产品数量只考虑了个人需求和个人收益,而没有考虑社会需求和社会收益的话,将可能导致教育的供给不足,社会提供教育服务产品的数量就不是一个最合适的规模。

图 4-1 分析了教育服务产品的供求。图 4-1 中,纵轴表示教育的收益和成本,横轴表示教育服务产品的数量。S 是教育的供给曲线,它表示教育的边际成本随着所提供的教育服务产品数量的增加而提高。D_p 是个人收益所决定的需求曲线,它表示个人的边际收益随所得到的教育服务产品数量的增加而下降。如果提供教育的数量仅仅由个人需求和个人收益决定,最理想的教育数量在

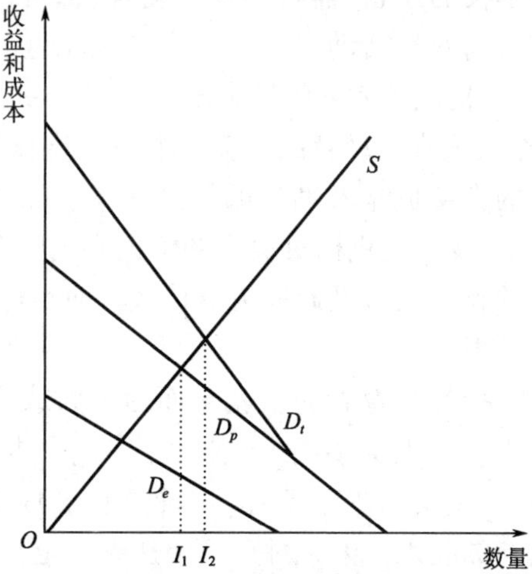

图 4-1 教育的供给与需求

D_p 与 S 的交点处，即 I_1。D_e 表示由教育的外部经济性，即由社会收益所决定的需求曲线。如果将这部分对教育的需求考虑进去，社会对教育的总需求曲线就是 D_p 与 D_e 之和 $D_t(=D_p+D_e)$。所以，社会提供教育的最理想数量应在 D_t 与 S 的交点处，即 I_2。可见，如果考虑了教育的外部经济性，社会提供教育服务产品的数量必须增加，才能实现教育的最佳规模。当然，如果教育产生了负的外部性，就会出现相反的情况。可见，政府在对教育进行财政投入时，有必要考虑到教育的外部性，否则，就可能出现教育供给不足的情形。

三、对教育服务产品的经济性分析

教育首先是一种生产活动，它同样也存在着投入和产出的经济关系问题。

（一）教育的成本和收益

1.教育的成本。教育的成本通常是指教育活动中耗费的各种资源的总和。依据不同的角度和划分标准，教育成本可以分为以下不同的类别：

（1）直接成本和间接成本。教育的直接成本是指直接以货币形式支付和物质资源投入的所有费用的总和。它包括国家的教育拨款、学校产业对教育的投入、社会资助和捐赠以及受教育者个人的投入等。

教育的间接成本也称机会成本①。投入到教育中的资源通常都有多种用途，如教职工的时间，学校的设备、器材和建筑物等，都可以用来生产其他产品并获得收入。因为投入到教育活动中因而放弃了运用这些资源获取其他收入的机会，所放弃的收入就构成了教育的机会成本。

（2）社会成本和个人成本。教育的社会成本是指政府及其他社会主体为教育投入的总费用构成的直接成本及额外的机会成本。社会直接成本包括政府的教育支出、企业和私人及私人机构对教育的资助和捐赠等。社会机会成本则包括上述投入所放弃的收入②，以及政府为支持教育而实行的税收减免、优惠利息贷款等政策所带来的损失。

教育的个人成本是指受教育者为了就学而由个人或家庭直接支付的各种费用和发生的机会成本。个人直接成本包括学杂费、书本等学习用品费，因就学额外支付的生活费，以及文艺体育费用等。个人机会成本是指达到法定劳动能力后因受教育而放弃的收入。因为对于一个达到一定年龄的个人来说，如果

① 在经济学中，机会成本是一个很重要的概念。它是指把一种具有多种用途的资源用于生产特定产品时，所放弃的生产另一种产品的收入。

② 很多国家规定教育机构可以免缴财产税、所得税和营业税，实际上间接地增加了对教育的投入，对教育活动来说，构成了教育的间接成本或机会成本。

决定接受某种教育,为求学而放弃工作就意味着放弃一笔收入。所以,为求学而放弃的工作收入就是教育的个人间接成本。

(3)资本成本和经常性成本。教育的资本成本是指那些一次购置或建造、长时期在教育过程中发挥作用的耐用资产费用。教育的资本成本比较固定,故也称为固定资本。

教育的经常性成本是指那些能够带来即时或短期利益并且需要经常更换或添置的资产费用。经常性成本通常随着教育规模的变化而变化,因而也可以称为可变成本。

资本成本和经常性成本的划分只是相对的,主要看资产的耐用性。

(4)总成本、平均成本和边际成本。教育的总成本是指特定范围和一定时期内耗费的一切资源费用的总和。教育的总成本越大,教育规模也越大,所以,可以根据教育总成本来判断教育的规模。

教育的平均成本是指在一定范围和一定时期内耗费在每个学生身上的成本平均额,即总成本除以学生总数。通常,总成本随着教育规模的扩大而增加,而平均成本不会有明显的提高或降低。平均成本的高低在一定程度上可以反映某个学校用于培养学生所花费资源的多少,但并不能完全反映学校的实力。

教育的边际成本是指最后一个单位的学生增量所引起的成本增量,也称增量成本。教育边际成本的测量主要是为了考察教育机构的规模经济问题。如果增加了单位学生数量,而边际成本下降,则说明扩大学生规模可以提高教育资源的使用效率。

2.教育的收益。教育的收益是指通过教育活动提高劳动者的文化知识水平和劳动技能,从而使社会和个人得到的福利或收入。根据受益对象不同,教育的收益可分为教育的社会收益和教育的个人收益。

(1)教育的社会收益。教育的社会收益是指教育给社会带来的福利。教育的社会收益可以分为直接社会收益和间接社会收益两种情况。

教育的直接社会收益可以从广义和狭义的角度来理解。广义上说,教育的直接社会收益就是国民收入的增量中归因于教育的那部分增量。从狭义上说,国民收入增量中归因于教育的那部分增量,减去受教育者因受教育程度较高而获得的个人收入增量后,才是教育的直接社会收益。

教育的间接社会收益则是指教育给社会带来的文化、政治、社会环境等方面的益处。如教育提高了人们的文化素质,促进了社会进步;教育改变了人们的政治态度,对人的世界观和价值观产生了积极的影响,有利于政治文明建设;教育也可以降低失业率,减少犯罪,有利于社会保持稳定。

(2)教育的个人收益。教育的个人收益是指受教育者因受到较高程度的教育而给个人带来的收益。教育的个人收益也可以分为直接个人收益和间接个人收益。

教育的直接个人收益是指劳动者因受教育程度较高而使其获得较高的工资收入。由于教育可以提高劳动者的知识水平和劳动技能,提高了劳动者的生产率,因而在一般的情况下,受教育程度较高的劳动者可以获得较高的工资收入,这就是教育给个人带来的直接收益。教育的直接个人收益也是教育得到迅速发展的重要推动力。

教育的间接个人收益是指劳动者因受教育程度较高而获得的工资收入以外的其他好处,这些好处实际上也会间接地形成个人的收益。如受教育程度较高的人职业适应性更强,有更多的就业机会,减少了失业可能带来的经济损失;受教育程度较高的人有较多的保健知识,减少了医疗保健方面的开支;受教育程度较高的人可以自己辅导孩子学习,减少了家教等方面的支出等。

(3)教育的收益率。教育收益率是对个人或社会因接受教育的数量增加而得到的未来经济报酬的一种测量,是国际教育界常用的指标。教育收益率的测定主要有两种方法:一种是运用成本—收益分析,测算教育投资收益的净现值、教育投资收益率和教育投资内部收益率;另一种是运用收入函数法,测算教育的明瑟收益率①。

教育的明瑟收益率测算的是个人收益率,即平均多接受一年教育导致个人收入提高的比例。它还能够反映出教育对经济发展的贡献、评价教育产出的效率、反映劳动力市场对教育的需求状况,而且对非义务教育阶段学费水平的确定也具有重要的参考意义。

(二)教育的人力资本论

教育的经济价值是人力资本研究的重点,有关这方面的内容可以概括为以下几点:

1.教育既是一种消费,也是一种投资。人们通常认为,接受教育只是一种消费活动,对教育的支出是一种消费性支出。但人力资本理论认为,接受教育也是一种投资活动,对教育的支出不仅是一种消费性支出,也是一种资本性支出。这是因为,对人的教育的投入,可以形成能提高和改善人的未来收益状况的资本。这种资本作为能带来收益的价值,其实有着同物质资本类似的特性,只不过这种资本存在于人自身,因而称为人力资本。同时,教育投资还是一种长期性的投资,它的回报不是即时的、一次性的,但通过教育投资形成的能力却可以

① 该方法是美国经济学家J.明瑟(Jacob Mincer)在1958年提出的。

终身受益,长期地发挥作用。

2.教育是经济增长的重要动力和源泉。实际上,人力资本理论的核心观点就是强调人力资本在现代经济增长中的作用。在人力资本理论看来,对于经济增长,人力资本是一种与物质资本相对应的,甚至比物质资本更重要的资本。许多国家之所以能够保持长期的经济增长,一个重要的原因就在于人力资本增长的速度比物质资本快得多。

3.教育可以提高个人的生产效率和收入水平。对教育的直接个人收益和间接个人收益的分析,也是人力资本理论中的一个重点。人力资本理论认为,教育提高了劳动者的劳动质量,提高了劳动者的生产效率,从而使受教育程度较高的劳动者可以获得较高的收入;教育也提高了劳动者的适应能力,使受教育程度较高的劳动者能够较快地适应新的工作岗位,减少失业或待业的时间,从而提高劳动者的收入;教育还能够提高劳动者有意识地分配自己资源的能力,面对不断变化的经济条件,受教育程度较高的劳动者可以做出迅速而准确的反应,采用某种新技术重新分配自己的资源,以达到较高的劳动生产率,从而获得经济上的收益,提高收入水平。

4.教育具有缓解收入分配不公平的功能。收入分配不公平是影响和谐社会建设的关键因素,缓解收入分配不公平也是政府实施公共政策的重要目标之一。一方面,社会收入分配的不公平很大程度上是由于劳动者所受教育的不同而引起的;另一方面,社会收入分配不公平很大程度上是由于财产收入分配不公平引起的。教育投资的增加,可以提高全社会劳动所得所占的比重,降低财产所得所占的份额。

第二节　教育服务贸易的发展与政策选择

一、国际教育服务贸易的发展

(一)国际教育服务贸易发展的历史与现状

教育服务贸易起源于不带商业色彩的文化教育交流。在 20 世纪 70 年代以前,许多发达国家都曾向发展中国家提供大量的奖学金,以吸引发展中国家的留学生,甚至由政府派遣专家到发展中国家帮助兴办大学、培训教师。但这种早期的教育交流更多地被赋予了政治色彩,许多国家接受外国留学生大都与该国基本的政治外交政策联系在一起。

1973 年中东石油战争引发的全球性经济和财政危机改变了教育国际化的

发展方向。为摆脱经济和财政危机,英国首先向外国留学生收取“全额成本学费”,随后,美国、澳大利亚等国也纷纷通过向外国留学生收费来克服高等教育财政危机,从中他们看到了高等教育国际化过程中潜在而巨大的经济利益。

19 世纪 80 年代以来,随着国际贸易商品结构的变化,服务贸易在经济全球化和世界贸易发展中起到了越来越重要的作用,成为各国参与国际竞争、提高综合竞争能力的极为重要的部分。教育界、经济界也开始关注教育国际化带来的经济利益问题。1998 年,经济学家马立俄教授第一次从国际贸易收入的视角来讨论高等教育国际化对发达国家经济不可小视的意义,第一次将发达国家大学招收留学生和收取学费的活动视为一种重要的外贸产业活动。1994 年底达成的《服务贸易总协定》正式将教育纳入“服务贸易”的范畴,确立了教育的国际服务贸易性质。作为服务贸易的重要组成部分,“教育出口”是国家和有关教育机构获取外汇的一条重要途径,正日益成为国际贸易的一个重要新兴领域。

国际教育服务贸易迅猛增长主要表现在两个方面:一是在整个国际服务贸易的构成中,教育贸易所占的比例越来越大,逐步成为服务业出口的重要组成部分,引起了各国政府的高度重视;二是以境外消费方式为主的教育出口已成为教育国际化的一个重要标志,在一定程度上标志着一个国家教育的整体水平和活力。

在经济全球化背景下,国际教育服务贸易的发展不但在市场份额方面有大幅度的提高,还在教育服务贸易的模式方面不断创新。在当今后疫情时代教育发展更是面临新机遇、新挑战,开放合作是大势所趋,提高质量成为必然要求,在线教育将迎来蓬勃发展,教育服务将成为服务贸易更加重要的构成,在国际人才培养、教育水平提升、跨国文化交流、推进文明互鉴中必将发挥更加重要的作用。①

美国多年来一直是世界服务贸易总额及进口、出口的第一大国。与一般商品贸易形成强烈反差的是,从 20 世纪 70 年代中期起,美国服务业出口连年保持顺差,其中,教育出口发挥了十分重要的作用。21 世纪初期,美国经济发展速度开始放缓,教育服务贸易因此受到影响。国际学生总数保持逐年增长的态势,但增速明显放缓,尤其是 2009—2018 年连续 9 年下降,到 2018 年增速跌至 3.59%。国际学生总数增速明显放缓的情况下,国际教育服务贸易收入却在大幅增加。联合国教科文组织统计数据显示,2010—2018 年在美留学人数持续增长,从 2010 年的 69.1 万人,创纪录地增长到 2018 年的 109.4 万人。根据美国国际教育工作者协会(NAFSA)的统计数据,2010 年美国高等教育服务贸易收

① 国际教育服务贸易论坛形成四大共识,中英职教将携手培养人才[J]. 北京财贸职业学院学报,2020,36(05):73.

入为188亿美元,占服务贸易出口总收入的3.5%,而2018年这一数值翻了一番还多,增长到394亿美元,占服务贸易出口总收入的15.76%,同时为美国社会新增就业岗位45.5万个。①

英国将扩充国际教育服务贸易视为教育发展特别是高等教育发展的一个重要方面,采取全成本收取学费的措施,调动了教育机构主动面向国际市场吸引留学生的积极性,英国留学生人数逐年递增。截至2018年,全球在英留学生人数增加至485 645名,教育出口额增加至233亿英镑。随后,由于受"脱欧"的影响,英国高校来自欧盟的直接科研经费损失达年均10亿英镑,2019年3月,为应对"脱欧"引发的国际学生生源减少、教育财政紧缩等困境,英国教育部和国际贸易部联合推出《国际教育战略:全球潜力,全球增长》。然而,该战略启动期间恰逢新冠肺炎疫情席卷全球,导致留学生流动受阻,许多大学陷入财政与办学危机。为应对疫情危机、支持国际教育复苏、拉动经济增长,2021年2月,英国教育部和国际贸易部联合发布《2021国际教育战略:支持恢复,驱动增长》,该政策对英国扩大国际教育市场份额、巩固世界教育领先提供者地位、建造持久全球伙伴关系具有里程碑的意义。②

加拿大及澳新等国的国际教育服务贸易发展势头相当迅速。加拿大为了向世界推销其教育产品和服务,在许多国家和地区建立了加拿大教育中心,在贸易部成立了教育推销顾问委员会。世界上其他一些国家也纷纷采取措施,以吸引更多周边国家的学生赴本国留学。澳大利亚作为留学热门目的地国,近三十年来,积极推进教育国际化战略。

(二)中国教育服务贸易的发展状况

1.我国教育服务贸易入世时的承诺。WTO成员方虽然承认开放教育市场的重要性,世界银行也为此发表了"促进世界教育市场投资"的报告,呼吁世行会员国为推动世界教育市场自由化多做贡献,但是,因教育关系到国家主权、社会道德和民族文化继承等重大问题,各国政府在开放各自的教育市场时,态度一般都十分慎重,开放程度相对较低。

我国加入WTO对教育服务的承诺包括三个方面的内容:水平承诺、部门承诺和承诺义务。具体内容如下:在项目上不包括军事、警察、政治和党校等特殊领域的教育和政府举办的义务教育,即以上领域不对外开放,除上述特殊领域和义务教育外,我国在初等、中等、高等、成人教育及其他教育服务五个项目上

① 张明勇.美国高等教育服务贸易的发展经验及启示[J].天津商务职业学院学报,2021,9(01).

② 凌鹊,周润姿.后疫情时代英国跨国教育改革新动向:基于《2021国际教育战略》的分析[J].高等理科教育,2022(05).

做出承诺,许可外方为我方提供教育服务。

在教育服务提供方式上的内容包括:对跨境交付的教育服务未做承诺;对境外教育消费未做任何限制;允许商业存在,即允许中外合作办学;对自然人流动,承诺具有一定资格的境外个人教育服务提供者应中国学校或教育机构聘用或邀请,可以来中国提供教育服务。在水平承诺方面,规定用于教育目的的土地使用期限为50年。与其他部门和行业不同,教育开放没有缓冲时间。我国入世所做出的教育服务承诺见表4-1。

表4-1　中国教育服务承诺减让表

部门或分部门	市场准入限制	国民待遇限制
教育服务 (不包括军事、警察、政治和党校等特殊领域的教育和政府举办的义务教育) 主要包括初等、中等、高等、成人教育及其他教育服务	(1)不做承诺 (2)没有限制 (3)允许中外合作办学,外方可持多数股权 (4)除水平承诺中的内容和以下内容外,不做承诺:外籍个人教育服务者如被中国学校和其他教育机构邀请或聘用,可以到中国提供教育服务	(1)不做任何承诺 (2)没有限制 (3)不做任何承诺 (4)外国教育服务个人提供者应具备以下资格:具有学士或以上学位;具有相应的职称或证书;具有两年以上专业工作经验

注:服务方式为:(1)跨境交付;(2)境外消费;(3)商业存在;(4)自然人流动。

2.中国教育服务贸易主要方式及其发展状况。教育是现代化建设的基础,教育的改革开放是改革开放政策的重要内容。为加快教育的开放进程,我国政府先后实施了一系列教育对外开放的政策举措,提出了"教育要面向现代化,面向世界,面向未来"①的战略方针。

教育服务贸易在《服务贸易总协定》中被列为国际服务贸易12类之一。我国在加入WTO后,非常重视 教育服务贸易,也取得了一定的发展。随着我国经济实力的增长和政府对服务贸易的重视程度提高,我国教育服务贸易已经展现出比较强劲的发展实力,在出口规模、范围、层次方面有了较大突破。

从贸易方式来看,我国的教育服务进口主要以境外消费、商业存在为主,辅以迅速发展的跨境交付和自然人流动;从教育服务出口来看,我国政府始终重

① 邓小平在1983年10月1日为北京景山学校所做的题词。

视接受和培养外国留学生工作，把它看做我国对外交流的一项重要内容，改革开放初期，放开了自费来华留学，积极促进我国的教育服务出口。随着中国经济实力的不断提升，教育产业进一步发展，国外对我国教育服务的需求也开始增加。在出口形式上，除境外消费外，商业存在、自然人流动等方式也发展迅速。

(1)境外消费。境外消费分进口和出口两个方面。

其一，境外消费进口——出国留学。改革开放后，我国政府经过多年摸索和实践，在 1992 年提出了"支持留学、鼓励回国、留学自由"的留学方针。随着经济全球化的发展和我国"科教兴国、人才强国"战略的提出，我国出国留学的人数呈逐年递增的趋势。2002—2004 年我国出国留学人数有些许下降，每年平均增速分别是-6.29%、-2.24%。[①]

我国加入 WTO 后，教育发达国家更是看到了中国教育市场的潜力，他们通过多样化的招生机制和灵活高质量的培养模式，吸引了我国的大批留学生。据中国教育部发布的数据，2018—2019 年度，我国出国留学人数达到 70.35 万人。从 2015 年至 2019 年，我国出国留学人数从 52.37 万持续增长至 70.35 万，每年平均增速分别是 3.97%、11.74%、8.83%、6.25%。[②] 2019 年我国出国留学人员学成回国率为 82.49%[③]，为国家建设做出了重要贡献。

其二，境外消费出口——来华留学。改革开放后，我国加大了招收外国留学生的力度。但在很长时间内，这种交流依然是一种政府间的援助或教育交流，还不能算是一种教育服务出口。1989 年中国政府将接收来华留学生高等学校的审批权下放，来华留学生的数量由高等学校自主决定，不再由国家下达计划招生的指标，学校成为来华留学生教育的主体，而这一年也成为外国来华留学教育事业大发展的起始年份。进入 20 世纪 90 年代后，一系列法律法规的出台为我国教育服务出口营造了良好的法律环境，也使得来华留学更加合理合法化，教育服务出口取得了突飞猛进的发展。为了配合国家战略，我国承诺每年向"一带一路"沿线国家提供 1 万名政府奖学金名额[④]，为沿线各国提供更好的留学环境，培养行业顶尖人才。

来我国留学的生源遍布全球五大洲，但地域分布不均衡，亚洲国家是来华最大的生源地，2019 年来华留学生人数最多的前 15 个国家，亚洲国家占了 13

① 数据来源：国家统计局(https://data.stats.gov.cn/easyquery.htm?cn=C01)。
② 同上。
③ 同上。
④ 央广网(https://news.cnr.cn).

个。[①]《来华留学生简明统计》数据显示,2015—2018 年,排名前六的国家始终是韩国、美国、泰国、印度、俄罗斯和巴基斯坦。来自韩国的留学生近两年人数有所下降,但仍领先其他国家,稳居第一。来自美国和俄罗斯的留学生人数变化不大,分别从 2015 年的 2.2 万、1.62 万变化到 2018 年的 2.1 万、1.92 万。泰国、巴基斯坦、印度留学生人数分别从 2015 年的 2 万、1.57 万和 1.67 万,增加到 2018 年的 2.86 万、2.80 万和 2.32 万。[②] 2018 年韩国来华留学生占比为 10.28%,美国留学生占比为 4.27%。2019 年"一带一路"沿线国家来华留学占比 54.1%。由此可见,"一带一路"沿线国家已成为来华留学的主力军。[③] 总之,我国境外消费出口虽然存在地域分布不平衡的问题,但也出现了分散性的趋势。

(2)商业存在——中外合作办学。中国的中外合作办学始于 20 世纪 90 年代,1995 年,全国中外合作办学机构、项目只有 71 家。截至 2015 年 12 月,中外合作办学机构和项目达到 2 371 家,各级各类中外合作办学在校生总数约为 56 万人,其中高等教育阶段在校生约 46 万人。而且,不限于高等教育,众多初高中甚至小学也开始国际化建设。2016 年我国成为承接国外大学海外分校及合作项目数量最多的国家,截至 2019 年中外合作办学毕业生已超过 200 万人。2020 年中国境内合作办学项目数已达 1 606 个,办学机构 100 家,合作对象国主要是美国、英国、澳大利亚。此外,中国高等教育走出国门、到境外合作办学已经起步,并在逐步规范阶段。截至 2019 年 9 月,中国高校已经举办了 128 个境外办学机构或项目,分布在 48 个国家及地区。[④]

(3)跨境交付——跨国远程教育。由于经济迅速发展,我国网民拥有了较好的互联网使用条件。据中国互联网络信息中心(CNNIC)发布的《中国互联网络发展状况统计报告》显示,截至 2021 年 12 月,中国网民规模达 10.32 亿,互联网普及率达 73.0%,网民人均每周上网时长达到 28.5 个小时,其中不乏使用网络进行学习或者进行跨国学习的。此类的贸易目前一般都以免费的形式提供,例如可汗学院。虽然也有有偿提供服务的国际教学网站,但大多采用在线支付。因此,虽然此种形式的国际服务贸易在近年迅速兴起,但是难以通过数据得知具体的发展现状。

(4)自然人流动。自然人流动分进口和出口两方面。

① 王海慧.中国教育服务贸易竞争力及发展路径分析[J].全球化,2022(01):116-125+136.
② 徐娟,张梦潇.我国教育服务贸易竞争力与"十四五"时期提升路径[J].国际贸易,2020(11):85-96.
③ 蒋莎莎,孙本芝.后疫情时代来华教育服务贸易的发展[J].内蒙古科技与经济,2021(18):9-10+13.
④ 王海慧.中国教育服务贸易竞争力及发展路径分析[J].全球化,2022(01):116-125+136.

在进口方面,在华的外籍工作者数量十分庞大,主要是外籍专家。"十三五"以来,中国坚持重视引进外国智力来华工作,引进人才重点更加聚焦于"高精尖缺"上。2019 年国家外国专家局对以往各类人才专家引进项目整合为"高端外国专家引进计划"。[①]

在出口方面则以孔子学院为主。我国教师对外交流形式主要为国家公派、自费出国培训和参加学术会议及短期工作,最具代表性的是"国际汉语教师中国志愿者计划"。根据《中国教育年鉴》的统计,2010—2015 年是我国孔子学院教师快速增长期,孔子学院教师从仅 4 109 人急剧增至 43 551 人;2015—2019 年增速有所放缓,教师人数维持在 4. 5 万至 5 万人。[②] 疫情之下,线下中文教学开展难度加大,各国民众学习中文需求却不减反增,如西班牙马德里大学孔子学院的学员人数就增长了 20%。截至 2019 年 12 月,中国已在 162 个国家(地区)建立 550 所孔子学院和 1 172 个中小学孔子课堂。孔子学院自创办以来,累计为数千万各国学员学习中文、了解中国文化提供服务,在推动国际中文教育发展方面发挥了重要作用,成为世界认识中国的一个重要平台[③]。

二、教育服务政策及其选择

有关教育的经济理论在不同程度上都是可以为教育政策服务的:一方面,教育经济理论是对各个国家实施教育政策的实际效果进行的经济分析;另一方面,教育经济理论也不断地影响着教育政策的调整和完善。

(一)教育政策

1.教育政策的含义。教育政策作为公共政策的组成部分,是政府调整社会经济关系的重要手段。一般认为:教育政策是指政府或其他社会权威组织为实现一定时期的教育目标和与之相联系的社会经济目标,通过调整与教育相关的社会关系来最大限度地满足公共利益,而制定和实施的一系列政策措施的总和。

该定义包括以下几层含义:①人们事实上都将教育政策看成是政府实施的公共政策的重要内容,教育政策的主体是政府或其他社会权威组织;②教育政策有明确的教育目标以及与之相联系的社会经济目标,教育政策通过调整相应

① 徐娟,张梦潇. 我国教育服务贸易竞争力与"十四五"时期提升路径[J]. 国际贸易,2020(11):85-96.

② 同上。

③ 疫情之下孔子学院招生人数不降反增(https://baijiahao.baidu.com/s? id = 1721723880026186407&wfr spider&for=pc).

的社会关系来实现这些目标；③教育政策作为一种公共政策具有明显的公益性，通过教育政策的实施来实现公共利益；④教育政策应随着社会经济条件的变化而不断地进行调整，在不同时期和不同条件下制定和实施的教育政策也会有所差别。

2.教育政策的特点。教育政策有如下几个方面的特点：

第一，教育政策的目标具有综合性。与其他一些公共政策相比，教育政策的目标更具有综合性。这是因为教育过程本身具有多种目标，不同的教育机构有着不同的但又相互交叉、相互融合的目标，而且还因为政府在制定和实施教育政策时，不单要考虑教育本身的目标，更重要的是要考虑通过实施教育政策来实现相应的政治目标、经济目标以及社会文化目标。

另外，教育政策还需要实现传承文化、提高公民文化素质、促进人的全面发展的目标，任何一项教育政策都不可能脱离这方面的要求。

第二，教育政策的内容具有复杂性。教育政策是一种涵盖面极广的公共政策。从教育政策涉及的内容来说，不仅有教育经费的筹集和教育管理体制方面的政策，也有涉及教师、学生和课程方面的政策；从教育政策的层次来说，不仅有国家的教育政策，也有地方性的教育政策；从教育政策的调整对象来说，不仅有基础教育和高等教育方面的政策，也有职业教育、职业培训方面的政策等。

另外，教育政策的内容还与一个国家的文化历史背景有密切的关系，受一个国家的经济、政治体制的制约，虽说任何公共政策都会受到这样的制约，但由于教育政策的内容往往缺乏独立性，常常是与政治、经济、文化问题联系在一起的，因而受到的制约更大。

第三，教育政策取向的公平性。政府实施教育政策在很大程度上是为了促进教育公平。虽然世界各国在实现教育公平的程度上还有差距，而且在很多方面也不尽如人意，但从各国教育政策的实施情况看，促进教育公平仍是教育政策的基本取向。教育政策要实现的教育公平，包括教育权利平等与教育机会均等两个方面。教育权利平等的理念是政治、经济领域的平等权利在教育领域的延伸；教育公平的核心是教育机会均等，它主要是要改变处于不利地位的社会阶层的教育状况。

第四，教育政策实施的筛选性。所谓筛选性，是指教育政策在促进教育公平时，并不是在所有的教育层次毫无差别地向每一个受教育者提供同样的教育，而是在某些教育层次上根据受教育者的个体差异，筛选性地提供不同的教育。

事实上，即使在教育事业相当发达的国家，教育政策通常也只是将基础教育作为义务教育，由政府提供教育经费，强制性地要求适龄少年儿童必须经过这个阶段的学习。而对于高等教育,特别是研究生教育则具有不同程度的筛选性,并不是所有的人都能够完成大学和研究生阶段的学习。即使在基础教育阶段,如果某个学生始终不能达到应有的学业标准,同样也可能无法完成学业,这时教育政策的筛选性也会得到体现。这种筛选性是其他许多公共政策都不具备的。

第五,教育政策效果的多重性。教育政策效果的多重性是指教育政策的实施可能引起多种后果,而且这些后果之间可能还会存在着一定的矛盾,使教育政策的实施效果受到有利或不利的影响。实际上,许多公共政策的效果都具有多重性,但由于教育政策本身比较复杂,其实施效果的多重性尤为明显。教育政策的多重效果,有些是显性的,有些是隐性的,有些是正向的,有些是负向的。

教育政策效果出现多重性主要有两方面的原因:一是教育政策涉及面广,要使政策的内容真正反映实际情况本身就很难,加之人们对教育政策的熟悉和关注,它的实施要获得人们的理解和支持就必须兼顾各方面的利益和要求,就其本质而言,教育政策的实施过程就是各利益主体博弈的过程①;二是教育政策本身就受到来自政治、经济、文化、科学以及教育本身等方面因素的影响,这种影响可能给教育政策带来意想不到的效果。同时,教育政策在实施过程中常常要根据实际情况进行调整,这种调整也可能带来教育政策实施过程中前后不一致的情况,使得教育政策的实施效果受到影响,出现政策效果的多重性。

(二)教育政策的主要类型

教育政策涉及的领域广、层次多,要进行分类并不容易。一般政策的分类方法,将教育政策分成总政策、基本政策和具体政策三种类型。

在我国,教育的总政策指的是《中华人民共和国宪法》中有关教育的政策规范和教育方针;基本政策主要包括《中国教育改革和发展纲要》《中华人民共和国教育法》《中华人民共和国中小学教师法》《中华人民共和国义务教育法》中的政策规范;具体政策指的是一些具体的法规中的政策规范。

也有学者将教育政策划分为四种:教育质量政策、教育体制政策、教育经费政策和教师政策。还可以从教育政策要解决的问题入手,将教育政策划分为教育经费政策、课程政策、学生政策、教师政策和教育管理政策五种类型。

1.教育经费政策。教育经费政策是有关教育经费的动员、分配和使用的政策。它要解决投资教育的主体和如何使教育经费更有效率的问题。

2.课程政策。课程政策是有关学校课程的设置、课程内容体系和质量标准

① 在这一过程中,教育政策实施的效果常常可能被各种意见和行为所左右,导致实施效果出现多重性。

的政策，它要解决“教什么”的问题。

3.学生政策和教师政策。学生政策是有关教育对象的选择的政策；教师政策是有关教师聘用的政策。

4.教育管理政策。教育管理政策是有关教育管理体制的调整、管理权限的划分的政策，它要解决保证教育系统正常运行的问题。教育管理政策的核心在于如何处理政府与学校之间的关系，以及学校作为办学实体内部的关系。这些关系主要涉及如下三个方面：

(1)采取什么样的教育行政管理体制，各级政府之间的教育决策与管理权如何划分，学校作为办学实体在多大程度上享有教育决策权等，这些问题都是教育管理政策需要根据实际情况进行调整的。

(2)采取什么样的办学模式，即是由中央政府直接举办，还是以地方政府为主，民间私人办学应该占据何种位置，在不同的办学模式中政府的职能如何体现等问题的解决。

(3)学校自我决策、自我约束、自主管理的机制如何实现，学校中如何处理行政管理和教学工作的关系，学校如何聘用教师、行政管理人员，以及如何实现学校后勤管理社会化等。

(三)我国的教育服务政策

教育需要适应时代的发展，实施教育改革是教育政策的必然要求，因此，在很多国家，教育改革一直是政府着力推进的一项改革，而且几乎从未停止过。

1. 中国教育服务政策改革所取得的巨大成就。我国教育事业总体发展水平位居世界中上行列，学前三年毛入园率、高中阶段教育毛入学率、高等教育毛入学率均高于中高收入国家平均水平；义务教育普及率超过高收入国家平均水平，在全球9个发展中人口大国中率先实现全民教育目标。

学前教育普惠资源进一步增加，2022年学前教育毛入园率89.7%；义务教育办学条件进一步改善，2022年九年义务教育巩固率95.5%，比上年提高0.1个百分点；高中阶段普及水平进一步提高，2022年高中阶段毛入学率91.6%，比上年提高0.2个百分点①。

在改革开放以前我国实行的是集中统一的计划经济，这使得经济发展对教育产生的巨大需求与有限国家财力支撑的教育供给形成了尖锐的矛盾。改革开放以后，从“穷国办大教育”这一国情出发，国家积极探索扩大教育经费投入的新途径，使教育经费筹集渠道逐步实现了多元化。在教育经费筹集渠道实现

---

① 教育部通报：2022年高中毛入学率达91.6%，高职招生规模连续4年超本科(https://www.sohu.com/a/658466842_250147).

多元化的同时,国家财政性教育经费支出也在不断增加,2020 年,全国教育经费总投入为 53 033.87 亿元,其中,国家财政性教育经费为 42 908.15 亿元,占 GDP 比重连续多年在 4%以上。教育经费的大幅增长,保证了教育事业的持续快速发展。①

推进教育数字化战略行动,教育数字化水平获得快速发展。全国 6.4 万个教学点实现数字教育资源全覆盖,全国中小学(含教学点)网络接入率达 100%。教育服务系统经受住了新冠肺炎疫情期间大规模停课不停学的考验,2 亿多学生居家学习的需求得到满足。通过全过程教学大数据的采集、分析和应用,将传统经验性教学向以数据交互、信息评估为主的数字化教育转变,促进了教育资源公平配置,为推动教育高质量发展创造了条件。各类教育主体充分利用互联网优势,为全球提供丰富的教育产品,提高了中国教育服务贸易形式的多样性。

2. 对中国高等教育服务政策的思考。习近平总书记在主持召开中央全面深化改革委员会第二十三次会议时发表重要讲话强调:“要突出培养一流人才、服务国家战略需求、争创世界一流的导向,深化体制机制改革,统筹推进、分类建设一流大学和一流学科。”

(1)加快推进高等教育服务高质量发展。经过不懈的努力,我国已建成世界最大规模的高等教育体系,接受高等教育的人口总量和新增劳动力平均受教育年限都实现了历史性跨越,高等教育进入世界公认的普及化阶段。规模扩张并不意味着质量和效益增长,走内涵式发展道路是我国高等教育发展的必由之路。要调整和优化高校学科专业和课程结构,全方位改革人才培养范式,立足于我国独有的历史、文化、国情,扎根中国大地办大学。不断完善质量标准、评价办法,挖掘内在潜力、激发内部活力,有赖于教育内部要素的效率提升,注重资源配置模式的改革优化,更强调特色与优势发展。

(2)提升中国高等教育服务的国际化水平。我国教育服务贸易在国际市场中占有率低、逆差大,应采取多种方式不断提升我国高等教育综合实力和国际竞争力。首先,借助“双一流”建设大潮,积极营造国际化的教育理念、教育体系和教育环境,吸引优秀留学生来华学习和优秀人才来华就业。其次,借助“一带一路”倡议,积极发挥中国独特的区位优势和比较优势,开拓教育服务贸易新增长点,拓宽教育服务贸易市场,优化教育服务贸易结构。再次,给予学校更多的留学生招生自主权,发挥学校自身特色学科的优势,鼓励中国大学提供多样化的留学服务,避免教育服务的同质化。最后,应积极鼓励和拓展中外合作办学

---

① 教育部.2020 年全国教育经费执行情况统计公告发布.2021-11-30.

渠道,推动中国学校积极参与全球教育治理,探索海外办学模式。

(3)教育等传统服务因数字化转型变得可数字交付,跨境贸易可能性大大提升。在远程教育方面,运用互联网等技术,改变传统教育以教师为主导的课堂模式,打破时间、空间、主体等限制,促进教育资源的全球流动与有效分配。

(4)对来华留学生推行“趋同化管理”。首先,政府部门要及时研究和出台与国际接轨、符合世界贸易组织规则的留学生管理规定,督促教育机构向留学生提供规范、完善、平等的国际化教育管理。其次,教育机构必须依据中国现有规章制度自行建立对留学生的趋同化管理方案,推进中外学生教学、管理和服务的趋同化,实现统一标准的教学管理与考试考核制度,提供平等的教学资源与管理服务,加强留学生的综合素质培养;实行资质互认,放开外国人参与国内职业资格考试。再次,为了保障留学生的培养质量,教育机构应提高留学生的来华准入、考核和毕业门槛,应加强语言和文化的准入考核,同时对来华留学生进行中国法律法规、校规校纪和安全教育,做到教育与法律公平。最后,政府应制定教育服务贸易高质量发展的战略规划,明确评价指标体系,加强对来华留学生培养的定期监管,加强对教育机构的评估与验收,保证中国教育服务的规范性和公平性。

(5)完善教育服务贸易的相关支撑条件,推动人才流动。

首先,中国在教育服务的商业存在、自然人流动等方面还存在部分限制和障碍,其中重要的一点是相关手续的办理程序冗长繁杂,应进一步简化审核程序,为自然人流动提供签证便利。

其次,奖学金支持、医疗保障和就业问题是来华留学生最关注的问题,政府应在这些方面打造一个稳固的保障体系,提高我国在留学生中的吸引力。

再次,优化营商环境,争取先行先试,鼓励高素质留学生留华工作,培养留华工作氛围,减少留华工作的手续,制定优惠落户政策。将外国人才的选择权交给市场主体,行政主管机关承担监督职责,确保向外国人提供的工作岗位不影响我国公民的就业机会和工作环境。在确立劳动力市场测试制度的基础上,应进一步明确雇主单位配合管理外国人才的义务和向政府部门提供外国人才担保,以及对用人主体不履行义务及不履行担保责任的处罚。同时,加快制定外国人工作指导目录,定期公布鼓励类、限制类和禁止类工作岗位,明确对应的申请条件,对于国内紧缺或急需工作岗位,优先予以审批。另外,尝试放开独立工作签证申请,借助积分评估制度,谨慎设置年龄、语言、学历、工作经验、职业等评估要素,避免引进非市场所需人员,筛选出更多优质人才。

最后,完善和制定与国际接轨且体现中国特色的教育服务相关法律法规,为中国教育服务走向国际市场提供法律保障。作为对外国自然人流动管理的基础性法律,2012 年修订的《中华人民共和国出境入境管理法》颁行已有 10 余年,未来应积极推进自然人流动规制的法律体系建设,以提高法治化程度。

应抓紧制定外国人在华工作管理条例,作为外国人在华就业管理和服务的统一顶层的法律规范。为应对引进海外人才面临的挑战,外国人在华工作管理条例应深化管理体制改革,充分发挥市场在外国人才和智力资源配置中的主体作用,形成聚天下英才而用之的战略目的。

第五章 具有自然垄断性的服务业——通信服务贸易

近几十年来，随着科学技术的发展，通信行业发生了突飞猛进的变化。人类在工作、生活中的信息沟通变得十分便捷，空间限制在很大程度上被打破，节省了沟通时间，社会交易成本也得以大幅降低。通信业已成为各国的主要基础性产业之一，它极大地推动着各国国民经济的发展。同时，随着国际贸易和国际投资的发展，国际经济合作不断加强，世界经济全球化的趋势十分明显，通信也出现了国际化、自由化的倾向。在这个大趋势下，中国的通信服务贸易的开放程度在不断增加。

通信服务贸易的发展要归根于通信业的发展。只有通信业发展了，在遵循国际公约或协定的基础上制定符合本国国情的开放与市场准入政策，才有可能真正发展一国的通信服务贸易。这就首先要对通信服务业的行业特征、市场及经济特征有一个比较全面深刻的认识，了解其自然垄断特征，掌握该行业的定价方法以及行业管制方法。在此基础上，了解国际和中国通信服务贸易发展的现状，把握国际通信业发展的潮流，按照中国入世时的承诺，积极有效地推动中国通信服务业及服务贸易的发展。

第一节 通信服务贸易概述

一、通信服务贸易的概念与特点

(一)通信服务贸易的概念

通信服务贸易是指以通信服务为交易对象的贸易活动,包括邮政服务和电信服务两种方式。

邮政服务最早只传递信函,并为之建立网络。随着邮政网络的发展,邮政服务的业务也有了巨大的发展。现在邮政服务除了传递信函外,还承办包裹运送、汇兑、储蓄等业务。所以,现在的邮政服务是指借助班轮、班机、班车等运输方式,利用邮政网络,承担信函和报刊的传递、包裹的运送以及部分金融业务。

电信服务是指以光、电为载体,将语言、文字、数据、图像等各种非电信息转换成电信号,由电气手段将电信号自甲地传送到乙地,然后再还原成原来的信息符号,传递到接收人手里。随着电子科学和光电技术装备的发展,现在的电信服务已不再限于传输,还包括了对信息的储存、处理、编辑、转换、综合等多功能服务。这是由于电信已从人—人通信,发展到人—机通信和机—机通信。

通信服务是随着电子技术、微电子技术、光纤光缆技术等的不断发展而日趋完善起来的。通信服务离不开通信网络,有线部分需要铺设大量的电线电缆,无线部分需要大量的中转传送设备,通信服务的地域范围可以说等同于其网络范围,网络建成与维护需要大量的资金,因此,与传统的邮政通信相比,通信服务虽然大大节省了传递时间,但它是一个资本密集型行业,而传统的邮递服务一直到今天仍然属于劳动密集型行业。

(二)通信服务贸易的特点

通信服务贸易的特点主要体现在:

第一,通信服务主要以传输含有信息的物件为主。

第二,电信服务能以最快的速度传递信息,并能提供信息的多功能服务。

第三,通信服务已超越了单纯的通信而直接介入到社会经济、政治和科技等各方面。因为任何社会化大生产都必须运用通信手段来调控,任何政府都要运用通信手段来宣传政策主张、管理国家,人们则要利用通信手段来开发智力和交流信息。

二、通信服务贸易的作用

通信服务贸易具有多方面重要的作用，主要体现在四个方面。

第一，有利于对信息的传输和交换。生产、贸易、国防、科技等社会生活各方面都离不开通信服务，它是现代社会的重要支柱。在当今社会中，竞争的胜利在很大程度上取决于对信息的掌握。生产者掌握了正确的市场信息，就能以更适销、价格比对手更有竞争力的商品占领市场；投资者掌握了金融市场、证券市场的走向，就能选择正确的投资渠道以获取高额利润。远隔千里的人们能方便地相互交流，从电话、电报到传真、可视电话，每一种新的通信工具的产生都能给人类生活带来重大影响，这也是通信业得以突飞猛进的原因之一。

第二，有利于节约人力和资金。通信业的发展，缩短了社会化大生产中的信息传递时间，社会交易成本得到大幅降低，促进了经济水平的提高。例如，充分利用电话，就可大大减少差旅费和会议费支出，还可大大减轻交通运输的压力。据美国预测，利用现代化的电信手段，实现新型的分散式办公形式，每年可节约数百亿的交通运输投资费用。

第三，有利于促进世界经济全球化的进程。通信业的发展促进了世界经济全球化的进程，国际通信的发展使得方便及时地组织跨国生产经营成为可能。

第四，有利于促进相关产业的发展。通信服务的发展有利于国际贸易、国际金融和国际运输等业务的开展，通信服务贸易的发展更是大大促进了这些业务的发展。

第二节　通信服务业及其运营

通信是指人类依靠某种工具来解决非面对面的有距离阻隔的交往的一种活动。最初的通信业是依附于交通运输业的邮政业，电报和电话的发明及其在现实生活中的广泛应用，又催生了一个新的行业——电信业。

随着信息产业的孕育和成长，经济活动呈现出一切围绕着信息展开的特点。知识和信息成为继传统经济条件下的土地、资本和劳动之外推动经济增长的又一重要因素。

首先，通信技术的发展带来多样化的通信方式以及不同通信方式的融合发展，大大拓展了传统通信业的内涵。现代通信业除了传统的邮政通信和固定电话通信外，还发展了移动通信、数据通信、互联网通信、多媒体通信，而且随着网络技术的发展，三网融合，现代通信业的范围还在不断拓宽。

其次,通信业中的主导行业发生了转移。传统通信业在半个多世纪的发展进程中,一直以传递实物信息的邮政通信为主。电信技术的发展,特别是国际互联网的出现,使得通信无论是以话音为媒介还是以文本为媒介,都变得更加方便和迅捷,因此,利用电信、网络通信手段进行信息传递的方式逐渐成为人们日常沟通信息的首选。

再次,随着通信产业范围的不断拓宽和产业组织结构的调整,产业内所包含的企业种类和形式也在增加。①

最后,作为信息产业中的基础产业,通信业和信息产业中的其他产业,如电子信息设备制造业、软件业以及信息内容服务业的产业关联程度越来越密切。

可以说,现代信息通信业实际是包括了信息通信设备制造(包括软件开发)、信息通信和信息服务在内的广义的通信业。

一、通信产业经济特征分析

随着世界经济的发展,信息产业以其技术新、发展快、对国民经济的影响力越来越大而逐渐成为各国引领经济发展的主导产业。

(一)生产的网络性

1.通信网络是通信产业存在的基础。对于通信而言,只要有一条信息传输通道,就可以实现信息的传递和沟通,完成通信活动。但是形成产业化的通信活动则是一种专门的生产经济活动,这种活动面向全社会提供信息沟通服务。因此,网络是通信产业存在的物质技术基础,也是通信产业内各类经济组织生产经营活动得以开展所围绕的中心。正因为如此,通信产业也被称为网络产业。

2.通信方式与通信网络。通信产业的生产活动赖以存在的基础是有效组织的通信网络,邮政通信企业以传递实物载体的信息为主,它所依赖的网络主要是以运输网络为基础的实物传递网络。电信企业的生产活动与邮政通信完全不同。电信通信的生产活动得以开展的基础是由各类电信设备,如交换汇接设备、传输设备以及用户终端设备等组成的电信通信网。尽管伴随着世界各国电信业市场的开放,产生了一系列依托于基础电信网络生存的增值电信企业甚至虚拟电信企业,但它们无一例外地都不可能独立于基础网络电

① 传统通信业内的通信企业主要是邮政和电信企业(或是邮电合一的企业),且这些企业大多是垄断经营企业,以网络为基础,向社会公众和企业提供点到点的信息传递服务。而现代通信业中,随着市场结构由垄断走向竞争,邮政、电信分开经营,除产生了多家网络运营企业外,还出现了依托基础网络,专门提供通信业务服务的转售商和虚拟运营商等通信企业。

信企业而存在，这些企业的产生和发展，活跃了通信产业的市场，充实了通信产业价值链条，但是无法改变网络运营企业在电信产业链条中的基础和主导地位。

3.通信网络的外部性。出于研究角度的差异，外部性[①]又可以分为技术外部性和货币外部性。其中，技术外部性是指纯粹由技术或其他方面的关系，而不是由市场机能所产生的外部性；货币外部性是指生产者彼此之间透过市场所产生的外部性。通信网络的外部性主要体现为技术外部性。梅特卡夫(Metcalfe)给出了网络外部经济性的定量衡量方法，即网络的价值与用户数量的平方成正比。表示为：

$$I=EM^2 \tag{5-1}$$

式中：I 为网络的价值；E 为系数；M 为网络中的用户数。

式 5-1 还表明：如果一个网络中可以连接 n 个人，则网络对于其中每个人的价值与网络中其他人的数量成正比。如此，对于网络中的 n 个人来说，网络对于所有人的总价值与 $n(n-1)=n^2-n$ 成正比。

网络外部规模经济性是建立在交互性沟通的基础上的，这也是驱使通信网络运营企业不断拓展自己的网络规模、更大限度地提升自身拥有的网络的价值、满足用户需求的动机。电信业开放竞争后互联互通的要求以及全球化发展的趋势都可以看做这一特性的客观要求。

（二）产品的服务性

1.通信产品的服务性。通信企业的生产活动过程要利用通信网络设施，所提供信息传递服务。在通信产业中，通信网络运营企业依托通信网络设施，组织通信生产活动，将客户需要传递的信息传递到客户指定的地点，为消费者提供信息传递服务，它没有外在的实物形态，是一种无形的产品，因而，被称为通信服务。

随着信息通信技术的进步，通信终端离人们越来越近，信息传递和沟通的速度也越来越快，信息的获得和使用越来越方便。与此同时，信息的数量

---

① 在此，外部性（也称外部经济性）是指经济主体（个人或企业）的生产或消费活动受到其他经济主体活动的直接影响，使其生产函数或消费函数的值发生了改变，因而该经济主体的生产或消费的决策发生改变，甚至其他经济主体活动的这种影响成为影响其决策函数的最重要的变量因素。信息的传递和沟通需要在通信网络的基础上实现，而网络可以通达的地点或用户的多寡可以表明网络之于用户的使用价值的高低。即任何一个在网的用户，都会因为网络容量的扩充，其他用户加入该网络而获得更加方便的通信环境，因而提高了网络对于他自己的效用。这就是通信网络的外部规模经济性，或称之为通信网络的外部性。

和人们对信息的需求也越来越大,对信息本身的质量以及信息传递的质量要求都越来越高。因此,现代通信企业的产品概念也在拓宽,在提供最基本的信息传递服务的基础上,现代通信企业还同时向消费者提供相应的设备产品、个性化通信网络解决方案以及信息内容服务。当然,这些产品和服务的提供都是紧密围绕信息传递服务这个中心来展开的,是为了更好地满足消费者的需求,提升通信企业服务质量,增强通信企业市场竞争力。

从广义的角度看,通信产业中,除了网络运营企业之外,还包括设备制造企业和信息内容服务企业。这两种企业的生产成果与通信网络运营业完全不同,其中设备制造业的生产成果是通信设备产品,信息内容服务企业则向社会提供信息产品。

2.通信服务产品的特点。具体而言,其特点如下:

(1)对于通信企业来说,由于其产品是传递信息的服务,是无形的,因而在通信产品的生产过程中,首先通信企业不必像有形产品生产企业一样购买原材料,其次也不存在产出的半成品和产成品,相应地通信产品也不必进入专门的流通领域。通信企业利用网络设施传输信息就是它的生产过程,而这一过程是在消费者需要传递信息的前提下开始的。在通信企业传递信息的生产过程进行的同时,消费者也在即时享用这一服务过程。通信服务产品的生产过程和消费过程是合二为一的。

(2)通信企业的生产成果是通过信息的空间位移体现的,只有完成了通信产品的空间搬移,将信息搬移至消费者指定的目的地才可以称之为提供了完整的服务,否则,对于消费者而言就毫无意义,这就表现为通信服务的完整性和不可分割性。

(3)通信企业的生产过程即是消费者的消费过程,二者是同时开始、同时结束的,因而,通信企业的商品交易过程是无法逆转的。

3.对通信服务产品质量要求的突出性和特殊性。一般地,服务和产品的质量要求可以分成两大类:第一类是服务和产品都必须达到的,但在服务中显得特别突出,具有突出性;第二类是对产品没有要求,而对服务却要求严格,具有特殊性。

由于通信服务产品就是传递信息,其对于用户的使用价值就是信息传递的有益效用。这种效用的大小一方面与所传递信息的内容有密切关系,另一方面也与传递的速度直接正相关。因此,客户对通信服务产品质量的首要要求就是“迅速”。同时,通信企业的生产活动就是利用通信网络传递或者搬移客户需要传递的信息的服务过程,生产过程结束后,只允许改变需要传递信息的空间位置,而不能改变其内容。通信服务交易具有不可逆转性,这意味着在通信质量方面,“准确和安全”是对通信产品质量的突出要求,也是对通信质量的最基本或者说是绝对要求。

此外,由于通信企业在向客户提供通信服务的过程中,还存在着直接接触客户或者客户直接参与生产过程的情况,所以,对通信服务还存在着“使用方便,服务周到”等特殊要求。

4.通信设备产品和信息产品。通信设备产品是通信设备制造企业的最终生产成果,是通信服务企业开展生产活动的物质技术手段。通信设备产品具有实物形态。

信息产品包括由信息产品的生产者开发的前所未知的新知识,同时也包括信息产品的生产者通过搜集、存储、加工和整理提供给人们的某类专门信息。这些都是能满足需求者某种需要的劳动产品。当其用来进行交换时就转化为信息商品。

对于通信服务生产活动来说,信息,确切地讲应该是客户需要传递的信息,是企业生产活动过程的劳动对象。传统通信企业只负责传递信息,不向客户提供信息。现代通信企业利用网络,一方面将用户提交的需要传递的信息传递出去,另一方面将用户与信息内容服务商收集、加工、整理、集成的信息内容以及社会信息资源相连接,为客户提供搜索、获取、复制、过滤、控制、浏览、传输和接收等服务。

(三)通信产业的基础设施性

1.现代通信产业的基础设施性。所谓基础设施,指的是在整个社会再生产过程中,属于社会再生产的共同外部条件,具有广泛的外部经济性的产业部门。在现代经济条件下,信息成为继传统经济中的人、财、物三大要素之后的第四大要素,而且越来越成为其中最重要的要素。而融合了计算机网络、电信网络、有线电视网络在内的现代信息通信网络对经济社会来说,就如同生物机体的神经网络,该网络遍布人类社会生产和生活的各个方面,全社会各个方面的运转都离不开通信的支撑。

2.通信产业的外部经济性。通信业的外部经济性表现在时间节约和效率的提高上,以及由此带来的对其他行业以及整个社会的积极的外部经济性。通信部门通过提供快速、优质、高效的通信服务,把社会生产、分配、交换和消费等各个环节有机地联系起来,加快社会的再生产过程,优化整个社会经济系统的运行。同时,企业充分利用通信手段可以节约人力、物力和大量的开支,并加速资金周转和商品流通的速度,所以通信业的外部经济性十分显著。

3.通信业服务的普遍性。服务的普遍性是指一个部门的经营以全社会各阶层为服务对象。通信业服务的普遍性就是指通信服务面向的是整个社会,包括个人、企业社会团体和政府部门。

也正是由于地区间自然地理条件和经济条件的先天差异,造成了提供普遍通信服务的企业在经济上可能会受到损害,因而在市场竞争机制下,企业难以主动将普遍服务的责任承担下来,需要政府从通信业基础设施的角度出发,建立政府主导的普遍服务补偿机制。

(四)市场的可竞争性

1.电信业与自然垄断。具体地说,造成电信行业自然垄断性的原因主要有:

(1)规模经济性。许多经济活动中都存在有规模经济性,即在一定的市场需求范围内,企业单位成本随着生产规模的扩大而减少,因而其收益是随着生产规模的扩大递增的(见图 5-1)。

由图 5-1 可见,在固定成本不变的情况下,随着投入的增加,产出量的增加,单位产量的平均固定成本开始下降,进而导致平均成本的降低,这时开始产生规模经济效应;随着投入的进一步增加,产出增加的比例会继续大于投入增加的比例,当产量增加到一个临界值时,产出增加的比例不再大于投入增加的比例,规模经济效应停止。也可以用平均成本弹性来衡量规模经济性。通信业的规模经济性用下式衡量:

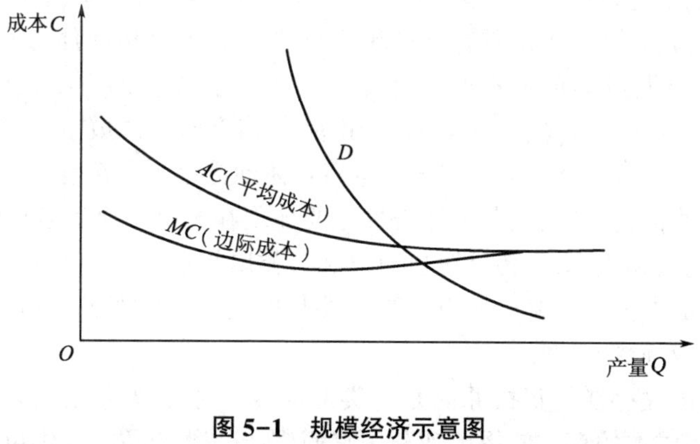

图 5-1　规模经济示意图

$$ACE=(\frac{1+C\%}{1+V\%}-1) \quad (5-2)$$

式中：$C\%$为成本增加比率，$V\%$为业务量增加比率。当$ACE<0$时，说明随着产量增加，单位平均成本降低，存在规模经济性。

也可以通过计算规模经济系数ρ来考察规模经济性，即：

$$\rho = \frac{AC}{MC} \tag{5-3}$$

若$\rho>1$，平均成本大于边际成本，则可以说存在规模经济；若$\rho<1$，则说存在规模不经济。

规模经济性通常是由于巨大的固定成本造成的。电信业的规模经济性就是指通信网络在提供产品和服务时所依赖的网络系统具有规模经济性，即通信网络运营业必须具备用来提供产品和服务的网络设施，这个网络设施通常包括覆盖一个很大范围的网络硬件设施（包括终端设备、传输设备和交换设备）及其配套的软件系统，这些网络设施需要庞大的固定资本投资。由于规模经济性的存在，电信业发展初期业内很难维持多家企业同时生存。多个运营商同时经营势必导致用户分散，致使各企业都无法快速达到规模经济的盈亏点，从而造成整个行业的效益损失，同时也会导致重复建设和资源浪费。当然，规模经济性的存在，也会使得新进入市场的运营商很难与一个已经达到规模经济的运营商进行市场竞争，从而被排挤在市场之外。

（2）范围经济性。规模经济性研究的是企业生产单一产品的情况，面对一定规模的市场需求，单个企业生产比多个企业更有效率。通常情况下，企业不只生产一种产品，范围经济性研究的是企业生产多种产品的情况。所谓范围经济性，指的是当企业联合生产多种产品时，其总成本低于分别生产这些产品时的成本之和，此时联合生产就存在范围经济性。为了分析简便，现以生产X和Y两种产品为例，设某企业的成本函数为$C(Q)$，用$C(Q_X+Q_Y)$表示企业联合生产总成本，$C(Q_X)$与$C(Q_Y)$表示只生产产品X与Y时的总成本。当$C(Q_X+Q_Y)<C(Q_X)+C(Q_Y)$时，企业生产技术经济特点体现为范围经济性。

对电信通信业来讲，其范围经济性主要体现在利用一个综合电信物理网络既传电话、电报和传真，又传计算机数据和各类电视图像，肯定比单独建设形形色色网络的成本要低。基于原有网络开发和提供一项新业务，肯定比单独建网提供一项新业务成本要低。

范围经济性存在的直接原因是各类产品或业务之间存在着大量的共用成本，这些共用成本的存在使得单独利用它们生产一种产品或提供单独一项业务变得十分昂贵。除电信业之外，实际上邮政网络生产活动也同样存在着范围经济性特点，遍布全国的邮政网点、运输设备及综合计算机网络等，在向社会提供邮政通信服务的同时，利用网络、网点、人员优势，开办多种业务，也会相应降低每一类业务的成本。

范围经济性的存在,使得在生产多种产品的情况下(现实经济中,生产多种产品比只生产一种产品的情况更常见),如果只由一家企业生产所有的产品,其总成本将小于多家企业分别生产这些产品的成本之和。具有这样生产特点的行业在单一企业生产时效率最高,因而该产业属于自然垄断行业。

2.邮政行业的政府专营。如果说电信业的技术成本特性使得电信业在市场化的条件下形成垄断行业,则邮政行业历来都是由政府专营的。垄断和专营,本质上并无不同,都是属于排他性的经营方式(前者是市场行为,后者是政府行为)。中国邮政业长期以来实行的也是政府专营,属国家垄断。

3.通信市场从垄断逐步走向竞争。虽然规模经济性和范围经济性的存在,使得垄断市场结构在理论上是最有效的,但这种有效性是建立在这样一种前提之下的,即存在一种机制,可以使垄断企业单独生产所产生的成本节约完全转化为纯福利的分配。而在现实经济中,企业一旦拥有垄断地位,无论这种垄断地位是政府赋予的还是通过排除市场竞争对手获得的,在缺乏有效的管制机制时,垄断企业就会滥用其垄断权利,从而导致社会福利的损失。

发达国家的电信业从国内竞争走向全球竞争的历程揭示,通信技术的进步和由于经济发展带来的消费者多样化的需求,为在电信业中打破垄断、促进竞争提供了可能。

我国仍处在向工业化和城市化的高速发展时期,大量原来属于个人、家庭和企业的内部需求由于集聚而游离出来,形成多样化、巨大的公共需求,社会分工日益深化、城市经济结构不断提升。这些变化催生出越来越多的、更专业化和更高效的中小型的通信企业。

4.竞争的有限性。虽然自20世纪80年代以来,各国电信业纷纷打破垄断,引入竞争,并且竞争的范围逐步蔓延,同时许多人也相信电信行业可以通过市场自由竞争最终建立起全面有效的市场格局,但电信业源自规模经济性和范围经济性的特点决定了电信竞争的有限性。

事实上,尽管电信通信技术的进步降低了电信业的进入门槛,但电信通信业固有的产业经济特征仍然意味着完全自由竞争并不适合这个产业。通信业对于整个社会的基础设施性、规模经济性和范围经济性等决定了市场不能存在太多的运营商。而有限竞争的寡头市场结构既在很大程度上解决了电信业的垄断弊病,又避免了电信市场的过度竞争,因此,寡头竞争市场结构将是电信业实现有效竞争的理性选择。

二、通信服务业市场

通信市场就是通信企业对消费者提供通信产品和服务的场所和领域,是社会对通信产品及服务现实的和潜在的需求总和。

（一）通信市场的主体

通信市场包括邮政通信市场和电信市场，其中，后者又由电信设备市场和电信业务市场共同组成。

通信市场主体主要包括市场供给主体、市场需求主体和市场管理者三个方面。

1.通信市场供给主体。通信市场供给主体是指在通信市场上提供通信产品和服务的各类通信企业，不同的市场中市场供给主体各不相同。

2.通信市场需求主体。通信市场需求主体指各类通信产品和服务的消费者。通信产业基础设施性的特点决定了通信业服务的社会广泛性，从通信业总体上看，其市场需求主体应包括社会各行各业的企事业单位、机关团体、政府部门、家庭和个人等在内的消费者。

3.通信市场的管理者。通信市场的管理者是指管理市场的行政干预力量，目前，各国的政府部门多是执行市场管理的主体。

（二）通信市场结构

市场结构指的是某一市场中各种要素之间的内在联系及特征，包括市场供给者之间、需求者之间、供给者与需求者之间及市场上现有的供给者、需求者与正在进入该市场的供给者、需求者之间的关系。

决定市场结构的主要因素有市场集中度、产品差别化、进入和退出壁垒等。

1.市场集中度。市场集中度是用于表示特定产业或市场中，卖者或买者具有的相对规模结构的指标，反映的是特定市场的集中程度。该指标与市场中垄断力量的形成密切相关，是用来考察市场结构的首要因素。

行业集中度指标是最常用、最简单易行的市场集中度的衡量指标。它是指行业内规模最大的前几位企业的有关数值（如产值、产量、销售额、销售量、职工人数、资产总额等占整个市场或行业的份额）。其计算式为：

$$CR_n = \frac{\sum_{i=1}^{n} X_i}{\sum_{i=1}^{N} X_i} \qquad (5-4)$$

式中：CR_n 表示产业中规模最大的前 n 位企业的行业集中度；X_i 表示第 i 位企业的产值、产量、销售额、销售员、职工人数或资产总额；n 表示产业内规模最大前 n 个企业数；N 表示产业内的企业总数。

H 指数是另一个用来测量市场集中度的指标。H 指数是某特定行业市场上所有企业的市场份额的平方和。表示为：

$$HHI = \sum_{i=1}^{n} (\frac{X_i}{X})^2 = \sum_{i=1}^{n} S_i^2 \quad (5-5)$$

式中：X 表示产业市场的总规模；X_i 表示产业中第 i 位企业的规模；S_i 表示产业中第 i 位企业的市场占有率；n 表示产业内的企业数。

一个垄断市场有最大的 HHI 值。当市场上有许多企业，且规模都相同时，n 趋于无穷大，H 指数值就趋于 0。H 指数值越大，说明企业间市场份额的差距越大，表明市场的集中度越高。

2.产品差别化。产品差别化是指企业在提供给顾客的产品上，通过各种方法造成足以引发顾客偏好的特殊性，使顾客能够把它同其他竞争性企业提供的同类产品有效地区别开来，从而达到使企业在市场竞争中占据有利地位的目的。

产品差别化是一种有效的非价格竞争手段。企业可以通过以下一些方法达到产品差别化的目的，如设计与众不同的产品外观、包装，赋予不同的品牌，提供特殊的服务，利用不同的分销渠道或者采取独特的广告宣传和促销等。通过产品差别化，企业可以大大降低市场上其他产品对自己产品的替代性，从而找到自己稳定的目标市场，并占据这个市场。这样做的结果自然会使市场结构向着垄断的方向发展。

3.进入和退出壁垒。在影响市场结构的众多因素中，市场进入和退出壁垒是与市场集中度和产品差别化并列的一个重要因素。

进入壁垒指的是与潜在的进入者相比，市场中现有企业所享有的优势。这些优势是通过现有企业可以持久地维持高于竞争水平的价格而没有导致新企业的进入反映出来的。构成进入壁垒的因素很多，如政府的政策法律限制、绝对成本优势、规模经济、产品差别化、组织进入的策略行为以及版权和专利等知识产权的保护等。

退出壁垒指的是企业在退出某个行业市场时所遇到的阻碍。这通常与以下因素相关，如资产专用性很强和存在大量的沉没成本。此外，政府为了一定的目标，往往会制定一些政策和法规限制某些企业从市场上退出。如对于一些公用事业部门，出于确保稳定服务的目标，对有关企业的退出往往是加以限制的。

（三）通信市场的定价行为

在通信市场从垄断走向竞争的过程中，若没有政府管制，则市场中原有的在位者必然采取一定的价格竞争行为来排挤新进入者进入市场，他们常用的价格手段包括:交叉补贴、垂直价格挤压、掠夺性定价、限制性定价、结成价格卡特尔、价格战等。

1.交叉补贴。交叉补贴是主导运营商运用其市场主导地位进行的一种妨碍竞争的定价行为。通常主导运营商利用自己的网络优势,在其有能力控制的市场范围内高于业务成本制定资费,而在新运营商进入的竞争市场范围低于业务成本制定资费,这样主导运营商便可以用其在垄断市场高价业务获得的超额利润来补贴其在竞争市场上低价业务的损失,从而达到排挤新进入企业的目的。由于这种交叉补贴行为会严重地危害有效竞争市场的发展,出于维护竞争的目的,目前许多国家的政府都通过相关法规对这种行为进行限定。

2.垂直价格挤压。如果主导运营商同时在两个或者更多的"垂直"市场提供业务,就可能发生这种妨碍竞争的定价行为。所谓"垂直"市场,有时也被称为"上游"和"下游"市场。如某一个主导运营商控制着本地接入和交换业务,在提供从用户场所到本地交换设备的专用本地线路业务时,专用本地业务线路就可以被视为上游业务。这些业务作为一种投入,被主导运营商用于提供下游业务(例如专用互联网接入业务)。对于那些提供专用互联网接入业务的竞争者来说,专用本地线路也是一种重要的投入。这也就是说,在下游市场,主导运营商和其他业务商进行着专用互联网接入业务方面的竞争。若主导运营商决定采用垂直价格挤压的定价方法,它可以提高向竞争对手收取上游投入业务的价格,但对下游业务价格保持不变。这样就会导致竞争对手利润降低甚至完全失去利润,从而达到挤压竞争对手的目的。如果主导运营商在提高上游业务价格的同时降低下游业务价格,就会达到一种双重挤压的效果。

3.掠夺性定价。掠夺性定价①又称驱逐对手定价,指的是某通信企业为了把竞争对手挤出市场同时吓退试图进入市场的潜在对手,而对所提供的业务收取非常低(甚至低于成本)的价格的定价行为。这种竞争策略将不利于竞争市场结构的形成,各国竞争法律通常明令禁止掠夺性定价行为。

掠夺性定价行为通常发生在大企业和小企业之间,由在市场上实力雄厚的大企业采用。在通信行业中往往认为在位运营商更容易采用这种竞争措施。但是,实际中要证明电信行业中存在掠夺性定价行为是比较困难的,原因在于电信行业充满了大量的公共成本。

4.限制性定价。限制性定价又称"阻止进入定价",指的是寡头垄断市场上的卖主将价格定在足以获得经济利润但又不致引起新企业进入的水平上。

企业采取限制性定价行为完全是为了阻止新企业进入市场,实际上也是一

① 掠夺性定价行为的显著特点是,采取掠夺性定价企业的低价销售一般是暂时的,一旦达到驱逐对手的目的,就会恢复原有定价水平。

种以牺牲短期利润来谋求长期利润最大化的行为。与掠夺性定价不同的是，采取限制性定价的企业在短期内仍有“微利”可获，而采取掠夺性定价的企业在短期内处于亏损状态。

5.价格卡特尔。竞争企业之间结成价格卡特尔是一种定价协调行为。它指的是在寡头垄断市场下，某个企业的利润不仅取决于其本身定价等行为，也受到其他企业决策和行为的影响。为了追求企业利润最大化，竞争企业之间可以结成价格同盟(卡特尔)来避免竞争。

在大多数市场经济国家中，这种价格卡特尔是非法的，因而企业之间策略性的价格合谋常常是在暗中进行的。

6.价格战。对应于竞争企业之间结成价格卡特尔是一种定价协调行为，市场上竞争企业之间竞相降价的行为，则是一种非合作的定价行为，这也被称为价格战。

当市场上只有少数企业时，企业与企业之间的行为是互动的。企业可以选择与其他企业合作或者不合作。企业只从自身角度出发，按照自己的计划行动，而不是公开或者秘密地与其他企业联合，就意味着企业选择了非合作竞争方式，此时就会形成价格大战。这样做的后果，从短期看，能为消费者带来益处，但对于平均成本大于边际成本的通信行业来看，则无益于企业的发展。

三、通信企业成本

(一)通信企业成本的含义

通信企业在研究其产品成本时，常依据其成本计量和成本归集分配的具体项目不同，分为业务成本、接入成本和网元成本等。另外，建设成本、运营成本、租用成本、资本成本等成本概念也常在对通信企业进行成本分析、建立成本测算模型、测算业务成本或网络元素成本时用到。

1.业务成本。通信企业的业务成本通常指通信企业提供的各项业务的专业成本，是通信企业完成提供某项通信产品服务所花费的代价。

电信市场引入竞争后，主导电信网络运营企业提供的业务不仅有直接面向最终客户的电信业务(如市话业务、长途电话业务、国际电话业务、IP 电话业务、移动电话业务、短信业务等)，还向其他新的电信运营商提供网间互联、接入，网络元素出租等服务。对应直接面向最终客户的业务服务的总成本或单位成本就称为专业成本。对应向其他运营商提供接入或者互联服务的成本则称为接入成本。而对应相对独立的网络元素的成本，称为网元成本。

2.接入成本。与其他直接针对用户提供的业务略有不同，通信企业的接入业务是针对不同运营商的电信网络在互联互通时,由于网络之间互相占用、使用资源而提出来的。因而接入成本可以定义为:在通信网络实现互联互通的情况下,当一个通信业务的完成需要两个(或以上的)网络共同参与时,提供转接或接续服务的网络为完成该次业务支付的成本即为接入成本。通常接入成本的结构主要包括初始成本、连接设施成本和互联使用费用三部分内容。

3.网元成本。网元成本(网络元素成本,或称非绑定网络元素成本)不同于业务成本,是从另一个角度——网络元素角度来审视一种相对独立的成本。非绑定网络元素这个概念是国外电信运营业为打破本地接入垄断、引入竞争而提出的。其基本内容是指将电信网络按照功能和物理拓扑结构划分成一些相对独立的功能单元,这些独立的功能单元可以作为一种特殊的服务,提供给用户或其他的网络运营商,同时这些网络元素的价格也独立确定,不受网络其他部分的影响。而以这些独立的网络元素为对象归集核算的成本即为网元成本。

网元成本可以直接作为网络元素出租定价的依据,也可以用来计算通信公司提供的某个单项业务的成本,或者用来作为制定不同的通信网络之间接入业务定价的依据。

4.建设成本。建设成本是指电信企业进行通信网络设施建设投入的费用,按照设备使用年限折合到一定期间(如1年)的费用支出,包括用户接入设备、交换设备、传输设备以及网管、计费等网络设备和配套设施的购置建设、安装测试等费用。

5.运营成本。运营成本主要指网络建成后的日常运营维护等支出的费用,包括人员工资、职工福利费、修理费、业务费、低值易耗品费以及必要的管理费、营业费用和财务费用等。

6.租用成本。租用成本主要指通信企业在生产经营中租用外单位的网络设施,如管道、传输线路等,以及生产管理用房屋、电源等配套设施支出的费用。随着国内通信业打破垄断,引入竞争,企业之间建立起正常的竞争合作以后,为达到资源合理有效利用,相互之间的设备和设施的租用关系必然进一步扩展。因此,企业,特别是后进入市场的运营企业的租用成本必然会随着租用关系的发展而在企业成本构成中逐步加大。

7.资本成本。资本成本是机会成本概念在企业成本构成分析中的具体应用,是指企业所占用资金的一个合理回报,其回报率的大小可以参照金融市场资金的回报率来确定。

(二)通信企业成本特点

从成本概念的一般内涵来看,通信企业成本与其他行业的企业成本内容基本上是一致的。但结合通信业的生产经济特点，对通信企业的成本构成进行具体分析，可以看到通信企业的成本呈现出以下五个方面的特殊性。

1.没有原材料耗费项目。通信企业的生产活动主要以网络为基础，为用户提供信息通信服务，因而与产品制造业相比，不存在为制造实物产品而耗费的原材料耗费。通信企业由于其服务性生产经济特征，其产品的生产过程就是在空间位置上搬移信息，这种“信息传递服务”是不具有实物形态的，因而使得通信企业无须像产品制造业一样消耗作为劳动对象主要内容的、构成实物产品的原材料①。

2.固定成本相对比重较大。通信企业，特别是电信企业在向用户提供通信服务时，需要依靠通信网络，而具有一定容量规模的通信主体网络建成后，其每年提取的折旧费用、相应的网络运营维护费用都是一定的，即只要网络在运行，这部分费用的支出就不会减少。此时，用户使用通信网络带来业务流量的增加，只要在网络容量所能提供的通信能力范围内，就不会对固定成本的大小造成很大的影响。因此，一般来说，在通信企业总成本中，固定成本占的比重大，而变动成本占的比重小。在一定的网络规模范围内，单位业务量的边际成本极低，单位业务量的平均成本随着业务数量的增加而不断降低。这一技术成本特点造就了通信行业具有规模经济性的产业特性。

3.平均成本相对较高。通信企业依据通信网络为用户提供通信服务。在社会经济和信息通信技术不断发展的条件下，用户对于通信服务的需求也在不断增长。而通信网络和通信能力的增长是以一个“增量”呈阶梯状递增的。也就是说，通信企业在实际设计和建设自己的通信网络时，通常要考虑随着社会经济水平的提高，满足未来一定发展时期用户需求数量的增长变动状况。所以，通信网络的设计建设规模，相比当前用户的消费需求，通常都体现出一定的超前量。而在通信企业网络投产运行之后的一段时期内，用户数量和业务数量都不可能立即达到预期的最大限度，因而，通信企业网络通常都是在业务量非满负荷的情形下运行的，这样，通信企业的平均成本水平通常都不能达到其最有效率时的平均成本水平，也就不能达到网络平均成本的最低值。

4.单项业务成本核算困难。通信企业的总成本可以核算清楚，而归结到某业务对象的成本却不容易核算清楚。由于通信业存在着范围经济性的产业特点，因此，通信企业在一个网络上运营多种业务比在单个网络上分别运营单一业务节约成本，更加经济。

---

① 通信企业在生产经营过程中也会用到一些单式、卡、邮袋等辅助材料，这些材料的消耗也可以看做劳动对象的消耗，但这些消耗在通信企业总成本中所占的比重很小，因而在成本核算中也不单独立项核算。

通信企业的总成本小于每项业务单独组网运营的成本之和这一特点使得通信企业通常在一个网络基础上同时运营多种不同的业务,因而造成了针对通信企业的各种业务的总成本可以通过汇总计算出来。而针对每一种独立的业务,由于存在着大量的公共成本需要分摊,就给清晰核算每一种独立业务的成本带来一定的困难[①]。

5.服务区域及用户密度对成本影响大。通信企业所服务的地理区域范围及其用户密度对通信企业的成本影响很大。这一特点与通信业规模经济性相关联,也是通信业有效推行普遍服务政策需要首先考虑的问题。具体地说,通信企业不论是在经济发达、人口稠密的城市地区提供服务还是在经济欠发达、人口密度相对较小的广大农村地区提供服务,同样都需要建设相应规模的网络设施。而在城市地区,由于人口密度大,社会经济水平和人们的生活水平均较高,相应的用户数量多,业务需求量也大,通信企业的网络固定成本分摊到较大规模的业务量之中,其单位成本必然降低。但对于地广人稀的地区来说,对应于一定的网络建设成本,较小规模的用户量和业务需求使得在这些地区提供通信服务的企业难以达到规模经济,单位成本居高不下。

(三)通信业务成本测算方法

1.完全分摊成本法(Fully Distributed Cost,FDC)。完全分摊成本法是一种传统的、应用最广泛的方法。其基本原则是将专属成本直接计入,共享和共同成本予以分摊。具体的就是针对要测算的成本对象,将与该成本对象直接相关的一些费用支出直接计入该成本对象的成本中去。

测算电信业务的完全分摊成本并以此制定业务资费,是“平均成本资费决定方式”在电信资费定价实践中的具体应用。

采用完全成本分摊法来测算业务成本中最重要的一项工作就是对共享和共同成本的分摊,这是完全分摊成本法的一个显著特点。理论上,具体的成本分摊标准的制定应该体现因果关系或者受益原则,即某项业务分摊到的成本应该确实是提供该项业务造成的,而且分摊数额的多少与该项业务的受益程度相关。但在实践中,严格执行以上原则可能会导致成本分摊标准的制定过分复杂,甚至根本就难以做到。因此,实践中具体分摊标准的制定和分摊方法的选择更注重可操作性。

2.长期增量成本法(Long Run Incremental Cost,LRIC)。长期增量成本法是发达国家近年来为制定接入服务定价而提倡的一种接入成本测算方法。该法

① 大量公共成本的分摊可以按照不同的标准和不同的分摊方法进行,分摊标准确定的主观条件和分摊方法以及模型选择的差异性,最终可能带来不同的计算结果。

与完全分摊成本法不同,在长期增量成本测算法中接入成本的计算通常是基于前瞻性成本的,即在测算时要求确定接入费要根据最有效率的成本标准,而不是企业的实际成本。因而,此处的“增量成本”就是指在现有的技术和生产水平条件下,企业增加特定产出量(容量或业务量)所导致的成本增加额。具体就是要求在计算资产成本时以当前等同资产的现时重置价值为基础。

当前等同资产是与待评估的资产具有同样功能的、现时购买价格最低的资产,它使用最新可用的或已经验证的技术,这种技术是一个新进入市场的服务提供者所必须采用的。显然,由于科学技术快速发展的作用,当前等同资产价值常小于现有电信企业已经拥有的资产价值,因此长期增量成本通常小于企业的实际成本。

对电信网络运营业来说,如果网络的发展已经比较稳定,固定成本与相应的变动成本形成了较为稳定的比例,那么选择不同的计算期所计算的结果可能不会有很大的差异;但如果网络处于大规模的发展建设期,则计算期限取定的不同就会对增量成本的结果造成很大的影响。国外在计算长期增量成本时,计算期的选取通常为10~15年。

LRIC法对主导企业以前的投资和过时的技术所形成的成本不进行补偿,新进入的企业不必被迫支付这些额外成本和过期成本,因此可以有效促进竞争,同时激励主导企业努力降低成本。

实际中,LRIC法涉及基于重置价值的预期成本,相关的成本数据的客观性难以保证。

四、通信资费及其确定

(一)通信资费水平决定因素

一般来说,对通信资费水平有影响的因素主要有:市场结构因素、法律和政策因素、成本因素、产品因素、产品相关因素等。

(二)通信业务的定价方法

通信业务的定价方法主要有成本导向定价法、竞争导向定价法和需求导向定价法三类。

1.成本导向定价法。成本导向定价法是以产品的成本为中心,制定对企业最有利的价格的一种定价方法。具体到通信企业,由于通信成本概念的复杂性,基于不同的成本概念就有不同的定价方法。

(1)边际成本定价法。边际成本定价是市场化条件下最优的价格形成方式。但对于电信行业来说，由于规模经济性等产业特点的存在，在现有的市场需求规模下，电信网络运营企业的平均成本随产出量的增大而递减，如图 5-2 所示，其边际成本曲线（MC）位于平均成本曲线（AC）下方，此时，若采用边际成本来制定资费，就会使价格确定在 P_0 位置，企业就会出现亏损 P_1BAP_0。

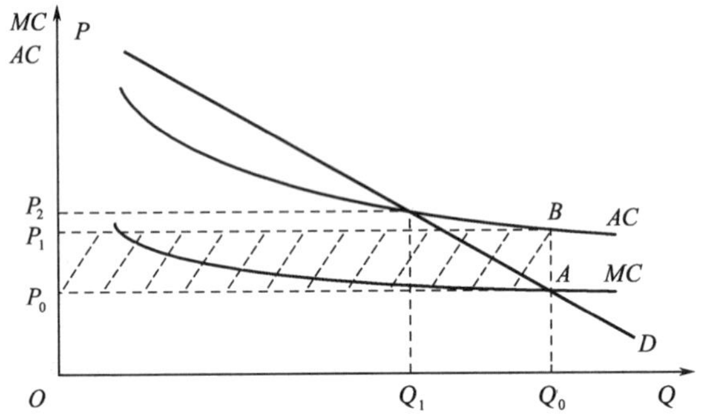

图 5-2　成本递减产业的边际成本收费形成

若市场管理者（或政府）坚持要实现资源配置效率的最优，要求具有成本递减特性的企业按边际成本定价，政府就需要对成本递减企业给予相应的政策性补贴（或给予企业一定的优惠政策，以保证企业的收支平衡和财务稳定）。但由于电信行业的固定成本很大，可变成本所占比例较低，如果政府如数补贴，补贴支出会很大而优惠政策可能使企业降低成本的愿望减退，从而导致企业经营效率降低。因此，在成本递减产业实行边际成本资费决定方式是不现实的。

（2）平均成本定价。通信行业自身的行业特点决定了通信企业无法按照边际成本制定资费。要使企业既不产生亏损，也无法获得超额利润，在财务上实现“收支平衡”，则其资费决定方式应该采取平均成本定价。

在成本递减产业，企业为了实现收支平衡，有必要将资费定在比边际成本略高的水平上，图 5-3（a）中，资费定为 OP_r（也即按平均成本水准来确定资费）。而在成本递增产业，资费应该比边际成本略低。在竞争均衡情况下，这种价格是与平均成本相一致的，即图 5-3（b）中的 OP_r。这种以收支平衡为条件的价格确定方式称为“平均成本资费决定方式”。

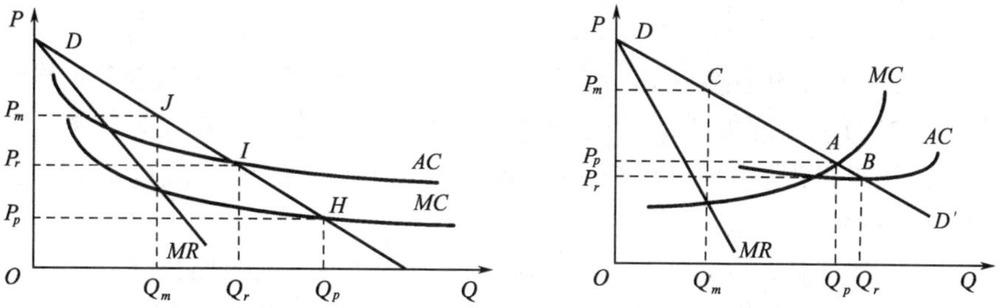

(a) 成本递减产业的收费形成 (b) 成本递增产业的收费形成

图 5-3 平均成本定价

(3)全分摊成本定价。全分摊成本定价法是国际上通信行业普遍采用的一种定价方法。该方法实际上是平均成本定价方式在电信行业的具体应用。其核心思想是依据电信企业历史将公共成本(包括共享成本和共同成本)按照相关产量法、总收入法和归属成本法等方法分配给不同的业务,构成每种业务的完全分摊成本,在此基础上,再确定一定比例的利润加成,以此作为制定资费的依据。

采用全分摊成本法确定资费可以完全弥补通信企业的实际支出,操作方法简单实用。但该方法由于只重视企业的成本费用开支,忽视市场需求的变化,更适合于在垄断市场条件下制定价格(在竞争的条件下,企业也可以利用这种方法比较测算价格与市场实际价格的差异,并以此作为价格调整和改善管理的依据)。

(4)长期增量成本定价。依据基于前瞻性成本测算的长期增量成本定价是近年来国外通信管制机构在确定电信网间互联资费时大力提倡的一种定价方法。该方法以最先进的技术和设备计算出来的、更为经济的接续成本为基础制定网间互联资费,因而对于需要接续的运营商来说更加合理,并有利于促进竞争的形成。但对于主导运营商来说,由于长期增量成本定价法只弥补由于接入业务而带来的增量成本,无法弥补其以往的固定投资和必要的公共费用支出,因而更愿意使用完全成本分摊法。这样在主导运营商和新运营商之间就会产生分歧①。

依据长期增量成本定价虽然有利于竞争和提高效率，但该方法由于测算过程的复杂性和测算中许多不确定因素的影响，使得其实际应用性受到限制。

2.需求导向定价法。需求导向定价法是指企业在确定产品或服务价格时不完全以成本为中心，而是以消费者对产品和服务的需求弹性强度为依据。需求导向定价法是以市场为中心观念的产物，在市场竞争条件下，应该是一种主导性的定价方法。

(1)拉姆塞定价。通信业由于存在规模经济性而不能按照最优的边际成本制定业务资费，为此，通信企业需要提高定价直到实现收支平衡。在经营多种业务的情况下，为达到这一目的，就可能存在多种价格组合。拉姆赛定价就是各种价格组合中的次优定价方案。

拉姆塞定价依据“弹性反比法则”，以收支平衡为前提，以实现经济福利最大化为目的，求得一组次优的价格（拉姆塞价格 P_i），表示为：

$$P_i=\frac{MC}{1-\frac{R}{\varepsilon_i}} \tag{5-6}$$

式中：MC 为边际成本；R 为拉姆塞指数；ε_i 为需求弹性。

每种业务的拉姆塞价格偏离边际成本的程度取决于该项业务的市场需求弹性（绝对值）的大小，弹性越大，则该业务价格偏离成本的程度越小；弹性越小，则其定价偏离边际成本的程度越大。价格与弹性成反比。

拉姆塞定价法目标明确，就是要使社会福利达到最优化或尽可能优化；定价中考虑了用户需求弹性对于价格的影响，同时也考虑了消费者行为，对不同的消费者行为采用不同的价格对待方法，形成灵活的非线性价格结构，更适合解决竞争性市场上的定价问题。

拉姆塞定价法也存在不足之处。如管理者在实际中缺少足够的信息制定拉姆塞价格。其次，由于其计算比较复杂，需要估算边际成本、需求弹性，对消费者偏好分布也要进行预测，其结果准确与否将直接影响定价效果。此外，拉姆塞价格与需求弹性成反比，意味着需求弹性越小，产品价格越高，而需求弹性小的产品往往正是必需品，必需品的高定价将使低收入人群的福利受到损害，因此，这种定价方法从公平角度看存在欠缺。

① 实践中，各国为了解决这一矛盾，采取了不同的处理方法，如美国提出的全要素长期增量成本定价法中的成本除包括长期增量成本外，还包括分摊的部分共同成本。

(2)差别化定价。差别化定价是指在同一时期,对平均成本相同的同一种服务,根据购买者对业务需求的迫切程度不同,制定不同价格的企业行为。

差别化定价通常只有在下述三个条件成立时才可以实施:

第一,企业拥有垄断性的支配价格的能力,且其提供的服务产品具有一定倾斜的需求曲线,因为,只有在这样的条件下,才能做到独立针对不同的买主定价,高价少销,低价多销。

第二,购买者对同一项服务产品具有不同的需求价格弹性,自愿支付不同的价格。而且,企业能够根据需求的价格弹性等,将购买者加以明确区分。

第三,购买者把廉价获得的服务转卖给其他用户的行为受到限制(即能够将不同购买者的市场相分离)。若企业不能做到这一点,则所有的购买者将会在价格最低的市场上进行购买(或将低价购进的产品转卖到高价市场上)。

从资费管制的观点来看,应当限制以获取最大限度利润为目的差别定价,但应当允许不以取得垄断利润为目的的价格差别,这是提高企业利润和增强企业竞争实力的一种有效手段。所以在市场条件下的电信资费结构中,可以通过对具有不同需求弹性用户群的划分,就同一种业务制定不同的资费标准。

3.竞争导向定价。竞争导向定价法是指在竞争的市场条件下,企业,特别是后进入市场的企业可以通过研究竞争对手的商品或服务的既定价格、生产条件、服务状况等,以竞争对手的价格为基础,确定自己产品或服务的价格。采取竞争导向定价,根据企业定价行为的主动或被动,可以分为两种方式,即跟随定价法和主动定价法。

第三节　通信服务业及其管制

经济管制是指政府和社会公共机构利用相关法规,通过许可、认可、指导等手段,对自然垄断行业的进入和退出、价格、服务的质量和数量、投资等行为加以限制,以防止资源配置的低效率和确保利用者的公平使用。

类似通信服务业这样一类具有自然垄断性的产业,因与其他产业相比具有某些特殊性,故需要政府采取经济管制的手段,来实现社会和企业本身的目标,这些经济管制手段实际上就是政府的经济管制政策。各国的实践也证明,实施经济管制政策是政府干预经济的一种重要方式。

一、经济管制政策的主要内容

一般理解,实施经济管制政策是为了防止发生资源配置的低效率和确保使用者的公平利益，是政府对进入自然垄断产业的企业进行控制所采取的各种政策措施。经济管制政策通常包括以下一些内容。

（一）进入管制政策

一般地说，自然垄断产业存在着规模经济、范围经济和密度经济等问题，故为保证社会资源的最优配置和社会福利最大化，政府的管制机构往往需要采取一定的措施，只特许一家或几家企业进入某一自然垄断产业，而限制其他企业加入，由此而采取的一系列政策措施就是所谓的进入管制政策。进入管制政策是经济管制政策最基本的政策手段之一，其根本目的是限制自然垄断产业中的过度竞争，防止出现资源配置的低效率。进入管制是由政府管制机关根据整个产业的供求平衡情况来制定的，采取的主要手段有特别许可、注册制度、申报制等。

（二）价格管制政策

价格管制政策是指政府管制机关为实现产品和服务的公平供给，保证社会福利不受侵害，以及资源的有效配置等目标，而对自然垄断企业提供产品或服务的价格加以控制而采取的相关政策措施。由于自然垄断产业效率的高低与其产品或服务的价格有直接的关系，价格过高，可能导致自然垄断企业出现低效率，价格过低，则使自然垄断企业无法维持企业的生存和正常的经营，所以，价格管制政策是政府实行经济管制最重要的内容。价格管制政策采取的主要形式有公正报酬管制政策①、价格上限管制政策、价格下限管制政策。

（三）服务质量管制政策

服务质量管制政策主要是通过建立有关产品和服务的质量标准和不同的档次体系，防止自然垄断产业中由于不存在激烈竞争而导致提供的产品和服务质量下降，确保消费者的权益。

如在通信产业中，如果只实行价格管制而没有质量管制，通信企业同样也可能出现降低服务标准的冲动，出现安装维修不及时、通话质量不好或网络拥挤等问题。服务质量管制采取的主要形式有：制定有关产品和服务的质量标准和质量规范制度；政府管制机关对有关的产品和服务的质量进行定期检查和

---

① 公正报酬率是以完全竞争条件下均衡价格中所含的“正常利润”为基础的收益率。也就是不存在任何垄断因素时企业可能获得的利润率。因此，公正报酬率也可以看成是资本的机会成本，是与投入资本的长期利率相适应的那种水准的资本成本。确定了公正报酬率，政府管制机关便可以以它为基准对垄断企业进行价格管制。

监督。

（四）数量管制政策

数量管制政策主要是通过严格审批、最低最高限额和计划配额等方式，对自然垄断产业的投资规模和产量进行控制，防止因投资或产量过多或过少而造成的过度竞争和价格波动。数量管制与进入管制有些类似，它们都是对进入自然垄断产业的企业进行限制①。数量管制政策主要通过两种形式来对自然垄断企业进行管制，即投资管制和产量管制。

（五）设备管制政策

设备管制政策主要是通过制定有关生产设备和服务设备的标准体系和审核制度，对产品和服务进行质量、性能、规格及安全、外部性等方面的控制②。设备管制政策的主要形式包括设置设备的标准体系、建立设备的审核制度、对相关设备的政策给予强制性规定等。

二、主要国家的管制政策

对于自然垄断产业来说，实行经济管制政策是非常必要的。但经济管制政策也有着明显的局限性。例如：经济管制的实施容易出现政府具体负责官员的“寻租”行为，特别是在缺乏有效的监督机制时更是如此；进入机制和数量管制使得进入该产业成为一种特权，而这种特权可能成为暗中交易的对象，从而使得资源配置难以达到管制目标所要求的最佳配置状态；价格的上限和下限管制，有可能压抑企业通过技术进步和改善经营管理来降低成本的积极性，不利于资源使用效率的提高。正是因为经济管制政策无论在理论上还是在实践中都存在着种种问题，所以，在西方发达国家又涌起了放松管制的浪潮。

（一）发达国家对通信管制政策的放松

20 世纪 70 年代以来，西方发达国家对通信等自然垄断领域普遍推行了放松管制政策。主要体现在以下几个方面：

1.对自然垄断产业推行政府管制改革，引入竞争机制。这项措施主要是针

---

① 进入管制更多是强调进入自然垄断产业企业的结构，即对限制进入的数量进行控制；而数量管制则强调进入自然垄断产业的企业的规模，对其投资额或产量进行控制。

② 设备管制与质量管制也有些类似，但前者主要是从自然垄断企业的生产设备出发来进行管制，而后者则是从产出的角度来实现控制。

对通信等自然垄断产业进行管制改革,实行政企分离,使自然垄断产业的经营企业成为自负盈亏的竞争主体。

竞争机制的引入迫使通信业务企业不断加强技术开发,改善原有的服务,努力降低成本,提高经营效率,使通信产业在近20年得到飞速的发展。对于消费者而言,则享受到数量、品种更多,质量更好以及价格更低的服务。

2.区分自然垄断性业务和非自然垄断性业务,在非自然垄断性业务中引入竞争。

3.在仍需管制的领域,普遍引入新的管制方式——激励性管制。激励性管制方法的重要特征就是企业有比较多的自主选择权利,它可在政府激励性管制措施的条件下,选择其最大利益的行动。具体来说,就是政府通过比较不同地区自然垄断企业的绩效,以经营效率最高的企业经营成本为基准,并考虑到各地区经营环境的差异,在此基础上制定管制价格,从而促使不同地区垄断企业之间的间接竞争,以刺激垄断企业提高效率、降低成本、改善服务。

4.对自然垄断产业实行民营化,并以此来推动管制体制改革。

5.制定较为完善细致的法律法规,使整个管制改革过程有法可依。

(二)世界主要国家管制通信服务业的具体措施

在通信服务业的管制政策与市场准入的开放方面,政府措施主要集中在电信服务业的引入竞争、开放市场上。20世纪80年代之前,大多数国家的电信业务均由国有的邮电主管部门(PTT)提供。进入80年代后,许多国家纷纷放松管制,引入竞争机制。1981年,英国通过电信法,邮电分家后成立英国电信公司(BT)。1985年,日本开放通信市场,日本电报电话公司(NTT)私有化。1987年,欧共体委员会(CEC)发布了《开放电信业务和欧洲共同市场》绿皮书,为电信运营者进入欧洲市场提供了合适的条件。1989年,德国解除网络及电话服务以外的一切市场限制。1990年,法国电信政企分开,开放增值业务和用户设备市场。1991年,澳大利亚修改电信法,电信基本业务实行竞争。1996年,美国通过新电信法案,全面放开电信市场,并在1997年5月宣布了普遍服务新法令,将电信服务业法律法规的建设推到新的高度。其中明确规定,一个合格的、能提供普遍服务的,也可以是无线业务方面的企业,不管他们的技术水平如何,只要提供政府规定的普遍服务项目,就能享受政府给予的普遍服务补贴。美国政府为此还建立了一个专门负责所有电信服务公司、以业务收入为基数征收普遍服务基金、再对提供普遍服务的电信公司进行补偿的管理部门——普遍服务管理公司(USAC)。

电信业的高速发展成为经济全球化的必要条件。以通信服务业为代表,涵盖电子产品、计算机软硬件、视像声讯服务在内的信息经济,成为21世纪全球经济的朝阳产业。通信与信息服务业的发展推动了经济全球化的进程。

根据世界电信业发展的态势,有关专家预言:“一个国家一个电信公司”的体制正在向“多个全球网的无国界”体制转变,全球电信服务将由为数不多的“超级电信公司”控制,电信发展的道路是“天然垄断—竞争—相对集中”。预计未来全球电信市场的分配格局大致是:以原来传统的垄断企业为基础,构筑数家大型电信企业集团提供全球性服务,分割国际电信市场,并在国内或地区范围内占据重要地位;相当多的新进入者将面向投资少、见效快的移动业务和增值业务市场。

由此可见,世界电信业的实力在全球范围内是有目共睹的,尤其几个电信大国的激烈竞争使得电信业的发展速度与日俱增,同时,中国的电信市场已经成为世界关注的焦点。

三、《基础电信协议》的签订

《基础电信协议》[①]是电信服务最重要的规范,1997年2月15日,由WTO的69个成员国,55个谈判方,欧盟15国成员作为一个谈判方达成,正式名称为《服务贸易总协定第四协定书》。到1998年2月5日正式生效并全面实施时,缔约方达到72个。它要求在客观、公正的基础上无差别地向缔约方承诺部分或全部开放国内的基础电信服务市场。所涵盖的基础电信服务领域包括语音电话、数据传输、电传、电报、传真、专线、固定和移动式卫星通信系统服务,以及个人通信系统服务等。

该协议的具体内容分为三部分:一是一般义务和纪律,包括最惠国待遇(MFN)和豁免、透明度条款、国内规章条款;二是电信附录,作为具体介绍某些承诺条款的文件,对各成员在承诺表中可能涉及的各种电信业务开放措施提出详细的实现方法和规定;三是各成员开放电信市场的承诺,这是基础电信协议最关键的部分,主要内容包括每个成员市场准入的承诺、国民待遇和可能的附加承诺。基础电信服务自由化之后,将使电信产品和服务质量得到改善,由于更多的竞争者参与,使电信资费在竞争中不断降低。到目前为止,WTO的70多个成员方已同意开放其电信市场,开放的市场份额占全球市场的94%。

《基础电信协议》对电信业影响巨大:

---

① 基础电信指电信传输网络和服务,它与增值电信共同构成完整意义上的电信服务。

首先,基础电信贸易谈判达成协议后,各国电信管制进一步放松,国际电信市场迅速扩大,竞争也将更加激烈。世界电信业将掀起新一轮的合资经营和跨国结盟热潮,全球电信服务最终将由为数不多的“超级电信公司”控制。

其次,虽然有越来越多的国家和地区打破电信独家专营的垄断局面,但多数国家仍保留对网络基础设施和语音业务的控制权,而《基础电信协议》要求各成员方在一定时期内开放以语音为主体的基本电信业务和网络设施,这将加快电信服务的自由化进程。

最后,《基础电信协议》要求引入竞争机制,必将产生一大批电信业务提供者,降低价格则是电信运营商参与竞争的有效手段。

第四节 中国通信服务贸易的发展与政策选择

一、中国通信服务贸易的类型与入世承诺

(一)中国通信服务贸易的类型

在中国通信的发展过程中,具有潜在高速增长和投资回报丰厚的合作领域,将成为竞争的焦点。预计这些合作领域主要反映在以下方面:电信业务的开发和经营;电信技术研发和设备生产制造;通信网络的运营;合作开发国际电信市场。根据《服务贸易总协定》,从事国际电信服务贸易一般分为以下四种类型。

1.跨境提供服务。通过国际通信线路,在本国向其他国家的用户提供通信服务。

2.跨境消费服务。通过电话卡业务、移动手机漫游等方式,提供国际的通信服务。

3.商业存在。国外公司通过在国内设立电信经营机构,参与国内电信市场的竞争。

4.自然人移动。国外电信公司的员工受聘于国内电信公司,从事技术、业务和经营管理等活动。

其中,商业存在的方式,又分为非股权投资进入和股权投资进入。非股权投资进入形式有特许经营、管理合同、经济合作等,并可采取独立经营、参与经营、委托经营三种经营方式。股权投资进入形式,主要有不产生新实体、创建企业和企业接管等。随着中国电信市场的进一步开放,股权投资进入方

式将成为未来外商进入电信市场的主要方式。由于跨国兼并的风险和中国市场化进程的影响,预计外资进入电信市场的方式将采用不产生新实体的股权操作,因为设立股权式合资企业的方式更易于实施。

外资电信进入的具体方式有:①利用国际出租线路与本地通信网络相连,形成与本地通信运营公司的合作;②申办运营许可证,成立独自运营公司;③通过直接收购或间接收购的方式,购买国内电信运营公司的股权;④与国内电信运营公司合作,成立合资公司。

中国电信市场由于服务业潜力巨大,已越来越具有吸引力。自加入 WTO 后,中国电信市场采取逐步开放的措施,即首先开放增值电信业务,然后开放数据和移动通信业,最后开放基础电信业务这一主要市场。我国电信业对各类投资商,包括国有与非国有、私营企业已敞开大门,这些企业可以参股和投资,从而将使我国电信市场逐步形成多元化的格局。

(二)中国通信服务业的入世承诺

2001 年 12 月 11 日起中国正式加入 WTO,入世时与 WTO 成员达成的关于电信业市场准入、国民待遇方面的具体承诺见表 5-1。

表 5-1　中国电信业的入世承诺表

业　务		中国入世对外资的开放承诺
增值电信业务 (包括电子邮件、话音邮件、在线信息和数据库检索、电子数据交换、增强/增值传真业务、编码和协议转换、在线信息和/或数据处理)		一入世,在上海、广州和北京,不超过 30%; 1 年后,扩大到成都、重庆、大连、福州、杭州、南京、宁波、青岛、沈阳、深圳、厦门、西安、太原和武汉,不超过 49%; 2 年后,无地域限制,不超过 50%
基础电信业务	寻呼	一入世,在上海、广州和北京以及之间,不超过 30%; 1 年后,扩大到成都、重庆、大连、福州、杭州、南京、宁波、青岛、沈阳、深圳、厦门、西安、太原和武汉,不超过 49%; 2 年后,无地域限制,不超过 50%

续表

业务		中国入世对外资的开放承诺
基础电信业务	移动话音和数据业务(—集群/数字/蜂窝业务—个人通信业务)	一入世,在上海、广州和北京以及之间,不超过25%; 1年后,扩大到成都、重庆、大连、福州、杭州、南京、宁波、青岛、沈阳、深圳、厦门、西安、太原和武汉,不超过35%; 3年后,不超过49%; 5年后,无地域限制
	国内有线和国际业务(话音业务、分组交换数据传输业务、电路交换数据传输业务、传真业务、国内专线租赁业务、国际闭合用户群话音和数据业务)	3年后,在上海、广州和北京以及之间,不超过25%; 5年后,扩大到成都、重庆、大连、福州、杭州、南京、宁波、青岛、沈阳、深圳、厦门、西安、太原和武汉,不超过35%; 6年后,无地域限制,不超过49%

二、中国通信服务业的开放进程与发展状况

(一)入世前的中国通信业

入世之前,中国电信业基本处于一种垄断的局面。1994年3月,国务院要求进一步改革邮电管理体制,将邮政总局、电信总局分别改为单独核算的企业局。1994年7月,中国联合通信有限公司成立,这是中国电信史上的里程碑,对于打破垄断、深化改革具有重要意义。1997年1月,邮电部做出在全国实施邮电分营的决策。1998年3月,国务院决定组建信息产业部。1999年2月,国务院通过中国电信重组方案,中国移动集团、中国电信集团及中国卫通2000年相继挂牌。1999年4月,中国网络通信有限公司成立。昔日的垄断者"中国电信"在确定纵向分切方案之后,至2000年4月完成了自身的分治重组,形成中国电信(经营长途和市内电话等业务)、中国移动(经营移动业务等)、中国联通(经营全面电信运营业务)、中国网通(经营IP电话业务等)、中国吉通(经营IP电话业务等)五家电信公司并存。之后,中国电信业初步形成了竞争性格局。

（二）我国电信服务贸易发展现状

随着信息时代的到来，我国电信业也加快了“走出去”和“引进来”的步伐，加大了对外开放的程度，进入了国际化和多元化的发展阶段。国内 4G 用户飞速增长，我国的 4G 商用规模和成熟度都上升到了新的高度。中国的 5G 实验室于 2019 年 10 月 31 日正式启动商用，5G 网络于 2020 年进入商用网络建设规模化阶段。近年来，5G 以超乎预期的速度拓展商用场景，大踏步迈入规模化应用关键期。截至 2022 年 4 月底，中国累计建成 5G 基站逾 160 万个，成为全球首个基于独立组网模式规模建设 5G 网络的国家；5G 移动电话用户总数已突破 4.13 亿户①。同时，我国的网络技术演进升级也在逐渐推进，如 IPv6+系列的相关技术将会逐步应用于 5G 承载网络，以实现向云边协同和云网融合的智能化网络演进②。对于国外市场，中国电信业也取得了一定的成绩，如 2014 年中国移动巴基斯坦公司在巴基斯坦 3G、4G 牌照拍卖会中成了赢家，成功取得了运营牌照，一跃成为巴基斯坦第三大电信运营商。2020 年 11 月 15 日，区域全面经济伙伴关系协定（RCEP）正式签署，成为东亚经济一体化最重要的一项成果，其中在服务贸易方面，包含削减各成员影响跨境服务贸易的限制性、歧视性措施，采用负面清单方式进行市场准入承诺，以及在金融服务、电信服务、专业服务等领域的进一步开放。③

1.中国电信产业平稳增长，国际竞争力逐渐提高。自加入 WTO 以来，为更好地应对“入世”对电信产业所带来的挑战，我国开始不断增强电信产业的竞争实力。为此，国务院针对电信体制进行了一系列的改革，并最终形成了以中国移动、中国联通、中国电信、中国广电几大巨头鼎立的行业体制。随着移动通信技术的普及以及 5G 时代的到来，我国电信产业呈现蓬勃发展的态势。据工信部数据显示，2022 年 1~6 月，我国电信业务总量完成 8 430 亿元，同比增长了 22.7%，较 2022 年 1~5 月同比增速回落 0.7 个百分点。同期电信业务的收入也达到了 8 158 亿元，按可比口径测算比上年同期增长了 8.3%，较 2022 年 1~5 月同比增速降低了 0.2 个百分点，电信业务收入平稳增长，电信业务总量保持两位数增幅。④

---

① 工信部．我国将于 2020 年启动 5G 商用．2016-12-05（http://www.ce.cn/xwzx/gnsz/gdxw/201612/05/t20161205_18374714.shtml）.

② 中国联通研究院．5G 承载网络演进关键技术与应用研究．2021-04-28（http://www.cww.net.cn/article? id=485998）.

③ 中国政府网．区域全面经济伙伴关系协定（RCEP）15 日正式签署，中国加入全球最大自贸区．2020-11-16（https://www.gov.cn/xinwen/2020-11/16/content_5562034.htm）.

④ 2022 年 1~6 月全国电信业务总量统计分析（https://www.chinabgao.com/stat/stats/982609.html）.

2.电信服务贸易结构逐渐优化,在整体的服务贸易中贡献率逐渐提高。电信、计算机和信息服务贸易的发展及其对外出口额的增加都在促进着我国整体服务贸易结构的优化与升级。2019 年,我国电信、计算机和信息服务贸易出口额为 538.6 亿美元,占服务贸易出口额的比重由 2015 年的 5.4%增加至 2019 年的 10.29%。2022 年 6 月,我国通信设备、计算机及其他电子设备制造业的出口交货值为 6 047.50 亿元,同比增加 12.4%[①]。通信设备、计算机及其他电子设备出口交货值的增加,也意味着增值业务的增加,反映出我国电信服务贸易自身结构正在不断地优化。另外,我国计算机与信息服务贸易保持着顺差的格局。随着服务业扩大开放、数字贸易高质量发展等政策红利进一步显现,相比 2018 年,电信、计算机和信息服务的贸易顺差增长了 17.5%,2019 年顺差额达 1 904.8亿元,成为中国最具海外优势的数字服务产业[②]。我国计算机和信息服务贸易处于机遇和上升期,电信、计算机与信息服务贸易进口额的增加有利于我国积极引进国外先进科技,提高我国电信产业的科技技术水平,反过来又有利于电信服务贸易出口规模的扩大。

3.电信服务贸易在国际服务贸易总额中的比重也在逐年增加,2015—2019 年,电信、计算机和信息服务贸易出口额占服务贸易出口额比重从 5.4%增长到 10.29%;2017 年电信、计算机和信息服务进出口总额占总服务贸易额的 6.7%,排在第 4 位,且进出口增长率达到 22.1%,出口同比增长 55%,保持均衡快速增长。从国际服务贸易的产业分布看,2020 年开始的新冠肺炎疫情重创旅行、运输等传统服务,但扩大了电信、计算机和信息等新兴服务,服务贸易结构高端化趋势加快。近十年来,电信、计算机和信息服务的专利权使用费和特许费等新兴服务增速较快,正在成为未来国际服务贸易新的增长点。2019 年电信、计算机和信息服务的世界平均增速为 8.7%,其中,亚太和北美地区超过全球增速,分别为 11.9%和 10.2%[③]。

总体而言,电信服务贸易的出口规模及其结构优化,都在促进着我国整体服务贸易结构的优化。

4.中国电信服务业中外投资合作取得一定成果,电信产业服务范围进一步扩大。2007 年 12 月 11 日,我国结束了电信业保护期,开始履行"入世"协议的全部承诺,扩大中国电信业的对外开放程度,这有利于我国电信业对外资吸引

① 商务部.2019 年我国服务进出口总额同比增长 2.8%.2020-02-10(https://www.sohu.com/a/372598554_468675).

② 人民日报海外版.中国数字贸易竞争力稳步提升.2020-10-28.

③ 腾讯新闻.我国服务贸易保持较快增长,2022 年网络零售市场同比增长 4%.2023-01-31(https://new.qq.com/rain/a/20230131A0277D00.html).

力和自身竞争力的提高,主要表现在中外合资企业的发展程度上。目前我国电信服务业在中外投资合作中已经取得了一定的成果,如在外商与国内电信业合作方面,2015 年 4 月 15 日,英国电信与中国唯一一家具有亚太地区多方通信服务能力的远程商务协作通信服务商“全时公司”签订 5 年合同,其中包括全时公司将在中国为其客户提供外商电信的电话会议解决方案等。在境外的投资合作方面,2014 年中国移动巴基斯坦公司在巴基斯坦 3G、4G 牌照拍卖会中赢得了运营牌照,并成功占得巴基斯坦第三大电信运营商的地位。除了中外投资合作,中国电信产业的服务范围也在扩大,如中国联通作为全业务信息服务提供商,已经为多个行业提供定制化、全方位的信息服务解决方案,主要集中在汽车、安防、电力、环保等领域。截至 2022 年上半年底,中国联通已经拥有超 1 000 万个移动设备控制的设备接入点,在汽车信息化领域,已经与世界主流汽车厂商宝马、奥迪建立了广泛的合作关系,用已有的先进、成熟的移动宽带网络,为用户创造了良好的信息化服务环境。可以说,中国电信业在“引进来”与“走出去”方面都得到了全面的发展,电信产业的服务范围也进一步扩大。

三、中国通信业经济管制与发展通信服务贸易的政策选择

(一)中国的经济管制与通信产业管制政策

经过 40 余年的改革,中国已经初步建立起社会主义市场经济体制,提出要构建更加系统完备、更加成熟定型的高水平社会主义市场经济体制,充分发挥市场在资源配置中的决定性作用,更好发挥政府作用。在此背景下,与市场化进程相冲突的自然垄断产业运行模式和管制方式的改革,以及政府的经济管制政策的调整成为当务之急。

1.中国经济管制政策及其走向。中国经济管制政策的变化可以描述为:①适应放松管制的世界性潮流,大幅度减少政府对资源的直接配置,实施统一的市场准入负面清单制度,继续放宽准入的限制,逐步放松自然垄断产业的进入管制和价格管制;②适应市场化改革的大趋势,中国经济管制政策在自然垄断产业中引入竞争机制,着力清除市场壁垒,提高资源配置效率和公平性,激发行业创造力和市场活力;③适应国家经济社会发展战略目标的需要,中国经济管制政策的调整使得消费者得到了实惠,提高了人民的生活水平和生活质量。特别是通信行业展开竞争以及进行混合所有制改革试点以后,服务质量大大提高,电话待装和维修时间缩短,固定宽带和 4G 用户端到端平均下载速率大幅提高,平均资费大幅降低,通信产品和服务价格大幅下降,在一定程度上改变了自然垄断行业产品和服务价格偏高的现象。

2.中国对通信产业的管制政策。尽管中国通信业的改革在打破垄断方面已迈出了十分重要的一步，但离有效竞争的目标还有很大距离。在市话、长话、移动通信及其他增值业务可以由一家企业混业经营的条件下，只要带有自然垄断特权性质的底层本地固定网仍然掌握在独立的提供电信业务的运营商手中，互联互通就很难实现，有效竞争也就不会真正展开。因此，通信行业引入竞争机制，核心的问题应该是互联互通的顺畅进行，即要处理好处于自然垄断地位的本地固定网与其他业务之间的关系，否则通信竞争将无从谈起。对通信业实行经济管制的重点，就是要将这种特权因素从提供可竞争性通信服务的运营商手中独立出来，非自然垄断的市话服务、长话网络与服务、移动通信网络与服务以及其他增值业务网络与服务的运营商不再染指以往所依托的这种特权，使提供电信业务的各个运营商在公平的条件下展开竞争。

3.一系列的政策法规相继出台。国内有关电信服务业的规定、条例有《电信服务规范》《中华人民共和国电信条例》《互联网信息服务管理办法》《外商投资电信企业管理规定》《互联网信息服务管理办法》《电信业务经营许可管理办法》《数据安全法》《个人信息保护法》《关键信息基础设施安全保护条例》等，正在积极推动《电信法》等立法工作。随着通信业的发展、内部环境的变化，我国在2014年重新修订了《中华人民共和国电信条例》，其中最大的变化主要体现在对电信资费定价的策略上。2019年工信部正式发布《携号转网服务管理规定》，此举极大加强了电信运营商之间的竞争，预防和制止电信运营商的垄断行为。

（二）进一步促进中国电信服务贸易发展的政策选择

1.政府的政策选择。这主要包括如下三个方面的内容。

（1）改善电信服务贸易的法制环境，改革电信服务业的管理体制，加快电信服务业的法律法规建设，这是进一步发展电信服务业的有力保障。我国政府将继续深化加强电信服务业的体制改革与法律建设，具体措施包括：①制定与时俱进的电信服务法、反垄断法并保证其具有前瞻性、可操作性和可实施性，构建完善的电信服务业法制体系；②创造公平、公正、透明度强的市场竞争环境，加强政府的行业管理和市场监管职能，同时建立独立监管机构实现对电信服务运营商的有效管理，保证国内电信服务业的竞争活力，进一步维护广大电信用户的合法权益；③逐步实现资费管理的法制化、程序化和透明化，进一步完善电信服务业的资费管制体系；④围绕数据确权、数据流转和交易、数据跨境流动等方面，推动修订相关法律法规。

（2）完善国内电信业的基础设施，优化电信服务业市场结构。电信服务业基础设施的建设是其进一步发展的保障,据国家统计局数据显示,2021 年,基础电信企业和中国铁塔股份有限公司共完成电信固定资产投资 4 058 亿元,推动了电信服务业务的迅速扩张,但我国目前仍存在着中西部地区和乡村通信基础设施建设不均衡的情况,呈现出东部与中西部地区、城乡之间的通信服务水平不平衡的现象。因此,我国应深入推进电信基础设施共建共享,推进 5G 异网漫游,逐步形成热点地区多网并存、边远地区一网托底的移动通信网络格局。积极发展新一代信息技术服务贸易,提升云计算服务、信息通信服务等数字技术贸易业态的关键核心技术自主权和创新能力。积极探索数据贸易,建立数据跨境资源产权、交易流通等基础制度和规范,逐步形成较为成熟的数据贸易模式。充分利用 5G、人工智能、物联网、云计算等数字技术,布局一批数字服务应用场景,率先在重点国际市场形成出口竞争力。鼓励在线医疗、远程办公、云上会展等新业态发展。应加强产业链协同和跨行业合作,加速要素资源融通流动,加快数字赋能千行百业。实施行业更大范围、更宽领域、更深层次开放,加强国际合作,政府要积极采取多种措施降低准入门槛,这样不仅能够实现我国电信服务业的协调发展,还能够有效降低电信基础业务金额大、期限长、投资回收率低等风险,实现国际国内互利共赢。

(3)推进控股参股模式,提高电信服务业的对外开放力度。我国应推进电信服务业的控股参股模式,加大开放合作的力度,这是提高我国电信服务贸易国际竞争力的有效手段。如在重点领域实现多种资本运作方式,打造竞争力活跃的新兴业务运营市场,以公司化改制推进体制机制创新,特别是在新兴业务、ICT 业务等方面;在合资合作的基础上,积极进行更多的创新性探索,实现优势互补,通过市场化的手段快速提升其业务规模,特别要加强与自身技术互补的企业之间的合作,以集团优势来避免企业间的恶性竞争;为最大限度地整合与共享资源,形成新型的产业链与发展模式,中国电信服务业应加大与多方领域的合作力度,促进跨行业融合共建,如实现与通信设备、软件与电子信息产品制造企业的战略合作,同时积极协调产业链中各个环节的企业,组织优化,创新技术,提高效率,提升电信服务业的国际竞争力。

2.通信企业的政策选择。中国电信业必须抓好实际,围绕"入世"进行自我运营机制的调整与优化,必须从最高决策层到各专业公司,均要制定切实可行的对策,进行区域性战略布局,加大加快体制改革,建立健全国内企业间良好的竞争环境,并充分利用"一带一路"等带来的机遇,提高中国电信业在国际竞争中的实力。

(1)提高服务水平和改善管理体制。由于长期的垄断经营和缺乏有效的监督机制,中国的电信企业的服务水平一直不高,2021 年,全国电话用户达 18.24

亿户,用户对电信企业的投诉居高不下。电信企业如果想要继续占有较高的市场份额,继续发展壮大,就必须迅速采取行动,提高服务质量,改善企业形象,树立起象征着优质服务和良好信誉的著名品牌。同时要加强自身建设,增强企业的核心竞争力。首先要深化电信管理体制改革,给予企业充分的自主权,让企业成为真正的市场主体;其次是完善各项法规政策,给企业创造一个良好的竞争环境;最后,企业自身要不断强化市场意识、提高竞争能力,积极进行管理创新、业务创新,打造自身的核心竞争力。

(2)加强对窗口服务人员的管理。建立有效的奖惩机制,促使服务人员改进服务态度,提高业务水平。从方便用户需求的角度出发,设立更多、更全面的服务项目。充分利用各种媒体,宣传企业形象,树立企业品牌。

(3)注重电信经营改革与体制创新。这要从以下几方面着手:

第一,大幅提高企业创新能力。随着云计算、大数据、物联网、人工智能等新技术大量应用,新兴业态蓬勃发展,电信企业要加速5G和千兆光网等新型信息基础设施建设覆盖和应用,促进信息通信技术与经济社会各领域深度融合,显著提高工业和信息通信领域数据应用水平,加速建设移动物联网连接管理平台,加强网络能力开放。企业要重视核心技术创新,实现产业技术自立自强,创新发展思路和手段,完善产业生态环境,推进与各行业更大范围、更深层次的融合应用创新。

第二,开放市场与有效的产业调控体系同步完成。电信产业的升级除了依靠技术进步外,还需要建立一整套产业调控体系,这是中国开放电信市场后取得竞争优势的根本保证。电信企业要尽快适应国际市场的竞争,就必须从根本上扭转国内市场恶性竞争的现状,特别是要建立健全严格的法律法规,约束地方政府不正当的地方保护主义。

第三,加快投融资制度改革,优化结构。要使我国的电信业具有迎接国际挑战的能力,应在国内市场已经开放的基础上,使各企业真正具有独立运作、独立发展的能力。在适当的时候,允许各产业间通过业务交叉来强化竞争水平,特别是在优化结构已成为中国产业发展共识的时候。

(4)企业要“走出去”,从事跨国经营。在经济全球化及电信业国际化的背景下,电信业的竞争实际上已经突破了国际地理区位的界限,在国际范围内进行。我国电信运营商的国际化经营起步晚、发展慢,国际化经营的动力严重不足。电信运营商要抓住机遇积极提升“一带一路”沿线网络设施互联互通水平,积极参与海外市场的本地化运营,加强海外推广。发挥各自优势,探索国际业务海外发展模式,提升行业向外辐射能力和国际竞争优势,带动产业链协同出海。

“走出去”与“引进来”是紧密结合在一起的，伴随着整个的对外开放过程，特别是在开放型市场经济条件下，“走出去”和“引进来”都是对外开放的战略重点，是双向战略。促进电信企业“走出去”是我国政府的重要职责。近年来，为促进企业以更加积极的姿态与世界各国和地区开展多种形式的投资合作，我国政府按照以市场为主导、以企业为主体、政府提供服务的原则，加快了建立我国对外经济合作管理服务体系的步伐。从“引进来”为主向“引进来”和“走出去”并重，不仅反映了国家对外开放的战略转变，也折射出国家经济发展的进程和对外开放的内外环境变化。

(5)提高企业自身的实力和知名度。要提高企业自身的实力和知名度，一方面要加强技术研究，做好准备。由于电信行业的发展需要很尖端的技术，而这些最新技术在大家面前是平等的，因此，要尽快地掌握各种先进技术，并基于这些先进技术提出自己有特色的和符合中国特点的解决方案，以此来增强自己的竞争力。另一方面，要加大宣传力度，扩大市场占有率。由于加入 WTO 的过程有个缓冲的时间表，而企业在建立电信网络时具有一次性投资的特点，因此要在这个较短的时间差内，充分地把握先机，利用自己的本土优势，扩大市场宣传，并尽可能地提高自己的市场占有率。总之，有远见的中国电信业应当适度地立足现实将改革与开放联系在一起。要发展就必须改革，要改革就必须开放，而开放必然极大促进改革和发展。

案 例

WTO 服务贸易第一案——2004 年美墨电信服务案①

一、概要

2004 年，WTO 专家组审结了美国与墨西哥之间的一起关于电信服务贸易的争端，该案是 WTO 建立以来处理的第一个关于服务贸易的争端，其争议焦点是 WTO 历来十分关注的电信服务。无论在 GATT 还是 WTO 体制内，服务贸易领域在本案之前均没有任何争端解决的先例可循，因而本案专家组报告的分析思路及其对有关文件的解读就具有重大的参考价值，并在一定程度上具有开创性意义。

二、案情

1997 年之前，墨西哥的国内长途和国际电信服务一直由 Telmex 公司所垄

① 屠新泉，彭程，孙威．服务贸易争端第一案——美墨电信服务争端案[J].世界贸易组织动态与研究，2005(12).

断;1997 年之后,墨西哥政府授权多个电信运营商可以提供国际电信服务,但根据墨西哥国内法,在国际电信市场上对外呼叫业务最多的运营商有权与境外运营商谈判线路对接条件,而 Telmex 公司作为墨西哥对外呼叫业务最多的运营商,自然就享有了该项谈判权,事实上就拥有了排除外部竞争者的权利,从而引发了希望大举进入墨西哥市场的美国电信业巨头的不满。

2000 年 8 月 17 日,美国以墨西哥的基础电信规则和增值电信规则违背了墨西哥在 GATS 中的承诺为由,向墨西哥提出磋商请求,之后,美墨双方进行了两次磋商,但未能达成共识。2002 年 4 月 17 日,根据 DSU 第 6 款,成立了专家组,因双方未能在规定期限内就专家组的组成达成一致,2002 年 8 月 26 日,WTO 总干事最终任命了以 Ernst-Ulrich Petersman 为首的三人专家组。另有澳大利亚、巴西、加拿大、欧共体、古巴、日本、印度、危地马拉、洪都拉斯和尼加拉瓜等提交了他们的书面意见。专家组分别于 2003 年 11 月 21 日和 2004 年 4 月 2 日提交了中期报告和最终报告,2004 年 6 月 1 日,经过再次磋商,墨西哥放弃了上诉,正式接受了专家组的最终报告,并最终就此电信服务争端与美国达成协议。协议中,墨西哥同意废除本国法律中引起争议的条款,并同意在 2005 年引进用于转售的国际电信服务;美国同意墨西哥继续对国际简式电信服务进行严格限制以阻止非授权的电信传输。

三、分析

本案涉及的电信服务是 WTO 体制的服务贸易中一直以来的重要领域,它不仅涉及微观层面的两成员电信商之间的贸易条件,也涉及宏观层面一成员调整其引进国外电信服务的许可、竞争等方面的政策。面临日趋激烈的电信业的竞争,我国政府和有关电信服务企业还应努力熟悉 GATS 下的争端解决机制,勇敢面对潜在的一些争端,争取使我国电信服务企业能在激烈的市场竞争中争得一席之地并获得长足的发展。应按 GATS 及其有关电信服务的附件的要求和中国电信改革开放的方向,加快制定和出台有关的电信法律、法规,建立健全完善的电信服务贸易方面的法律体系。

第六章 亟待与国际接轨的金融服务业——保险与银行服务贸易

金融即资金的融通。在现代经济中，货币、信用经济和金融在社会生产、交换、分配和消费中发挥着举足轻重的作用。一般说来，金融服务包括储蓄、信贷、交付结算、保险和再保险、证券业务、外汇业务、信托、金融租赁、票据等金融资产的处理和清算、担保、金融信息和咨询业务等。第二次世界大战以后，随着科学技术和生产力的发展，金融业出现了国际化、自由化的倾向。与此同时，国际社会为了维护国际金融局势的稳定，日益强调共同谋求国际金融业平等竞争的统一自律性规范。各国内部对外资金融机构都存在不同程度的法规限制，尤其是在大多数发展中国家。

金融服务贸易就是指金融服务提供者有偿向金融服务消费者提供金融服务。研究金融服务贸易，首先要对金融服务的行业特征和经济特征进行较为全面的分析，进而了解国际金融服务贸易的主要特征。本章还着重对金融服务贸易的主要方式，即保险和银行服务贸易做进一步的介绍。

第一节　金融服务概论

在当今国际经济交易中,95%是金融交易,5%是实物交易。国际金融服务在国际经济发展中起着决定性的作用。一国金融服务业水平的高低,标志着其经济发展水平。金融服务业的发展水平,则往往取决于该国金融服务业一体化于世界金融市场的程度。因此,随着经济的发展,一国的金融服务业必将与国际金融市场产生日益紧密的联系。

一、金融服务与金融服务贸易的基本概念

(一)金融服务的概念

金融服务是由一成员方的金融服务提供者所提供的任何有关金融方面的服务,包括所有保险和与保险有关的服务,以及所有银行和其他金融服务(保险除外)。金融服务作为服务的一个重要部分,受到一国货币政策和立法的制约,同时又是影响国际货币秩序的重要因素。金融服务具有服务的一般性质,同时也有其特殊性:金融服务对科技的依赖性大,金融创新、金融服务的国际化和全球化都需要高科技的支撑;金融服务涉及一国经济生活的各方面,敏感性强;金融服务水平在各国间差异大;金融服务固有的行业风险大。

此外,金融服务的特殊性突出表现为行业固有的风险性大。服务是个基础性概念,"金融服务"含义的明确有赖于"服务"概念的明晰。而金融服务是金融服务贸易和国际金融服务贸易的客体,金融服务又是金融服务贸易和国际金融服务贸易等概念的基础。

(二)金融服务贸易的概念

金融服务贸易(Trade in Financial Services)的概念,是在1986年开始的GATT乌拉圭回合谈判中被提出的。在1994年乌拉圭回合谈判的最后文本中,将金融业纳入自由贸易的范围。在GATS的金融服务附件中,对金融服务贸易所下的定义为:金融服务贸易是由一参加方(指参加贸易谈判的国家和地区)的服务供应者向另一方提供的任何形式的金融服务。金融服务主要指银行业、证券业、保险业及其他金融机构所提供的服务。

金融服务贸易分为四类,即指按照GATS所规定的四种贸易方式:①跨境交易,是指从一成员境内向任何其他成员境内提供金融服务;②境外消费,是指在一成员境内向任何其他成员的服务消费者提供金融服务;③商业存在,是指一成

员的金融服务提供者在任何其他成员境内以商业存在的形式提供金融服务；④自然人流动，是指在一成员境内向任何其他成员的服务消费者提供金融服务。

金融服务贸易与货物贸易相比有很大的区别，具有特殊性：除少数以货物为载体的服务如计算机软件外，金融服务贸易不能通过海关予以控制；金融服务贸易的形式千差万别，即使是同一类服务，也可以存在不同的提供方式，而不同的金融服务提供方式，不仅导致交易成本和效率有很大差距，而且更重要的是它使有关国家管辖权的情况也发生了变化。从法律角度看，国际贸易涉及的人或物是否处于贸易国的管辖范围至关重要，它关系到贸易国能否对本国的经济利益予以有效保护。金融服务贸易中，金融服务的提供与消费，既可以都在进口国的领土管辖范围外，也可以同时处于进口国的领土管辖范围内。对于后一种情况，根据金融服务提供者相对长久或暂时处于进口国的领土管辖范围内，区分为在进口国设立商业机构与通过自然人提供金融服务。

金融服务的提供者是指一成员内的希望提供或正在提供金融服务的自然人或法人，但成员方的公共实体（即政府、中央银行或货币当局）、由一成员所有或控制的主要从事执行政府职能或为政府目的而活动的实体，行使通常由中央银行或货币当局行使的职能的私人实体被排除在外。同时，作为法定社会保障制度或为公共退休金计划一部分的活动也被排除在外，但一成员允许其金融服务提供者进行上述活动，并与公共实体进行竞争，则这些金融服务列入“金融服务”的组成部分。因此，国际金融服务贸易主要指商业性的金融服务活动。

二、金融服务的分类和作用

（一）金融服务的分类

金融服务业是现代经济社会中专门从事金融服务中介活动的行业。它既有一般工商企业的基本共性，又有它自己的特点。与其他工商企业一样，金融企业具有从事业务经营所需要的目标，自主经营，依法经营，照章纳税，按照市场经济法则，以利润为目标，自主经营，自负盈亏。但金融企业是经营特殊商品——货币和货币资本或经营与货币相关的服务的特殊企业①。

金融企业按其职能可分为两大类：一类是以办理存款业务为主的金融中介机构，如商业银行、储蓄银行；另一类是不以存款业务为主的金融中介机构，如保险公司、信托投资公司、短期资金公司等。

---

① 以商业银行为例，它是以金融资产和金融负债为经营对象，从事货币和信用的经营活动。货币经营主要是汇兑、结算、保管等，信用经营主要有存款、贷款、投资等，也就是提供各种与货币运动有关的或者与之相联系的服务。

（二）金融服务业的作用

金融服务业对于国民经济的作用主要体现为：

1.聚集和分配社会再生产所需的资金。金融企业一般在国家金融政策的宏观调控和中央银行的监督控制下，在聚集和分配社会再生产所需资金方面发挥主渠道作用。金融企业通过其信用中介职能促使资金的配置在时间地点上进行转换，实现资金盈余和短缺之间的融通。

2.办理货币的收付和结算。现代金融企业的主角——商业银行，不仅为工商、团体、机关、事业单位，而且为广大职工、个人开立账户，为客户办理货币收付和结算，成为社会货币资金收付、结算的中心环节。这使得大量资金在银行系统内运行周转，节约了流通费用，加快了流通速度，银行成为社会货币周转和流通的主渠道。

3.调节投资方向和产业结构。银行信用中介的基本法则是：将资金从低效率的部门向高效率的部门转移，限制长线产品的生产，支持短线产品的发展。所以，银行在促进工商企业改善经营管理、提高经济效益、促进市场繁荣方面起着重要的作用。

金融企业作为一种特殊企业，它的特殊性决定了它的被管制性。目前各国政府都在不同程度上制定各项金融法规对其进行管制。

三、金融服务业的内容及其效益衡量

（一）金融服务业的内容

金融服务业，从内容上看，是指微观金融机构所提供的全部金融业务，从本质上讲，它指微观金融机构客户至上的金融服务意识。

传统的金融服务业是商业银行占据了霸主地位，因此，传统的金融服务指商业银行的三大业务，即负债业务、资产业务和中间业务。其中，负债业务主要是吸收存款，组织资金来源；资产业务是银行运用资本从事各种信用活动，以发放贷款和进行投资为主；中间业务是以资产、负债业务为基础的诸如汇兑、信托、租赁以及代理收付活动。

乌拉圭回合服务贸易谈判小组在以商品为中心的服务贸易分类的基础上，结合贸易统计和服务贸易部门开放的要求，提出了以部门为中心的服务贸易分类方法，将服务贸易分为12大类，其中金融服务主要指银行和保险业及相关的金融服务活动。它包括两大类服务。

1.银行及相关的服务。主要包括：银行存款服务；与金融市场运行管理有关的服务；贷款服务；其他贷款服务；与债券市场有关的服务，主要涉及经纪业、股票发行和注册管理、有价证券管理等；附属于金融中介的其他服务，包括贷款经纪、金融咨询、外汇兑换服务等。

2.保险服务。其包括：货物运输保险，其中含海运、航空运输及陆路运输中的货物保险等；非货物运输保险，具体包括人寿保险、养老金或年金保险、伤残及医疗费用保险、财产保险服务、债务保险服务；附属于保险的服务，例如保险经纪业、保险类别咨询、保险统计和数据服务；再保险服务。

（二）金融服务企业经济效益的衡量指标

金融服务企业的经济效益主要由利润率、周转率和偿债率三项指标构成。

1.利润率。利润率是金融企业主要的效益指标，它反映了金融企业利润额与主要经营活动之间的关系。金融企业利润取决于三方面的因素：金融企业经营管理、宏观政策环境、外部企业状态。

2.周转率。周转率指标表明金融企业信贷资金的周转速度。一般来讲，信贷资金周转速度加快，说明企业的资金效率比较高，可能使金融企业的经济效益上升。

周转率的主要测量指标是贷款的加权平均期限，这个期限是实际的贷款期限，而不是合同约定的期限。在金融企业的实际工作中，笼统地说周转率的意义并不大。只有对同一性质的金融和同一性质的贷款来讲，周转率的比较才有意义。实际工作中较易采用的周转率指标有贷款逾期率和提前偿还率，即实际贷款期限与合同期限相比较。

3.偿债率。这是指金融企业对客户的偿债率，而不是指贷款户对金融企业的偿债率。偿债率指标反映的是金融企业债务偿还的风险水平，常用速动比率和负债比率来反映。金融企业速动比率是金融企业流动性资产对流动性负债之比，它表明金融企业机动应付临时提款的能力。金融企业负债比率是指金融企业负债或存款占资产总额的比率，也可用金融企业自有资本占总资本的比率来表示。

四、金融活动的主要方式

金融活动主要包括以有偿方式或信用方式融通货币资金的活动。如果把一个家庭、一个企业或一个行使国家职能的政府单位所获得的货币收入在消费之后形成的节约部分称为储蓄，而把货币收入在消费之后用于扩张生产或经营的部分称为投资，当一个家庭、企业或政府单位的储蓄超过投资，或者说有储蓄而无投资机会时，称之为盈余；当其投资超过储蓄或者说有投资机会而无储蓄时，称之为赤字。如此，经济生活中就存在三种具有不同储蓄和投资状况的单位，一种是盈余单位，一种是赤字单位，还有一种是储蓄和投资正好相等的单位。对于盈余单位来说，因为他们没有投资机会，储蓄只能作为一种财富的贮藏形式，因此，他们希望为这些闲置的储蓄找到能够获取收益的途径；而对于赤字单位来说，他们有投资机会但却没有可用于投资的储蓄，希望找到外源融资的途径。金融活动以其有偿融资所具有的利益激励满足了盈余单位的收益要求，又以其方便灵活的形式和工具满足了赤字单位的融资要求。

（一）金融活动的主要方式

现代经济中的金融活动方式是多样化的，参加金融活动的各个主体可以根据自身的需求和市场条件选择适宜的方式。而最常见的金融活动方式有以下四种。

1.商业票据融资。企业之间在进行商品和劳务交易时常常会由于各自的生产和经营周期与交易对方的周期不对称，出现资金的一时短缺，使交易受阻，在买方暂时缺乏可用资金、卖方又确信其资信可靠的情况下，就会自发产生赊销商品、延期付款的商业信用行为。这种自发的同业信用活动解决了商品交易中资金短缺的困难。

商业信用必然会产生买卖双方的债权债务关系，而在信用制度发达的条件下，商业信用中的权利和义务是通过商业票据确定的，商业票据成为商业信用活动正常进行必不可少的工具，商业信用活动中通过货物赊销或预交定金进行融资的简单机制被通过商业票据融资的复杂机制所取代。

商业票据是用以确定商业信用活动中债权债务关系的凭证。在法治国家，商业票据的使用通常以该国颁布的票据法为保证。商业票据有商业汇票和商业本票两种基本形式。

2.银行信贷。银行信贷是银行吸收存款、发放贷款等活动的统称，银行是各种信用机构中最主要的机构，银行信贷是最主要、最具代表性的信用中介活动。在银行信贷中，银行不是简单地为资金贷出者和借入者牵线搭桥，促成借贷双方的资金交易，而是要介入到信用关系之中，通过自身充当债务人和债权人，将资金由贷出者引向借入者。

银行信贷主要由商业银行的存款和贷款业务构成。

3.证券融资。证券融资是资金盈余单位和赤字单位之间以有价证券为媒介实现资金融通的金融活动。这种金融活动的特点主要是：

（1）资金赤字单位和盈余单位直接接触，形成直接的权利和义务关系，而没有另外的权利义务主体介入其中。促成证券发行买卖的中介机构，如证券公司、投资公司、证券交易所等自身不充当权利义务主体,它们只是连接赤字单位和盈余单位的服务性媒体,真实的资金交易是由赤字单位和盈余单位直接充当权利主体而实现的。证券融资是一种直接融资。

(2)证券融资是一种强市场性的金融活动。所谓强市场性,是相对于商业票据融资、银行信贷等以双边协议形式(如购销双方发生商业信用而签发汇票、银企双方发生信贷关系签订贷款合同等)完成资金交易的弱市场性而言的。

证券融资中的筹资主体主要是企业和政府。企业的融资工具为股票和公司债券,政府的融资工具为政府债券。

4.保险、信托、租赁。经济生活中的金融活动方式是多种多样的,保险、信托、租赁、典当、合作信用、民间自由借贷以及国际经济交往中的买方信贷、卖方信贷、补偿贸易。这些金融活动尽管方式各异,但都体现出以有偿方式转移价值或融通货币资金这一金融活动的共同本质。

(1)保险。保险是一种以集中起来的保险费建立保险基金,用于补偿被保险人在保险合同约定的范围内,因自然灾害和意外事故所造成的财产损失或被保险人在保险合同约定的范围内发生的死亡、伤残、疾病、达到约定的年龄、期限等,承担给付保险金责任的经济行为。

世界大多数国家通常以保险的保险范围或保障对象为标准,将保险分为四类:财产保险、人身保险、责任保险、信用保证保险。

(2)信托。信托是一种为了一定的目的,将自己的资金或财产委托他人代为运用或管理的行为。信托不同于一般的代理和银行信贷等其他信用活动,而有其自身的特点,主要表现在:①财产所有权发生转移。②信托资产的收益归信托关系中的受益人。受益人是由信托人指定的享受信托资产营运后所产生收益的人,可以是信托人自己,也可以是信托人指定的他人。③信托根据资产营运的实际盈亏状况分配收益和返还本金。

信托的类型多种多样,可按不同的标准划分为个人信托、公司信托、公共团体信托、货币信托、债权信托、知识产权信托、公益信托等。

(3)租赁。租赁是一种以收取租金为条件将财产或物品的使用权让渡给他人的经济行为。其一般表现形式为,出租人和承租人通过契约或合同确立租赁关系,明确权利和义务,由出租人让渡财产或物品的使用权于承租人,承租人按规定向出租人支付租金。

现代租赁有两个明显特征:一是以融资性租赁或金融租赁为主要形式,出租人不是在有闲置资产的情况下才去寻求承租人,而是根据承租人的需求,主动出资购置资产出租给承租人使用,承租人不仅通过租赁获得资产的使用价值,更重要的是将租赁作为一种融通资金的信用形式,取得比向银行贷款等方式获得资金而后购置资产更为方便和有效的经营成果；二是多以专业化租赁公司为中介，实现租赁资产由供货方向使用者的转移。

租赁过程通常要涉及三个当事人，即资产供货商、出租人（租赁公司）和承租人，需要签订两个或两个以上经济合同，不仅要依法确定出租人与承租人的租赁关系，还要确立出租人与供货商的买卖关系。

（二）直接金融和间接金融

在上述商业票据融资、银行信贷、证券融资、保险、信托、租赁等各种金融活动方式中，有些是直接金融，即资金盈余者与需求者作为供求双方直接在市场上建立债权债务关系，没有另外的债权债务主体介入其中，证券融资是这种直接金融的典型形式；有些则是间接金融，即资金供求双方不直接发生债权债务关系，而是由金融机构以债务人和债权人身份介入其中，银行信贷是这种间接金融的典型形式。

1.直接金融的优点。直接金融的优点主要表现在如下几个方面：

（1）资金供求双方直接接触，在融资时间、期限、利率、数量、资金用途等方面有较多的选择自由；而间接金融中的限制条件相对较多，使筹资者缺乏主动性和灵活性。

（2）通过直接金融筹集的资金，使用期限较长。

（3）直接金融主要通过证券市场进行，资金供求双方都直接受制于市场机制的作用，都按市场确定的价格进行资金交易，由市场机制将资金盈余者的资金引向效益好、实力强、出价最高的资金需求者。

（4）直接金融通过资本市场的资产重组机制可以使筹资者的资本和生产经营规模迅速扩大，进而使其产品经营转变为资本经营，进入快速发展阶段。

2.间接金融的优点。间接金融的优点主要表现为：

（1）由金融机构凭借自身的专业化优势和信息优势，建立资金供求双方的联系，使供求双方在不直接获取对方信息的情况下，分别满足各自的不同需求，这样就克服了直接金融中要求双方必须获得对方有关融资期限、数量、利率、信用状况等方面的全部信息，并为之付出大量信息成本的缺陷。

（2）间接金融中资金供求双方只同金融机构订立借贷合同，而金融机构是被普遍信任的守信机构，克服了直接金融中需要资金供求双方直接订立合同，并为合同的执行和监督以及合同双方权利的维护支付大量交易成本的缺陷。

（3）在间接金融中，通过金融机构以吸收存款等方式聚合众多投资者的剩余资金，再将集中起来的资金以贷款等方式有计划、有选择地安排运用，使每一个投资者都可以享受到大规模交易的利益。而在直接金融中的个别投资者，由于其投资数量的局限,很难享受到大规模交易的利益。

(4)间接金融中资金供应者的资金首先由银行等金融机构吸收,并保证返还本息,金融机构通过科学合理的负债和资产安排,让资金安全有效地运营,因此,资金的风险得到缓冲。

五、金融商品价格

作为市场经济条件下金融活动过程的载体,金融商品的交易同样是受市场供求法则和价格机制支配的。

一般地,金融商品的价格主要是指利率、汇率和有价证券价格。

(一)利率及其确定

利率的一般形式就是利息额与借贷本金的比率,对贷出者来说,利率反映了借贷资本的增值程度或收益水平,对借入者来说,利率反映了借入资本的代价或对资本的使用所支付的购买价格。

利率理论主要研究的是利率受哪些因素决定以及怎样决定的问题。

1.利率的储蓄和投资决定论。西方经济学传统的利率理论认为,利率是由经济中的实际因素——储蓄和投资决定的。储蓄构成资本的供给,投资构成资本的需求,储蓄与投资的共同作用决定了利率。

如果说将来消费或者说储蓄是决定资本供给的因素①,利率是对这种等待或储蓄的报酬,那么,利率越高,储蓄的倾向就越高,因此,储蓄是利率的增函数;如果说资本的边际生产力是决定资本需求的因素②,利率又是对资本生产力的报酬,那么,在资本的边际生产力一定的情况下,利率越高,投资者的成本就越高,投资需求就越小,因此,投资是利率的减函数。

2.利率的货币供求决定论。这种理论认为,利率不是在产品市场上由储蓄和投资决定的,而是在货币市场上由货币的供给和需求决定的,当货币需求大于货币供给时,利率上升,反之,利率下降,利率决定于货币市场供求的均衡水平③。

实际上,凡是能够使储蓄、投资、消费、收入、货币供求等发生变动的因素,都在影响着利率的变动。这些因素主要有:经济周期、产业结构、资本边际生产

① 根据西尼尔的利息定义——牺牲眼前消费,等待将来消费而得的报酬,决定资本供给的实际因素是对将来消费的等待。

② 根据萨伊的利息定义——对资本生产力的报酬,决定资本需求的实际因素是资本的边际生产力。

③ 关于货币供给和货币需求各自的变动,凯恩斯认为,货币供给是由货币当局决定的外生性变量,货币需求则取决于人们对货币的“流动性偏好”,人们据此将凯恩斯的货币需求理论和利率理论称为流动性偏好理论。

效率、市场结构、通货膨胀、预期、货币政策、财政政策、金融机构经营和发展状况、金融创新和管制、国际贸易和国际资本流动等。

（二）汇率及其确定

国际货币基金组织给出的外汇定义是："外汇是货币行政当局（中央银行、货币机构、外汇平准基金组织及财政部）以银行存款、财政部库券、长短期政府债券形式所持有的在国际收支逆差时可以使用的债权。其中包括因中央银行间及政府间协议而发行的在市场上不流通的债券，而不论其是以债务国货币还是以债权国货币表示。"汇率就是一种货币与另一种货币之间的折算比率①。

汇率理论主要研究汇率的决定问题。

1.决定汇率的购买力平价理论。每一种货币在本国都有购买商品和支付劳务的能力，将不同货币的购买力进行比较，就能确定两国货币的汇率。由于货币的购买力是通过商品价格水平反映出来的，因此，可以用两国物价水平的比较来决定汇率水平，用两国物价水平变化状况的比较来确认汇率的变动。

该理论的前提是在不存在运输成本和其他贸易障碍的一种完全竞争的市场结构中，不同市场上出售的同一商品的价格，通过汇率换算为以同种货币表示时，应完全相等。但由于购买力平价理论是以国际贸易商品能够完全套购为假设条件的，因而与现实存在较大的差距。

2.决定汇率的利率平价理论。这是一种将汇率与利率联系起来，以两国金融市场利率的差异来说明远期汇率决定的理论。

若以 i_A 代表 A 国的利率，i_B 代表 B 国的利率，F 代表远期汇率，E 代表即期汇率，那么，利息平价理论的含义用公式表示为：

$$i_A-i_B=\frac{F-E}{E} \qquad (6-1)$$

3.决定汇率的国际收支论。这种理论把汇率看成是两国产品的相对价格②，认为国际收支中的经常项目是决定外汇供求和汇率变动的主要因素。一国对进口产品的支出数量决定对外汇的需求，外国对本国出口产品的支出决定外汇的供给。

国际收支与汇率的相互影响是通过两条渠道实现的：一是收入效应，即国际收支差额变动由收入变化所引起，国际收支差额变动，汇率随之变动。当一国收入增加时，消费总水平上升，进口消费也随之增加，人们的对外需求上升，

① 汇率又称为汇价、外汇牌价或外汇行市。

② 这是一种以凯恩斯的收入支出理论为基础，以国际收支差额变化和由其引起的外汇供求变化解释汇率变动的理论。

从而导致该国货币对外币贬值。二是相对价格效应，是指汇率变动价格和成本，特别是影响进出口商品的相对价格，进出口商品相对价格的变化直接影响到进出口贸易差额的变化，从而改变国际收支状况。

实际上，即使是在正常情况下，从汇率变动到国际收支状况发生改变，也有一个时滞问题，因为在现实中，经常项目的实际改善需要商品和劳务的真实流动，这种流动受各种客观因素影响，相对于汇率变动必然存在一个滞后期。

4.决定汇率的货币供求论。这是一种把汇率看成货币现象，强调货币市场供求决定汇率的汇率理论，即汇率不是两国产品的相对价格，而是两国货币的相对价格。当一国货币市场供求失衡后，国内商品市场和资本市场会受到冲击，在开放条件下，由于国内外市场是相互连通的，因此会出现国际商品套购和资本套利。在套购和套利过程中，汇率随之发生变化，达到使货币市场重新回到均衡状态的要求。

5.决定汇率的资产组合论。这是一种将汇率看成资产的价格，强调资产存量市场变动决定汇率的汇率理论。人们可以将一定的财富投资于各种不同的资产，其中包括本国和外国的货币和债券，当人们通过选择国内和国外的不同资产来调整其财富配置时，就会引起对本国货币和外汇的需求和供给发生变化，并由此导致汇率的变动。

（三）有价证券价格

有价证券通常又称为资本证券，可分为债券与股票两类，具体包括国家债券、地方债券、公司债券、普通股票、优先购买权证书、证券投资受益证券等。

任何资产的内在价值（其表现形式即为资产价格）取决于持有资产可能带来的未来现金流收入。由于未来的现金流收入是投资者预测的，是一种将来的价值，因此，需要利用贴现率将未来的现金流或将来的价值调整为现在的价值或称现值。由于借贷市场利率是收入的一般形式，因此，贴现率可用市场利率代表资产的价值，即：

$$V=\frac{C_1}{1+r}+\frac{C_2}{(1+r)^2}+\frac{C_3}{(1+r)^3}+\cdots=\sum_{t=1}^{\infty}\frac{C_t}{(1+r)^t} \qquad (6\text{–}2)$$

式中：V 为资产的内在价值；C_t 为第 t 期的现金流收入；r 代表市场利率或贴现率。

就债券和股票这两种金融资产而言，由于存在期限以及收益和本金偿付方式的差别，在运用式（6–2）确定价格时，要根据证券偿还期限、收益和本金的偿付办法的不同而有所区别。

1.贴现债券。又称贴息债券或零息票债券，它是一种以低于债券面额的贴现方式发行，不支付利息，到期按面额偿还的债券。债券发行价格与面额之间的差额就是投资的债券利息收入，面额为投资者未来的现金流收入。

2.一次性偿还的付息债券。这种债券按面额计算利息，债券到期后偿还全部本金和利息。

3.分期付款的定息债券。这种债券按面额计算利息，定期按约定支付利息或按所附息票支付利息，到期按面额收回本金，投资者未来的现金流包括分期得到的利息和期满后收回的本金。

4.无到期日的定息债券（又称永续债券）。这种债券只是定期按固定利率支付利息，本金永不偿还。投资者购买这种债券，可永久性地获得固定收入。

5.股票。股票是一种只支付股息，不返还本金的有价证券。假定股票能够定期为股东支付固定股息，如有固定收益的优先股，可以将其视为无到期日的定息债券或永续债券。但是，对于普通股票来说，由于红利的支付取决于股份公司的经营状况，是不确定的，因此，投资者未来的现金流入是不固定的。如果再考虑红利的支付日期也有可能不守常规等因素，则普通股票价格的计算就要比永续债券复杂得多。

第二节　国际金融服务贸易的发展特征与多边协议

一、国际金融服务贸易的特征

（一）发达国家在国际金融服务贸易中占主导地位

国际金融服务贸易一直是以发达国家为中心而发展的，因为与发展中国家相比，发达国家的金融服务业占有绝对优势的地位，发达国家在技术、信息等方面具有优势，而且发达国家积极推行金融服务输出政策。

（二）国际金融服务日趋技术和知识密集化

金融服务贸易借助科学技术而日益国际化、全球化，没有先进的科学技术，当今国际金融服务贸易是难以想象的，而其进一步发展则更需要科学技术、知识的支撑。

（三）金融服务贸易的国际化

1.金融服务贸易国际化的含义。金融服务贸易的国际化是指金融服务涉及的主体、客体等日益国际化发展的趋势。它立足于一个个的主权国家或地区，并受到所在国政府的较多干预。

第二次世界大战后，尤其是20世纪80年代以后，国际金融服务贸易以惊人的速度剧增，出现了空前的国际化浪潮和趋势。金融服务贸易的国际化，突出表现在金融服务业跨国直接投资的增长和国际金融服务贸易的剧增。由于金融服务涉及一国经济生活的各个方面，各国都不同程度地对国际金融服务贸易特别是外国金融服务的输入进行限制，因此金融服务的国际化主要通过跨国直接投资来实现。

2.金融服务贸易国际化的原因。金融服务贸易国际化之所以能如此高速发展，主要是基于以下几方面的原因：

(1)世界经济的发展。由于社会生产力的进步，世界经济飞速发展，国际货物贸易、国际投资等迅速发展，经济全球化趋势渐趋形成，而所有这些都迫切需要保险、资金融通等金融服务，需要金融服务跨越国界，国际金融服务贸易也就得以迅速发展起来。

(2)科学技术的进步。国际金融服务贸易所要求的技术条件高，科学技术的进步极大地提高了交通、通信和信息处理能力，降低了国际金融服务贸易的运营成本，为金融创新创造了条件。新型金融工具和新金融业务不断涌现，为金融服务提供了新的服务手段，使跨国金融服务贸易更方便。

(3)跨国公司迅速发展。20世纪后半期以来，跨国公司如跨国银行、跨国保险公司纷纷在他国设立分支公司。跨国公司的对外直接投资集资本、技术、管理于一身，不仅促进了货物贸易的发展，也推动了国际金融服务贸易的发展。

(4)各国政府对国际金融服务贸易的支持。发达国家拥有金融服务业的优势，它们积极推行向外输出金融服务的政策，因为输出金融服务，一方面可以获取(与货物贸易相比)更多的利润，另一方面也可支持其企业向国外发展，增强其竞争力，以获取垄断利润；而发展中国家虽在金融服务业方面处于劣势地位，但为了满足现代化和国际化等方面的需要，也纷纷实行开放政策。这样国际金融服务贸易就得以迅速发展。

(四)国际金融服务贸易的自由化

1.国际金融服务贸易自由化的含义。国际金融服务贸易的自由化，是指一国政府在对外金融服务贸易中，通过立法和国际协议，来消除或减少对金融服务和与金融服务有关的人员、资本、信息等在国家间流动的行政干预，放松对外贸易管制的过程。就单个国家而言，它是指一国金融服务市场的对外开放。它意味着国内消费者可自由地使用外国金融机构提供的金融服务，国内金融机构可自由地为国外消费者提供金融服务。因此，必须允许与这种跨境交易和商业存在相联系的资本流动,否则,就构成金融服务贸易壁垒,就不能实现金融服务贸易自由化。国际金融服务贸易自由化的过程也就是逐步取消国际金融服务贸易壁垒的过程。

2.国际金融服务贸易自由化的原因。从整个国际贸易发展的历史和趋势来看,贸易自由化是主流,并且是各国所追求的最终目标。这是因为:

(1)国际金融服务贸易自由化是世界经济发展的必然结果。第二次世界大战后,以电子技术为中心的科技革命,大大推动了生产力的发展,使国际经济联系在广度和深度上都得到空前发展,国际分工大大深化。这时的资本主义经济关系进入了全面国际化的发展阶段,实现了世界范围的生产社会化和国际化,全球经济越来越成为一个整体。这就要求实现世界市场整体资源的优化配置,而要满足这些要求,就必须实行各生产和服务要素在全球范围内的充分自由流动。为生产和消费提供重要服务的金融服务业,应随着全球经济的国际化而国际化,并实现其国际移动的自由化。

(2)各国经济相互依赖的增强,要求实现贸易自由化。科学技术特别是信息技术的发展,资本、商品和人口的国际流动的加速,使世界各国经济的相互渗透、依存、融合日益加深,任何一个国家都难以孤立于世界经济和国际市场之外。现代信息传输和处理技术的发展,使世界各国在金融方面的联系更加紧密和方便。当今国际金融服务贸易自由化之所以能如此迅速地发展,还在于发达国家特别是美国以及国际多边贸易组织的倡导和积极推动。

(五)国际金融服务贸易保护主义盛行

金融是现代国民经济的核心,全面而深刻地影响着国家的经济生活,它关系到国家经济乃至国家的安全。所以,无论是发展中国家还是发达国家,都以种种理由和方法对金融服务贸易实行不同程度的保护,集中体现为各国所设置的种种金融服务贸易壁垒,这无疑阻碍着金融服务贸易的国际化。

1.国际金融服务贸易壁垒的含义。国际金融服务贸易壁垒是一国政府制定和实施的阻碍国际金融服务贸易进行的政策和法律。由于金融服务贸易在跨国界移动时是以人员、资本、服务产品、信息等的流动表现出来的,一般不进行海关登记,故利用关税和配额等边境措施保护本国的金融服务业不受外来冲击难以奏效。所以,国际金融服务贸易壁垒主要表现为非关税壁垒。国际金融服务贸易壁垒与金融服务贸易国际化相反,它阻碍而不是促进国际金融服务贸易自由化,从而构成国际金融服务贸易法律多边化的制约因素。

2.国际金融服务贸易壁垒的表现。这可分两个方面。

(1)限制"主体"的壁垒。这大多是针对人员的过境移动以及一国人员到另一国境内从事金融服务经营的资格与具体活动能力、条件等。主要表现为：增加主体的财务负担，如对进口金融服务的提供者征收歧视性捐税；对外国金融服务者在本国经营金融业的权利和资格加以限制；东道国为维持本国对金融业的控制，原则上允许外国经营者在本国开业，但要求它们必须参股并通常要求自己拥有多数控股权；对外国金融服务经营者设置信息障碍。

（2）限制"贸易"的壁垒。主要表现为：对外国金融服务者的活动权限进行限制，如对外国公司的经营范围、经营方式、经营数量、经营质量的技术标准乃至经营决策进行干预，对外国公司在本地选派代理、雇佣专业人员、扩大贸易机会等方面做出苛刻的规定；对外国金融服务者提供的服务或购买的服务征收歧视性税收；政府对本国金融服务业予以扶持和帮助，如国家通过直接拨款或税收优惠等措施，对本国金融服务业进行补贴，这实际上增加了外国金融服务业进入本国参与同行业竞争的难度；外汇管制，它是一些发展中国家为了控制本国消费者对外国金融服务产品的消费能力，进而限制外国金融服务业在本国的业务量与获利能力而采取的，控制外汇在本国的持有、流通与兑换，以及对外汇的出入境实行管制的措施。金融服务贸易壁垒为维护本国的利益发挥了重要作用，但也不可避免地分割了国际金融服务贸易市场，成为国际金融服务贸易自由化的主要障碍。

3.国际金融服务贸易壁垒的成因。国际金融服务贸易领域之所以存在如此多的贸易壁垒，主要有以下四方面原因。

（1）保护国内幼稚的金融服务业。金融服务业是现代国民经济的支柱，各国都对它非常重视，特别是发展中国家，其金融服务业的竞争力远比发达国家弱，虽迫于无奈不得不实行开放政策，但又唯恐开放金融服务市场会危及国内民族金融服务业，故采取较多保护措施。

（2）维持国际收支平衡。国际收支平衡是一国政府实施宏观调控的目标之一。因此，一国往往会基于该项考虑，对外国金融服务的输入及其引起的相应的外汇支出进行限制，对金融服务的境内外流动以及外国金融机构在本国的活动进行管制。发达国家特别是国际储备货币国，开放金融服务贸易对其国际收支平衡的负面影响不大，而发展中国家在国际金融服务贸易中处于明显的劣势，开放金融服务贸易对其国际收支平衡的负面影响很大，而取消这些贸易壁垒，短期内可能导致进口大量增加，恶化国际收支平衡。

（3）保护国内金融服务消费者的利益。消费者相对于商品和服务的生产供应者来说，处于弱势地位，维护消费者的利益已成为国际社会的共识。金融服务的消费者牵涉面广且金融风险大，故许多国家采取严格的措施以维护金融服务消费者的利益，如要求外国在本国设立的保险公司在设立时须提存一定的准备金。

(4)维护国内劳动力的就业水平。增加本国国民的就业机会,充分保护国内劳动力市场对于维护一国经济和政局的稳定具有直接的影响。大量引进外国劳动将影响到国内劳动力的就业,各国特别是发达国家常以此采取限制国际金融服务贸易的措施,如只允许高级金融服务人才的暂时入境。

二、国际金融服务贸易的多边协议与规则

国际金融服务贸易法律的多边化是金融服务贸易国际化和自由化发展的必然要求。而金融服务贸易的国际化必然要求实现国际金融服务贸易的自由化,国际金融服务贸易自由化要求在全世界各个国家之间普遍实现自由的金融服务贸易。只通过各国的国内法是无法实现这一目标的,而必须通过国际法特别是国际多边法律来加以规定。

(一)GATS 中与金融相关的重要原则

1.国民待遇原则。最惠国待遇原则、市场准入原则和国民待遇原则是世界贸易组织(WTO)《服务贸易总协定》(GATS)确定的重要原则。最惠国待遇原则和市场准入原则的结合解决了金融服务贸易中成员方之间市场准入门槛的平等问题,而国民待遇原则主要解决的则是一个成员国的金融服务和金融服务提供者进入另一个成员国后与该成员国的金融服务和金融服务提供者享有同等待遇的问题。

GATS 第 17 条第 1 款规定了国民待遇的定义:“每一成员方应在其承担义务计划表所列部门中,和依照表中所述的各种条件和资格,给予其他成员方的服务和服务提供者的待遇,就影响服务贸易提供的所有规定来说,不应低于给予其本国相同的服务和服务提供者。”这一定义鲜明地勾画了 GATS 下的国民待遇原则与《关税与贸易总协定》(GATT)下的国民待遇原则的不同之处,表明 GATS 下的国民待遇原则只是成员的具体承诺义务,而不同于 GATT 将国民待遇原则作为普遍义务要求成员无条件遵守。

2.市场准入原则。要理解 GATS 下的市场准入原则,就必须结合成员对其他成员就服务贸易在市场准入方面做出的具体承诺。GATS 第 16 条第 1 款规定:在有关通过本协定第 1 款所认定的服务方式的市场准入方面,每一成员方给予其他成员方的服务和服务提供者的待遇,应不低于根据其承担义务计划中所同意和规定的期限、限制和条件。因此,市场准入原则的核心是要求各成员方完全履行其市场准入方面做出的具体承诺。

就金融业市场准入而言,商业存在是双边或多边谈判中讨价还价的重点。

但是，一旦就商业存在这种服务方式在市场准入方面做出具体承诺，则成员方应当无条件履行义务。我国政府对于银行服务的市场准入方面，分地域限制、客户范围和营业许可三个方面做出了具体承诺，这些承诺构成了我国政府在银行服务市场准入方面的法律义务。我国有关立法和行政机关应当通过立法手段将上述承诺转化为法律条款，自觉履行承诺项下的义务。

在市场准入方面，与货物贸易相比，服务贸易可以采取更多的手段或措施限制其他成员方进入一成员方提供服务。鉴于这种情况，GATS 特别规定：除非一成员方在减让表中明确记载，否则一成员方不得在市场准入方面采取下列六种限制市场准入的措施。具体是：①对服务提供者的数量限制，如规定每年发放给外资银行许可证的数量；②服务贸易总额或者资产总额的限制，如规定外资银行每年新增存款余额占所有银行新增存款余额的比例；③对服务贸易的次数或供给总量的限制，如限制外资银行办理国际结算业务的笔数；④服务提供者雇佣自然人的限制，如规定外资银行雇佣外国员工的人数或者比例；⑤法人形态的限制，如要求外资银行只能以合资企业形式存在；⑥投资总额的限制，如规定外国资本对一银行所拥有的最高股权比例或者明确单一外国资本或累计的外国资本对所有在中国境内注册的银行的股权投资总额限制。

3.审慎措施。“审慎措施”是 GATS 金融服务附录中规定的一个例外条款，根据该条款，WTO 成员有权采取审慎措施以保护其投资者、存款人、保单持有人、信托受益人，或者保护金融体系的完整和稳定性。上述例外类似于 GATS 和 GATT 中规定的一般例外情况，各成员都可以采用，但不得将该例外用做规避协定义务的措施，因此，附录要求 WTO 成员承认其他成员提出的审慎措施，但是必须给予其他成员证实该审慎措施是公平有效的机会。

审慎监管是国际金融监管的大势所趋，代表了未来国际金融监管的发展方向。但是，对于什么是审慎监管措施或者说衡量审慎监管措施的标准是什么，目前国际金融界并没有给出明确的答案。GATS 承诺各成员采取审慎措施并不构成违反各成员的 WTO 法律义务，但也没有给出审慎措施的清单。尽管如此，这也并不表明我国的金融监管当局能够任意界定审慎监管措施，更不能以采取审慎监管措施为名行不履行 WTO 义务之实，而应当从审慎监管措施的根本目的出发，根据国际金融监管中通行的做法，制定适合我国金融监管实际的审慎措施。近年来，随着金融创新和金融全球化的迅速发展，在国际金融组织，特别是巴塞尔银行监管委员会的带动下，各国金融监管当局加强对审慎监管措施的研究和交流，在许多方面逐步达成了共识。一般而言，审慎监管措施一般包括：资本充足率要求、流动性要求、对风险集中度的要求、对关系人授信的限制、对金融集团关联交易的控制、对金融机构早期风险的处置措施（或早期风险预警)等。

(二)《关于金融服务承诺的谅解》

《关于金融服务承诺的谅解》(简称《谅解》)不属于 GATS 框架协定,它只有成员在具体承诺表中明确说明适用它时,才对该成员有约束力。它主要就“维持现状”“市场准入”“国民待遇”方面的问题做了规定,并对“非居民金融服务提供者”、金融服务的“商业存在”、“新金融服务”做了定义。

(三)《全球金融服务协议》

1997 年 12 月 13 日的《全球金融服务协议》是成员方根据 1995 年 7 月服务贸易理事会通过的《关于金融服务的第二决定》进行谈判而达成的协议,由 GATS 第五议定书及其所附减让表组成,第五议定书本身仅规定了生效时间等程序性的事项,WTO 成员在各自的减让表和豁免清单中,就银行、保险、证券以及有关的辅助服务承诺了不同程度的市场开放水平,这构成协议的主要内容:各方同意对外开放银行、保险、证券和金融信息市场,允许外国在国内建立金融服务公司并按竞争原则进行,外国公司享有跟国内公司同等进入市场的权利;取消跨界服务的限制,允许外国资本在投资项目中的比例超过 50%。

第三节　保险服务贸易

保险服务贸易作为国际服务贸易的一个主要内容,为国与国之间提供安全保障服务,它特有的经济保障和经济补偿功能使其在世界经济发展中的地位和作用日显突出。保险服务贸易是乌拉圭回合谈判中有关金融服务的重要内容之一。1997 年 12 月 12 日,所达成的《金融服务协议》,涉及 70 多个国家和地区金融保险市场的开放,其所涉及的保险市场规模达 2. 2 兆亿美元,占世界总保费收入的 90%。在随后的 GATS 的谈判中,少数发达国家倡导服务自由化,它们一方面开放本国市场,另一方面要求其他国家开放其自身市场,争取在他国的国民待遇和开业权。因而,国际保险服务贸易已成为当今国际服务贸易的一个热点,同时也成为各国在贸易谈判中最具有争议性的问题。

一、保险与保险服务贸易的基本概念

(一)保险的含义与特征

1.保险的含义。从经济学角度来看,保险是一种经济补偿制度,是分摊灾害事故造成损失的一种经济方法。保险集合了大量同质的风险，运用概率论和大数法则，正确估算损失概率和损失金额，并据此确定保险费率，通过向投保人收取保险费，建立保险基金，用以补偿被保险人不幸遭受的财产损失。从法律角度看，它是一种合同行为。保险的经济关系是通过保险双方订立保险合同来确立的。根据合同双方的约定，一方承担交付保险费的义务；另一方在保险事故发生或保险事件出现时履行保险赔偿或给付的义务。因此，保险的实质是一种社会经济关系。

保险是对约定的灾害事故和约定的事件进行经济补偿或给付。保险人具体承担的保险责任是根据保险合同中的约定，合同中列明的保险人责任，以及双方特别约定的附加或特定承保责任来确定的。对合同中没有约定的其他危险事故导致的损失，保险人不负赔偿或给付责任。

保险是以公平合理的保险费为基础建立保险基金的。保险人向投保人收取的保险费不是凭主观随意收取的，而是根据损失概率和损失程度确定的保险费率计收的。

2.保险的特征。保险作为一种应对风险的经济补偿制度，其主要特性体现在：

（1）保险和救济都是对灾害事故造成的损失给予补偿的经济制度，都能减轻人们遭受灾害事故损失的负担。但两者的实施方式和资金来源有明显不同。保险是双方的法律行为，保险的赔偿和给付范围、金额和对象都受保险合同的约束，并受到法律的保护。救济是单方面的法律行为，是救济者对受灾者的无偿赠予，没有法律义务，救济形式、数量和对象不受任何限制。保险对灾害事故损失进行补偿的资金来自参加保险的单位和个人，是投保人交付保险费所组织起来的保险基金，保险是被保险人之间的互助行为。救济所用的资金来自政府财政预算拨款和社会团体及公民个人的捐助，不需受益者支付代价。

（2）保险与赌博从表面上看，同样取决于偶然事件的发生与否。从单个被保险人的角度看，确实存在一定的偶然性，然而，从保险的整体来看，保险费与保险金是一致的。保险与赌博在事实上有本质区别：保险是以被保险人对保险标的具有保险利益为条件的，要求保险标的受损必须与被保险人的经济利益有直接关系，赌博则是个人意愿，没有保险利益条件；保险的数理基础是概率论和大数法则，保险费是运用科学的方法，根据预计的总损失合理计算出来的，赌博则完全依靠碰运气；保险的目的在于通过被保险人的互助共济，消除灾害事故的不利后果，不能从保险中额外获利，赌博的目的则在于侥幸获利；保险的结果是可以转移和减少风险，赌博则会制造和增加风险。

（3）保险和储蓄在某些作用上是相似的，尤其是人寿保险中的生存保险和养老保险,带有长期储蓄的性质。储蓄也可以用来补救自然灾害和意外事故所带来的经济负担,但是,它与保险的构成方法和作用不完全相同。储蓄是自助行为,储蓄金可以由储蓄者随意支取,并且储蓄者可使用的金额与本人储蓄总额相等。保险是互助合作行为,保险金的获得要符合保险合同规定的条件,被保险人不能随意支取,不论被保险人交付多少保险费,只要具备了保险的一定条件,就可得到约定的保险金,保险金可以与保险费不相等。另外,储蓄的用途很广,保险金的用途仅限于保险范围内的损失补偿和保险事件出现时的保险金给付。

(二)保险服务贸易的基本概念与形式

1.保险服务贸易的基本概念。国际保险服务贸易是一国保险人向另一国投保人或被保险人提供保险服务,并获得外汇的交易过程。

《关于金融服务的附件》第5条,对于WTO协定中的"保险及其相关服务"做出了如下定义,包括:①直接保险(包括共同保险),分为寿险和非寿险;②再保险和转分保;③保险中介,如经纪和代理;④保险附属服务,如咨询、精算、风险评估和理赔服务。

因此,WTO协定中的保险服务几乎涵盖了所有商业保险及其相关服务,所涉范围非常广泛。

2.保险服务贸易的形式。保险服务贸易的形式是多样的,主要有:

(1)跨境交付,指一国保险人向另一国投保人或被保险人提供保险服务,但不涉及保险双方的人员流动。如出口商品以CIF成交,其中保险是由出口国的保险人向进口国的被保险人提供的。

随着电子和网络技术的发展,在保险领域,这一形式的服务贸易具有很大的潜力。如中国人民保险公司已经在网上开发了E-PICC电子商务平台,国外的客户只需通过网络即可完成所有保险手续的办理,享受人保的保险服务。

(2)境外消费,指一国投保人或被保险人到另一国接受外国保险人提供的保险服务。在这一方式的服务贸易中,服务的消费者需要到达提供者所在的国家。比如一美国的旅行者在德国的机场购买德国安联保险公司(ALLIANZ)的航空意外险保单,就是一个典型的"境外消费"的例子。再如,外国人到中国旅游,外国企业到中国投资建厂,由中国保险公司提供保险服务。

(3)商业存在,指一国保险公司到另一国开业,提供保险服务。如美国友邦保险公司(AIA)获准在中国开设分公司,提供保险服务。

(4)自然人流动,指一国的保险人员到另一国提供保险服务。如中国的保险公司人员被允许到国外的国际商品交易会上去推销保险单,向外国被保险人提供保险服务。这种方式一方面与“商业存在”方式密切相关,因为有相当多的外资保险公司的高级管理人员需要进入一国领土提供服务;另一方面,在保险经纪服务或者保险附属服务,如咨询、风险评估等服务中也大量存在着“自然人流动”。

在四种服务提供方式中,“商业存在”是相当重要的一种方式,它对于实现服务贸易自由化具有决定性的意义。因为相关的服务贸易壁垒,如国内法规的限制措施等对于“商业存在”的影响是最直接的,一外国的服务提供者能否进入国内市场,如何进入国内市场等都与一国的国内措施息息相关。因此,各成员方有关开放国内市场的谈判焦点也都集中在这一方式的服务贸易上。只有在“商业存在”领域实现了自由化,才有可能实现真正的服务贸易自由化。

WTO 协定中的“保险服务贸易”的范围相当广泛。只要是采取了上述四种服务提供方式中任何一种形式的直接保险、再保险、转分保、保险中介和保险附属服务,就都隶属于《WTO 协定》的管辖。世界贸易组织在保险领域的目标就是要实现上述范围内的保险服务的完全自由化。

二、国际保险服务的业务结构

国际保险市场上的业务组成大体可分为财产保险、责任保险、保证保险和人身保险四个部分。

(一)财产保险

财产保险是以财产为保险标的的保险,包括火灾保险、海上保险、汽车保险、航空保险、陆上运输保险、工程保险、盗窃保险和农业保险等。其中业务量最大的属火灾保险和汽车保险。国际保险市场上对火灾保险中的火灾概念有严格的界定。根据近因学说,凡因火引起的其他危险也可视为火灾,如雷击、闪电、爆炸等。火灾保险单用批注的办法,通常对以下风险可以加保,如冰雹、飓风、地震、罢工、暴动、破坏、烟熏等。一般各国对汽车保险都有一些强制的规定,汽车保险在世界各国发展迅速,尤其是在经济发达国家,汽车已成为生活必需品,汽车保险成为汽车拥有者必不可少的一种保险。

(二)人身保险

人身保险主要包括人寿保险、健康保险和伤害保险三类。人寿保险是以人的生命为保险标的,以人的生存或死亡作为保险责任范围的。健康保险是指被保险人因疾病不能从事工作,以及因病伤残时,由保险人负责给付保险金。伤害保险指被保险人因遭受意外事件,身体受到伤害而不能从事日常工作或因伤残致死亡时，由保险人负责给付保险金。

（三）责任保险

责任保险是以被保险人的民事损害赔偿责任为保险标的的保险。根据法律规定，被保险人应对受害人承担经济赔偿的责任，在参加责任保险后，由保险人承担。责任保险的保险标的是法律上的责任风险。在国际保险市场上，责任保险大体上可分为企业责任保险、职业责任保险和个人责任保险三种。企业责任保险指保险人承保被保险人因从事各种商业活动发生损害引起的赔偿责任。职业责任保险指保险人承保被保险人在提供职业服务时，由于疏忽不当，引起的在法律上应负的损害赔偿责任。个人责任保险承保被保险人因个人行为而导致的损害赔偿责任，其中承保范围包括受损者的财产损失和人身伤亡。

（四）保证保险

保证保险是由保险人为被保险人向权利人提供担保的一种保险，它实际上是一种担保业务。保证保险根据投保对象不同，分为保证保险和信用保险两种。保证保险是被保险人借用保险人的信用，向权利人提供担保；信用保险则指权利人直接向保险人办理保险，要求保险人担保被保证人的信用。

三、加入世界贸易组织后中国保险服务贸易的发展

（一）中国在保险服务业的承诺

中国在承诺减让表中对保险服务的具体承诺，实际上是中国所做承诺的主体部分。该表列于《中华人民共和国加入议定书》的附录中，通过该议定书第二部分第1条的规定，使之成为《WTO协定》项下服务贸易具体承诺减让表的一部分。每一成员方的减让表都可以分为两个部分：水平承诺和部门承诺。前者适用于列入减让表的所有服务部门，后者仅适用于具体的服务部门。中国在保险服务领域的减让表也可分为如下两个部分：

1.减让表中的水平承诺是约束列入减让表的所有服务部门的。由于中国在保险服务贸易领域做出了承诺，因此，水平承诺要当然适用于保险服务部门。在具体承诺减让表中，中国主要针对通过“商业存在”和“自然人流动”这两种方式提供的服务做出了水平承诺。

2.减让表中关于保险服务的具体承诺。中国在服务贸易减让表中，针对保险领域，做出了广泛的具体承诺。这些承诺涵盖了所有四种类型的保险服务的提供方式：

首先,在其他成员方最为关注的“商业存在”方面,通过对“企业形式”“地域范围”“业务范围”“许可”的具体承诺,大幅度地放宽了“市场准入的限制条件”,开放中国国内市场。同时,在“国民待遇”方面,也仅仅只是对“法定保险”和“再保险”做出了某种程度上的限制,其余情况一律赋予外资保险服务和服务提供者国民待遇。

其次,对于通过“境外消费”方式提供的保险服务,我国除了在“保险经纪”方面不做承诺以外,其他情况也都是“没有限制”,也即我国的消费者可以自由地在国外购买和享受外资保险服务。

再次,对于通过“跨境交付”方式提供的保险服务,如前文在分析这一服务提供方式时所述,大多数的发展中国家对这一方式提供的保险服务持谨慎态度,我国也同样对此方式做出了限制。除了对(a)再保险;(b)国际海运、空运和运输保险;及(c)大型商业经纪、国际海运、空运和运输保险经纪、再保险经纪做出承诺以外,其余情况“不做承诺”。

最后,我国对于通过“自然人流动”方式提供的保险服务,也同样持相当谨慎的态度,除了在水平承诺中对于三类人的入境做出了承诺以外,其他则“不做承诺”,即可以按照我国制定的与定居、入境相关的法律、法规和其他措施自行管理。

(二)中国保险服务业的发展状况

作为全球第二大保险市场,我国保险业在对外开放程度持续加深的背景下,积极融入全球市场,以开放促改革、促发展、促创新,不断丰富对外开放内涵,极大程度提升对外开放水平,引进先进的管理理念和技术,更加积极主动地融入全球市场。2020 年,中国保险服务贸易进出口总额为 176.2 亿美元,同比增长 13.9%,其中:出口额 53.8 亿美元,同比增长 12.5%;进口总额 122.4 亿美元,同比增长 14.6%;逆差 68.6 亿美元,同比扩大 9.6 亿美元。随着我国金融业对外开放不断深化、“一带一路”倡议不断推进,保险服务贸易规模稳步增加,新业务新业态不断涌现,呈现“多点开花”的良好格局。

我国保险机构借助“一带一路”东风,通过成立各类“联合体”“共保体”“共同体”,显著提升我国在特殊风险领域的谈判权、定价权和话语权,对提升我国保险业服务“一带一路”建设的技术能力和承保能力,积累特殊风险承保经验,提升服务实体经济能力具有重要意义。2020 年 7 月,中国“一带一路”再保险共同体正式成立,共同体共有成员 20 家,可以为延迟开工责任的工程险及货运险、政治暴力险以及恐怖主义险合计提供 35 亿元人民币的承保能力,具备在国际市场上担任首席报价人的能力。2018 年 5 月,新加坡“一带一路”保险联合体成立，成员单位包括中再新加坡分公司、三星再保险、AXA、MS Amlin 等。中再新加坡分公司积极对接各成员，截至 2020 年 12 月中旬，中再新加坡分公司承保中国海外利益业务共计 25 笔，涉及国家包括印尼、泰国、巴基斯坦、越南等，提供的风险保障约为 52 亿元人民币。2018 年 11 月，中英两国核共体签署战略合作框架协议，双方约定在承保、风控领域进行专业交流以及共同开发拓展第三国核保险业务。

近年来，我国保险业促进发展的政策措施有了新的突破。

首先，保险作为一种特殊的金融产品，不仅具有风险保障功能，同时拥有金融产品的共性，国际化程度也在不断加深。近年来，我国诸多创新型保险产品开辟出一条"走出去"的道路。与此同时，在经营实力不断增强的背景下，我国保险公司已不再局限于产品"走出去"，而是将产品与服务国际化以及投资国际化相结合，通过收购等方式进行资产配置，实现整体的"走出去"战略。

其次，近年来自贸区的保险业得到了极大的发展。保险业积极推动自贸区与我国港澳台地区的保险产品互认、资金互通、市场互联、人才互动。在政策上，鼓励离岸保险制度在自贸区落地实施，并鼓励保险机构开展外汇长期寿险、跨境人民币再保险、自贸区养老保险、影视文化保险、平行进口车保险、保税仓储物流责任保险等业务创新，推动了自贸区内保险资金跨境双向投融资试点，支持保险资金参与自贸区内各类国际交易市场。

最后值得关注的是，在我国各行业企业"走出去"的同时，保险业在其中起到了巨大的助力作用。以中国出口信用保险公司（以下简称"中国信保"）为例，数据显示，2019 年，中国信保支持企业开拓多元化市场，全年承保企业向新兴市场出口和投资 2 474 亿美元；服务共建"一带一路"，全年承保我国企业向"一带一路"沿线国家出口和投资 1 338 亿美元；对跨境电商、外贸综合服务平台等新业态承保金额达 83 亿美元；此外，中国信保全年支持民营企业出口2 995 亿美元，出口信用保险对小微出口企业覆盖面近 30%，真正意义上撑起了我国企业"走出去"背后的保护伞。

（三）进一步促进中国保险服务业发展的政策选择

就目前我国保险市场的现状而言，中国的保险市场是一个发展历史很短，但具有许多有利发展条件的市场；是一个发展速度很快，但与潜在的市场需求相比，市场的有效供给规模还非常小的市场；是一个有了一定的竞争，但垄断程度还很高，竞争处于低层次的市场；是一个有了基本的法律制度，但相关的配套制度还很不健全的市场。中国政府及民族保险业如何把外来压力变为动力，抓住机遇，迎接挑战，如何有效运用金融保险服务贸易条款，提高国内保险企业自身的竞争能力，根据 WTO 的有关规则制定相应的防范和竞争策略，以及相关的配套措施，在开放的区域、开放的数量、组织形式、调控机制、开放的险种、税收政策、费率的执行、保险的监管等具体问题上加以考虑研究，做到量力而行，循序渐进，是我国保险市场入世后的当务之急。具体而言，应从以下十个方面着手。

1.完善我国保险立法和监管体系。我国应完善我国的保险立法和监管体系，对包括外资保险在内的整个保险服务业实施有效的宏观管理。

在加入 WTO 以后，我国颁布或修订了一批有关保险服务的法律、法规和部门规章，中心任务就是要构建一个符合我国实际情况的保险监管体系。

(1)2002 年 2 月 1 日起，我国正式实施《中华人民共和国外资保险公司管理条例》，“加强和完善对外资保险公司的监督管理”是该条例的首要任务，它对于外资保险公司的设立和登记程序、业务范围、监督管理以及终止和清算等方面做出了详细的规定。该条例的实施，不仅提高了立法层次，同时也适应了加入 WTO 以后，设立外资保险公司地域限制逐步取消的实际情况，使保险监管部门能够对全国范围内的外资保险公司实施有效的管理。

(2)2003 年 1 月 1 日，修订后的《中华人民共和国保险法》正式实施。这次修订在许多方面体现了加强监管的目的：一是突出了对保险公司偿付能力的监管；二是增加了监管机构对保险公司在金融机构存款方面的查询权，强化监管机构的监管检查手段；三是增加了对保险违法行为处罚的措施，加大了惩治力度等。

(3)2003 年 3 月，中国保险监督委员会对实行了 2 年的《保险公司最低偿付能力及监管指标管理规定》进行了重大修订，重新制定并颁布了《保险公司偿付能力额度及监管指标管理规定》这一重要的部门规章。新的规章将保险监管的重心从过去对“市场行为”的监管转移到了对更加市场化和专业化的“偿付能力”的监管上，不仅有利于减少监管部门对保险公司的不必要的干预，给予各保险公司更大的经营自主权，而且也有利于保险公司进一步完善法人治理结构，促使我国保险业更好、更快的发展。

(4)2004 年 5 月 13 日颁布的《中华人民共和国外资保险公司管理条例实施细则》，明确了外资保险公司的定义，细化了外资进入保险业的规范，并体现了对外资保险公司的国民待遇。

(5)2006 年 6 月 15 日，国务院出台了《关于保险业改革发展的若干意见》。随后，中国保险监督管理委员会颁布了《保险公司董事和高级管理人员任职资格管理规定》《外国保险机构驻华代表机构管理办法》《保险公司设立境外保险类机构管理办法》《非保险机构投资境外保险类企业管理办法》。

(6)2007 年 7 月,保监会、人民银行和国家外汇管理局共同制定了《保险资金境外投资管理暂行办法》(以下简称《办法》),允许保险机构运用自有外汇或购汇进行境外投资,这标志着保险资产管理步入新的发展阶段。《办法》秉持"积极、审慎"原则,将鼓励保险资金"走出去"与加强风险管理有机结合起来。一是实施委托运作。支持保险公司通过委托管理,将保险资金交给专业资产管理机构运作,借助专业机构的能力,实现防范风险、增加收益的目标。二是注重管理能力。确定了委托人、受托人和托管人应当具备的条件。三是放宽投资比例的限制。允许保险公司运用总资产 15%的资金投资境外,并将境外投资范围从固定收益类拓宽到股票、股权等权益类产品。四是慎用衍生产品。允许保险机构用于套期保值,禁止用于投机或放大交易。

(7)2010 年 3 月 12 日,保监会发布《保险集团公司管理办法(试行)》,其目的是在当前国内外经济金融形势下,深入落实科学发展观,认真应对国际金融危机,全面提升风险防范能力,更好地促进保险业的健康发展。

(8)2021 年 3 月 10 日,《中华人民共和国外资保险公司管理条例实施细则(2021 修正)》开始实施。此次修改参照外国保险公司的准入标准设定了外国保险集团公司的准入条件;删除了《实施细则》中有关外资股比的限制性规定;完善了股东变更及准入要求、境内保险集团公司管理等制度。

尽管在入世以后,我国已经为完善保险立法和监管体系做了大量的工作,但是应当看到,由于历史的原因,我国保险立法和监管体系的基础还比较薄弱。因此,我国应当进一步完善我国的保险立法和监管体系,争取在尽可能短的时间内,建立一个符合我国国情的有效的保险法规和监管体系。保证在我国加入 WTO 以后,能够对包括外资保险在内的整个保险行业,实施有效监管,实现保险业的持续、健康和稳定发展。

银保监会等部门应该加强保险业的监管,全方位提高监管力度。监管内容涉及组织监管、经营监管、财务监管。在监管体系中应包括保险监管法规、保险监管机构、保险行业监管三大部分。不仅要对保险公司的发展进行监管,还要出台维护被保险人合法权益的具体措施,从而为保险业的健康发展奠定基础。应完善相关立法,出台具体的实施细则,银保监会与保险业协会等要提高执法力度,督促保险公司按照相关法律法规的要求提高内部控制水平,定期对其进行巡查,以营造良好的法律与监督环境。

2.利用外资促进保险服务贸易的发展,具体表现为:

第一,正确引导保险业利用外资进行区位选择。针对我国保险业利用外资地域分布不均衡的情况,政府应在充分考虑东、中、西部资源禀赋差异的基础上,实施差异化的保险业外商投资政策,合理引导外资保险企业的投资流向。

在西部地区,对外资保险企业实施一定的优惠政策,如在税率、利率或费率等方面赋予外资企业一定的自主权,鼓励外资保险企业积极参与中西部地区建设,促进保险业 FDI 在东部沿海地区、中部地区和西部欠发达地区的协调发展,改变保险业利用外资地域分布不均的现象。

第二,鼓励中资保险企业“走出去”。随着经济全球化趋势逐渐增强,我国保险企业必须充分利用 WTO 的最惠国待遇、市场准入以及国民待遇等规则,实施“走出去”战略,加大海外市场的扩展,积极探索和进军国际保险市场。中资保险企业出口保险服务险种较少,经营产品较为单一,对境外保险市场了解不够充分,保险服务贸易出口规模较小且增长速度缓慢,这些都限制了中资保险企业“走出去”的能力。因此,要鼓励中资保险机构积极研发新险种,对有自己特色的保险服务进行推广,发展商业存在模式的保险服务出口;同时可以加强和国外保险公司的合作,不断扩大中资保险企业的海外市场,为中资保险企业的发展提供更加广阔的空间。

第三,促进保险监管国际化。随着外资不断进入中国保险市场,保险监管的对象逐步国际化,这就对保险监管提出了更高的要求。我国应积极借鉴和吸收国际保险监管的先进经验,不断提高监管水平,避免因监管不足使得保险市场发生混乱。应对保险监督管理模式进行改革,通过加强保险监管力量的方式对保险行业的合规经营进行管理;中国银行保险监督管理委员会和中国保险行业协会应定期参与国际保险活动,同时根据保险发展中出现的新情况、新问题,不断完善保险法律体系,实现监督管理体制和国际接轨;应创新保险监管方法,利用现代化的非现场检查手段,对每一家保险公司的风险持续地进行监管,建立起一个反应灵活、覆盖全面的监管体系。

3.充分利用“逐步自由化”原则,有序开放国内市场。GATS 的最大贡献就在于将服务贸易第一次纳入多边贸易体制,为服务贸易自由化设计了一条实现途径。在签署 GATS 时,各成员方普遍认识到了服务贸易领域的自由化还有很长的路要走,为此,GATS 在其序言和第四部分中反复强调了“逐步自由化”原则的重要性。在保险服务贸易领域,尽管 1997 年达成的《全球金融服务贸易协定》使保险服务的自由化达到了相当的高度,但是,如前文所述,在保险服务领域的限制措施仍然大量存在,要实现保险服务的完全自由化,还需各成员方付出巨大努力。

4.建立和完善我国再保险市场,促进保险业健康发展。所谓再保险,就是承保人在经营保险业务的过程中,常由于保险标的金额大且风险较集中,故承担一部分风险而将其余风险转让给另外的承保人承担。结合我国国情,借鉴国外的先进经验,我国在制定保险产业政策时,应采取优先开放再保险市场,合理保护直接保险市场的做法,这样既符合加入世贸组织的开放要求,也有助于保护与促进我国保险业的发展。

5.进行保险创新,提高竞争能力。尽管我国保险业在对外开放中取得了显著的成就和经验,中资保险公司得到了长足的发展,但不可否认的是,在这个发展过程中,也暴露出中资保险企业自身普遍存在的一些问题。随着经济开放的进一步发展,各种保护性措施将逐步取消,面对我们的缺陷我们应当采取积极的态度,把握机遇,进行保险创新,提高竞争能力。

(1)以险种创新为核心,充分考虑需求结构变化和宏观经济因素的影响,积极推出既适应需求又引导需求的新险种。针对消费者的不同特点,设计多层次、多品种的险种以满足社会不断增长的保险需求。

(2)以技术创新为基础,运用电脑、网络等先进的信息传递技术进行信息收集、险种设计、费率厘定、风险识别和监督管理等。国内目前信息网络滞后,如果仍维持目前状况,在大量外资保险公司入市后,我国保险业将明显处于被动地位。因此我国应大力普及电子化和计算机系统,规划和开发网络保险。

(3)积极推进保险服务和保险组织创新,将保险公司由单纯的经济补偿机构发展为包括经济补偿、风险管理和信用投资等功能的综合型组织机构。当前要积极筹措保险业与银行业的融合,以充分利用银行业的诸多优势发展民族保险业,培育具有国际竞争力的多元化保险企业和保险力量。

(4)进行营销方式创新,进一步完善代理人制度,逐步建立经纪人制度,积极发展市场化的产业方式。只有这样,才能真正培养出具有国际竞争力的保险企业。

6.参照国际惯例,放宽保险资金的运用限制。当今保险市场,无论是在发达国家,还是在发展中国家,保险公司都把资金运用收益作为其一项重要的收入来源,通过此举获取较高的收益来弥补承保的亏损,国外许多保险公司在赔付率高达100%甚至200%的情况下,仍能保持正常发展。我国保险公司以前投资渠道面窄、形式单一的情况已有较大改变,已允许保险公司买卖企业债券、证券投资基金、直接投资股票市场,允许保险公司自有外汇资金到境外运用,允许保险公司投资于银行刺激债和可转换公司债,允许保险公司向商业银行办理协议存款。保险资金运用渠道的拓宽为保险公司加强资产负债匹配管理、分散投资风险和提高投资收益创造了条件。

7.培养保险专业人才,提高从业人员素质。保险市场国际化对保险人才的素质提出了更高的要求,它要求保险从业人员不仅懂得本国保险业务技术,还要了解外国保险的特殊技术;不仅要懂外语,还要了解外国的价值观、文化及人际关系;不仅要有丰富的工作经验,还要有锐意进取的创新精神等。

对此，我们应充分利用入世这一契机，培养跨世纪、高层次、外向型的保险专业人才。就保险公司而言，要切实加强在职员工的培训和教育，使他们跟上保险业日新月异的发展；就各高等院校而言，应根据社会对保险专业人才的需求，适当调整办学方向，组建有实力的师资队伍，大力培养保险专门人才；就国际交流而言，欢迎国际知名保险公司来华举办专题研讨会和讲习班，活跃思维，开阔视野；就保险业的各类资格考试制度而言，要进一步建立和完善精算师资格考试制度，承保、理赔专业人员制度及目前已有的代理人资格考试制度。

8.我国服务业进一步对外开放，为外资险企在华发展迎来新机遇。“十四五”期间，服务业领域对外开放将成为我国建设开放型经济体的新高地，我国将清理并大幅消减服务领域壁垒，重点强化服务业领域要素获取、准入许可、经营运行等方面的公平竞争审查。在这个过程中，外资险企将在获取营业牌照、拓展全国范围内销售渠道、加强与中资险企和保险科技公司合作等方面获得更高的便利度，将在二三线城市和西部城市获得更大的区域发展空间，将在养老金管理、中高端客户市场、责任险和工程险等非车险领域实现更多差异化、精细化发展。从行业整体角度看，也有利于中外险企实现充分合作与竞争，提升行业整体活力和竞争水平。

9.加快发展保险科技，有效解决跨境保险信息不对称难题。从服务便利化角度，单据电子化、生物识别、自然语言处理等技术的不断发展，将显著提升保险机构线上服务水平，加强保险服务跨境交付能力。从风险防控角度，大数据、人工智能、区块链等技术在保险行业的应用，将建立涉及多个成员的交易记录可查阅、可追溯的大数据信息系统，有效提升风控水平，降低保险欺诈概率，同时为完善反洗钱、反恐怖融资、反逃税监管机制提供技术保障和支持。

10.加强区域贸易合作，促进跨境保险需求新增长。随着区域全面经济伙伴关系协定（RCEP）生效，中国与东盟国家的国际铁路、航运运输以及相应承载的货物贸易、人员往来将显著提升。同时，全球贸易保护主义抬头、投资环境日趋复杂，“一带一路”沿线部分国家政局动荡，异常事件频繁发生，海外人身保险、财产保险、贸易险、信用险等一系列跨境保险、再保险需求将显著提升，需要保险机构为中资企业“走出去”提供一揽子海外经营风险和管理服务。

第四节　银行服务贸易

银行服务贸易作为国际金融服务贸易的一个主要内容，为国与国之间国际经济交往活动提供资金等方面的服务。它是服务贸易的一个主要项目，以其特有的经济功能在世界经济发展和各国对外经济交往中起着不可替代的枢纽作用。

一、银行服务贸易的基本概念与形式

（一）银行服务贸易的基本概念

银行服务贸易主要指由一国（地区）参加方银行向另一国（地区）参加方提供的服务。

银行服务主要包括：接收公众存款和其他应付公众资金；所有类型的贷款，包括消费信贷、抵押信贷、商业交易的代理和融资；金融租赁；所有支付和汇划服务，包括信用卡、赊账卡和贷记卡、旅行支票和银行汇票（包括进出口结算）；担保和承诺；自行或代客外汇交易等。

（二）银行服务贸易的形式

1.跨境交付，其特点是服务提供者和消费者处于不同的国家，如银行通过网络提供的跨国界服务。

2.境外消费，即本国消费者或企业到他国寻求服务，如一国消费者到他国旅游或从事其他经济活动时，利用当地银行为其进行服务。

3.商业存在，指一国银行到另一国开业，提供银行服务，即通过在服务发生地设立分行或支行提供银行服务。

4.自然人流动，如一国的银行工作人员到另一国的银行机构中为当地客户提供银行服务。

二、发展国际银行服务贸易应遵循的原则

（一）最惠国待遇

最惠国待遇被认为是多边贸易协定的基石，其在银行服务领域的应用，即意味着所有的贸易协定签字国将以同等的竞争条件在国内市场服务，这与外资银行服务机构设立的互惠待遇显然相冲突。对于敏感的银行服务业而言，完全的无条件最惠国待遇的可行性是值得怀疑的，有条件的最惠国待遇倒是比较符合现实，特别是在发展中国家。

（二）国民待遇

国民待遇原则是在银行服务贸易中应遵循的一项基本原则。影响国民待

遇问题的，主要是一国的财政与货币政策及有关国家主权的发展战略。平等的竞争机会是金融“过境”服务贸易自由化的主要目标，也是银行服务贸易谈判的关键问题。

（三）互惠

互惠不是对等，也不是指具体的产品和市场，而是反映在市场准入过程中每个国家比较利益的互惠，即广泛的互惠。对于银行服务而言，部门之间的互惠已具有很长的历史，该行业本身业务就非常广泛，在银行服务贸易上国与国之间的互惠、行业部门之间的互惠，可能取得更多的贸易自由化利益。现在世界各区域经济组织成员国之间的互惠以及开放银行服务市场及业务，都是对整体多边银行服务自由化的贡献。

（四）透明度

透明度原则对银行服务贸易自由化及提供平等的竞争环境至关重要。透明度原则是确保及时向外国服务商提供足够的报告、出版物，包括服务供给的任何规则等，同时还应向 WTO 秘书处呈送年度报告。但是，目前在大多数国家，有关对外商进入本国金融市场的信息、管理条例，都没有系统的收集、翻译、分类及向国际市场的传播途径，加上谨慎的货币政策，使得透明度原则在该领域适用特别困难，从而影响贸易。

（五）放弃与争端解决

签约方可以提出申请，在一定的时间里，可以就协议的条款引起的损害及不适应请求解决。争端解决可以使用传统 GATT 中的放弃条款，给受害国请求补偿的机会。这对银行服务业务完全适用。传统的贸易争端解决机制在银行服务贸易中也特别重要，因为一旦发生争端，引起银行服务的报复行为，可能危及各行业。银行服务领域的非关税壁垒影响利润的标准，很难准确衡量。争端解决，特别是贸易扭曲方面的因素，多数与货币政策及谨慎措施相关，这就使得潜在的冲突与国家的货币及监督机构相关。

（六）发展中国家差别待遇

发展中国家在银行服务贸易谈判中，能否从协议中成功地取得优惠待遇，是值得怀疑的。因为大部分非关税壁垒很难像商品贸易中的最惠国关税、普惠关税那样明显而易于操作。对发展中国家有一个过渡期，令其调整国内金融体制，以适应承担义务和市场竞争之需，是一个较好的选择。现行的选择性承担义务即是一个具体而合乎实际的方案,这将避免外国服务商一统天下的垄断局面。

(七)例外

银行服务贸易的例外是必须的。如国际收支、国家安全、政治主权、经济体制的建立及发展目标、稳定的社会经济秩序(如通货膨胀控制政策)及保障措施(由于外国竞争者的渗透、过度竞争而造成的损害或可能造成的损害)等,都应该在正常承担义务之外有"合理"的例外规定。

三、银行服务贸易的特征

(一)银行服务的国际化

企业生产的国际化,一般是从海外直接投资开始的。海外投资项目在筹建、投产、再生产的发展过程中,必须以国际资本流动和银行服务作为主要条件。国际直接投资是形成经济、金融全球化的主力军,生产的国际化导致了国际直接投资的迅猛发展。国际直接投资的迅猛发展说明,越来越多的企业已经在国际银行业的配合下,积极开拓海外生产机构以增强国际竞争能力。跨国企业的迅速发展迫切需要银行扩大服务范围。冲破传统障碍的银行则在为扩大服务规模,提高知名度,增加收益,并巩固双方的联系,为银行与企业合作打下基础。

西方国家的银行国际化,是随着业务的不断创新,内容及服务日渐复杂,银行的国际业务从国外业务部到国际银行、跨国银行直至全球性银行而逐步向前推进的。与此同时,市场结构、客户结构及网点布局、功能层次都发生了重大的变革。

银行服务国际化主要基于三个方面的原因。

一是世界经济发展的需要。跨国公司的发展要求银行在世界范围内提供资金融通和金融服务便利,以适应分布于世界各地子公司或附属机构业务发展的需要。银团贷款的发展,既扩大了贷款规模,又分散了信贷风险,从而满足了各国政府和国际大型企业的资金需求。

二是世界新技术革命推动银行服务国际化。银行业务中普遍推行的电子资金转账制度和电子信用卡业务,是电子计算机技术发展的重要成果,其影响将是深远的。通信技术的革新和完善,可以替代金融中介机构对某些信贷活动做出的评估。技术进步还推动了金融创新,近年来,各种金融调换和金融期权交易,以及欧元票据的发行等不断出现,使银行服务范围不断扩大,甚至突破了传统的“过境”服务的界限,大大加速了银行改革的步伐。

三是经济环境不断变化。20 世纪 70 年代以来,发达国家的高通货膨胀率产生了巨大的影响,银行不得不借助于提高利率和贴现率,绕过某些规章制度的约束,从而突破了最高利率的限制。此外,各国金融法令的放宽或某些金融管制的解除,也加速了金融改革的步伐。

(二)银行服务的多样化

第二次世界大战后,全球性的普降关税和其他有关国际贸易、国际收支限制性规定的撤销,对世界贸易的增长产生了积极的作用。贸易的增长势必促进国际银行业务的发展。贸易规模的扩大、贸易方式多样化和复杂性的加强,在客观上就要求银行更广泛、更深入地介入国际贸易活动,由原来的较单纯的国际贸易结算业务,向结算前的生产领域和结算后的消费领域延伸。在生产、流通、消费各个领域和环节上提供全方位的银行服务,如卖方信贷(Seller Credit)、买方信贷(Buyer Credit)、混合贷款(Credit Mixed)、福费廷(Forfeiting)等新的信贷形式,适应了国际贸易发展对银行服务的要求。

进入 20 世纪 90 年代以后,国际贸易企业对银行的服务再度提出新的要求,需要银行在企业的跨国、全球生产和经营中提供包括信息在内的全方位服务,以适应瞬息万变的市场需要。对于银行和企业双方来说,这种合作有利于开拓业务,也有利于相互渗透。在某种意义上,这种相互参与、相互渗透有利于双方在优势互补中增强竞争实力。因此,银行持股公司已成为银行的主要组织形式。

(三)网上银行发展迅速

网上银行是随着 Internet 的发展而出现的重要的电子商务活动。上网用户可以通过网上银行管理个人的资金,进行购物或投资。

1.网上银行的特征。网上银行利用 Internet/Intranet 技术,为客户提供综合、统一、安全、实时的银行服务,包括提供对私、对公的各种零售和批发的全方位银行业务,还可以为客户提供跨国的支付与清算等其他的贸易、非贸易的银行业务服务。

网上银行又称网络银行、在线银行,是信息革命贡献给金融电子化领域的最新创意。从上面的定义看,它具有以下的特征:①依托迅猛发展的计算机和计算机网络与通信技术,利用渗透到全球每个角落的互联网;②突破了银行传统的业务操作模式,摒弃了银行由店堂前台接待开始的传统服务流程,把银行的业务直接在互联网上推出;③个人用户不仅可以通过网上银行查询存折账户、信用卡账户中的余额及交易情况，还可以通过网络自动定期交纳各种社会服务项目的费用，进行网络购物；④企业集团用户不仅可以查询本公司和集团子公司账户的余额、汇款、交易信息，并且能够在网上进行电子贸易；⑤网上银行还提供网上支票报告、查询服务，维护金融秩序，最大限度地减少国家、企业的经济损失；⑥网上银行服务采用了多种先进技术来保证交易的安全，不仅用户、商户和银行三者的利益能够得到保障，而且随着银行业务的网络化，商业罪犯将更难找到可乘之机。

2.网上银行的典型模式。网上银行的模式包括两个方面的内容：一个是指网上银行的运行机制；另一个是指网上银行的业务模式。

(1)网上银行的运行机制。从网上银行的运行机制上讲有两种模式。一种是完全依赖于 Internet 发展起来的全新电子银行。这类银行的几乎所有业务交易都依靠互联网进行。1995 年 10 月，美国在 Internet 上成立了全球第一家网上银行——安全第一网络银行(SFNB, Security First Network Bank)，它通过 Internet 提供全球范围的金融服务。这家网上银行向客户提供的是全新的服务手段，客户足不出户便可进行开户、存款、取款、转账、付款等业务。另一种模式是指传统银行运用公共 Internet，开展传统的银行业务交易处理服务，通过其发展家庭银行、企业银行等服务。

(2)网上银行的业务模式。从目前网上银行业务的发展方面看，有三种模式。第一种模式，把网上银行所针对的客户群设定为零售户，把网上银行作为银行零售业务柜台的延伸，达到 24 小时不间断服务的效果，并节省银行的成本。美国的花旗银行和美洲银行等都有成功的经验可供借鉴。第二种模式，网上银行以批发业务为主，即在网上处理银行间的交易(如拆借)、银行间的资金往来(结算和清算)。第三种模式是前两种的结合，即这种网上银行包括前述两个方面的业务。

应该说，上述三种方式各有其优势，关键要看金融机构对其准备要推出的网上银行业务的市场定位和服务内容。如，当网络接入率低时，可以考虑第二种模式。无论是零售业务还是批发业务，网上银行这种方式都有用武之地，关键看银行如何来营销自己。未来全功能的网上银行应采取的是第三种模式。

四、银行服务贸易的竞争、壁垒与自由化

(一)银行服务贸易竞争的要素

国际银行服务贸易的提供，依赖于国际银行服务市场，该服务市场由服务对象、服务场所和服务产品三个要素构成。

1.服务对象。国际银行服务贸易的服务对象,主要由五个群体构成:①政府;②法人;③同业机构;④高收入的个体;⑤零售服务对象——普通顾客。国际银行服务贸易中服务对象的多少及群体分布,往往决定着银行服务贸易利润的多寡。

2.服务场所。国际银行服务贸易场所,主要是从狭义的地理位置概念角度而言的,主要有境内市场和境外市场。这些市场又可细分为若干个子市场。这样的市场可分为全球性的、地区性的、国家级的、次国家的和本地的。国家的货币政策、金融法规、竞争性的规定,都影响到各级市场服务贸易的进行。银行供应商准入具体的金融市场,往往是国际银行服务贸易展开并取得利益的先决条件。

3.服务产品。银行从贸易中获利的多少,往往与其提供什么样的贸易“产品”紧密相关。国际银行服务贸易实际上就是银行进入一定位置的服务市场,通过拥有不同的顾客,进行不同的金融“产品”的配置(替代),以满足顾客的需要,从而获得收益的过程。

从向具体顾客提供的服务品种角度来看,国际银行服务贸易的“产品”又可细分为信贷产品、金融工程产品、风险管理产品、市场准入产品以及套汇和套利业务五个基本大类。

(二)银行服务贸易的壁垒

1.国际银行服务贸易壁垒的表现形式。其主要表现形式有下述三类。

(1)市场准入壁垒。一般贸易壁垒分为全球性和选择性两种。全球性是针对所有的金融机构,采取统一的限制性措施。选择性则是只对部分国家采取限制性措施,对另一些国家的机构则不予以限制,或较少限制,其所以产生这样的结果,多数原因是缘于互惠条款和其他贸易优惠政策因素。从银行机构设立的角度而言,一国允许另一国银行服务企业在其境内设立分支机构,往往是希望自己的银行服务商也能够准入对方市场,通过对等的谈判而相互承诺,至于竞争条件,往往也通过讨价还价来最终确立。

对境外银行服务商设立分支机构(商业存在)的市场准入限制措施主要有:①以法律形式禁止其他国家的任何形式银行机构的介入;②通过政策和许可证方式禁止境外金融机构的介入;③除设立代表处外,通过法律形式,禁止外国银行机构的介入;④除设立代表处外,通过进行各种行政管理措施来限制外国银行机构的介入;⑤以法律形式禁止任何外国银行通过分支机构介入本地市场;⑥禁止外国银行购买本地银行的股权;⑦对外国银行获得本地银行的股权有一定的数量限制。

此外,在本地进行借贷活动的基本限制、过高的储备及营运资本要求,往往也构成市场准入的障碍。

(2)国际银行服务的经营性限制:①市场服务范围的限制。通过允许或不允许提供服务,或应如何提供服务的规定,直接控制市场准入。②资产增长与规模的限制。主要指限制外资银行在本地市场上的业务绝对量或市场份额,通常规定一个上限。③融资限制。东道国政府除了对资产的规模及其增长附加限制外,还对外资银行机构的负债经营方面施加各种限制。④损害措施。如通信设备及电信网的进入,电力供应、交通及邮政服务的提供,建筑物和营业场所的选购确立等都可以附加限制而影响经营。数据传输被认为是跨国银行网络服务竞争的血液,东道国往往附加限制或加以征收所得税、邮电税及交易税费,有的还强制性地要求跨国银行通过本地银行经营外汇业务,甚至按政府规定的汇率或利率进行交易。

(3)由计算银行资产负债比率的口径不同,来限制外国银行的信贷能力。

2.银行服务贸易壁垒的形成原因。银行业作为国民经济的命脉部门,在任何国家都受到广泛的重视。一是因为它是国民经济的敏感部门,与国家的政治稳定目标,如货币市场的稳定等有密切联系。二是因为它又与国民经济建设息息相关。如大型工程的融资、国家经济政策的调整以及经济效益和效率的提高等,都有赖于银行服务业。因此,在这样的敏感性部门里,国际的服务贸易必然会存在种种壁垒。

境外银行或其他金融机构介入本地金融市场,参与本地银行服务竞争,往往通过"国民待遇"条款,要求和本地银行服务机构有相同的竞争条件。对于两国间签有互惠协定的国家,银行服务商可以要求更优惠的待遇来参与银行服务"产品"的提供。基于这样的现实,各国对待银行服务都实施高度的保护。本国的银行服务同业组织、劳动工会及其他的相关团体也会基于自己的利益,向政府施加压力,从而更强化了政府的保护意识。

在发达国家,银行服务机构以银行服务业在世界范围内受到普遍的严格保护为由,纷纷要求政府:一是提供必要的资助(补贴),开拓市场;二是在政治、贸易政策上与外国进行谈判,以求打开外国市场;三是在制定本国政策时,应对银行服务市场加以保护,以求在谈判中获得对等的利益。

对于银行服务业相对落后的发展中国家,它们则以保护幼稚产业为借口,主张不能开放自己的银行服务业,而且纷纷以墨西哥为例,来佐证自己的观点。以经济发展和货币稳定为理由,主张不能完全建立自由的银行服务贸易市场,从而对本国的金融服务业加以严格的保护与管制。

（三）银行服务贸易的自由化

探讨金融服务贸易自由化，起始于部分工业化国家，而其他国家的外资银行服务则受到严格的限制。就是在OECD国家中，对于服务的提供方式、内容上也存在着重要的限制。这种局面最终将发生变化，资本市场的自由化、金融服务的全球化及其管理体制的改革已摆上议事日程。特别是《全球金融服务贸易协定》的签订，被认为是多边贸易体制中具有里程碑意义的法律文件，具有巨大的经济及法律意义。该协定在市场准入方面取得了较大的成果。如外资金融企业持股比例的提高，外资金融企业设立分支机构数量的增加，所承诺准入部门的增加等。它的达成极大地推进了包括银行服务在内的金融服务全球化、自由化的进程。据此，绝大多数WTO成员对开放其包括银行服务在内的金融服务市场和保证非歧视性准入条件做出了承诺，使包括银行服务在内的金融服务贸易能够依照多边规则进行，从而有助于建立一个具有预见性和透明度的贸易环境。

银行服务贸易在国内市场中之所以还处于高度控制的环境之中，是因为银行担负着筹集资金的重要职责。银行业出现问题，很可能导致金融混乱和经济危机，所以，银行服务贸易政策的谨慎和控制是毫无疑问的。同样，银行机构的限制性政策也是国家货币政策和经济政策的重要组成部分。与开放性的离岸市场相比，它们可能损失很多利润，但许多国家可能在安全控制下的市场经营中得到相应的补偿。这种平衡也是导致严格控制政策的原因之一。由于银行服务贸易涉及一国的法规及主权问题，因此，银行服务领域的贸易自由化不可能一蹴而就。

五、银行服务的监管

（一）银行服务管理的主要内容

1.资产管理。资产管理是按金融资产的速度次序排列，在保证存款提取适当比例的前提下，计算出可借贷或投资的数额，并进行营运，从而获得收益的资产。掌握顺序是：首先，现金、同业存款、法定准备金；其次，国库券、短期有价证券，作为保证流通性需要的第二储备资产；再次，已经和准备贷放的资金；最后，剩余资金，作为信贷发放和证券投资资金，以增加收益。

2.负债管理。在银行管理业务经营上，从调整资产结构转变为调整负债结构。银行通过调整负债结构，使在信用紧缩的情况下，也能从市场获得资金来源，满足客户的资金需求，从而增强竞争力和增加收益。

3.风险管理。风险管理的目的是把潜在的不利因素或不稳定因素,限制到有限的、可接受的范围或程度内,以便使国际银行业务能继续进行。

(二)全球性银行服务的监管活动

自20世纪70年代以来,全球性探讨并对国际银行实施监督,先后进行了多次。

1987年12月10日,国际清算银行在瑞士巴塞尔召集几个西方工业国家中央银行的行长召开会议。会议通过了《巴塞尔协议》,引起了国际金融界和各国金融监管机构的普遍关注,并对以后国际银行业务及其国际监管和国际金融服务贸易的开展产生了深远的影响。

巴塞尔协议对资本的定义、资产的风险计算、资本比率的标准等内容都做出了明确规定。巴塞尔协议是国际银行业统一监管的一个划时代文件,它可以说是国际金融界的“神圣公约”,适用于所有从事国际业务的银行机构。

1988年的巴塞尔协议主要针对的是信用风险,旨在通过实施资本充足率标准来强化国际银行系统的稳定性,消除因各国资本要求不同而产生的不公平竞争。过去10多年来,巴塞尔协议已经成为国际银行业的竞争规则和国际惯例。

近年来,随着科技和商业活动的发展,金融创新一日千里,资本市场之间的联系更加紧密,银行风险管理水平大大提高。尤其是大型综合性银行可以不断调整资产组合,使其既不违反现行的资本标准,又能在金融市场进行套利。这些变化导致巴塞尔协议在部分发达国家已名存实亡。巴林银行倒闭事件表明,仅仅依靠资本充足率标准尚不足以保障银行系统的稳定。

针对国际金融领域的变化,1999年6月,巴塞尔委员会决定对巴塞尔协议进行修订。新协议提出了一个能对风险计量更敏感、并与当前市场状况相一致的新资本标准,明确将市场风险和经营风险纳入风险资本的计算和监管框架,并要求银行对风险资料进行更多的公开披露,从而使市场约束机制成为监管的有益补充。此外,在计算信用风险的标准法中,新协议采用评级公司的评级结果确定风险权重,废除以往以经合组织成员确定风险权重的做法,同时允许风险管理水平较高的银行使用自己的内部评级体系计算资本充足率。

六、中国的银行服务

依据世贸组织基本原则和中国加入世贸组织时的承诺,中国政府及银行业监管机构认真履行开放银行业市场的承诺,取消了外资银行经营外汇业务的地域和客户限制,使外资银行在中国获得了很大的发展空间。

（一）中国的银行服务入世承诺

根据中国入世议定书的服务贸易具体承诺减让表，中国在金融服务方面的承诺主要有下述八项。

1.入世后逐步取消对外资银行的限制，使外资银行获得充分的市场准入。

2.在以下几方面允许外国金融服务者向中国提供跨境金融服务：提供或转让金融信息、金融数据处理以及与其他金融服务提供者有关的软件；就一些金融服务活动进行咨询、中介和其他附属服务。

3.正式加入时，取消外资银行办理外汇业务的地域和客户限制。

4.加入五年内取消外资银行办理人民币业务的所有地域限制。

5.加入后两年内允许外资银行为中国企业办理人民币业务，加入后五年内允许外资银行向所有中国客户提供业务，获得在中国一地区从事人民币业务营业许可的外国金融机构可向位于已开放此类业务的任何其他地区的客户提供服务。

6.发放经营许可证坚持审慎原则，包括关于内部分支机构和营业许可的措施。

7.外国金融机构提出申请前一年年末总资产超过100亿美元的，可在中国设立外国独资银行、外国独资财务公司、中外合作银行或中外合资财务公司，外国金融机构提出申请前一年年末总资产超过200亿美元的，可在中国设立外国银行的分行。外国金融机构必须在中国营业三年，且在申请前连续两年营利才能在中国从事人民币业务。

8.在汽车消费信贷方面，允许设立外资非金融机构提供消费信贷业务，并可享受中资同类金融机构的同等待遇。

（二）中国银行业服务贸易发展概况

近年来，中国金融业通过深化金融业综合统计，全面跟踪疫情防控和经济社会发展形势，灵活把握货币政策调控力度、节奏和重点，为疫情防控和“六稳”“六保”等重点工作营造了稳健适宜的货币金融环境。

1.我国银行业服务贸易发展规模。2019—2020年，在贸易局势紧张、新冠肺炎疫情全球蔓延、投资大幅缩减、金融动荡以及地缘政治紧张局势升级等多重因素作用下，市场不确定性增加，悲观情绪蔓延，全球经济从“潜在下行”转向“实际下行”，全球贸易艰难前行，但我国银行业服务贸易增速仍处于合理区间，并保持平稳健康发展的良好态势。

国际结算方面，据不完全统计，2019年中国商业银行国际结算业务量6.89

万亿美元,与2018年相比略有下降。国有商业银行仍是办理国际结算业务的主力,业务量在全行业占据主要地位。国际贸易融资方面,在接受调研的11家国有及部分股份制银行中,6家银行2019年国际贸易融资业务呈现小幅下降的趋势,2家银行国际贸易融资业务增长迅速,增幅超过30%。国内信用证及其项下贸易融资方面,2019年国内信用证结算业务量普遍增长较快,在接受调研的9家国有及部分股份制银行中,有7家银行国内信用证项下贸易融资呈现较快增长(同比增幅超过30%),其中2家同比增幅超过100%。

2.我国金融服务业开放程度。中国加入世界贸易组织20多年来,在金融市场开放方面,按照国际标准持续推动债券市场、股票市场、金融衍生品市场对外开放,扩大跨境投融资的渠道,完善相关制度安排。中国金融市场开放程度、竞争力和影响力不断提升,受到国际市场的普遍肯定和认可。

2002年12月,我国开始实行合格境外机构投资者(QFII)制度,迈出了资本市场融入全球化的第一步;2011年推出人民币合格境外机构投资者(RQFII)管理制度;2014年和2016年,"沪港通"和"深港通"相继开通,加深了内地与香港资本市场的联系;2019年6月,"沪伦通"启动仪式在伦敦证券交易所举行;2020年,QFII/RQFII全面取消额度限制,境外机构投资者投资境内更为便捷……总之,加入世界贸易组织以来,在借鉴国际发展经验的基础上,中国资本市场开放呈现加速发展态势。

得益于中国资本市场开放不断深化,近年来,A股市场保持稳步流入的总态势。2021年1~10月,境外投资者通过QFII、沪深股通等渠道累计净流入约2 409.76亿元。截至2021年10月末,外资持有A股流通市值3.67万亿元,占比约4.97%。

与此同时,债券市场对外开放也在加快拓展。目前,中国已经是全球第二大债券市场,在国际投资者的资产配置中扮演的角色越来越重要。2021年10月29日,富时罗素公司正式将中国国债纳入富时世界国债指数,这被视为我国债券市场对外开放的又一里程碑事件,至此,中国国债已成功跻身全球三大主流债券指数。截至2021年9月末,国际投资者持有中国债券规模达3.9万亿元。

(三)完善我国银行服务业发展的政策

金融是现代经济的核心。入世后外资银行大量进入中国银行服务市场,虽然会对国内银行发展构成巨大的竞争压力,但可以促进国内银行业的改革进程和中国银行服务市场的发展,对提高我国资本资源的配置效率和整个国民经济的发展是有利的。而从金融安全、建立健全银行服务市场、防止发生系统性金融风险的角度看，在落实入世承诺的过程中，我国政府仍应采取相应措施，促进我国银行业健康发展。

1.加强和完善监管，可从如下方面加以理解。

（1）完善监管机制。逐步完善以国家宏观监督为主体、行业自律为辅助、企业内控为基础、社会舆论监督为补充的四位一体的银行监管机制，以利于银行服务业的发展和风险防范及行业竞争力的提高。银行机构需建立有效的内部监督系统，确立内部监控的检查评估机制、风险业务评价机制以及对内部违规行为的披露惩处机制，做到对问题早发现、早解决，还要建立严格的授权制度。

（2）借鉴国际银行监管经验，改进监管手段和方法。入世后，中国金融市场化和国际化的发展速度加快，要求银行监管也能实现国际化。这就意味着中国要彻底改革单调内向的管理策略，而要采取综合性、国际性的监管策略，监管政策和手段要与全球经济金融发展趋势一致，尽量达到国际先进水平。

（3）加强银行金融监管的国际合作。金融市场的跨国、跨地区交易导致了国家间、地区间、市场间的依赖和互动，法律规范的思路已经不是各国自行制定法规保障和规范金融混业经营的单一问题，而是加强全球协调、建立国际合作的有效调整规范体系。

（4）要加强对中国境内的外资银行金融机构和境外中资银行金融机构的监管。一是要明确中国金融监管机关对外资金融机构的监管权，使这种监管权体现在外资金融机构的市场准入、谨慎经营和市场退出的全过程；二是要加强市场准入方面的谨慎监管，严格掌握市场准入标准；三是要明确外资银行经营人民币业务的条件。已获准经营人民币业务的外资银行若要跨地区经营人民币业务，必须经过审批，这也可以对外资金融机构的规模实施限制，当然这也需通过依法明确审批条件来进行；四是要加强对外资金融机构日常营运的谨慎性监管，这种监管主要包括外资金融机构的业务经营的合法性、风险控制和管理、资本充足率、流动性、资产质量和准备金政策、营利能力、管理水平、内控机制、透明度等方面。通过严格监管，督促外资金融机构依法审慎经营，保证金融体系的安全和稳定，同时，还要对外资金融机构的发展实施必要的限制。

在金融服务业开放进程中，应提升金融监管部门审批程序的透明度、效率和合理性，加强对审批程序的监督。完善金融监管部门行政许可的行政复议和司法审查制度，在相关法律规章中明确规定对外资金融机构设立的行政复议制度及司法审查制度，规范监管部门的审批行为。

2.逐步放开金融市场。我国需进一步放开金融市场，逐步放松对资本的管制，合理吸引金融业外资流入，推进金融服务贸易自由化，充分利用金融业外资流入发展我国金融服务贸易。我国银行业金融市场对于外国机构仍然存在准入机制及业务范围限制机制,可依据实际情况恰当地放开对外资银行的限制,调整战略,提升对外资银行的吸引力。具体措施包括:①以主动开放为主线,明确我国金融业的开放底线,进而实现有效的应对。主动开放是根据我国金融业各行业的竞争力状况,对现有国内法律规章中外资金融机构的准入条件进行修订。对于我国竞争力较强、在金融市场中影响力不大的行业,可以对内外资金融机构的市场准入设立统一要求,实现内外资金融机构在准入上的国民待遇;在国内相关法律规章修订的基础上,缩减《外商投资产业目录》中的限制类条款,并将调整后的限制类条款纳入中美双边投资谈判的负面清单中,以应对谈判中来自美国的压力,实现积极有效的开放。②优先考虑放宽部分非银行金融机构以及金融中介公司的市场准入条件。对于《非银行金融机构行政许可事项实施办法》中规定的外资机构设立财务公司、金融租赁公司、货币经纪公司,可以考虑内外资实现同等条件下的市场准入;对于保险经纪公司、保险代理公司、保险公估公司、保险资产管理公司、证券投资咨询机构以及期货公司等金融中介公司,也可考虑放低现有外资机构门槛或实现与内资公司同等条件下的市场准入条件。③从我国经济发展以及金融业竞争力的实际水平出发,适度推进金融服务业有序开放。外资金融机构在国内经济中的比重如果超过一定的适宜限度,会给国内经济发展,尤其是实体经济的资金支持以及金融市场的稳定性等带来不可控因素。因此,从金融安全与稳定的角度考虑,我国应当将外资金融机构在国内经济中的比重控制在合适的范围内。美国作为经济最发达的国家,对于外资金融机构仍保留了限制性条款。我国也应明确我国金融服务业的开放底线,确保金融业的主导权和金融安全。

3.要注意风险的防范。当前利率市场化、汇率改革和资本账户开放正加速推进,金融服务业和市场开放步伐也在加快,一系列创新金融模式不断涌现。在此背景下,应将防范金融系统风险作为重中之重,明确系统性风险监管机构及监管职责,加强对系统性风险信息的监测、分析和共享。同时进一步完善风险协调机制,签署监管信息共享协议,建立金融风险信息共享制度。对于金融业外资的流入要创建完善的检测制度,对流入的外资进行动态、实时和全面的检测和分析。

4.提升服务外贸企业的金融服务便利化水平。一是推动完善服务贸易统计体系,建立服务业企业监测制度,并定期统计服务业贷款有关情况。二是推动动产和权利担保登记公示制度,出台修订后的《应收账款质押登记办法》,并依托征信中心动产融资统一登记公示系统,在北京、上海、广州、重庆成功开展生产设备原材料、产品、半成品统一登记试点,推动了动产和权利担保统一系统建设。三是创新知识产权融资产品,引导部分金融机构通过创新专利权、商标权等知识产权融资产品,拓宽民营小微企业抵质押物范围,进一步丰富了知识产权融资模式。四是创新政银企对接形式,精准帮扶企业,梳理收集外贸等重点领域和行业企业的金融服务需求,创新开展多种形式的政银企对接活动,推动扩大市场主体金融服务覆盖面。

依照"本币优先"原则,指导外贸企业积极选择人民币进行计价结算,帮助企业规避汇率风险、降低汇兑成本。目前,人民币已实现经常项目可兑换,企业在贸易项下使用人民币结算没有政策障碍,境外投资者以人民币进行直接投资也没有政策障碍,可按相关规定开展业务。2020 年,全国人民币跨境收付金额累计 28.39 万亿元,同比增长 44%①。

5.运用数字技术支持创新金融保险服务。支持具有离岸业务资格的商业银行扩大离岸金融业务。积极发展航空器、高铁设备、海洋船舶、工程机械、机床设备、医疗设备、节能环保设备等融资租赁业务。完善跨境移动支付平台建设,有序发展第三方支付服务,支持发展跨境电子商务人民币结算和国际金融后台服务。发挥货物贸易和旅游特色优势,拓宽保险业务领域,发展国际货运险、境外人士入境意外伤害险、境外人士入境健康保险、责任保险、信用保险、合同保证保险及保险辅助服务。支持商业保理业务发展,探索适合商业保理发展的监管模式。推动人民币跨境支付系统(CIPS)功能升级完善,促进跨境支付便利化。在依法合规、风险可控的前提下,利用新型信息技术提升金融服务水平,提升我国金融服务国际市场竞争力。

未来,中国人民银行将不断完善以市场供求为基础、参考一篮子货币进行调节、有管理的浮动汇率制度,增强人民币汇率弹性,同时注重预期引导,引导企业和金融机构树立"风险中性"理念,加强跨境资本流动宏观审慎管理,保持人民币汇率在合理均衡水平上的基本稳定;以服务实体经济、促进贸易投资便利化为导向,稳慎推进人民币国际化,提高人民币国际使用的便利性和国际主体对人民币的信心,切实发挥人民币跨境使用帮助企业节约交易成本、降低汇率风险的积极作用,同时,加强形势研判,切实做好开放中的风险防范。

案　例

WTO"电子支付服务措施案"及其对中国金融服务业的影响分析

一、概述

银联是 2002 年由 80 多家中国国内金融机构共同发起设立的股份制金融

① 商务部.中国服务贸易发展报告(2020 年).2021-09-09.

机构,是中国大陆境内唯一获准进行跨行人民币交易清算服务的银行卡组织。和VISA、Mastercard等国际卡组织一样,其主要工作是对各家银行发行的银行卡,在刷卡消费和跨行取款的时候进行清算。但按中国现有规定,VISA、Mastercard等国际卡组织在中国不能直接发行人民币卡,只能与中资银行合作发行双币卡。而此类持卡人在国内刷卡必须走中国银联的清算通道,在境外虽可选择非银联通道,但走银联通道可节省消费金额1%~2%的货币兑换费。随着银联在海外市场大量铺设网络和终端设备,选择银联结算的双币卡日渐增多。2010年6月,VISA向全球会员银行发函要求,从当年8月1日起,凡是在中国大陆境外受理带VISA标识的双币种信用卡时,不论是刷卡消费还是ATM取现,都不得走中国银联的清算通道,否则VISA将重罚收单银行。VISA曾求助于美国贸易代表办公室(USTR),由USTR于2011年2月向WTO申请启动争端解决机制(中国电子支付服务措施案,简称DS413)。

美国认为,中国有关规范性文件涉及的电子支付服务(E-Payment Service,简称EPS)的六个方面的措施,设置了市场准入限制与要求,违反《服务贸易总协定》(GATS)第16条“市场准入”的规定,给予其他成员的EPS提供者的待遇低于给予中国此类服务提供者的待遇违反了GATS第17条“国民待遇”的规定。这六个方面的措施为:①唯一提供者要求。只允许银联在中国为人民币支付卡交易提供EPS,而其他服务提供者只能为外币支付卡交易提供服务。②终端设备要求。要求中国境内所有商户的支付卡处理设备、所有的自动柜员机(ATM)及所有的销售点(POS)终端能够受理所有带“银联”标识的银行卡。③收单机构要求。要求收单机构必须张贴“银联”标识,成为银联的成员,遵守统一的商业标准和技术规范,且使用或提供的终端设备必须能够受理标注“银联”标识的支付卡等。④发卡机构要求。要求发卡机构在中国发行的银行卡须标注“银联”标识,成为银联的会员,在中国发行的银行卡必须满足统一的商业规范和技术标准。⑤跨地区/银行要求。要求所有银行或银行内部涉及支付卡交易的行为必须通过银联处理,禁止非银联的支付卡进行跨区域、跨银行或银行内部的交易。⑥香港/澳门要求。不允许银联以外的EPS提供者为在中国大陆发行而在香港、澳门使用的人民币支付卡交易,或在香港、澳门发行而在大陆使用的人民币支付卡交易提供清算服务。

2012年7月16日,WTO争端解决机构专家组就此案做出裁决(WT/DS413/R)。因双方均未上诉,专家组报告于2012年8月生效。在专家组报告中,美国的诉求“胜负参半”(para. 8.1-8.3)。专家组认为,开放EPS属于中国承诺的领域,且中国承诺以商业存在模式而非跨境交付模式开放此项服务。专家组驳回美国有关“唯一提供者要求”“跨地区/银行要求”的诉求,但支持其提出的中方有关“发卡机构要求”“终端设备要求”“收单机构要求”“香港/澳门要求”的措施违反GATS相关规定的主张。

本案作为WTO裁定的首件金融服务争端，对WTO金融服务规则的解释与适用具有重要的参考价值，对中国进一步履行入世承诺、完善金融服务业规范与提高中国金融服务能力具有重要意义。

二、先决问题之一：中国是否对电子支付服务做出承诺

本案中，最为关键的问题是EPS的法律概念的厘定与法律事实的认定。其一，明确EPS的概念，判断其是否属于中国的入世承诺；其二，对中国所采取的相关EPS措施进行调查，判断其是否真实存在。换言之，中国是否就EPS做出了承诺，以及中国是否采取了美国指控的措施，成为本案的两个先决问题。如果中国没有就EPS做出承诺，则不存在违反GATS规定的问题。即使中国做出了承诺，如果中国没有采取美国所说的措施，也不存在违反GATS规定的问题。其中第一个问题的解决，是本案的关键之关键。因为金融服务领域创新发展迅速，且程序日益复杂，关于金融服务的分类向来存在争议，专家组用了长达45页、共190多段(para.7.11-7.204)来剖析第一个先决问题。

美国指出，EPS的定义是指涉及通过支付卡处理达成交易以及管理与促进交易参与机构之间的资金转让的服务。其通常包括以下要素：①促进、管理和实现交易信息和支付款项流动并提供完整、稳定系统和降低金融风险的处理设备、网络、规则和程序；②批准或拒绝某项交易的流程和协作，以及批准后对完成某项交易或现金支付或兑换的许可；③在参与机构间传递交易信息；④计算、测定并报告相关机构所有被授权交易的净资金头寸；⑤促进、管理和/或其他参与交易机构间的净支付款项转让。“支付卡”包括银行卡、信用卡、赊账卡、借记卡、支票卡、自动柜员机(ATM)卡、预付卡以及其他类似卡或支付或资金转移产品或接入设备，以及该卡或产品或接入设备相连的专有账号(para.7.25)。

中方同意上述五个要素构成一个完整的电子支付体系，且认为③④项等同于清算(Clearing)，⑤项等同于结算(Settlement)(para.7.30-7.32)。专家组接受美国的这一定义(para.7.37)，虽然如后面分析，双方对清算与结算服务在GATS具体承诺表中的归类有不同理解。

专家小组采纳美国的主张，认定EPS的性质是一种综合性服务业(Integrated Service)。在消费者使用支付卡完成交易时，一般而言，交易双方均认为彼此是通过电子支付方式完成交易。电子支付交易的完成涵盖上述各项要素服务，包括认证、授权、清算与结算等。整个EPS的提供方式结合了数种服务于其中，但无碍于将它理解为单一服务类别(pars.7.55-7.59)。此外，各项要素服务可由一个服务提供商集中提供，也可以由若干个服务提供商分别提供(para.7.62)。

专家组审查EPS是否在中国的入世承诺之中。中国的GATS具体承诺表中,7B项为“银行及其他金融服务”。银行服务如下所列:……(d)所有支付和汇划服务赊账卡和贷记卡、旅行支票和银行汇票(包括进出口结算)……其他金融服务如下:(k)由其他金融服务提供者提供和转让金融信息、金融数据处理以及有关软件;(l)就(a)至(k)项所列所有活动进行咨询、中介和其他附属服务,包括资信调查和分析、投资和证券研究和建议、关于收购的建议和关于公司重组和战略制定的建议。

美国主张,中国承诺表中的7B(d)包括了“所有”电子支付服务,但中国主张电子支付服务应当被分离、拆解成不同的环节,只有发卡服务和收单服务包括在7B(d)项中,而清算结算服务并不包括在内。专家组运用《维也纳条约法公约》第31条来审视7B(d)项的解释与适用。首先,从文义解释角度,专家组认为“所有”一词意图将整个支付与汇划的服务均列入其范围内(para.7.99-7.100)。其次,专家组从“所有支付与汇划服务”上下文的角度分析。美方认为,中国参考GATS《金融服务附件》填写承诺表,7B(d)项源自第5(a)条第Ⅷ项(所有支付与汇划服务,包括信用卡、借记卡、记账卡、旅行支票与银行汇票)。第Ⅷ项并没有“包括进出口结算”一句,因此7B(d)项中“包括进出口结算”一句是中方附加的,换言之,中国特别点出“结算”一词,又因结算之前必须经过清算,因此主张EPS的清算与结算属于中国承诺表上承诺开放范围。中方认为,没有使用“清算”一词具有特殊目的,即未计划开放清算服务。专家组认为,虽然中方未使用“清算”一词,但并不表示此项目中不包含清算服务,并认为银行汇票结算前所经的清算服务被隐含于该句之中(para.7.114-7.116)。再次,对于中方辩称,电子支付的清算结算服务属于GATS《金融服务附件》第5(a)条第XIV项“金融资产的结算和清算服务,包括证券、衍生产品和其他可转让票据”,其他可转让票据包括支票、旅行支票等零售支付工具,中国未对该部门做出开放承诺,专家组认为中方误读了第5(a)条第XIV项的适用。第5(a)条第XIV项中的其他可转让票据是对金融资产的不可穷尽说明,因此该项所指清算与结算服务应仅针对前述证券、衍生性产品等可转让性质的金融资产,而非所有金融资产的清算与结算服务。因此EPS并不属于第5(a)条第XIV项下(para.7.163)。综上所述,专家组认为,EPS整体(包含清算与结算)归类于7B(d)项下,属于中国的入世承诺范畴。

三、先决问题之二:中国是否采取了美国指控的措施

专家组用了超大篇幅,包括67页,将近300段(para.7.208-7.507)对中国的相关规范性文件逐个进行了盘查与分析,包括:中国人民银行2003年为在澳门、香港办理个人人民币存款、兑换、银行卡和汇款业务的有关银行提供清算安排的通告(document No.8, No.16),中国人民银行发布的《银行卡业务管理办法》(document No.17),中国人民银行关于印发《2001 年银行卡联网联合工作实施意见》的通知(document No.37),中国银监会《关于外商独资银行、中外合资银行开办银行卡业务有关问题的通知》(document No.49),外汇管理局的《关于规范银行外币卡管理的通知》(document No.53),中国人民银行《关于统一启用“银联”标识及其全息防伪标志的通知》(document No.57),中国人民银行《银行卡联网联合业务规范》(document No.76),中国人民银行《关于 2002 年银行卡联网通用工作的通知》(document No.94),各部委《关于促进银行卡产业发展的若干意见》(document No.103),中国人民银行《关于进一步促进银行卡联网联合的工作通知》(document No.129),各部委《关于加强银行卡安全管理预防和打击银行卡犯罪的通知》(document No.142),中国人民银行《关于规范和促进银行卡受理市场发展的指导意见》(document No.153),中国人民银行《关于边境地区受理和使用人民币银行卡有关问题的通知》(document No.219),中国人民银行《关于内地银行与香港和澳门银行办理个人人民币业务有关问题的通知》(document No.254),中国人民银行《关于当前银行卡联网通用有关问题的通知》(document No.272),以及中国人民银行《关于加强银行卡境外受理业务管理有关问题的通知》(document No.273)。

专家组认定,文件中涉及的措施,要求在中国发行的银行卡需标注“银联”标识,发卡机构需成为银联网络的成员及其在中国所发银行卡需达到统一的商业要求和技术标准(para.7.293-7.295);要求所有终端(ATM 机、商户处理设备和 POS 机)都能够接受所有标注“银联”标识的银行卡(para.7.331);要求收单机构标注“银联”标识,成为银联网络的成员且能够接受所有标注“银联”标识的银行卡(para.7.354);授权银联而不是其他的 EPS 提供者处理某些人民币银行卡交易的清算,这些交易涉及在中国大陆发行、在香港或澳门使用的人民币银行卡,或者在香港或澳门发行而在中国大陆使用的人民币银行卡(para.7.382)。

但专家组从以上文件中,并不能认定,对于在中国国内发生的所有人民币支付卡交易,存在一项普遍的规定,要求必须使用银联作为电子支付服务的唯一提供者。此外,也不能认定对于跨地区或跨行的交易禁止使用非银联卡。专家组认为,在美国所提出的六个方面措施中,由于专家组没有认定中国采取了“唯一提供者要求”和“跨地区/银行要求”,因此就不再审查这两个方面的措施(para.7.507)。但由于中国采取了“发卡机构要求”“终端设备要求”“收单机构要求”“香港/澳门要求”,因此专家组审查这四个方面的相关措施是否违反了市场准入与国民待遇的规定。

四、法律分析之一：中国的措施是否违反了GATS的市场准入规定

(一)中国就市场准入在模式1与模式3上的承诺

依据中国承诺表，电子支付服务可采用四种模式进行：跨境交付(模式1)、境外消费(模式2)、商业存在(模式3)、自然人流动(模式4)。本案中，美国认为中国就模式1和模式3，即“跨境交付”“商业存在”做出了承诺。

1.跨境交付模式。中国具体承诺表7B（d）项下的“市场准入限制”栏目的描述为，(模式1)除下列内容外，不做承诺(unbound)：

–由其他(other)金融服务提供者提供和转让金融信息、金融数据处理以及有关软件；

–就(a)至(k)项所列所有活动进行咨询、中介和其他附属(auxiliary)服务，包括资信调查和分析、投资和证券的研究和建议、关于收购的建议和关于公司重组和战略制定的建议。

专家组认为，中国仅就两个连字符“–”项下的服务做出了承诺。而此处的表述与(k)和(l)几乎完全相同。(k)和(l)的模式1承诺为：“没有限制”(none)。(k)和(l)属于与(d)相互独立的服务部门，因此此处的承诺不包括(d)，即本案所涉及的“电子支付服务”(para.7.538)。换言之，中国没有就EPS做出“跨境交付”的承诺。

2.商业存在模式。中国承诺表7B部门的“市场准入限制”栏目的描述为(模式3)：

A.地域限制：对于外汇业务，自加入时起，无地域限制。对于本币业务，地域限制将按下列时间表逐步取消：自加入时起，开放上海、深圳、天津和大连；加入后1年内，开放广州、珠海、青岛、南京和武汉；加入后2年内，开放济南、福州、成都和重庆；加入后3年内，开放昆明、北京和厦门；加入后4年内，开放汕头、宁波、沈阳和西安；加入后5年内，将取消所有地域限制。

B.客户：对于外汇业务，允许外国金融机构自加入时起在中国提供服务，无客户限制。对于本币业务，加入后2年内，允许外国金融机构向中国企业提供服务。加入后5年内，允许外国金融机构向所有中国客户提供服务。获得在中国一地区从事本币业务营业许可的外国金融机构可向位于已开放此类业务的任何其他地区的客户提供服务。

C.营业许可：中国金融服务部门进行经营的批准标准仅为审慎性的(即不含经济需求测试营业许可的数量限制)。加入后5年内，应取消现在的限制所有权、经营及外国金融机构法律形式的任何非审慎性措施，包括关于内部分支机构和营业许可的措施……从事本币业务的外国金融机构的资格如下：在中国营业3年，且在申请前连续2年盈利。其他没有限制。

专家组指出，中美双方均认同，中国在适用于外国金融机构的7B (d) 服务的模式3方面做出了市场准入承诺。但双方的分歧在于，这些承诺是否限于外国金融机构，以及电子支付服务提供者是否属于外国金融机构方面。专家组通过分析“外国金融机构”的含义以及承诺表的上下文，认定中国承诺中的“外国金融机构”，在银行业务方面，包含提供(a)至(f)金融服务的外国公司(para. 7. 562)，包括EPS提供者。该承诺没有服务提供者数量方面的限制，但有资质限制(para.7.575)。因此，在满足资质要求的条件下，中国应允许其他成员的EPS提供者以商业存在模式进入其市场，以便在中国从事人民币业务。

(二)中国有关措施是否违反了GATS第16条

GATS第16条“市场准入”规定如下：

1.对于通过第1条确认的服务提供方式实现的市场准入，每一成员对任何其他成员的服务和服务提供者给予的待遇，不得低于其在具体承诺减让表中同意和列明的条款、限制和条件。

2.在做出市场准入承诺的部门，除非在其减让表中另有列明，否则一成员不得在其一地区或在其全部领土内维持或采取按如下定义的措施：(a) 无论以数量配额、垄断者、专营服务提供者的形式，还是以经济需求测试要求的形式，限制服务提供者的数量……

专家组引用了上诉机构在US-Gambling案中的观点，指出，GATS第16条第2款(a)项的关键不在于措施的“形式” (form)，而在于措施的“数量或量化的实质” (numerical or quantitative nature)，即“数量配额、垄断者、专营服务提供者”的形式是否是为“限制服务提供者的数量”服务的(para.7.591)。因此，专家审查中国的四个方面措施是否以GATS第16条第2款(a)项所指的“垄断”和“专营服务提供者”的形式，限制了服务提供者的数量。

除认定“香港/澳门要求”中银联以垄断的形式，限制了服务提供者的数量(para.7.624)外，专家组无法认定其他三个方面措施违反了第16条第2款(a)项。对于“发卡机构要求”，专家组认为，相关文件并未表明作为银联成员的发卡机构不能在中国加入其他的网络，或者满足银联统一商业要求和技术标准的银行卡不得同时满足其他网络的要求(para.7.597)。对于“终端设备要求”，相关文件并未表明这种终端不能同时接受标注其他EPS提供者标识的银行卡，这一要求并未阻碍接受通过非银联网络处理的银行卡(para.7.598)。对于“收单机构要求”，相关文件并未表明收单机构不能接受非银联网络处理的银行卡(para.7.599)。专家组认为，这三个方面措施并没有对EPS提供者实施数量限制，不管是以“垄断者”还是“专营服务提供者”形式出现的。因此，专家组无法认定这些措施违反了第16条第2款(a)项。

五、法律分析之二：中国的措施是否违反了GATS的国民待遇规定

（一）中国就国民待遇在模式1与模式3上的承诺

中国承诺表7B（d）项下的“国民待遇限制”栏目描述为：（模式1）没有限制；（模式3）除关于本币业务的地域限制和客户限制（列在市场准入栏中）外，外国金融机构可以同外商投资企业、非中国自然人、中国自然人和中国企业进行业务往来，无个案批准的限制或需要。其他，没有限制。专家组肯定，中国在EPS的模式1与模式3方面做出了国民待遇承诺。

（二）中国有关措施是否违反GATS第17条

对于“香港/澳门要求”，专家组认定其并未违反模式1的国民待遇承诺。由于已经认定该要求在模式3方面违反了第16条，因此对于该措施在模式3方面是否违反第17条，专家组决定行使司法节制不予审查（para.7.742）。

对于“发卡机构要求”和“收单机构要求”，专家组从“银联”标识和联网联合（interoperability）两个因素着手分析。其一，“银联”标识。“发卡机构要求”规定商业银行在中国发行并能够在跨行人民币交易中使用的人民币银行卡和双币卡，须在卡的正面标注“银联”标识且是免费的，但并未禁止通过非银联的网络进行处理。其结果是，对于其他EPS提供者来说，在其网络内处理的中国商业银行发行的银行卡，也须在银行卡的显著位置标注“银联”标识，持卡人时刻都会被提醒银联及其网络的存在。而且，其他成员的服务提供者无权将其标识标注在银联品牌的卡上。“收单机构要求”规定收单机构须在商业终端标注“银联”标识。这些提高品牌认知度的方式，提高了银联的知名度并会影响消费者对银行卡的选择与使用（para.7.712，7.738）。其二，联网联合。“发卡机构要求”保证国内所有发行跨行人民币银行卡的商业银行都是银联的会员。保证商业银行的所有银行卡，只要用于国内跨行人民币交易，不论是银联卡还是非银联卡，都能够在银联网络中处理。“收单机构要求”规定收单机构必须加入银联且遵守统一的商业标准与技术规格。相比之下，其他成员的服务提供者需要花费时间和精力劝说发卡机构和收单机构加入他们的网络，却很难达到相同的会员水平（para.7.714，7.737）。专家组认为，“发卡机构要求”和“收单机构要求”创造了有利于银联的竞争条件，形成对其他成员的服务提供者较为不利的待遇。

对于“终端设备要求”，中国要求所有终端（ATM机、商户处理设备和POS机）都能够接受标注“银联”标识的所有银行卡，这样所有标注“银联”标识的银行卡都能够被商业银行和商业终端设备接受，并通过银联网络处理。虽然并未排除这种终端同时接受标注其他EPS提供者标识的银行卡，但这些服务提供者可能无法进入所有终端，因为商业银行、收单机构和商户可以拒绝其进入。这

些服务提供者也必须花费比银联更多的时间和精力，达到同等的进入银行和商户终端的水平，而终端网点恰恰是EPS提供者的竞争地位及其对发卡机构和银行卡使用者吸引力的决定性因素(para.7.725,7.744)。专家组认为，“终端设备要求”创造了有利于银联的竞争条件，形成对其他成员的服务提供者较为不利的待遇。

六、DS413案专家组报告评析

GATS是乌拉圭回合谈判的主要成果之一，但在自谈判以来数十年的时间，服务贸易形态已不同于从前，金融服务尤其因为全球贸易、电子商务、消费者便捷的需求而有了巨大的改变。自2000年年初开始的多哈回合的金融服务贸易领域的谈判，即包括金融服务业的市场开放、金融e化(E-finance)等议题。多哈回合谋求各成员通过不断的谈判进一步开放金融市场和推动金融自由化，但在谈判中，发达国家与发展中国家意见大多相左。多数发达国家希望借此轮谈判寻求更深、更广的市场开放和金融自由化，扩大其对发展中成员的金融市场准入。发展中国家则更关注金融安全、有效监管以及与国内实体产业的互动问题。DS413案也凸显了以美国为代表的发达国家与以中国为代表的发展中国家在金融服务开放方面的冲突与矛盾。

(一)专家组报告特点之一：对EPS、支付卡均做广泛定义，回避金融服务分类的体制问题

在本案中，电子支付服务的归类是决定双方成败的关键。金融服务业的部门分类一直以来是GATS谈判的重要议题之一。GATS的所有服务业中，只有金融服务拥有两种国际认可的分类，即服务业分类清单(Services Sectoral Classification List，简称W/120)与《金融服务附件》分类方法。大多数WTO成员(包括中国)较倾向统一使用《金融服务附件》的分类方法作为填写承诺表的依据。因为大多成员认为，W/120与《金融服务附件》的分类方法虽然相似，但两者还是存在差异，《金融服务附件》分类较细且较容易被理解。此外，还有国家采用联合国中央产品分类法(Central Product Classification，简称CPC)，以及一些国家原有的金融服务项目类别进行分类的。因此，没有统一的分类标准的金融服务项目，是WTO金融服务分类长期存在的体制上的问题。在金融服务越来越复杂的情况下，不同服务分类标准对承诺表的不同解释，已经造成金融服务贸易的障碍。本案中，专家组首先将EPS广泛定性为“综合性服务”，每一项要素服务都是不可分割的，支付、结算都须与清算捆绑在一起，认定只要中国对结算承诺，对清算也就做出了承诺。此外，对支付卡做了广泛定义，几乎所有涉及支付的卡、产品和设备都囊括其中，都归于中国关于支付的承诺中。显然，专家组无意正面面对体制上存在的问题，回避了对现实中快速发展的支付业务综合性

的深入分析，实际上笼统地将电子支付服务归入中国承诺范围，将其纳入了各成员“可分享蛋糕”之列。

（二）专家组报告特点之二：对服务模式的狭义解释，暂时照顾发展中国家的利益

和对EPS、支付卡的广义解释相比，专家组对电子支付的跨境交付进行了狭义解释，并最终认定，中国并没有就电子支付服务的跨境支付做出承诺，外国服务提供商必须以在中国设立独立法人的形式，通过境内交易处理系统提供服务。专家组报告在确定“如何分蛋糕”上暂时照顾了发展中国家的现实情况与利益，对商业存在模式做了倾斜。

（三）专家组报告特点之三：避垄断之虚，就垄断之实

在本案中，专家组遇到了美国提出的一个较为尖锐且棘手的问题，即中国银联的垄断地位问题。中国银联明确其自身职责是，制定和推广银联跨行交易清算系统入网标准，统一银行卡跨行技术标准和业务规范，形成银行卡产业的资源共享和自律机制，从而对银行卡产业的发展起到引导、协调、推动和促进作用。从职能定位上看，中国银联的经营宗旨与经营范围具有明显的行政职能。然而同时银联又赋予其自身联合商业银行、创建银行卡自主品牌的经营功能。这使得银联的性质定位不清晰，在运作中难以真正将两种职能准确行使到位。因为银联一方面既充当着行业规范与标准的制定者，另一方面又以国内事实上唯一的跨行电子服务供应商的身份参与银行卡产业的运作与利益分配。这种政企不分的模糊定位很容易在实践中为竞争对手、商家及其他利益相关者提供反垄断指控的口实。而银联的竞争对手VISA自然不会放过这个机会，提出对银联的垄断控诉。然而，反垄断并非WTO规则的议题，WTO并不是反垄断争端的解决平台，专家组只是对垄断进行了轻描淡写的定义，“垄断提供者是指一成员正式地或效果上的授权或建立的唯一提供者”（para.7.5987），然后就不再纠缠于垄断问题，而是利用对GATS第16条第2款(a)项的解释以及引用上诉机构US-Gambling案的裁决，将矛头直指垄断所造成的数量限制的效果认定。专家组的思路可谓简捷、务实且高效，它无意掀起徒劳无功的关于银联地位的反垄断争论与调查，但起码改变中国市场上的数量限制，这是专家组想要的结果。

七、对中国金融服务业的影响

随着各项技术和服务形式的创新，卡基支付、无线支付、网络支付等电子化支付手段日趋多样化，电子支付将会给金融业带来革命性的影响。央行数据显示，2011年我国各支付系统共处理支付业务155.23亿笔，金额1 991.90万亿元，同比分别增长29.3%和19.7%；当年银行卡跨行交易总额15.9万亿元，同比

增长超40%；全国可以使用银联卡的商户、POS和ATM数量分别同比增长41.4%、40.2%和34.8%，同比增速均高于2010年增长水平。

美国这次以电子支付措施为支点，向WTO争端解决机构起诉中国，其用意并不简单地在于传统的支付渠道之争，更深层次的是，通过专家组的裁决与中国的反应，为更广阔的电子支付创新业务在中国这个大市场投石问路。而专家组对电子支付服务的“综合性服务”的性质认定，并将其纳入中国承诺中，无疑为电子支付服务进入中国市场铺平了道路。

从短期来看，涉案的违反市场准入与国民待遇规定的电子支付措施将会被修正。本次裁决将敦促中国相关部门对涉案的相关文件进行修改与完善，对电子支付系统做出各个层面的改革，包括：

1.市场准入方面。中国大陆开放银行卡清算业务，但其他成员的EPS提供者须通过在大陆设立独立法人且从事3年外币业务，以及连续2年盈利的情况下，方能申请人民币业务。允许其他成员的EPS提供者提供在中国大陆发行、在香港/澳门使用的，或在香港/澳门发行而在中国大陆使用的人民币银行卡交易的清算服务。

2.国民待遇方面。消除有关“银联”标识的要求，停止强制要求所有的国内商业银行的支付卡须带有“银联”标识，以及收单机构须在商业终端标注“银联”标识。消除“联网联合”要求，停止强制发行跨行人民币支付卡的商业银行须为其会员且遵守统一标准与技术规格的要求，停止保证商业银行发行的支付卡能够在银联网络中处理。消除终端设备要求，停止强制所有的商业终端必须接入银联网络的规定。

从长期来看，该案对电子支付服务的广义诠释，为金融服务业未来发展方向打下伏笔，而这关乎中国金融服务业未来的产业布局、竞争力与经济安全等战略问题。电子支付已经不仅仅是刷卡这么简单，金融互联网化的背景下，随着身份认证技术和数字签名技术等安全防范软件的发展，移动支付将成为未来发展方向，它不仅能解决日常生活中的小额支付，也能解决企业间的大额支付，甚至可能替代现在的现金、支票、信用卡等银行结算支付手段。VISA和Mastercard等支付清算组织，已经把眼光放在了日趋重要的移动支付领域。目前，VISA将自己在支付领域的战略目标定位为近场支付（手机支付的一种形式）、电子钱包和商户优惠集成。为此，VISA、Mastercard和美国电话电报公司（AT&T）、花旗银行、法国兴业银行、弗雷赞电讯以及其他企业，与一家位于加利福尼亚州圣马特奥、有7年历史的移动支付软件公司Obopay，共同组建了合伙企业。VISA还投资了包括Square在内的一批新兴移动支付公司。其他诸如PayPal这样的电子支付巨头，甚至Google、苹果都在规划推出自己的电子支付服务。

应该说，中国面对金融服务的新的发展方向，也敏锐地做出了一些积极的应对措施。央行已经相继出台了针对预付卡、备付金、互联网支付、银行卡收单的管理办法的征求意见稿。2010 年 6 月 21 日，中国人民银行出台《非金融机构支付服务管理办法》，某种程度上意味着承认国内正式的清算组织不限于银联一家。所谓非金融机构支付服务，即指向第三方支付，在收付款人之间作为中介机构提供转移服务，如支付宝、财付通和快钱。央行已经先后四批向 200 家第三方支付企业发放了牌照。央行颁发的牌照涵盖了货币汇兑、互联网支付、移动电话支付、固定电话支付、数字电视支付、预付卡发行与受理、银行卡收单等七大业务类型，但实践中也存在诸多问题，中国电子支付市场竞争激烈，很多企业不计成本地跑马圈地，电子支付行业目前仍处于微利时代，同质化现象严重。

而此时，外资支付机构以成立当地独立法人形式进军中国电子支付的新领域，无疑会改变我国电子支付市场的格局。因此，国家将电子支付行业列入政策允许并鼓励发展的范围，加大对国内电子支付企业的扶持力度，引导支付机构提供更加标准化的产品、服务和价格体系。同时，政府应尽快建立健全监管体系，防范可能出现的风险控制漏洞，为金融安全保驾护航。

资料来源：朱家贤.WTO“电子支付服务措施案”及其对中国金融服务业的影响分析[J].国际贸易，2013(9)：52-58.

第七章

新兴服务业
——体育和传媒服务贸易

第一节　体育服务业与体育服务贸易

体育产业是中国20世纪80年代出现的一个新概念，它既是中国体育运动在新的历史条件下发展的产物，也是人们对体育部门生产性质认识深化的结果。体育产业所生产（或提供）的产品就是体育服务。

一、体育服务业与体育服务贸易概述

（一）体育产业的基本含义

就三次产业划分的基本方法而言，体育属于第三产业。体育产业就是指从事体育劳务（或服务）生产和经营，以满足人们体育娱乐、健身需要的体育部门和机构的活动。体育产业就是提供体育劳务（或服务）这种非实物形式的特殊消费品的产业部门。体育产业也可称为体育行业、体育业。

1.与体育产业相关的几个概念。

（1）国家体育总局对体育产业的分类。中国国家体育总局曾将体育产业划分为三类：第一类为体育主体产业，主要是指由体育部门归口管理的、发挥体育自身价值和功能的、以提供体育服务产品为主的体育产业的经营活动，如竞技体育产业、群众体育产业、体育教育科技产业、体育彩票和体育赞助等；第二类为体育相关产业，主要是指与体育有关的其他产业的生产经营活动，如体育场地、器材、用品、服装、广告、传媒等的生产和经营活动等；第三类为体办产业，主要是指体育部门为创收和补助体育事业发展而开展的体育主体产业以外的其他各类生产经营活动，如招待所、小卖部等。

（2）体育产业与体育产业化。体育产业化是指把体育事业的基本运作方式

向市场经济的基本要求方向转化。体育产业化是一种观念的更新。体育部门不是社会福利部门，而是一个生产性部门，体育部门需要投入，但是体育部门也有产出；体育部门不仅要讲社会效益，也要讲经济效益，要讲投资效益，要确保国有资产的保值增值。体育产业化是一种机制的转化，要借鉴、运用、遵循市场经济的一般规律和运行机制来发展体育，要靠经济手段、法律手段来发展体育，通过市场来完善自身的造血功能，实现自身的价值。

2.体育产业的形成。体育产业的形成，不仅需要一定的条件，而且要具备形成的标志。

(1)体育产业形成的条件。体育产业的形成，除了需要社会生产力的发展达到一定水平这个基本条件外，还需要具备以下三个条件。

第一，对体育服务产品的需求达到一定的数量。体育服务生产的规模，首先取决于社会对这种消费品需求数量的大小，社会对体育服务的需求量是否达到了足以使体育服务消费品的生产独立为一种特殊的产业，是否能支撑体育产业的存在。体育服务产品一般属于享受资料和发展资料，属于较高层次的消费需要。当经济发展和人均收入达到一定水平，人们的基本物质生活需要得到满足之后，才会把对享受资料、发展资料的需要提到重要地位。当人们对体育服务消费品的需要达到相当数量时，才能支撑体育服务生产独立化为一种独立的体育产业。

第二，向体育领域投入的经济资源达到一定水平。体育服务消费品的生产要能成为独立的体育产业，就必须具有一定的规模，必须有成为一项产业所必需的最低量的投入和产出。体育产业是一项耗资巨大的产业，且并不都是营利性的，只有当社会生产力发展到一定水平，具有相当经济实力，国家和企业给予体育事业必要的财务支持，体育领域获得相当数量的经济资源，体育服务的生产才能发展为独立的体育产业。

第三，体育运动达到相当的水平和规模。体育产业的形成需要有一大批训练有素的教练员和技艺高超的运动员，能向观众提供具有观赏价值、能引人入胜的高水平竞技表演；有一定数量能指导群众进行健身、健美练习的教练员和社会体育指导员。同时，也需要有数量巨大的具有体育意识、体育习惯，喜欢从事体育活动的体育爱好者，以及喜欢观赏竞技运动的“体育迷”。这些条件的形成既与一国的体育传统有关，也有赖于在发展体育运动的过程中去逐步创造。

(2)体育产业形成的标志。作为一个已经形成的完整的体育产业，而不是萌芽状态和正在形成过程中的体育产业，至少应当有以下几个标志。

其一，体育部门的独立化。只有随着经济和文化的发展，当体育从上述活动中分化出来，成为一种独立的社会活动，体育工作成为一项社会职业，许多人专门从事体育服务劳动,体育服务独立化为一个部门时,体育服务才形成一个产业。

其二,体育服务劳动成为一种社会职业。只有当体育工作成为一项社会职业,体育工作者的劳动成为职业性劳动时,体育服务才能成为一种产业。职业性劳动是具有专门性的劳动,劳动者不是偶然地而是较稳定地从事某一特定的工作。职业性劳动是以谋生为目的,因而必须是有偿的、有收益的。

其三,体育服务劳动的多样化。体育作为国民经济的一个部门、一项产业,不仅应具有一定的规模,也应该是一个具有多种服务内容的系统,包括如运动竞赛、体育表演、运动训练、体育场馆设施服务、群众体育辅导等内容。从运动项目来说也不应该是单一的,而是多样化的。

3.中国体育产业的构成与分类。

(1)中国体育产业的构成。目前,中国体育产业尚处于发育成长阶段,远未成熟,与发达国家比较,在规模和结构方面,都有很大的差距。从现状看,中国体育产业的构成主要是:体育健身娱乐设施、运动竞赛和体育表演、运动训练、群众体育辅导、体育康复、体育教学与科研。

当然,体育产业的上述分类只是大体的划分,并不是绝对的。至于体育器材、运动服装、健身食品饮料等的生产和经营,体育场馆的设计和建造,体育彩票的发行,体育书刊、音像制品的出版和销售等,按科学的产业分类标准来看,并不属于体育产业。但是,这些产业与体育产业有密切的联系,因此可视为与“体育产业有关的产业”。

(2)中国体育产业的分类。根据体育产业不同的生产经营单位以及各自所提供的服务,可以把体育产业分为以下不同的类型:①知识型的体育产业和活动型的体育产业。前者主要是指那些以提供体育教学、训练、技术辅导、咨询等无形的使用价值为主的体育服务或劳务产品的生产及经营部门;后者主要是指那些不能和生产行为在时间上、空间上分离的,但能够满足人们精神享受需要的体育服务产品的生产和经营活动。②体委系统经营的体育产业和社会上经营的体育产业。前者主要是指由体委系统的有关单位所构成的体育服务或劳务产品的生产经营单位;后者主要是指由社会上兴办的各种体育服务或劳务的生产经营单位。③竞技体育产业和社会体育产业。前者主要是指由各专业运动队所组成的以提供训练、竞赛、表演等体育服务或劳务产品为主的生产经营活动,以满足球迷及专业训练的需要;后者主要是指为大众体育(全民健身)活动提供体育服务或劳务产品的生产经营活动。

(二)体育服务产品

1.体育服务的含义。体育服务就是指由体育部门的劳动者通过提供自己活劳动的形式来满足人们对体育的各种需求而进行的经济活动。具体地说:体育服务是指具有一定体育专门知识、经验、技能的能够从事体育服务生产的人,包括教练员、运动员、体育场馆工作人员、群众体育辅导人员、体育经营管理人员及有关劳动者,为生产体育服务这种特殊使用价值而进行的有目的的活动。

体育部门的劳动者,包括教练员、运动员、群众体育辅导员、体育场馆工作人员、管理人员等的劳动成果,不是作为物,而是作为一种特殊的活动提供给消费者,满足消费者健身和娱乐、观赏的需要。体育服务产品中运动竞赛和体育表演具有观赏价值,有的体育服务能帮助人们掌握体育知识和技能,具有类似精神产品的功能①。

2.体育服务的分类。体育服务就其功能来看,主要有三种类型。

(1)观赏型体育服务。观赏型体育服务即是由运动员、教练员及其他竞赛工作人员提供的供消费者观赏的各种运动竞赛和体育表演,体育工作者在这里提供的是观赏型体育服务。

(2)指导型体育服务。指导型体育服务即是举办培训班、学习班、辅导班,指导参加者进行体育锻炼,掌握体育运动的知识、技能和练习方法。在此,体育提供的是教学、训练、咨询等体育服务。

(3)自娱型体育服务。自娱型体育服务即是提供游泳池、健身房、球场、旱冰场等各种体育运动设施和器材,给消费者使用。在此,体育部门不仅提供了体育设施,也提供了相应的服务。

(三)体育服务贸易

服务贸易作为经济发展的发动机,受到各国的普遍重视,体育作为服务贸易的组成部分,对经济的推动作用不可限量。

体育作为一个产业,已得到人们的认可,体育产业作为第三产业之一也受到空前重视。在现代市场经济条件下,体育比赛已不仅仅是一般的社会活动,许多体育比赛已成为商业活动或其中的一部分。

在体育产业中,占很大比重的是体育服务与体育娱乐业,都属于国际服务贸易行列。WTO 把全世界的服务贸易分为 12 大类,155 个分项目,体育属于 12 类服务中的第 10 类,即“娱乐、文化与体育服务”。

GATS 通过定义服务的四种方式,界定了服务贸易的范围,这四种提供方式是跨境交付、境外消费、商业存在和自然人流动。与此相对应,体育服务贸易包括以下四种方式。

---

① 但就体育部门劳动产品的本质特征来看,它是服务产品而非精神产品。

1.跨境交付。它是指服务的提供者在一成员的领土内向任何其他成员领土内的服务消费者提供服务，如奥运会、世界杯赛、世界锦标赛等的国际转播。服务提供者与服务消费者分别处在两个不同的国家，只是服务内容的跨国界流动，不涉及人员、物资和资金的流动。

2.境外消费。它是指服务的提供者在一成员的领土内向任何其他成员的服务消费者提供服务。例如悉尼奥运会期间我国公民到澳大利亚旅游、观看比赛，或我国公民到国外体育院校留学等。这种方式的主要特点是服务的消费者到了服务提供者所在国的境内。

3.商业存在。它是指一成员的服务提供者通过在任何其他成员领土内的商业存在提供服务。例如国外的球队或财团到我国开设体育学校或者俱乐部，提供教学、训练、培训服务。商业存在往往和境外直接投资相关联，是直接投资的结果，这已成为发达国家进行国际服务贸易最重要的形式。

4.自然人流动。这是指一成员的服务提供者通过在任何其他成员领土内的自然人提供服务。这里所说的自然人主要包括球员、经纪人、教练和裁判员。自然人流动方式与设立商业存在的相似之处，是服务的提供者都来到了消费者所在的成员的领土内。不同的是，服务提供者在提供服务时，是否选择了设立商业或专业机构这样一个方式。

体育作为一项服务贸易，要受到 GATS 的约束，必须接受 WTO 关于服务贸易自由、公平和开放的基本原则。凡是承诺开放体育市场的国家，除了政府完全资助的体育活动外，凡带有商业性的体育活动，所有协定签署国都有权参加竞争。

世界贸易组织成员对各服务行业的开放采取承诺制。各成员国的服务开放承诺情况表中，已列出对体育及其娱乐服务承诺开放的国家达 57 个，其中发达国家 20 个，欠发达国家 1 个，经济转型国家 36 个。

二、体育服务产品与体育服务过程

（一）体育服务产品的特点

体育服务是人的劳动所创造的可供人们消费的一种特殊的非实物形式的使用价值。与实物产品的使用价值比较，体育服务产品具有产品的非实物性、产品同生产行为不能分离、生产和消费的一致性等特点。

体育服务与同属第三产业的教育、卫生、艺术表演等服务产品比较，其使用价值既有相同和相似之处，又有其不同的特点。体育服务产品能满足人们多方面的需要，又具有其独特的功能和效用，是其他文化、精神服务产品所无法取代的。

（二）体育服务劳动过程

1.体育服务劳动过程的要素。体育服务的生产过程必须具有体育服务劳动、体育服务劳动对象和体育服务劳动资料三个要素。

(1)体育服务劳动。体育服务是指具有一定体育专门知识、经验、技能的能够从事体育服务生产的人，包括教练员、运动员、体育场馆工作人员、群众体育辅导人员、体育经营管理人员及有关劳动者，为生产体育服务这种特殊使用价值而进行的有目的的活动。体育服务劳动者需要精确的计算和设想，并在比赛或训练过程中针对不同对象和具体情况，随机应变，不刻板，富于变化性和创造性。

(2)体育服务劳动对象。体育服务的劳动对象是接受体育教育和训练的人，也指参加体育活动、进行体育锻炼和观赏体育竞赛表演的人。体育服务的劳动对象主要是人，但这种劳动加工并不是直接施加到劳动对象上去，而是通过消费体育服务，由消费主体通过身体的生理活动和心理活动来达到如上的效果和目的。

(3)体育服务劳动资料。体育服务劳动资料是人们在体育服务劳动过程中使用的体育场馆等建筑物，以及体育设备、运动器材、测试器材、运动服装等物质资料。随着科学技术的进步和体育运动的发展，投入体育事业的物质资料的数量和品种不断增加，质量和性能不断提高，体育部门劳动资料的范围将日益扩大。那些被视为“消费品”的物品，以及有助于创造体育服务产品的科研服务、交通服务、通信服务等，也将成为生产体育服务的劳动资料。因此，用来生产体育服务产品的劳动资料可以分为两类：一类是实物形式的劳动资料，另一类是服务形式(非实物形式)的劳动资料。

具体地说，体育服务劳动过程就是：具有一定体育知识、技能和技术的体育工作者，借助于体育部门的劳动资料，有目的地对人体在物质上施加体育服务劳动所固有的种种影响，使人体产生体质增强，体育知识、技能和技术得到提高和精神上得到享受等预期变化的过程。

2.体育服务劳动过程的特点。体育服务劳动过程与生产物质产品的劳动过程具有共同的本质，都是劳动者运用生产资料生产某种具有使用价值的目的的活动过程。但与生产物质产品的劳动过程相比，体育服务劳动过程有以下几个特点。

(1)体育服务劳动过程一般会有差别明显的前期和后期阶段。精彩的体育比赛，国内或国际大赛上优异成绩的创造以及奖牌的摘取，运动员、教练员都要付出大量的心血和汗水。赛场上几十分钟、几分钟,甚至几秒钟的激烈拼搏,需要赛前几年甚至十几年的辛勤劳动与刻苦训练。这表明体育服务劳动过程可分为差别明显的前期阶段和后期阶段。前期是生产半成品的准备阶段,后期是提供可供消费的体育服务的最终产品阶段。对于技术性强、难度大的体育服务产品,其前期阶段的长度远远超过了后期阶段。体育服务劳动前期阶段的准备与后期提供最终产品的质量(竞技运动水平)关系甚大。而生产物质产品的劳动过程,其前期准备阶段一般都远远短于后期劳动阶段,前期阶段的劳动在生产物质产品的全部劳动过程中只起辅助的、次要的作用。

(2)消费者在场是生产体育服务最终产品的劳动过程的必要条件。由于物质产品可以贮存和转移,其生产和消费在时间和空间上都是分开的,因此其劳动过程无需消费者在场。由于体育服务不具有实物形式,不能离开生产行为而独立存在,不能贮存和转移,劳动过程结束了,体育服务产品就立即消失。因此,体育服务的消费者不在服务劳动的现场,体育服务劳动过程就成为毫无意义的行为。

(3)体育服务劳动过程的要素成为体育服务产品的现象形态。在生产物质产品的劳动过程中,物质产品具有独立存在的实物形式,与其劳动过程要素有明显的区别。在生产体育服务产品的劳动过程中,体育服务产品不具有独立存在的实物形式,人们难以感知其具体形态并判断其存在,而只能直接感知和观察到体育服务劳动过程的简单要素:劳动者和劳动资料①。

(4)体育服务劳动过程中对生产资料的消费与消费者对体育服务消费品的消费是同时进行的。在生产物质产品的劳动过程中,要消费生产资料,对其劳动成果即新创造的物质产品的消费则在此劳动过程结束之后,两种消费的界限是清楚的。在体育服务劳动过程中,每一瞬间既在不停地消费劳动资料,同时也在不停地生产出体育服务产品。与此同步发生的还有消费者消费新生产出的体育服务产品的过程。劳动者对生产资料的消费与消费者对体育服务产品的消费是在同一时间、同一地点发生的,两者极容易被混淆。因此,往往容易把体育服务劳动过程中消耗的体育设施、器材、物料、能源等误以为体育服务产品本身,以为这些设备、材料、能源等是被作为消费者的观众消费掉了。这样一来,体育服务产品的劳动生产过程中劳动资料的耗费就从人们的视野中消失了,体育服务的劳动生产过程也从人们的视野中消失了,于是生产体育服务的体育部门被误认为一个纯消费的非生产部门了。

---

① 如在足球赛场上人们无法看到足球比赛中由教练员、运动员及其他比赛工作人员提供的不具有实物形式的体育服务产品,只能看到运动员在场上的奔跑、带球、拦截、拼抢和射门,看到球被踢出、滚动及被踢入球门。

(5)体育劳务生产过程中劳动对象的能动性。体育服务的劳动对象是人，而人是有意识、能动的高级自然物。因此，体育劳务生产过程是两者相互配合、共同作用、使人体发生变化的过程，其中包括了人与人之间进行交流的复杂的社会关系。因此，同样的劳动产品会产生完全不同的消费结果，这与劳动对象的素质、才能、悟性等分不开。所以，劳动对象的主动性对体育服务劳动有着重要的作用。

(三)发展体育服务商品的途径

1.体育场馆开展多种经营，实行有偿服务。利用现有的体育场馆、设施、器材，组织以体育为主的多种经营活动，向社会提供体育服务商品。例如：组织各种体育比赛、表演；主办各种体育培训班、训练班、辅导班，提供各种形式的体育咨询、辅导、训练等服务；提供各种场地服务，如网球、乒乓球、羽毛球、足球、篮球等经营项目。

2.社会办体育。利用社会上的各种资源，特别是各种民营资本，兴办各种以健身、休闲、娱乐为主的体育经营场所，向社会提供体育服务商品，如健身房、网球场、乒乓球房、保龄球馆等。

3.建立各种体育俱乐部。体育俱乐部一般是独立核算、自负盈亏的体育经营实体。体育俱乐部通过向体育消费者即俱乐部会员提供各种体育劳务商品来维持俱乐部的生存与发展。

(1)业余体育俱乐部。业余体育俱乐部是指以体育为共同爱好的人自愿组成的自治体育团体，属社团组织系统。其主要任务是组织自由参加的会员利用业余时间开展体育活动，一般以群众体育活动为主。

(2)职业体育俱乐部。职业体育俱乐部是指拥有由职业运动员组成的、有资格参加全国职业队联赛的职业运动队的体育俱乐部。

职业体育俱乐部按性质又可分为非营利性和营利性两种类型。前者大都是从业余体育俱乐部中分化出来的，而且是实行“一部两制”，即除了拥有一个完全按市场机制运行的职业运动队外，其余主体部分与业余体育俱乐部大同小异。后者则完全是按市场机制经营的、以竞赛为手段、以营利为目的的体育商业组织。

(3)商业体育俱乐部。商业体育俱乐部是近数十年来基于“花钱买健康”的消费观念而兴起的以营利为目的的体育服务产业，包括健身俱乐部、健美俱乐部、保龄球俱乐部、网球俱乐部、高尔夫球俱乐部等。

不管哪种类型的体育俱乐部，均是以提供体育服务商品来满足社会的体育消费需要。

4.建立职业队。职业体育是商品经济高度发展的产物,也是发展体育服务商品生产的重要途径。竞技体育职业化是与庞大的体育市场消费需求、健全的经营集团和商业活动分不开的。

三、体育服务商品的供求关系

(一)体育服务商品的价格

1.体育服务商品的价格类型。一般来说,商品价格是以价值为基础的,但体育市场上服务商品价值量的决定和价格与价值的关系,却有自身的特点。

体育服务产品的特殊性决定了创新型体育服务产品的价值量难以确定。这是由于以下几点原因:一是不可重复性和扩散性。运动训练新原理的提出,新的体育技术、战术的创新,重大的精彩的比赛场面,新的运动纪录的创造,都具有不可重复性和扩散性,因而无法用社会平均必要劳动量来确定其价值。二是效果的不确定性。影响运动竞赛水平和比赛成绩的因素很多,比赛的胜负、名次的排列、运动成绩和新纪录的创造,不单纯取决于教练员、运动员的素质和工作状况,还受到许多外在因素和偶然因素的影响。因而体育服务产品的质量和有用性,即体育比赛的水平和观赏性具有不确定性。体育服务产品的这种不确定性使其价值量也具有不确定性。三是体育竞赛和表演服务劳动过程有差别明显的前后期阶段。前期是训练阶段,即生产半成品的准备阶段,后期是提供可供消费的体育服务最终产品阶段。其前期阶段的长度远远超过了后期阶段。体育竞赛服务劳动前期阶段与后期提供的最终产品的质量关系极大。

体育部门提供的运动训练和运动竞赛服务是一种技巧性很强的人力型服务,需要熟练程度很高的、很强的、复杂的劳动,需要耗费人的体力和脑力。随着科学技术的进步及其在体育运动中的应用,体育运动的水平愈高,动作技术难度更大,身体负荷量相应增大,再要进一步提高运动成绩,就更为困难。因此,在运动竞赛水平更高、竞争更加激烈的情况下,要继续提高运动成绩,创造新的技术和动作,就需要更加科学、更加严格的训练,劳动复杂程度、紧张程度更增大,体力、脑力的消耗、训练费用的支出比以往高得多。这些情况表明,体育服务产品中的运动竞赛和运动训练服务的价值量存在着上升的趋势。

体育服务商品的价格可分为:运动竞赛、体育表演商品的价格;进入体育场馆,参与体育活动的门票价格;体育技术辅导和咨询服务的价格;体育教育、训练服务的价格;体育医疗、体育康复服务的价格等。

2.体育服务商品价格的构成。正常的企业化经营的条件下,体育服务产品的价格包括成本、利润和税金三部分。成本是体育服务价格的基础,是构成体育服务商品价格的主要部分，也是制定体育服务商品价格的主要依据。它包括以下几部分费用：体育服务产品生产过程中体育设施、器材、用具的折旧费；体育设施的照明燃料及耗费的其他材料的费用；维持正常运转的维修费用；职工的工资、福利费、管理费用等①。

体育服务商品价格的构成主要有以下两种类型。

(1)全费服务价格。全费服务价格的价格构成包括体育服务生产经营中的成本、利润和税金。实行全费服务价格的大都是自主经营、自负盈亏的企业型、商业型体育经营机构。部分体育事业单位，虽非自主经营的企业，但实行企业化管理，也实行全费服务价格。

(2)优惠服务价格。优惠服务价格，即部分收费价格。这种价格往往不包含利润和税金，或者仅获得微利，或仅相当于成本，甚至低于成本，其亏损部分由财政补贴，或者从经营其他业务所获得的收益来补偿。

(二)体育服务商品的供求关系

1.体育服务商品供求矛盾的主要表现。保持体育服务商品供求的基本均衡，需要做好如下的分析工作。

(1)体育服务商品供求在地域上的矛盾。这是指同类体育服务商品在不同地区之间所产生的供给与需求不相适应的情况，这一矛盾主要表现在不同地区的体育市场上，供给与需求量的不平衡，突出的是城市和农村、发达地区与落后地区的矛盾。

首先，城市作为经济、政治、文化的中心，体育产业本身比较发达，各种体育服务商品的供给能力也大，因此，尽管城市居民的人均体育需求量大于农村，但是城市有能力、也有条件通过增加各种体育服务商品的供给，来保持供求的大体平衡。而在农村，由于经济发展相对落后，体育产业发展更是滞后于经济的发展，这就限制了体育服务商品供给的能力，难以有效地提供各种体育服务商品。

其次，城市的人口集中，各种体育设施比较完善，这就为体育服务商品的供给和需求都提供了有利的条件，使供给与需求都能得以实现。而农村的人口居住分散，各种体育设施严重不足，再加上交通不便、信息闭塞，体育市场相对狭小，这对农村的体育服务商品供给与需求来说，都是直接的制约因素。在这种情况下，往往是有体育服务商品却难以充分提供，有体育服务需求却难以实现。所以从体育服务商品供求在地域上的矛盾来看，解决农村体育市场的供求矛盾

① 由于现阶段国内体育经营单位的性质并不完全一样，有的是事业经营型，有的是企业型，因而体育服务的价格构成并不完全一致。

是一个重点。

(2)体育服务商品供求在层次上的矛盾。这里指不同层次的体育服务商品在供给与需求之间不相适应的情况,它主要表现为体育服务商品的供给与需求在构成上的不平衡。如有些高层次的体育服务商品往往是较稳定地长期处于需求不足的状态(如高尔夫球俱乐部、游艇俱乐部等),而有些大众层次的体育服务商品则往往是需求难以得到满足(如夏天的游泳池火暴现象)。

总之,由于人们的收入水平、年龄,还有职业、传统习惯、爱好和兴趣、体育意识强弱等的不同,使人们对体育服务商品的需求也呈现出多样性、多层次性和复杂性,正是由于这一原因,因而经常会出现不同层次的体育服务商品在供求结构上的矛盾。

(3)体育服务产品供过于求与体育服务商品供小于求的矛盾。这里指的体育服务产品是那些带有社会福利性质的不以营利为目的的体育劳务或服务产品。上述的矛盾也就是指未能进入流通领域的体育服务产品多于能进入流通的体育服务商品,以及进入流通的体育服务商品又往往不能满足不同层次的社会需求的现象。从数量上看,目前能作为体育服务商品进入流通的体育服务产品的数量,在整个体育服务产品供给中只占较小的比例,大部分体育服务产品供给不能转化为商品进入流通领域而成为社会财富。这种供过于求和供小于求的同时并存,是体育服务产品和体育服务商品供求矛盾的比较突出的特点。

(4)体育服务商品供求在季节上的矛盾。这主要是指同类体育服务商品的供应和需求在季节上的差别。这一矛盾的主要表现是体育服务商品供求存在淡旺季的悬殊。就体育服务商品供给来说,体育设施供给量是常量,它不随季节发生变化,就体育服务商品来说,体育消费者的余暇时间的分布是不均衡的。这就构成了体育服务商品供求在季节上的矛盾。

2.体育服务商品供求的调节。对体育服务供求进行调节,其目标是要保持体育服务供给的基本平衡。为达到这一目标,可根据体育服务供求方面不同特点,相应采用各种不同的方法和手段来进行调节。各种调节手段大体上可分为经济性调节手段与非经济性调节手段,前者是指运用各种经济杠杆和经济政策措施来进行调节,后者是指采用经济手段以外的政策措施来进行调节。

从运用经济杠杆和经济政策措施调节体育服务商品的供求来看,主要包括以下几个方面:

(1)价格杠杆。在各种经济杠杆中,价格是最重要的杠杆。体育服务商品的供给规律和需求规律反映的是供求量与价格变动的内在关系。由于价格变动能同时调节供给量和需求量向相反的方向变动,因此它比其他经济杠杆能更有效地调节供求的平衡。尤其是对一些实行经营型管理的体育场馆的体育服务商品的供求,价格杠杆的调节作用更为明显。

(2)税收杠杆。运用税收杠杆来进行调节,其主要作用对象是体育服务商品的供给方面,通过实施不同的税收政策来实现保护、鼓励、促进或限制不同的体育服务商品的供给。例如,对大众健身、娱乐、休闲提供的体育服务商品供给,可以实行优惠的税收政策或免税来保护和鼓励它的供给。对一些收费较高的体育消费项目,则可以课以较高的税收。总之,对于体育服务商品供给,要根据发展社会主义体育产业的需要,针对不同层次、不同类型的体育服务商品的供给,实行不同的税收政策。通过税收杠杆对各种体育服务商品供给进行不同的利益调节,使健康的、有益的、符合社会大众需要的和有利于社会主义体育事业发展的体育服务商品供给能得到有效提高,使体育服务商品的矛盾得到解决。

(3)财政政策。国家的财政政策作为一种经济手段,对体育服务商品供给也具有重要的调节作用。财政政策调节的对象主要是无偿或部分有偿的产品型体育服务供给,以及一些靠自身的经营活动不能做到以收抵支的商品型体育服务消费品的供给。前者如运动训练、学校体育教学、业余体育训练等事业型体育单位,后者主要是一些偏远地区的体育场馆及一些超大型的体育场馆。无偿的(或部分有偿的)产品型体育服务供给基本上是依靠财政补贴来维持的。因此,财政拨款的多少就在很大程度上决定了它的供给状况。

除了利用经济杠杆和经济政策来调节体育供求以外,健全体育法规建设、完善政策措施、加强必要的行政管理,也是保证体育服务商品供给、调节供求平衡的不可忽视的方面。

四、中国体育服务业的发展

目前我国体育产业处于发展初期,可以说是刚刚起步,与发达国家相比还很落后,我国已加入 WTO,开放体育服务市场是大势所趋。如果我国承诺开放体育服务市场,国外大量的先进体育服务组织将会进入我国体育服务市场,必然对我国的体育服务业产生很大的冲击,因此体育界应重视起来,未雨绸缪,要研究和探讨加入 WTO 后我们该如何发展和保护自己的体育服务业,为政府制定相应的政策、法规提供参考。

(一)GATS 的基本原则与体育服务贸易

我国在加入 WTO 谈判时,在服务贸易减让表中,不包括“健康与社会服务”“娱乐、文化与体育服务”领域,只对 9 大类服务进行了承诺。

随着世界经济的飞速发展,服务贸易逐步实现自由化是大势所趋,因而体育部门的对外开放也只是一个时间问题。作为WTO成员的中国应按照其要求，遵循服务贸易总协定的规定来运作我国的体育事业。这些“共同规则”的要求对于长期处于垄断、保护状态下的中国体育事业来说无疑是一种挑战。面对这种挑战，我们必须以积极的态度去正视、反思我国的体育发展，改革我国体育管理体制中存在的各种弊端，趋利避害，扬长避短，建立起既符合中国国情，又能与国际接轨的社会主义市场经济体制下的体育管理新模式。让WTO服务贸易新规则渗透到我国的体育事业改革中，这对我国体育事业而言，既是一个严峻的挑战，又是一个难得的机遇。如果我们抓住这一机遇，适时调整我国的体育事业，那么它对我国经济的推动作用将不可限量。

GATS的“一般义务和纪律”，适用于全体WTO成员，并且其中的绝大部分也适用于所有的服务部门。

如GATS的最惠国待遇原则、透明度原则就适用于所有的服务部门，不管这些部门是否列入了WTO成员的服务贸易减让表。GATS的最惠国待遇规定，各成员对于任何其他成员的服务和服务提供者，须立即和无条件地给予不低于其给予任何其他国家类似服务和服务提供者的待遇。因此，在引进外国运动员，允许国外机构或自然人在我国境内建立法人实体，经营体育产业等方面要慎重，不能采取短期行为，从而使其他成员援引这一条款，要求给予同等待遇而造成不必要的损失。

透明度原则在服务贸易领域尤为重要，因为服务提供者若不了解他们在异国面临的是怎样的法律法规环境，对他们的经营将十分不利，而在服务贸易领域，政府有关的规定大都属于国内法规的性质。根据GATS的透明度原则，每一个WTO成员应立即公布影响GATS实施的“所有普遍适用的相关措施”。对于那些新的或者修改后的法律、法规和行政措施，如果它们对WTO成员在GATS下的具体承诺所涉及的服务贸易产生了影响，则该成员必须向服务贸易理事会做出通知。对于体育领域当中存在的暗箱操作等现象，显然与GATS规则相悖。然而，这一问题在现阶段并非是最重要的，体育部门中目前最为严重、急需解决的是法律法规建设缺位、具体可操作性的措施不到位的问题。

在市场准入方面，GATS规定，任何成员对于来自其他成员的服务和服务提供者，都必须给予不低于其在具体承诺减让表中所列的待遇；在国民待遇方面，GATS规定，每一个WTO成员对于列入了其减让表的服务部门，在满足减让表中所列的条件和要求以后，在影响服务提供的各种措施上给予外国服务和服务提供者的待遇应不低于给予本国服务和服务提供者的待遇。以上两项规则都是约束性的承诺。减让表中载明的条件或要求代表的是所给予的最低或最差的待遇，它不妨碍在实际中给予较之优厚的待遇。在服务贸易领域，绝大多数服务的外国提供者如果获得了国民待遇，就意味着在实际中享受了完全自由的市场准入，特别是当这些服务是以在进口国市场的商业存在和自然人存在的方式提供时。因为在这种情况下，根据国民待遇的要求，所有国内服务提供者就不可能从本国管理中拥有任何的优势。

（二）我国体育服务业的发展现状

体育服务贸易具有链条长、创意性较强、附加值较高以及辐射带动作用强等优势，已成为中国国际服务贸易不可替代的组成部分。改革开放后，我国体育服务业发展十分迅速，现代体育服务贸易体系已经初步形成。从产业规模看，2020 年，全国体育产业总规模（总产出）为 27 372 亿元，增加值为 10 735 亿元①。体育系统人员数达到 15.5 万人，体育系统机构数达 6 863 个。国家统计局公布的数据显示，在 2014—2017 年，我国体育产业增加值年均增速达到 24.6%，对标发达国家的 2%～3%，按照目前的增长速度，体育产业潜在市场空间巨大。

2017—2019 年中国主要体育服务贸易呈现稳步上涨的态势，2020 年受新冠肺炎疫情影响，中国主要体育服务贸易进出口总额为 182.5 亿元，同比下降 89.03%，占 2020 年中国服务贸易进出口总额的 0.40%。其中，进口总额达 175.6 亿元，占进出口总额的 96.18%，出口总额达 6.9 亿元，占进出口总额的 3.82%。2020 年中国主要体育服务贸易呈现三方面特点：一是主要体育服务贸易进出口总额出现大幅下滑；二是主要体育服务贸易出口额保持相对稳定；三是体育旅游服务贸易发展遭受严重冲击②。

在体育产业发展中，区域协调将是一个重要方面，如京津冀协调发展对体育产业将起到促进作用，按照京津冀体育"十三五"规划，北京市体育产业总规模到 2020 年要达到 1 500 亿，天津 400 亿，河北 1 500 亿。在以"创新、品牌、升级"为主题的 2022 年京津冀体育用品产业发展论坛上，各方探讨新形势下利用京津冀产业协同发展机遇，引导体育产业头部资源落地，推动三地形成分工明确、配套科学、良性互动的产业发展新格局，打造体育用品产业优势、产业集群。总体来看，京津冀一体化已经进入了一种整体的协同发展阶段，推动形成以北京为龙头带动天津和河北的发展态势，而且在全国所有的城市群中起到了良好的示范和带动作用③。

---

① 中国政府网．2020 年全国体育产业总规模与增加值数据公告．2021-12-30.

② 国家体育总局．中国体育服务贸易发展报告（2020 年）．2021-09-07.

③ 国家体育总局．2022 年京津冀体育用品产业发展论坛举办．2020-07-30（https://www.sport.gov.cn/n20001280/n20067608/n20067635/c24536480/content.html）.

我国的体育产业起步晚,无论是产业规模、结构,还是社会化、产业化的程度,与体育服务贸易发达国家相比,仍有一定的差距,主要表现在:我国体育服务产业的总量水平较低,在世界体育服务产业中的比重偏低,体育服务产业的增加值在国内生产总值中的比重很低。我国体育服务产业结构和产品结构不合理,特别是核心产业滞后,资本、人才、技术相对匮乏,体育产业规模小,占GDP的比重也较低。体育市场发展缓慢,分布不平衡,已形成的体育市场有健身娱乐市场、体育竞技表演市场、体育人才市场、体育彩票市场、体育器材用品市场、体育建筑市场等,但大城市多,中小城市少;沿海城市与发达地区多,中西部地区少;处于起步阶段,规模大、效益好又较成熟的市场少。我国体育服务贸易存在的问题是我国体育产业未来发展和战略选择的基本决定因素。参与国际分工、分享经济全球化带来的效率收益,是中国体育服务贸易发展的一个基本趋势。

(三)发展我国体育服务业的政策建议

1.优化体育服务产业链与发展策略。体育服务产业链各个环节关联性很强,是一个多方相互关联的有机整体。以体育服务贸易大会为依托,优化体育服务产业链,通过体育服务发展大会对体育服务信息的有效细化,使组织机构与体育服务项目有效沟通,同时提供增值服务和体育咨询服务。深入剖析体育服务产业链,健全高效的体育服务贸易平台,促使体育服务市场繁荣。

2.大力发展体育中介服务。从宏观方面,要充分了解认识体育中介服务在体育服务贸易发展中的市场功能,把握体育服务贸易发展的客观规律,建立健全体育中介业管理体制与运行机制,政策上扶持体育中介机构。同时加强体育中介市场的法制建设,建立健全有关体育中介服务的法律法规体系。努力提高我国体育中介组织的竞争实力,大力培养综合性和专业性体育服务人才,提高体育中介服务的核心竞争力。

3.加强体育场馆建设与发展。首先减少公共资金对体育场馆投入,鼓励民间资本投入我国体育场馆建设中,解决我国整体上投资主体单一的模式;应加强我国体育场馆建设与城市发展的融合,将体育场馆的发展纳入城市规划,拉动区域经济发展;要提高体育场馆建设的科学性,建设环保型体育场馆,注重体育场馆的实用性,减少奢华设施等;探求出适合我国大型体育场馆的冠名权开发策略,同时开发体育竞赛表演市场,重视体育场馆的综合利用,发挥其在体育服务业中的催化作用。

4.促进体育科技服务的发展。科技全球化有利于我国体育科技发展,大量引进新科学、新理论、新方法,拓宽我国体育科技工作者的视野,提高体育科技研究水平,使体育科技水平得到提升,增强获取先进的全球体育科技知识的能力;应加强国际体育科技学术交流和体育科技合作,通过合作提高我国体育科技人才的能力;建立健全体育科技体制,促进体育科技市场化,开展多学科联合研究方式,联合高校培养高素质的体育科技人才,丰富体育科技队伍,不断提升我国体育科技的实力。

5.打造体育文化的品牌效益。提升文化产业的作用和地位,是体育服务业平稳较快发展的重要着力点,是社会全面协调可持续发展的重要内容,是推动中华文化"走出去"的主导力量。体育文化作为文化产业重要的一部分,打造民族体育品牌不仅能创造出巨大的经济效益,也是增强民族凝聚力的标志,更是民族文化"走出去"的一个桥梁。品牌效益可以扩大其在国际体育界的影响力,增强本国体育的软实力,提高国际体育市场的占有率。

6.调整外资政策以扩大利用规模和发展跨国集团,进一步提高利用外资的质量和水平。

第一,要加强利用外资情况的分析和研究,制定体育服务产业鼓励、允许、限制、禁止合资合作与独资的领域和产品的有效政策,积极引导外资投向战略重点和基础设施领域,向中西部转移,鼓励多引进技术、少引进设备,鼓励合作、联合进行体育科研。

第二,调整外资利用政策,更有效地扩大利用外资规模。要结合建立现代企业制度,大力推进体育服务组织结构的调整和改组,尽快造就一批具有较高的品牌形象、能生产世界一流的服务和产品、实行跨国经营和参与国际市场竞争力的服务企业集团。支持有名牌商标和经济技术实力强的大企业,按照市场经济规律和自身发展的需要,在国内外通过资本的运营和服务产品的扩散,实现企业规模和产品领域的扩张;通过产权联结,调整资产存量, 进行强弱乃至强强联合, 向优势互补、规模更大、实力更强、机制更好、管理更加现代化、具有现代企业功能的特大型公司发展;通过兼并、租赁、承包经营和股份合作, 向多种经营或内部配套、垂直集成的大公司发展;通过内部积累(保留盈余)、发行债券、发行股票、银行贷款、利用外资等方式筹集资金, 进行重大项目的改造, 乃至到国外投资办企业。与此同时,要用强有力的法规来保护我国体育服务贸易的利益①。

7.不断推动体育服务贸易高质量国际合作。"一带一路"倡议、中非合作以及 RCEP 协定所取得的共识与成果,为进一步扩大与相关国家间的体育服务贸易联系与合作提供了强有力的支持和帮助。要充分抓住机遇,进一步拓展广阔

---

① 中国服务贸易指南网(http://tradeinservices.mofcom.gov.cn/article/yanjiu/hangyezk/200712/45064.html)。

市场,推动体育服务贸易高质量国际合作。

第一,建议政府部门及相关行业协会,深化对“一带一路”倡议、中非合作以及 RCEP 协定等近年来所签署相关协议的了解,及时利用各项有利条件与优惠政策,加快我国体育服务贸易向相关国家市场的拓展。重点分析“一带一路”沿线、非洲和亚太区域国家的体育服务发展与政策法规情况,有目标、有重点地向以上国家推介我国的特色体育服务产品,并确保在提供体育服务的过程中不违反所在地法律法规的规定。

第二,着重提升体育服务贸易质量,在出口上确保对外提供能够彰显文化自信、具备中国特色的体育服务精品,将贸易重点放在有利于促进国内与“一带一路”倡议沿线国家、非洲国家及亚太区域国家认识与了解的服务方面,达到通过体育服务贸易带动双边深化了解、加强交流的目的。

8.加快推进体育服务贸易高质量人才培养。作为高附加值产业,体育服务领域从业人员的创新能力与管理水平对于产业发展至关重要。

第一,开展行业理论研究和高管培训交流。体育服务贸易的发展离不开系统化的理论体系作为指导,建议由政府部门组织高校智库专家和优秀企业代表,结合体育服务贸易发展过程中的实践与经验,总结完善中国体育服务贸易发展理论体系,并通过高管培训、企业讲座等,结合体育服务贸易领域热点问题和产业发展动态,为企业家答疑解惑,加快体育服务贸易领域整体水平提升。加强普通从业者培训与人才储备,建议由政府部门或企业邀请国内外体育服务贸易领域专家学者,围绕体育服务贸易理论、法律法规及政策、国内外体育服务贸易发展情况、行业发展趋势、未来前景展望等开展培训。同时加强人才储备,在体育服务贸易发展较快的省市高校设立相关专业课程,培养体育服务贸易人才。

第二,增进行业沟通与交流。建议组织举办各类体育服务贸易论坛,邀请国内外优秀体育服务贸易企业交流成功经验、分享经营感悟,同时围绕行业内热点问题开展交流研讨。在条件允许的情况下,组织体育服务贸易企业“走出去”,通过观摩先进企业的创新方法、运营模式和管理手段,促进国内体育服务贸易企业管理水平提升①。

总之,体育服务贸易通过拓展思路、夯实基础、改善结构、引进新理念、拓宽新渠道,发展新业态、新模式,必将实现更有成效、更高质量的发展,成为破解国际贸易和投资问题的重要力量之一,也将为构建以国内大循环为主体、国内国际双循环相互促进的新发展格局做出更大贡献。

---

① 王雪莉,白宫鼎,王鹏,中国体育服务贸易成果、趋势与高质量发展路径研究[J],北京体育大学学报,2021(07).

第二节　电视传媒服务业

一、电视传媒的准公共产品性和自然垄断性

（一）电视产品的准公共产品特征

1.电视产品属于准公共产品。电视产品在消费时有如下特点：①无线电视的收看不能分割，而数字电视可以通过加密技术、视频点播技术进行分割。②观众在购买电视产品时基本不可以独享，自己收看时并不影响其他观众购买收看。③观众可以通过预交有线电视资费，或让广告商得到自己的收看时间的方式来间接购买电视产品，也可以通过视频点播观看付费节目的方式直接购买电视产品。④电视产品一般是通过观众的公共选择——收视率来决定其分配原则的，不喜欢这个节目，就换台，不投这一票。当然，付费频道与付费节目是通过市场购买得来的。⑤观众对正在播放的电视节目没有选择自由，不喜欢也只能任其播下去，无法让其停播，但可以通过换台来自由选择自己喜爱看的节目。⑥对于非加密电视节目，观众还是有“搭便车”的可能的，即不购买时也有享用的机会。⑦新的电视节目只有看过之后，才知好坏，看之前不太容易鉴定。

所以，通过对照分析，电视产品应该归于准公共产品一类。

另外，对于一些公共产品来说，地点远近对其有很重要的影响。这种公共产品可以用地域性进行划分，如按照地理区域可以划分为地方公共产品、区域公共产品和国家公共产品。这种公共产品为多级政府的管制提供了依据。电视产品也具有地域性，如全国性的新闻节目、省内的新闻节目和本市的新闻节目，全国性的电视网和地方性的电视台。

2.电视产品的外部性和商业性。这要从下述两方面来分析。

（1）电视产品具有很强的外部性。电视是当今社会中最具影响力的大众传播工具，电视传播的功能可归纳为新闻传播、社会教育、文化娱乐、信息服务四种功能。电视产品不仅通过信息服务功能对生产行为和消费行为有直接的影响作用，而且可以通过社会教育和文化娱乐功能，对人们的思想意识产生较强的影响作用。更进一步，电视产品通过新闻传播、舆论监督功能，还能对政治产生较大的影响作用。

电视产品的外部性，同样导致了外部成本。正的外部性对社会有益，负的外部性对社会有害，即平时所说的“精神污染”。而为了消除各种负外部性，鼓励各种正外部性，就需要由市场之外的力量来解决，需要借助政府这只看得见

的手,对公共产品实行有效的政府管制。

(2)电视产品的商业性。商业性质的电视媒介,通过市场提供电视产品,以营利为目标,其经营收入来源于广告、节目销售和其他经营性收入,国家通过一定的法律和法规来进行管制。

20世纪70年代之前,由于电视技术的限制及其所决定的公共产品性质的约束,公共性质的电视媒介在电视资源配置和传播效果上都是最佳的,商业性质的电视媒介发展得并不是很快,许多国家的公共电视机构仍占主导地位。但随着技术的进步,电视产业发生了结构性的变化,商业电视迅速发展,所占比重大大增加。

首先,随着有线电视网络技术的出现与发展,私人投资于电视传输媒介成为可能,无线电视频谱资源的公共性,被有线电视网络的商业性所取代,电视产品的公共产品性减弱,私人产品性增强。

其次,随着数字加密技术的运用,电视产品作为公共产品的"非排他性"逐渐消失,产生了"排他性"私人产品的特征。

再次,随着数字压缩技术的发展,电视产品的传输介质发生了巨大的变化,频道资源不再是电视产品供给的约束条件,相反,频道资源的丰富性,为电视产业的巨大发展奠定了物质基础。

最后,随着卫星技术的发展,电视媒介的覆盖领域不仅可以扩大到全国,甚至到全球。所以,电视产品的市场也扩大到全球范围。

随着经济水平的提高,人们的生活方式也发生了变化,对精神产品的需求不断增加,因此,电视产品的市场需求大大增加。从供给到需求,从电视产品的经济性质到电视产品的市场范围,都发生了很大变化。这一切,促使商业电视快速发展起来,各个国家的商业性电视媒介的比重也大大增加。

(二)电视产业的自然垄断性特征

与网络性特征有直接的内在联系,电视产业还一直被认为具有典型的自然垄断特征。这要从规模经济与范围经济两个角度来分析。

1.规模经济。规模经济是指在一定的产出范围内,生产函数呈规模报酬递增(成本递减)状态。即生产规模越大,单位产品的成本就越小。就有线电视产业而言,它形成了为其所有收视用户提供视频服务的有线网络设施,某省的电视节目从省电视台播出去后,要经过省级有线电视干线网,再经过县市地区分配网,最后通过接入网进入用户家中。所以有线电视网络设施需要庞大的固定资本投资,固定成本在总成本中所占的比重很大。而收视用户越多,每一个用户所分担的固定成本就越少,因而规模经济效益也就越显著。有线电视运营商希望其有线网络所经之处,所有用户均能入网,这样其规模经济效益就最大。对于电视节目生产商来说,演播室以及采访、编辑等各种技术设备是固定成本,固定成本在节目制作成本中所占比例也比较大。在一定范围内,其生产规模越大,制作的节目越多,单个节目所分担的成本就越少,因而规模经济效益也就越显著。

2.范围经济。范围经济是指对于某一个产出组合来讲,由一个企业生产比这些产品分别由不同的企业生产总成本要低。在现实经济生活中,一个企业通常不只生产一种产品(或服务),而是同时生产多种产品。如电视台制作播出新闻、文艺、体育、经济等各类电视节目,一个电视台拥有多套节目、多个频道,电视台拥有节目制作中心、广播、网站、杂志、报纸,甚至球队等,有线电视网络既可传输电视节目,又可传输数据业务等。这样,各种节目产品之间的成本可以一定程度的共享,降低了总的生产成本,产生了范围经济效应。

由一个企业同时生产产品 X 和产品 Y 比一个企业只生产产品 X,另一个企业只生产产品 Y 所花的成本要少,这时,同时生产两个产品的那家企业在生产某一种产品时,可能具有规模经济,也可能不具有规模经济。规模经济通常是按照不断下降的平均成本函数来定义的,而范围经济通常是以一个企业生产多种产品和多个企业分别生产一种产品的相对总成本来定义的。因此,多产品自然垄断的成本弱增性主要表现为范围经济,即在某一多产品企业中,只要一家企业生产所有产品的成本小于多家企业分别生产这些产品的成本之和,该产业就是自然垄断产业。

二、电视产品的经济关系

(一)电视产品的供求关系

1.电视产品的需求分析。

(1)电视产品需求的决定因素。这些因素主要有以下四类:

第一种,价格。对许多产品及服务而言,价格与需求是成反比的。产品价格上升时需求将会下降,反之亦然。价格弹性是度量需求对价格变化的敏感程度的,无价格弹性的需求意味着产品需求对价格并不是敏感的,而有价格弹性的需求则说明产品需求对价格是敏感的。不同类型的电视节目有不同的弹性,如对有的消费者来说,新闻信息类的节目是无弹性的,而娱乐类节目则是有弹性的,这与消费者的偏好有关系。对于有线电视中的付费电视和点播节目来说,需求的价格因素比较突出,因为消费者必须要直接购买想看的节目,但是对于无线电视来说,由于是免费接收,需求的价格因素要与广告市场联系起来考虑,因为广告商是基于观众的数量来购买广告时间的,如果收视率下降,广告收入也将下降。

第二种,替代性商品。替代性商品的价格对于需求的决定是非常重要的。商品之间的替代关系赋予了消费者相当的权利,因为消费者在购买商品时能有更多的选择。电视产品中,无线电视、有线电视和卫星直播电视相互之间具有替代性,消费者可以选择其中任何一种电视产品进行消费。音像节目、电影、互联网上的视频节目以及现场演出的节目与电视产品具有强烈的替代性,报纸、杂志、书籍、广播、互联网等其他媒介与电视产品也具有替代性。

第三种,个人收入。当个人的收入增加时,对商品或服务的总需求也将增加,因为个人将有更多的钱可以使用。个人在电视节目上的需求是不同的,大多数人在收入进一步增加以后,在电视节目支出上的改变并不太大,因为他们看电视主要是为了娱乐,因此当收入增加后,这些人可以选择旅游或其他休闲方式取代看电视。但是对于作家、导演或股票经纪人来说,他们看电视是对未来收入成长的投资,因而倾向于将更多的收入比例花在电视上。总之,收入的增加将引起在电视媒介使用上支出的增加,但这些支出上的增加与所增加的收入可能并不成比例,因为个人的偏好在这里发挥着重要的导向作用。

第四种,消费者偏好。消费者偏好对于电视媒介商品市场而言非常重要。在需求的决定因素上,内容往往比价格更重要。也就是说,相对于价格而言,电视媒介内容的需求是较无弹性的。如电视台新闻节目中的天气预报,人们对它的需求基本上是无弹性的,如果电视台取消对天气预报的播出,观众会选择其他媒体了解天气情况。再如,对于那些喜欢收看足球节目的球迷来说,电视台播放的足球节目也是无弹性的。

(2)电视产品需求的基本特点。研究发现:消费者需求受人群特征、节目价格和节目质量因素的影响;有线电视、按次付费、录像带出租和无线电视之间存在着竞争,并显示出高度的需求交叉弹性;有线电视的基本业务具有一定的需求弹性。

对于媒介产品,消费者的总体需求相对来说比较稳定。长期来看,新媒介一定会将消费者的支出从其他媒介支出中吸引过来,而不是从其他的商品或服务的支出中吸引过来。从宏观角度看,消费者和广告主在大众媒介上的支出水平,决定于国家的整体经济状况,经济状况发生变化,媒介支出也随之同向变化。

2.电视产品的供给分析。电视产品的供给是生产者将有关资源和要素的投入转化为产出的过程。如信息、剧本、磁带以及记者、编辑、导演、主持人、演员、制片人提供的劳动等就是电视生产过程中的投入品;电视节目及其播送就是电视生产过程的产出品。投入习惯上被分为两大类:固定投入和可变投入。固定投入是指不能随产出增减而发生变化的生产必需品,如工作场所、转播设备、卫星台站等;可变投入是指那些投入数量直接影响产出量的投入要素,包括工作人员、磁带等。

电视节目的制作与一般私人物品的生产具有共性,也存在规模收益递减的规律。但是对于电视节目的传送、播出来说,却具有特殊性。在一定区域内不管是无线电视的播出还是有线电视的传送,它们所创造的都是一种公共物品,所以其生产成本并不受使用者数量的影响,不管观众多少,电视节目的播送成本保持不变。

(二)商业电视产品的市场特征

电视市场受媒介服务形态的制约,其特征归纳起来有以下几个方面:

1.广告电视媒介的多重市场特征。存在着广告市场、节目市场、要素市场、商品市场及其各类市场上的交易。

2.付费电视媒介的多级市场特征。电视节目供给者正是利用了各级市场的价格差异来实现逐步供给以取得最大收益的。

3.电视媒介市场的消费具有共时性和集群性。

4.区域性电视市场中供给者(或竞争者)数量具有有限性(这是由于频谱资源的稀缺性和市场管制所导致的)。

5.在公共电视和商业广告电视媒介市场中,传统意义上的价格机制不起作用。

6.电视市场的地域性。各种媒介均须在一定地理范围的市场中运作,而这些媒介也通过它们所提供的产品内容和广告服务,紧密地与这些地理区域相结合,根据电视媒介频谱或线缆的覆盖范围,分为全国性的电视媒介、区域性的电视媒介和地方性的电视媒介。电视产业的市场也分为全国性、区域性和地方性市场,市场的地域性不同,其电视媒介产品和广告也会有所不同。

三、电视产业环节及中国电视产业开放

(一)电视产业制作和运营环节

电视产业基本的运营方式是相同的。首先,节目必须被生产出来。一旦节目制作完毕,接下来就必须将其发送出去,传统的发送方式是通过全国性的电视网来完成。最后一步就是将节目传收并呈现在观众面前,它可以通过地方无线电视台、地方有线电视台或者卫星直播电视运营商来完成。通过无线发射塔、微波转播台传收电视信号的方式已存在了半个世纪,这是第一种传收方式;通过线缆传输接收电视信号是第二种方式;通过卫星传收电视信号是第三种方式。

电视产业依据不同的产业功能可分为节目制作、节目发送和节目传送三个产业环节,这可通过图 7-1 的产业环节链来表示。

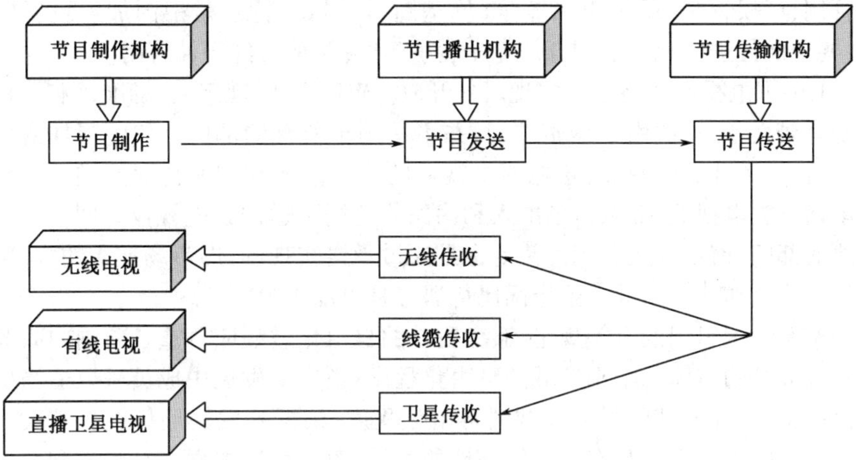

图 7-1 电视产业环节链

电视节目的制作是指电视节目的策划与生产,包括新闻节目、专题节目、谈话节目、纪录片、动画片、影视剧等节目的制作;电视节目的发送是指将多个节目编排成某个频道,通过电视网播送出去,或者将单个节目通过电视节目辛迪加或销售市场直接销售给各地电视台再播送出去;节目传收是指将节目或频道通过微波、线缆、卫星等传输方式送达观众那里接收观看。电视节目的制作、发送、传收这三个环节的产业功能、市场特征和市场结构是不同的,具有不同的运营方式和营利模式,需要不同的政府管制措施。

人们平时所说的“制播合一”,实际上是指前两个环节,即电视节目的制作和发送是合二为一的,由某家电视台同时拥有这两个环节。而“制播分离”是指电视节目的制作和发送两个环节由不同的机构各自独立运行。

国内的大多数电视台,基本上都是制播合一的。节目制作环节由台内的各节目中心来承担,节目的发送环节由台内总编室和播送中心来完成,节目的传收环节则由各级地方无线电视台、有线电视台以及直播卫星电视来完成。目前制播环节已经出现分离的局面(如在社会上出现的很多独立制片公司和电视传播有限公司便是典型的单纯的节目制作机构),面向全国地方电视台出售其生产制作的单个节目。

（二）促进合理开放竞争是放松经济性管制的政策取向

在市场经济条件下，政府主要从市场结构的进入管制和市场行为的行为管制两方面实施经济性管制。在行为管制方面，又包括价格管制、数量管制、许可权管制、产权管制、反不正当竞争、反垄断行为等。特别是中国加入世贸组织后，要全面促进电视产业的开放竞争，就必须逐步放松经济性管制。

1.中国电视产业将逐步实现对外开放。WTO 规则规定：市场准入和国民待遇是承诺义务，只适用于承诺部门，并不适用于所有的部门。如中国加入世贸组织后，承诺开放电视业，才能谈电视业的市场准入和国民待遇问题。如果没有承诺开放电视业，那么市场准入和国民待遇则不适用于电视业。即使是承诺开放的部门，市场准入和国民待遇也是通过承诺实现的，即市场准入的程度、准入的方式及在什么条件下给予国民待遇等是以承诺为准的。

按照世贸组织的有关规定，服务贸易的自由化进程应尊重各项国内政策目录和各成员的整体和个别领域的自由化程度；还应对发展中成员采取适当的灵活性措施，或降低某些服务领域的自由化程度，根据其发展形势逐步扩大市场准入等。因而是一个具有很大伸缩性的领域，双方可以根据自己国家利益的安排，进行讨价还价，但服务领域开放力度的不断加大是一种趋势①。

世贸组织的有关文件虽然没有要求所有成员承诺开放各自的视听市场，但在乌拉圭回合谈判结束时已有 12 个世贸成员主动做出了开放的承诺，后来又有 6 个成员加入了视听业市场开放国家的行列。在新一轮的服务贸易谈判中，视听领域的开放将是重要议题之一。这为中国在加入世贸组织后，电视产业深化改革、加快发展、尽快缩短与世界先进水平之间的差距、迎接电视市场开放的挑战，提供了难得的机遇。同时，也要首先在国内放松经济性管制，提高电视产业的竞争力，增强电视市场的活力。

2.加入 WTO 对中国电视产业相关产业的影响。虽然目前中国尚未对电视产业做出任何承诺，但对与电视产业密切相关的产业做出了较大的承诺。又由于这些产业的产品与电视产品具有较强的替代关系，因此，会对中国的电视产业产生较大影响。如果国内的电视产业停滞不前，电视产品的数量、质量和多样性没有提高的话，会使大量观众流失。在市场经济条件下，没有市场，就没有经济效益，没有市场份额，没有社会效益，自然也就无法实现宣传和舆论引导的作用。

3.放松经济性管制和政府扶持有利于增强中国电视产业。目前，中国已对电视产业融资、多媒体兼营以及跨地区经营有一定程度的开放。2001 年 12 月

① 目前，视听领域的开放仍然是很有限度的，因为世贸组织尚未就视听领域的开放达成协议，西方国家对于视听服务贸易的谈判尚有分歧。

20 日，颁布了《关于广播影视集团融资和实施细则（试行）》，对广播影视集团的融资做出了具体规定，在一定程度上放松了进入管制和产权管制。

另外，由于中国电视产业的弱势地位，所以在对外开放的过程中，特别是在面对国内国际市场上大型传媒公司的竞争时，国家给予的各种财政政策的支持也非常重要。

（三）中国电视产业在放松经济性管制方面已实施的具体措施

中国已对电视产业融资、多媒体兼营以及跨地区经营有一定程度的开放。其中涉及电视产业的内容如下：

1.广播影视集团。广播影视集团可以采取在新闻出版广播影视系统内融资、银行信贷、卖方信贷、融资租赁、企业债券及股份等形式募集资金。

2.广播电台、电视台及频道、频率等新闻媒体。广播电台、电视台及频道、频率等新闻媒体由国家主办经营，不得吸收境外资本和私人资本。经管理部门批准，广播电台、电视台可以吸收系统内外的资金进行节目制作、项目合作等。

3.电视剧制作机构。经省级以上主管部门批准，在集团控股的前提下，可以吸收境内资本组建股份公司，也可以吸收外资开展影视拍摄和基地建设等。

四、其他传媒服务业

除了电视、电信这类典型的传媒服务业外，其他传媒服务业还很多。具体如电影、音像、广告和出版物等。加入 WTO 以来，中国对其他传媒服务业做出了如下承诺：

（一）电影

加入 WTO 时，中国承诺在符合本国电影管理规章的前提下，每年以分账形式进口 20 部外国电影，用于影院放映；允许外国服务提供者建设或改造电影院，并可以拥有不超过 49%的股权。

20 部影片不是进口义务承诺，而是配额管理。在协议文本中，中国承诺的是“将允许进口”，而非必须进口，最终进口数量必须由发行商本身基于商业基础加以考虑。另外，尽管此承诺是在中美协议中做出，但不应该把它理解为每年进口 20 部美国影片，而应该理解为全球配额。

（二）音像

中国承诺在不损害国内审查音像制品内容权利的情况下，加入 WTO 时允许设立中外合作企业,从事除电影以外的音像制品的分销(包括零售、批发和租赁)和录像带的租赁。这里的音像制品,指磁带、VCD、DVD等形式的音像载体,其中有大量的广播电视节目和电影片的内容。

(三)广告

中国承诺加入WTO时允许外国服务提供商在国内建立中外合资广告企业,外资比例不超过49%;加入后2年内,允许外资控股;加入后4年内,允许外国服务提供商在华设立外资独资子公司。

(四)电信

中国承诺在加入WTO后2年内,取消对增值电信(包括互联网ISP/ICP的相关业务)的地域限制,外资比例不超过50%。

广播电视网络不包括在世贸组织基础电信协议范围之内。互联网信息服务是指ICP和ISP两类互联网服务,也不涉及广播电视网络。但随着互联网的发展,网上传播广播影视类节目将会增多。

(五)出版物

中国承诺在加入WTO后允许外资从事出版物的发行业务,逐步放开包括书报、期刊、音像制品等出版物的分销服务。加入1年后开放出版物零售,3年后开放批发,且2~3年后,取消外资进入分销服务的绝大多数限制(如股权、地域、数量等),在分销服务领域实行国民待遇。

五、中国传媒服务业的发展及质量提升

(一)大众传媒——网络直播与广告服务的发展

1.网络直播的规模。网络直播作为一种新兴的大众传媒渠道,近年来发展迅速(见图7-2)。截至2021年12月,我国网络直播用户规模达7.03亿,较2020年12月增长8 652万,占网民整体的68.2%。其中:电商直播用户规模为4.64亿,较2020年12月增长7 579万,占网民整体的44.9%;游戏直播的用户规模为3.02亿,较2020年12月增长6 268万,占网民整体的29.2%;体育直播的用户规模为2.84亿,较2020年12月增长9 381万,占网民整体的27.5%;真人秀直播的用户规模为1.94亿,较2020年12月增长272万,占网民整体的18.8%;演唱会直

播的用户规模为1.42亿,较2020年12月增长476万,占网民整体的13.8%①。

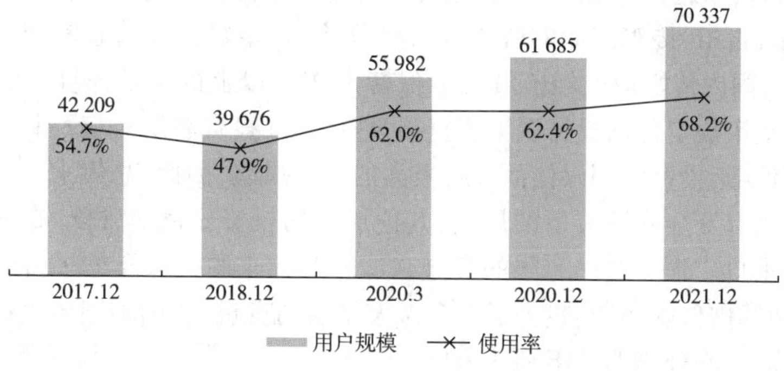

图7-2　2017—2021年网络直播用户规模及使用率(单位:万人)

资料来源:CNNIC.中国互联网络发展状况统计报告.2022-02-25.

2.网络主播收入现状。根据艾媒咨询公布的网络主播收入情况数据,2020年上半年,54.9%的网络主播月平均工资收入在1万元以上。其中:收入在1万~1.5万元的网络主播占7.1%;3.9%的网络主播的收入在1.5万~2万元;收入在2万~3万元的网络主播占22.3%;17.5%的网络主播收入在3万~5万元;收入在5万元以上的网络主播占4.1%。在电商直播领域,2.16%的头部主播占据近90%的市场份额,而达人主播的带货收入主要来源于坑位费和佣金。②

(二)发展中国传媒业的政策建议

1.营造传媒品牌,树立品牌经营观念。在市场博弈中,企业要立于不败之地,就必须建立一种无法复制、抄袭的优质品牌,它是企业长久生存之本,要坚持民族化、本地化、特色化的道路。我们要推进国家文化出口基地和对外文化贸易基地建设,培育一批具有较强国际竞争力的外向型文化贸易企业,形成一批具有核心竞争力的文化品牌。坚持自主创新,支持原创动漫创作和研发,形成具有国际影响力的动漫产品及衍生品产业链。积极发展原创精品影视剧、网络视频、新一代广播电视、移动多媒体广播电视、数字影院等视听新媒体服务贸

① 中国互联网络信息中心.第49次《中国互联网络发展状况统计报告》.2020-02-25.

② 艾媒咨询.2020H1中国直播电商行业主播职业发展现状及趋势研究报告[R/OL].2022-01-25(https://www.iimedia.cn/c400/71682.html).

易。加强核心技术的研发，扩大网络游戏、家用视频游戏、桌面游戏以及衍生品出口。

2.实行资本运营，大量吸收业外资本进入。尽管目前我国传媒产业已经基本实现财政自给，传媒产业的资本运营已具雏形，传媒市场的总资产已经超过1 000亿元，国内传媒业已经连续几年保持了25%以上的增长速度，但是，由于原来国家政策规定普通投资者不能直接投资媒体，投资者所有权及其合法权益无法得到保障，投资中国媒体面临着极大的政策风险，因此，总体来看我国传媒业仍然是国有资金一统天下的局面，其他形式的投资比例非常低，媒介经营收入则主要来自广告。这样有限的资金来源和收入来源大大压缩了传媒业的发展空间，使国内传媒集团，丧失了许多做大做强的良机，在面临国外大型传媒集团的竞争时势必处于非常不利的地位。

3.划分受众群，进行有针对性的分众传播。加入WTO后，我国社会收入的分层现象将更为明显。不同收入阶层对媒介传播内容的兴趣，虽然有着某些一致之处，但在许多方面却是大相径庭的。任何一个媒体都不可能同时满足所有受众的要求。因而未来媒介也会出现分层现象。既有针对普通收入者的媒体，也有针对高收入阶层的媒体。

4.加强现有媒体的整合、合作，形成城市传媒业的合力，共同迎接来自外部媒体的挑战。

5.进行人才培养，提高传媒业的经营管理水平。由于传媒经营专业人才奇缺和竞争的日益激烈，所以媒介经营人才的培养就成了目前中国传媒业发展的一项刻不容缓的战略任务。从传媒业看，多年不变的用人体制造成人才结构存在严重的缺陷。进入WTO后，人才的流动将更快、更频繁，在竞争中能否取胜，最后的决定因素也是人才。培养、吸纳以下几种人才是我们的当务之急：一是懂得传播规律和媒介经营的管理人才；二是直接面对市场的营销人才；三是懂得计算机和网络的IT人才；四是掌握世界传播动态和能够与外来传媒业者直接对话的外语人才。有了这些人才，才能使我们的应对对策真正实施并富有成效。

6.制定相关法律、法规，规范竞争环境。在计划经济时代，中国的媒体之间几乎不存在竞争，从业人员的竞争意识也不完备。随着中国媒介市场的逐步开放，适者生存的道理就成了媒体竞争的准则，但是目前我国媒介行业与之相适应的运作环境却未成熟，因此必须制定媒体发展的相关法律、法规，规范竞争环境，促使传媒主动或被动地在经济利益和社会效益之间找到平衡点，帮助媒体经济走向健康发展之路。

7.充分发挥文化优势，突出文化特色，讲好中国故事。扩大重点领域文化服务出口，加大中国影视节目、出版物海外推广力度，拓宽国际营销渠道。鼓励数字文化平台国际化发展，建设网络营销、播出、译制、社交平台，大力推进跨境新媒体传播。鼓励传统戏曲、话剧、原创音乐剧、歌舞剧等多元文化“走出去”。

8.大力发展数字文化贸易，积极推动数字出版、数字影视、数字演艺、数字艺术展览、动漫游戏、网络综艺、网络音乐、创意设计等新型文化服务出口。加快培育以数字化内容、数字化生产和数字化传输为主要特征的出版新业态，发展移动出版、在线教育、互联网广告、数据库、电子书、在线音乐等数字出版贸易。搭建版权出口公共服务平台，加强数字文化版权保护。

案　例

网红主播薇娅逃避缴纳税款案

一、基本案情

2021 年 12 月 20 日，税务部门发布通报，头部网络主播黄薇(网名：薇娅)偷逃税被罚共计 13.41 亿元。调查显示，黄薇在 2019 年至 2020 年期间，通过隐匿个人收入、虚构业务转换收入性质虚假申报等方式偷逃税款 6.43 亿元，其他少缴税款 0.6 亿元，依法对黄薇做出税务行政处理处罚决定，追缴税款、加收滞纳金并处罚款，共计 13.41 亿元。

2019—2020 年，黄薇通过隐匿其从直播平台取得的佣金收入虚假申报偷逃税款；通过设立上海蔚贺企业管理咨询中心、上海独苏企业管理咨询合伙企业等多家个人独资企业、合伙企业虚构业务，将其个人从事直播带货取得的佣金、坑位费等劳务报酬所得转换为企业经营所得进行虚假申报偷逃税款；从事其他生产经营活动取得收入，未依法申报纳税。税务部门依据《中华人民共和国个人所得税法》《中华人民共和国税收征收管理法》等规定，依法确认其偷逃税款 6.43 亿元，其他少缴税款 0.6 亿元。

《中华人民共和国税收征收管理法》第六十三条第一款规定，对纳税人偷税的，由税务机关追缴其不缴或者少缴的税款、滞纳金，并处不缴或者少缴的税款 50%以上 5 倍以下的罚款。本次依法做出的处罚 13.41 亿元，主要组成部分有：对其隐匿收入偷税但在检查立案后主动补缴和报告的部分，处 0.6 倍罚款；对隐匿收入偷税未主动补缴的部分，处 4 倍罚款；对虚构业务转换收入性质虚假申报偷税的部分，处 1 倍罚款。

二、网络主播的收入来源与性质

(一)主要收入来源

自主创业及依托移动平台提供个人服务的自由职业者发展迅猛。在互联网经济下，任何人都可以网络平台为载体分享自己的日常生活，独特有趣的内容会获得观众的喜欢,而作者通过“网络打赏”可将这种观众的喜欢轻松“变现”。“自媒体”三个字不断出现在大众的视野中,收入的形式越来越多种多样,例如平台广告分成、广告收入、公关宣传、品牌植入等。

现代生活中的网络打赏可谓无所不在。根据平台不同,网络打赏也随之细分出不同模式,主要包括网络直播打赏、微信打赏、微博打赏、问答打赏、外卖打赏等。以微信赞赏为例,“微信赞赏”是指用户基于微信公众号发布的原创性内容等自愿给付金钱等经济利益的活动。网络打赏分为两种形式:一种是通过扫描微信或支付宝等第三方支付平台的收款二维码获得的打赏,这类打赏除了第三方支付平台扣除必要的提现费用外,剩下的收入均归个人账户所有;另一种是个人与平台签约,在平台获得的打赏收入经平台按事先约定比例分成后再转给个人账户。

网络主播收入包括观众打赏、工资薪金、动态奖励推广费、平台奖励、坑位费、佣金、销售提成、衍生副业所得等多种形式。在不同商业模式下,主播收入形式存在较大差异。

市面上大多数腰部、尾部主播会选择签约经纪公司,即 MCN 机构。少部分的头部主播会选择单干,其中一些主播自己就是经纪公司的老板。

随着移动互联网的普及,网络打赏这种“互联网+”背景下的新产物发展迅猛,其跨界融合的特点加大了税务机关进行税源监控以及税收征管的难度,同时也对我国现行的税收体系提出了新的要求。

(二)收入性质的认定与纳税

第一,工资薪金所得。主播普遍采取的模式中,经纪公司与主播是雇佣关系,经纪公司将佣金以工资的形式打给主播,主播纳税与一般工薪阶层无异,都是按照收入高低,根据累进税率制,按 3%~45%缴纳相应的个人所得税。

第二,劳务报酬所得。主播以个人名义在平台直播,那么主播收的是平台支付的劳务报酬费。劳务费一般按次计算,同一项目的连续收入每月核算一次。

第三,经营所得。对于头部主播而言,市场上有为他们提供税收筹划方案的财税公司,主要是通过把个人经营所得转变为企业经营所得,享受更低的税率。个人独资企业是免征企业所得税的,只需缴纳个人所得税、增值税和增值税附加。在年营业额不超过 500 万元的情况下,属于小规模纳税人,增值税税率仅 3%,疫情期间降至 1%。年营业额超过 500 万元,为一般纳税人,现代服务业增值税税率为 6%。

三、网络主播偷逃税手段

(一)通过虚构业务转换收入性质来降低税负

不同性质的所得适用于不同的个人所得税率:工资薪金所得和劳务报酬属

于综合所得，适用于3%～45%的累进税率；股息、红利、偶然所得适用于20%的比例税率；如果主播收入作为个体工商户、个人独资企业、合伙企业的经营所得，适用于5%～35%的累进税率。由于目前税法对于网络主播的收入性质没有准确界定，为一些网络主播将工薪、劳务报酬等综合所得收入转为经营所得或股权投资所得提供了可乘之机，从而达到偷税避税的目的。

（二）滥用核定征收和地方税收优惠降低税负

核定征收是指由于纳税人的会计账簿不健全、资料残缺难以查账或者其他原因难以准确确定纳税人应纳税额时，由税务机关采用合理的方法依法核定纳税人应纳税款的一种征收方式。我国税法规定核定征收的初衷是为了简化手续，降低征管成本。在实践中，一些网络主播通过成立工作室、个人独资企业，利用核定征收方式来大幅度降低税负。

有些网络主播会滥用地方为招商引资所提供的税收优惠，将公司注册在园区内，没有进行任何实质性经营活动，却享受了当地的税收优惠政策，比如采用核定征收降低税负成本和返还部分企业所得税、个人所得税等的方式。

（三）签订“阴阳合同”隐藏真实收入

一些超高收入的网络主播为了偷逃税，会签订“阴阳合同”，备案的合同价格远低于实际成交价格，从而达到偷税避税的目的。

除此之外，一些主播会采用“虚假”方式进行偷逃税，如采用实物福利或报销的方法、将部分收入由低收入员工代为领取、虚构发票用于抵税、定向分红等。①

四、税务大数据稽查偷逃税

第一，通过对网络主播每场直播销售数据进行监测。

第二，结合每件商品的销售提成进行测算，大致预计出网络主播的单场销售收入与应缴税款。

第三，结合税务系统打通后可查询获得真实缴税记录，对比具体纳税主体的应缴税款与实际缴税额度，如果两者之间出现较大的收入差距，便可基本确定存在偷逃税情况。

第四，针对“问题主播”开展针对性调查，对银行系统间资金额度等财务数据进行审核，如果资金情况与纳税比例严重不符，且无合理理由陈述，便可基本确定该人员存在偷逃税行为。②

五、关于网络直播行业税收事件的反思

2021年9月，税务部门开始加大对直播行业的抽查力度。2021年11月22

① 肖京．如何完善网络直播行业税收治理[J]．智慧中国，2022(01)：43-45.

② 薛鹏．薇娅被罚：直播不是法外之地[J]．方圆，2022(01)：60-63.

日，国家税务总局杭州市税务局发布公告称，朱宸慧、林珊珊两名网络主播在2019年至2020年通过设立多家个人独资企业，将本应按照个人工资薪金和劳务报酬所得缴纳个人所得税的所得虚构为个人独资企业的经营所得，以达到偷逃个人所得税的目的。对比朱宸慧、林姗姗、薇娅三位网络主播逃避缴纳税款案可以发现，网络主播偷逃税款的途径大致为：设立多家个人独资企业，将个人工资薪金和劳务报酬所得虚构为个人独资企业的经营所得，利用个人所得税综合所得七级超额累进税率和经营所得五级超额累进税率差实现逃避缴纳税款。网络直播行业涉及主体数量众多，若因个别主播偷逃税行为而引发整个行业实际税负不公正，可能导致其他行业纷纷效仿，不利于营造公平竞争的税收环境。

分析薇娅的逃避缴纳税款案还可知悉，薇娅及其丈夫听信所谓"合理"税收筹划的建议，采取违法手段进行"税收筹划"，结果被认定为偷逃税款的行为是非常不明智的选择。作为直播行业的头部主播，这一次处罚也给其他主播敲响了响亮的警钟。自2021年9月开始，多地税务部门发布声明，若网络主播在2021年年底前主动报告并纠正涉税问题的，税务部门可以按照通知要求从轻、减轻或者免予税务处罚，而对于拒不自查自纠或者自查自纠不彻底的，税务部门将依法依规严肃处理。依法纳税是每个公民应尽的任务，网络主播应把握机会，自觉补缴税款，依法履行纳税义务。对于直播平台及第三方机构而言，在此案件查处曝光后，应进一步认识到其在整个行业中的引导、监督义务，应认真履行个人所得税代扣代缴义务，督促网络主播按照个人所得税税法及相关规定进行申报，不能抱有侥幸心理，更不能为网络主播逃避缴纳税款出谋划策。

同时，为了进一步加大文娱领域的税收综合治理，2021年9月，国家税务总局办公厅发文要求加强文娱领域从业人员税收管理，网络主播成立的个人工作室应采用查账征收方式申报纳税，改变目前大多数主播选择"核定征收"方式申报纳税的方式。因此，主播应做好"查账征收"的准备，积极配合税务机关，与第三方机构平台合作。国家应尽快设立适应直播行业特色的财务管理制度，对直播电商涉及的坑位费、推销佣金等多种收入进行规范核算，为网络主播依法纳税提供基础保障①。

① 北京大数据协会财税大数据专业委员会，中央财经大学税收筹划与法律研究中心，中国社科院大学税收政策与治理研究中心，众合云科政策研究中心．网络主播税收治理研究报告（2021年）[R]. 2022-06-02.

第八章 专业性的服务业——医疗卫生服务贸易

专业服务，一般是指当事人一方运用自己的知识、技术、经验和有关信息，采用科学的方法和先进的手段，根据委托人的要求对有关事项进行调查、研究和分析等，并提供可靠的数据、法律依据、客观的论证、判断和具体意见。

WTO 把专业服务贸易列为商业服务贸易的一种，具体包括以下几方面：医疗与牙科服务；兽医服务；助产、护士、理疗与护理人员提供的服务；法律服务，如律师业；会计、审计与簿记服务，如会计师、审计师等；税收服务；建筑服务；工程服务；综合工程服务；城市规划与风景建筑服务；其他专业服务等。

医疗卫生是服务领域中一个重要且特殊的行业。关系国民健康、社会稳定和经济发展的全局。本章主要就专业性服务贸易中的医疗服务贸易进行系统的阐述。

第一节　医疗卫生服务贸易的基本内容

医疗卫生服务贸易是专业服务贸易的组成部分之一，改善和发展医疗服务贸易，既可以增加外汇收入，又可以改善投资环境，促进经济繁荣，加强国际的友好往来与合作。因此，医疗服务贸易受到各国政府特别是发展中国家政府的高度重视。

一、医疗卫生服务贸易的概念与特点

(一)公共卫生与医疗服务

1.公共卫生的基本概念。公共卫生(Public Health,也译为公众卫生)是从社会意义上来理解卫生的,它涉及的是与社会公众健康有关的问题,而且公共卫生也与政府的职能有关。

公共卫生虽然是一个公众十分熟悉的概念,但要准确地给它下一个定义却并不容易。在《WTO与公共卫生协议案》中,公共卫生分为八大类:第一类是传染病的控制;第二类是食品的安全;第三类是烟草的控制;第四类是药品和疫苗的可得性;第五类是环境卫生;第六类是健康教育与促进;第七类是食品保障与营养;第八类是卫生服务。

2.医疗卫生服务贸易的含义。医疗卫生服务贸易,是指国际交易的商品在医疗业方面劳务的交换,是一种特殊商品的交易,既包括本国病人的出境治疗——国际支出医疗,又包括外国病人入境治疗——国际收入医疗。

WTO秘书处认为,根据《服务贸易总协定》关于服务的分类,医疗卫生服务属于"可自由提供的服务"范畴。保护医疗卫生部门的做法有悖于WTO的根本原则。世界银行也积极支持公立部门私有化,认为"公立服务是世界消除贫困的一大障碍"。WTO、世界银行和国际货币基金组织等机构在推动跨国公司进入医疗卫生服务领域方面发挥了很大作用。

(二)医疗卫生服务贸易的特点

1.运行的综合性和整体性。医疗卫生服务运行的综合性,是指在医疗过程中支付货币购买医疗商品和非医疗商品,以满足其医疗消费的需要。这些医疗商品包括询问病史、检查、化验、诊断、处方、治疗、住院、转院、体检、计划免疫等;非医疗商品包括饮食、交通、游览、娱乐等。医疗服务包含着物质和非物质的多种产品的组合,因此,提供的医疗服务是综合性的服务。医疗服务的整体性则是指所有的医疗服务将围绕着患者治病的需要,无论有病无病、大病小病、急性病还是慢性病,均必须从服务质量和服务内容上满足患者的需要。

2.就地商品出口。在提供医疗服务的国家或地区,国际病员及其家属用于医疗、食、住、行、游、购、娱等方面的开支均用外汇支付。这种获得外汇收入的方式,实质上是一种就地出口贸易,即通过医疗服务的就地输出而引致的。

3.就地服务出口。病员及其家属除了要购买和消费医疗物质产品外,还要消耗其他活动形式的服务产品,这是因为医疗产品本身所含的服务劳动比重很高，比如，药房供应药品的服务，需要消耗医师开处方、药剂师配药、护士发药打针等其他活动。病员用外汇支付医疗服务费用，这样医疗服务劳动就具有就地服务出口的性质。

二、医疗卫生服务贸易的主要对象及范围

（一）医疗卫生服务贸易的主要对象

依据不同标准，医疗卫生服务贸易的对象主要可分为三类。

一是依身体状态差异可划分为健康者或认为自己健康的境外人员，患者或认为自己患病的境外人员。例如，某境外人员由于工作劳累而认为自己患有某种疾病，但经检查证实其并没有患病等。

二是依逗留时间长短不同可划分为过境、短期、长期和永久居留。例如，长期居住境外的人员需要计划免疫、定期进行健康检查等医疗服务。

三是依入境目的不同可划分为工作、学习、经商、治病等。例如，某境外病人为治疗某种疾病而慕名专程到某国去接受医疗服务。

（二）医疗卫生服务贸易的业务范围

医疗卫生服务贸易的业务范围大致可分为四类。

一是治病，因病而需要获得医疗服务的境外病人。

二是体检，健康或怀疑患病的境外人员要求进行定期或不定期的体检。

三是计划免疫，对境外人员进行强制性或有计划的免疫接种。

四是其他，如整形、康复、应用传统医学调整等。

（三）医疗服务贸易的四种模式

《服务贸易总协定》（GATS）将服务贸易分为四种模式，这四种服务贸易模式对应的医疗服务贸易具体类型包括：

1.跨境交付，包括合同研究组织（Contract Research Organization，CRO）、医疗抄录与远程放射影像外包、医疗账单与保险理赔（Medical Billing/Insurance Claim）、远程病理学（Telepathology）。远程医疗服务（Telemedicine）的方式主要是电子抄录与放射影像外包。医疗抄录业务包括历史和物理报告（History and Physical Report，H&P）、出院小结（Discharge Summary，DS）、手术记录或报告（Operative Note or Report，OP）、咨询报告（Consultation Report，CONSULTANTS）、病理报告（Pathology Report，PATH）和放射报告（Radiology Report）。

2.境外消费，主要包括医疗旅游（Medical Tourism/ Health Tourism）。

3.商业存在，包括医疗外商直接投资（Foreign Direct Investment in Health）。

4.自然人流动，即医疗服务专业人才的国际流动（Movement of Health Professionals）。

（四）中医药服务贸易的模式

开展中医药服务贸易，也需遵循跨境交付、境外消费、商业存在、自然人流动等服务提供模式，具体包括：

1.跨境支付。服务双方可借助移动通信设备开展中医药服务，无须面对面交易，如中医药远程会诊、远程教育、远程咨询或预约等。它可有效降低交易双方因空间距离支付的交易成本，节约双方时间成本。跨境支付属于无国界的新时期产物，中医药服务实施跨境支付可在提高工作效率的基础上降低支出，属于高科技服务贸易出口项目，值得倡导及应用。

2.境外消费，主要是指其他国家成员来中国接受中医药服务所产生的经济效益，包括吸引游客开展中医药医疗旅游、国外患者来我国接受中医特色治疗等。通过提供多种方式和高水平的医疗服务资源吸引国外游客，结合我国旅游、教育及人力资源，增加中医药服务国际吸引力，提供复合型中医药服务。

3.商业存在，是指我国境内自身具有一定能力的教育机构、文化机构、医疗机构等在海外开展投资或建立相应的中医药服务商业实体等。该类型对资金要求相对较多，且各个国家存在不同的准入原则。我国中医药海外服务型商业的建立相对薄弱，多数为中小型诊所，鲜有大额资本投资，主要与各国资本要求高、要求复杂以及对国外发展状况不了解等有关。

4.自然人流动，是指我国从事中医药科研、教育、医疗等方面的人才，前往其他国家提供中医药服务的行为。随着海外中医药服务从业人数的增加，可为开展中医药服务贸易提供人才，为海外传播中医药提供力量。

第二节　公共卫生服务政策

公共卫生领域是一个十分特殊的领域。这不仅表现在选择不同的公共卫生项目可能带来大相径庭的效果，而且各种因素造成医疗服务市场的市场失灵也使得问题变得更为复杂。因此，政府的政策调控是至关重要的。

在公共卫生的政策选择中，因有些公共卫生项目属于纯公共产品（如健康教育、环境卫生、饮水卫生和除害灭病等），这类项目具有明显的非竞争性和非排他性，一经提供，人人都可受益，并且很难向个人收费，因而通常需要由政府来提供。有些公共卫生项目则属于准公共产品(如计划免疫接种、传染病的治疗和戒烟服务等),这些项目并不具有明显的非竞争性和非排他性,却具有很强的外部性,即一部分人对该种产品的消费可以对不消费这种产品的人产生有益的影响。也就是说,直接受益者对消费效益的估计要比其社会效益小得多,因而消费者对这类项目的需求量总是小于社会的最佳需求量,如果单靠市场机制提供这类项目,常常会出现需求不足和供给不足,这类项目也必须由政府提供或调控。有些公共卫生项目则更多地带有私人产品的性质(如基本医疗服务),因为绝大部分医疗服务是具有竞争性和排他性的①。其效用不仅取决于消费者自己购买的商品和服务的质量,也取决于其他人购买的一定商品和服务的数量(如医疗保健)。也正是由于这类项目更多地带有私人产品的性质,其开支往往是由政府和个人共同分担,其运作过程除了需要有政府的支持外,更多地引入市场机制也是十分必要的。

一、公共卫生政策的类型

从公共卫生项目的性质和特点出发,可以将政府的公共卫生政策分为以下三类。

(一)健康促进政策

健康促进是1986年在加拿大渥太华市召开的第一届国际健康促进大会上发表的《渥太华宪章》中提出的定义,即健康促进是促使人们提高、维护和改善自身健康的过程。根据这一定义,该宪章提出了健康促进的五点策略。

1.制定健康的公共政策。健康促进的政策由多样而互补的各方面综合而成,它包括政策、法规、财政、税收和组织改变等。健康促进政策需要确定在非卫生部门中采纳健康的公共卫生政策的障碍及克服的方法,其目的是必须使决策者能较易做出更健康的选择。

2.创造支持性环境。人类与其生存的环境是密不可分的,这是对健康采取社会生态学方法的基础。健康促进在于创造一种安全、舒适、满意、愉悦的生活和工作条件。任何健康促进策略必须利于保护自然和创造良好的环境。

3.强化社区性行动。健康促进工作通过具体和有效的社区行动而开展,包括确定优先、做出决策、设计策略及其执行,以达到更健康的目标。社区开发在于利用社区现有的人力、物力资源以增进自我帮助和社会支持并形成灵活的体制,促进公众参与卫生工作和指导卫生工作的开展,这就要求充分、连续地获得卫生信

① 这类项目之所以成为公共卫生项目,通常的解释是实现社会公平的需要,或者强调获得基本的医疗保障是每一个公民的基本权利。

息、学习机会以及资金支持。

4.发展个人技能。健康促进通过提供信息、健康教育和提高生活技能来支持个人和社会的发展,这样做的目的是使公众能更有效地维护自身的健康和他们的生存环境,并做出有利于健康的选择。

5.调整卫生服务方向。健康促进在卫生服务中的责任是要求个人、社区组织、卫生专业人员、卫生服务机构和政府共同承担,他们必须在卫生保健系统中共同工作以满足健康的需求。卫生部门的作用不仅仅是提供临床与治疗服务,更要坚持健康促进的方向,调整卫生服务方向也要求更重视卫生研究及专业教育与培训的转变。

简而言之,健康促进是一个使人们能够不断提高自身能力、改善周围环境从而促进健康状况的过程。健康促进不能等同于健康教育,虽然健康教育在健康促进中起着主导作用,但健康促进的概念要比健康教育更为广义。健康促进是指包括健康教育在内的促进行为和环境改变的组织、法律、资源支持等各项策略和活动。

(二)疾病预防和控制政策

健康促进也是一种疾病的预防与控制政策。但在疾病的三级预防中,健康促进强调的是第一级预防甚至更早的阶段,即避免暴露于各种行为、心理、社会环境的危险因素,全面增进健康素质,促进健康。而疾病预防和控制政策则主要是针对危害人民健康的重大疾病的预防控制和对暴发疫情、中毒及生物化学恐怖等突发公共卫生事件做出反应和处理的政策措施。

疾病预防和控制政策通常包括以下三个方面的内容。

1.加强公共卫生监测和分析。公共卫生监测既包括疾病信息系统的建设,通过疾病信息系统来收集相关疾病的发病或流行情况,也包括对居民健康需求的监测、生活行为以及其他的健康危险因素的监测,识别健康问题和确立优先领域。

2.及时对疾病暴发流行和突发公共卫生事件进行调查处理。这是公共卫生政策的传统功能,它具体包括对传染病的暴发流行进行调查及处理,也包括对食物中毒、生物恐怖和核污染等突发公共卫生事件的调查处理。

3.建立和实施疾病预防和控制项目。实施疾病预防和控制政策,不仅需要采取各种措施对疾病的暴发流行和突发公共卫生事件迅速做出反应和处理,而且需要建立和实施疾病控制和预防项目,对危害公众健康的重大疾病进行有效预防和控制,如母婴保健和计划生育项目、计划疫苗接种项目、地方病和职业病防治项目、慢性病研究防治项目,特别是在现代社会对人民健康危害极大的心脑血管疾病、恶性肿瘤、糖尿病的研究项目等。这些项目可以有效地节约公共卫生资源,具有显著的经济效益和社会效益。

二、基本医疗保障政策

政府的政策干预对于医疗服务市场本身是必不可少的,因此,公共卫生政策也包括政府提供基本医疗保障方面的政策。但由于基本医疗服务更多地带有私人产品的性质,医疗服务市场的运行有着自身的特殊性,政府的政策干预往往也存在多种选择。如果说对于健康促进政策、疾病预防和控制政策所涉及的开支,几乎在所有国家,政府都是主要的承担者,那么,在实施基本医疗保障政策时,不同国家的政府在承担开支上却有很大的差异,从而形成了不同的医疗保险模式。

从国外的实践看,医疗保险模式大致可以分为以下四种。

(一)全民医疗保险模式

采取全民医疗保险模式的国家有加拿大、英国等。其特点是政府直接建立医疗保险事业,并将税收的一部分拨给公立医院,由医院直接向居民提供免费(或收费)服务。其中,加拿大国家医疗保险制度的特点是:国家立法、中央和地方出资、省级管理。各省的医疗保险资金主要来源于联邦政府和各省的财政预算,各省独立组织、管理省内的医疗保险计划。保险内容上覆盖所有必需的医疗保险服务,医药适当分离。住院医疗保险和门诊医疗保险,除特殊规定项目外,公众可免费享受所有其他基本医疗服务。鼓励发展覆盖非政府保险项目的商业性补充医疗保险,凡非政府保险项目均可由雇主自由投保,其所属雇员均可免费享受补充医疗保险的投保项目。英国的医疗保障制度(又称国家卫生服务制度),属典型的全民医疗保险制度。与加拿大以税收备用金形式为主的保险模式不同,英国的医疗保险财源主要由国家提供,即政府通过税收提供免费服务(覆盖人口的87%)。但由于不能充分保证全体国民享有高质量的医疗服务,因此有少部分人群(12%)还拥有一些特殊专科范围的私人保险。

(二)社会医疗保险模式

采取社会医疗保险模式的国家有德国、日本、韩国、荷兰、哥斯达黎加等。德国是现代社会保障制度的发源地,是世界上第一个建立医疗保险制度的国家。1883年,德国首次通过了国家疾病义务保险法,随后又制定了工业事故保险、老年人和长期残疾保险及失业保险等,至今已经有比较完善的社会医疗保险模式。其特点是:社会健康保险体系与商业健康保险体系共存,医疗保险基金社会统筹、互助共济，主要由雇主和雇员缴纳，政府酌情补贴。西欧和南欧的许多国家都长期坚持这种强制（义务）性的医疗保险。目前，世界上有上百个国家采取这种模式，它对于保障绝大多数居民享有健康的权利起到了重要作用。

（三）商业医疗保险模式

采取商业医疗保险模式的国家有美国等。美国的医疗社会保险由三大部分组成：雇员（在职人员）的医疗健康保险，由私营保险公司经营；老年人医疗健康保险，由联邦政府保险局管理实施；贫困人口的医疗救助，由联邦政府卫生局管理实施。

（四）储蓄医疗保险模式

采取储蓄医疗保险模式的国家有新加坡等。新加坡从 20 世纪 80 年代开始实行全民保健储蓄计划，此后，保健储蓄计划的缴纳办法有了几次变化。在 1991 年，作为公积金的保健储蓄，每人每月缴纳月收入的 23%，另加雇主缴纳月收入的 22%（总公积金定额相当于雇员月收入的 45%），从此公积金中抽出相当于月收入的 6%（雇员、雇主各 3%）拨入保健储蓄账户。保健储蓄账户的“存款”可免税并获得利息，并规定其“存款”数的上限。新加坡的这种医疗保险模式以保健储蓄为基础，在强调个人责任的同时发挥社会共济、风险分担的作用。

从上述各种医疗保险模式中可以看出，各国政府在提供基本医疗保障上都起着重要的作用。大多数发达国家都有政府筹资或组织的针对全体人口的医疗保险制度，美国是所有工业化国家中唯一不给其全体国民以基本医疗保障的国家，但即使是在强调商业化运作的美国，也具有政府筹资和组织的老年医疗保险和穷困医疗保险。同时，医疗领域也是美国政府干预最多的领域。因此，提供基本医疗保障构成了政府公共卫生政策的重要内容。

显然，各国采取的不同的医疗保险模式各有特点，其形成具有历史的、文化的、政治的和经济社会的原因，收到的效果也各不相同，很难判定其优劣。其实，各国的医疗保险制度都有其优点，也存在着缺陷，目前还没有一种十分完美的医疗保险制度，几乎所有的国家都在进行探索和改革。

第三节　中国入世与医疗卫生服务的政策选择

一、中国入世与在医疗卫生方面所做的承诺

1999 年 11 月 15 日中美谈判达成《中国服务贸易承诺减让表》，我国卫生服

务部门承诺开放医疗和牙医服务两个部门。具体承诺如下：

在跨境交付方面，市场准入和国民待遇均没有限制；在境外消费方面，市场准入和国民待遇也都没有限制；在商业存在方面，市场准入和国民待遇均有一定的限制。

市场准入的水平承诺主要是：中国境内的外国投资企业包括外资企业（即外资独资企业）、合营企业（即中外合资企业）和中外合作企业；中外合资企业中的外资比例不应少于该合资企业注册资本金的25%；对于外国企业在中国设立分支机构，暂不做承诺，除非在部门承诺中另有规定。卫生领域的部门承诺是：允许外国服务提供者与中方合作伙伴一起设立中外合营合作医院和诊所，允许外资比例不超过70%，即外方可控股，但不可独资，且根据中国的实际需要，有数量限制。

国民待遇水平承诺主要是：在视听服务、空运服务、医疗服务方面，对于目前给予国内服务提供者的补贴不做承诺。卫生领域的承诺是，要求合营医院或诊所中，医生和医务人员的大多数为中国公民。

在自然人流动方面，市场准入除水平承诺和以下内容外，不做承诺：允许具有本国颁发的专业证书的外国医生在获得卫生部门许可后，在中国提供短期的医疗服务。短期医疗服务的时间为6个月，并可以延长至1年。国民待遇除水平承诺中的内容外，不做承诺。

从上述承诺或限制内容来看，我国卫生服务贸易的四种方式中，跨境交付与境外消费均没有限制，由于技术装备水平与居民支付能力的制约，目前也不可能成为主要的方式，对我国医疗机构不会形成大的冲击。影响较大、利益直接的是商业存在和自然人流动，这两种方式近年来已经有一定程度的开放，也在管理实践中取得了一些经验。

二、中国医疗服务贸易发展状况

1989年以来，卫生部门和外经贸部门制定了一系列我国开放卫生服务部门的政策，使中外合资合作医疗机构的发展态势达到平稳。

从国际、国内来看，卫生部门开放主要指的是医疗服务部门的开放。我国医疗服务市场属于开放较早的领域。1989年，卫生部和外经贸部联合制定了《关于开办外宾华侨医院诊所和外籍医生来华执业行医的几条规定》；1992年，卫生部制定了《外籍医生来华短期行医管理办法》；1994年2月，国务院发布了《医疗机构管理条例》，8月，卫生部发布了《医疗机构管理条例实施细则》；1997年，针对一些地方越权审批中外合资合作医疗机构以及管理混乱的情况，外经贸部和卫生部又制定了《关于设立外商投资医院的补充规定》，进一步规范外商投资医疗机构的审批工作。这些部门规章明确了外国公司、企业、医疗机构和其他经济组织或个人在中国境内同中方医疗机构或其他机构共同投资、共同经营合资合作医疗机构的政策，也明确了在国(境)外获得合法行医资格的外籍医师来华行医的管理办法，从而初步奠定了我国医疗服务市场开放的基础。

2000年，卫生部和外经贸部联合制定了《中外合资合作医疗机构暂行管理办法》(以下简称《管理办法》)，该办法基本以入世谈判中我国已做出的承诺为根据，符合WTO逐步开放的原则和要求。《管理办法》对中外合资合作医疗机构的设置条件、要求、标准、管理审批权限以及程序、执业标准等均有明确规定，是加强中外合资合作医疗机构管理的依据。

全球信息通信技术的进步在很大程度上解决了医疗服务供应方与需求方的距离障碍，成为服务贸易快速增长的一个新亮点。相比之下，我国医疗服务贸易起步较晚，不同类型的医疗服务贸易发展不均衡，中国医疗服务贸易四种模式的发展状况如下。

(一)跨境交付的医疗服务

CRO主要是指以发达国家为主的大型跨国制药企业将医药研发业务外包给新兴发展中国家。2013年全球CRO市场份额约500亿美元，占研发总投入的30%，年复合增长率为15%~18%。全球CRO业务份额最大的是美国，占据CRO市场份额的50%。新兴发展中国家以中国和印度为首，凭借其高素质但相对低价格的劳动力、大量临床试验群体及良好的医药市场前景，成为CRO市场的主要承接业务国。中国CRO市场规模在2012年已达到200亿美元，是全球CRO的首选地，目前仍保持每年30%左右的增长速度。

受新冠肺炎疫情影响，近年来华就医和留学人数锐减，但中医药服务出口收入依然稳健。自2019年中医药服务贸易统计试点工作启动以来，2019年纳入中医药服务贸易统计试点的中医药服务贸易机构213家，累计服务85.3万人次，收入4.2亿元人民币，在境内服务17.6万人次、收入1.9亿元，在境外服务67.6万人次、收入2.3亿元。截至2020年上半年，纳入中医药服务贸易统计试点的中医药服务贸易机构273家，累计服务36万人次，收入2.25亿元人民币，超出2019年半年平均值。其中试点机构在境内服务5.7万人次、收入0.55亿元，在境外服务30.3万人次、收入1.7亿元。

(二)医疗旅游

从客流方向看，早期的医疗旅游主要是发展中国家的患者为了获得更好的医疗效果前往发达国家就诊，现在则表现为双向流动，既有发展中国家的患者前往发达国家,也有发达国家的旅客前往发展中国家进行医疗旅游,主要原因是减少等候治疗时间与相对低廉的成本。我国的医疗旅游起步较晚,以医疗诊断和生活方式医学为主,高附加值的侵入性手术治疗旅游项目较少。

(三)医疗外商直接投资

2013年全球外商直接投资(FDI)比2012年增长9%,达25.5万亿美元,服务业的新增投资增长最快,占全球新增投资的57.3%。医药公司进行跨国并购的主要对象是发展中国家的仿制药生产企业、成功的医药研发公司与初创企业。发展中国家的医药跨国并购占全球的并购份额从2006年的不足4%提高到2012年的10%,2013年跃升至18%。外商直接投资的医疗服务以医院和医疗保险为主。

(四)医疗服务专业人才的国际流动

长期以来,医护人才的跨国流动主要包括医生、护士、助产士、药剂师和医学生等人才的跨国迁移,其中既有长期的移民也有短期的跨国提供医疗服务。由于人口老龄化,加上医护人才缺乏,发达国家通常通过优惠的培训项目或移民政策积极吸引发展中国家护士前往就业。与医生的流动方向不同,护士的迁移方向基本是从发展中国家到发达国家。由于医学教育与认证体系的不同,我国的医生移民数量有限,对外交流以医院医生和医学院校教师的出国访学为主,也包括部分医学专业学生海外求学与交流。

在全力参与国内疫情防控的同时,中国中医药服务贸易机构积极推动开展中医药抗疫国际交流合作。通过参与分享多语种版新冠肺炎中医药诊疗方案,参与举办近百余场视频会议和直播活动,覆盖148个国家及地区,共享中医药全程深度参与疫情防控、救治新冠肺炎患者的经验与做法;根据需求向10余个国家捐赠中医药产品,选派了近50名中医师赴25个国家和地区,帮助当地政府抗击疫情,开展中医药防控新冠肺炎疫情讲座,提供健康咨询;参与建设“全球抗疫中医药服务平台”,专门为海外华侨华人提供远程咨询服务和专业指导。

三、促进中国医疗卫生服务发展的政策选择

实践中,由于各国国情不同和发展不平衡,除了英国等少数高福利国家外,多数国家尤其是发展中国家还远远未达到“全民皆保障”的程度。因此,从各国基本医疗保障政策的发展趋势看,扩大保障范围、普及医疗保障已经成为政策的重点。

(一)要转变政府职能

政府对医疗服务领域之所以要进行干预,主要是由于这一领域存在着市场失灵和外部性问题,但过去30多年许多国家的政府对医疗服务领域干预的实践却显示,政府过多干预的效果并不理想。因为在政府干预下许多问题并未得到解决,如医疗费用失控、医疗服务体系效率低下等,所以,近年来一些发达国家医疗保障制度改革中有一个明显的倾向,即注重公共机制和市场机制的有机结合。

为此,政府应当对医疗卫生系统进行解析,针对各个子系统的社会属性与运行特征采取不同的政策。对于作为社会公共必需消费品的公共卫生、预防保健服务,政府应当增加投入,可以直接举办服务机构,满足全体社会成员的公共需求,体现社会公平。医疗服务主要是个人消费品,各级政府应当更多地让市场机制发挥调节作用,适应不同人群有差别的医疗需求,同时,集中有限的财力、物力主要用于扶贫济困,消除弱势群体在医疗消费方面的后顾之忧。

从世界医疗服务业的发展状况来看,放松行政管制、引导公平竞争是一种国际趋势。尤其是在WTO框架下,经济全球化、自由化进程日益加快,有些国家甚至在公立服务、社会公共产品提供方面,也逐步尝试通过市场来配置资源,以克服政府管制带来的低效率状况。因此,政府要从"办机构"向"管服务"转变,从"全能型"向"效能型"转变。

(二)加快对医疗服务产业结构的调整

中国绝大部分医院属于国有事业单位,条块分割,产权多元化。医院的国有资产由财政部门、国家机关事务管理机构管理;医院的医疗质量、卫生准入资格等由卫生部门管理。其产权关系错综复杂,涉及卫计委、教育部、高校、当地政府等诸多部门。

为适应加入世贸组织后新环境变化的要求,现有公立医疗机构首先要按"属地化"原则调整管辖关系,中央与省、自治区两级政府举办的医疗机构应"下放"给市级(包括省级市与地级市)政府统一管理,以需求为导向,制定指导性而非指令性的、涵盖各种所有制形式的区域卫生规划,政府对于医疗、教学、科研相结合的,体现国家水平的区域中心医院、大学医院以及为全体居民提供初级卫生保健服务的医疗、预防、妇幼保健、公共卫生相结合的社区卫生机构重点投入。其他医疗机构不论原隶属关系,也不分营利与非营利性质,原则上均采取"补需方"为主的投入政策,利用市场机制来配置与调整医疗资源,逐步形成适应社会各层次需求、具有竞争活力的医疗产业结构。

(三)建立完善的医疗卫生保险制度

根据世界卫生组织的定义,健康不仅仅是不生病,而是在躯体、心理和社会方面的完满状态。世界健康调查涉及 7 个健康范围的测量,分别是活动性、自理能力、疼痛和不适、认知能力、视力、睡眠和精力、情绪,侧重于健康的“躯体和心理”方面,涉及日常生活、工作、精神与情绪等方面的情况。

第三次国家卫生服务调查资料显示,中国人口健康不安全可以具体概括为以下几个方面:①城乡居民患病人数高达 50 亿人次,近一半人未能就诊;②城乡居民未获得社会医疗保障者的比例在 80%以上;③妇幼人群和贫困地区人口不健康的问题十分突出;④各种不健康人群规模巨大;⑤中国有 2 到 3 亿人口没有安全水饮用,几亿人口缺少人类健康知识。

由上可见,中国公共卫生政策制定中最关键的是要建立和完善全民医疗卫生保险制度。1998 年,由国务院发布的《关于建立城镇职工基本医疗保险的决定》,实行社会统筹和个人账户相结合的社会医疗保险制度,无疑是符合中国国情的举措。

当然,对于大多数发展中国家来说,由于经济发展水平的制约,扩大医疗保障范围是一个漫长而艰巨的过程,在政策上既要积极促进又要量力而行。

(四)发展我国医疗卫生服务贸易的具体措施

在经济全球化中,参与国际贸易与分工是我国发展外向型经济的主要战略,服务贸易在发展经济的同时促进经济结构调整,创造就业岗位,提升专业人才素质。2015 年 1 月 28 日《国务院关于加快发展服务贸易的若干意见》强调发展服务贸易的重要性,重点培育包括研发设计等资本技术密集型服务领域发展。医疗服务贸易符合国家经济发展政策,也是提高我国医疗服务质量、促进行业发展的重要途径之一。大力发展医疗服务贸易,应结合我国优势,借助医药科技产业集群与企业并购,发展具有国际竞争力的医药研发外包企业,鼓励、支持包括 CRO 在内的医疗服务外包等技术密集型行业的发展。

医疗旅游方面,依托中医特色开展医疗旅游,与文化产业结合宣传我国传统中医药服务,开拓侵入性手术治疗的新市场。与医疗人才流动相结合,扩大我国医疗技术影响力并吸引海外医疗旅游患者。

发展我国商业存在模式的医疗服务贸易,一方面可以引进具有世界先进水平的医疗外商直接投资,探索外商合资甚至独资医院在国内的运营模式,另一方面鼓励与支持国内民营医疗企业发展海外业务,对具有良好品牌效应的中医药企业海外投资给予政策倾斜与支持。

扩大医疗人才的国际双向交流活动，特别是具有国际先进水平的医疗人才学术交流，通过“走出去”和“引进来”政策扩大医学院校海外招生规模，支持护理专业人才国际流动，出台多项优惠政策吸引海外医学专业技术人才回国就业。基于医疗服务的特殊性，在政策扶持的同时，应强化国际医疗服务贸易的监管。临床试验的医疗服务外包业务机构应遵循国家相关法律法规，保障临床试验数据的可靠性与真实性。合同研究组织与外资医院应设立医学伦理委员会，开展医学伦理审查与相应工作。各级卫生与药物监督部门应对开展医疗旅游的相关主体，特别是侵入性治疗的医院进行严格控制与监管。

医疗等传统服务因数字化转型变得可数字交付，跨境贸易可能性大大提升，智慧医疗服务应用前景广阔。在全球医疗行业面临医疗成本居高不下、医疗资源分配不均等问题的背景下，互联网、人工智能等技术打通医疗体系各环节、各链条，推动医疗资源的跨国界共享。例如，针对当前疫情全球大流行的蔓延肆虐趋势，由我国专家团队自主创新研发的疫情防控人工智能诊疗系统，全部无偿提供国际社会共享应用，以高科技的中国系统助力全球战“疫”行动。其中，新冠病毒感染自测评估系统通过民众回答问卷、智能化分析测评人感染风险，并提供是否就医建议，该系统提供英语、日语、韩语、波斯语和意大利语等多种语言版本。新冠肺炎人工智能诊断系统以中国确诊病例资料为基础，攻克特殊算法和病变范围立体定量等关键技术研发而成，该系统目前已分享到韩国、美国等国家。

（五）发展我国中医药服务贸易的措施

近年来，随着我国积极实施“振兴中医药事业”发展战略，中医药大健康产业规模持续提升。世界范围内针灸、中医诊所尤其是新型诊所广泛建立并快速发展，中医药类产品出口全面增长，助推中国中医药服务贸易发展。2020 年，中医药抗击新冠肺炎疫情效果得到国内外高度认同，“互联网+中医”等服务广泛应用，引领中医药服务贸易发展的新方向。

中医药服务发展可帮助我国吸收外来先进医疗技术，在为中医药发展注入力量的同时加强与其他国家资金、技术、信息的共享及交流，通过吸收各国先进理念、技术及经验，在互相借鉴及学习过程中共同发展进步。通过开展中医药服务，可推广传播中医药倡导的健康养生生活理念及生活方式，使更多人民了解中医药文化，提高中国文化影响力。中医药服务贸易属于我国服务贸易与高科技学科的结合体，可减少服务贸易逆差，加快服务转型，为中医药国际化发展提供保障。

1.加强中医药知识产权保护工作。国家《关于促进中医药服务贸易的若干意见》出台后，中医药服务贸易发展成为中医药界工作开展的重点。中医药服务属于特殊贸易类型，涉及领域较多，因此需要国家商务部、教育部等出台政策进行支持，确保中医药服务贸易工作的顺利推进。

2.建立科学化、标准化的指标体系。标准化是判定一个行业是否先进的重要指标，可推动行业健康、稳步发展。中医药标准化的实施不仅可推动中医药服务贸易发展，还可确保服务质量，提高服务安全性及业务水平。目前业界仍未针对中医药建立相应统计平台，不能有效及时分离和应用海量数据，导致中医药发展存在限制，因此应讨论建立针对性统计平台，通过资金投入及专业团队建设，建立中医药服务贸易商业化信息共享平台，为服务贸易的开展提供决策数据支持。

3.提高中医药服务贸易质量。中医药服务贸易可持续发展的前提保障为提高服务质量，我国海外中医药服务行业从业人员多未具备专业技能，存在较大潜在医疗风险，也会对我国中医药海外形象带来不利影响，因此应提高海外服务质量，确保中医药服务的可持续发展，通过提高自身竞争力吸引更多消费者。通过提高中医药服务贸易海外接受程度，鼓励具有发展能力的个人或企业在海外独立建设服务机构或在当地相关机构的辅助下建立中医医院等相关机构，增加中医药服务开展的海外影响力，通过创立相应海外中医药服务品牌，借助品牌效应带动中医药服务贸易发展。

4.鼓励相关人员从事中医药服务贸易工作。我国中医药服务未实现真正意义上的多元化发展主体，国家应鼓励相关人员从事中医药服务贸易工作，提高其积极性，借助政策性税收减免或红利等减轻中医药行业人员从业压力。应采用多种形式鼓励医疗机构共同参与，经国家统一规划协调，帮助相关机构提高执业水平及业务能力。要加强专业型人才培养，中医药服务贸易工作的开展，必然需要大量人才将中医药服务推广至海外，因此应加大复合型中医药人才的培养力度，可通过与各类学校联合统一规划，培养中医药服务贸易发展所需人才。

展望中医药服务贸易行业，随着《关于加快中医药特色发展的若干政策措施》等中医药相关政策的陆续出台，为中医药服务贸易发展创造了良好政策环境；受全球疫情影响，我国采取较为严格的入境措施，在未来相当一段时间内，境外消费类人数都会受到较大影响；中医药服务贸易机构将进一步大力拓展“互联网+中医药”模式，推动境外线下需求转移至线上，开展形式多样的医疗、养生、保健等中医药对外教学与培训，同时，境外中医药服务贸易机构会发挥中医药特色优势，提供中医药服务；首批中医药服务出口基地会进一步发挥示范效应，推动中医药服务贸易创新发展。

案 例

以“中国—阿联酋中医药中心”为基础，打造中东地区中医药服务贸易桥头堡

“一带一路”倡议是中国全方位对外开放大战略的重要构成。中医药作为我国独特的卫生资源、潜力巨大的经济资源、具有原创优势的科技资源、优秀的文化资源和生态资源，在经济社会发展的全局中有着重要的意义。

以中医药服务贸易方式促进中医药国际传播，打造利益交汇点，在促进中医药国际传播、促进世界健康福祉的同时，共同谋求在健康市场的利益，是题中应有之义，是塑造一带一路建设利益共同体的重要探索。

一、意义

以阿联酋为基础打造中东地区中医药服务贸易桥头堡，推进中医药在中东地区的发展，对“一带一路”建设有战略意义。

中东地区，是“一带一路”建设广大腹地的中心节点，辐射亚、欧、非，地理位置十分重要。在中东，阿拉伯联合酋长国，特别是阿布扎比—迪拜都市圈，是整个半岛最为开放的地区，是整个中东地区经济最发达、人均收入最高的地区之一。中医药服务作为已经纳入阿联酋卫生部认证归类的辅助医疗服务，正被阿拉伯本地市场和人口规模更庞大的外国人口特别是欧美人群所接受。迪拜对周边国家有很强的辐射力，以阿联酋为基础打造中东地区中医药服务贸易桥头堡，推进中医药在中东地区的发展，对“一带一路”建设具有重要的战略意义。

二、目标及进展

1.中东地区中医药服务贸易桥头堡建设目标。在阿联酋迪拜、阿布扎比建立中医医疗健康服务、中医技能培训、中药健康产品研发的项目基地。打通中药、中医人力资源进入中东的通路，建立面向中东的中医药市场营销网络。

把“中国—阿联酋中医药中心”打造成面向中东地区并向北非辐射的中医药服务贸易的枢纽，成为在中东地区推进“一带一路”倡议实施的有力抓手。

2.中国—阿联酋中医药中心一期建设的进展。中国—阿联酋中医药中心一期建设的目标：以商业存在的方式，在迪拜合资建立中医诊所，建立发展的基础和支点。同时，进一步熟悉市场环境、探索与当地资源合作模式和中医药服务在中东发展合适的商业模式，扩大影响，为进一步发展奠定基础。

中国—阿联酋中医药中心，以海上中医迪拜中心（诊所）为基础，于2017年11月正式挂牌营业。海上中医迪拜中心（诊所）是上海中医药国际服务贸易促进中心旗下国际医疗健康服务平台，整体输出“海上中医”海外中心的数字化远程诊疗平台和标准化技术中医干预模块，与阿联酋当地资源合作，联合投资建

立的股份制中医医疗运营实体。该中心将当地资源与国内资源结合,医生、理疗师主要从国内招聘并经过统一培训及当地中医师资格考试后进入迪拜中心工作。

中国—阿联酋中医药中心位于迪拜著名的朱美拉海滨大道,紧邻迪拜著名地标帆船酒店,面朝迪拜时尚运动区——风筝冲浪公园。该地区也是迪拜最大的医疗美容旅游区的核心地带,遍布各类型奢华酒店、顶级医疗中心、美容整形中心以及各类潮牌时尚购物中心,开办中医中心的地理位置甚好。

中心建筑为独栋小楼,庭院另配就诊车位。与迪拜其他高端医疗机构设置方式相似,是目前迪拜设施最好的中医中心。

中国—阿联酋中医药中心(海上中医迪拜中心)是当地合法的医疗机构,为当地中高端客人提供中医服务。同时,开展中医人力资源培训、开展中药贸易,提供配送服务。

中国—阿联酋中医药中心正式营业以来,已服务来自 20 多个国家的病人共计 6 000 余人次,治疗病症包括糖尿病、各种痛症、常见慢性病、小儿脑瘫、痛风、失眠、抑郁症及各类运动创伤,服务人群 90%以上为当地主流人群,满意率达到 95%。

成立以来,中心共完成 6 次中医药及文化类培训,同时寻求与当地教育考试机构合作,推进当地中医师资格认证的系统建设工作,以完善人才梯队建设。

中心开展海外中医药市场推广活动,致力于建设具有影响力的“六位一体”中医药海外服务和文化传播中心,积极参与中东地区最大的官方文化节活动“阿布扎比谢赫扎耶德文化节”。并且作为大会唯一中医医疗服务提供商参与“2018 Dubai Muscle Show”等活动,取得了良好的市场反馈。

经过数年的建设与推广实践,可以看出,以阿联酋为中心、建立辐射海湾国家及北非地区的中医药推广基地具有实施的可能性。

3.规划中的二期建设筹备情况。

(1)中国—阿联酋中医药中心(二期)已纳入 2020 年度国家中医药管理局国际合作专项,主要支持完成阿联酋中医药中心二期建设的商业规划,开发两款适合当地市场的、具有差异化竞争力的中医药服务项目。

(2)开发肥胖、关节痛两款面向中东市场的以中医特色外治技术为主要手段的服务产品,该工作已完成前期工作。满足国际市场需求的中医健康服务产品(服务包)是推进中医药服务贸易发展的关键要素。目前,两款中医特色技术服务新项目的开发已完成前期技术准备,正在开展临床验证、技术流程 sop(标准化)、治疗配套设备优化、与物联网结合共建医生辅助诊断系统等工作。

(3)制定中东地区中医药服务贸易拓展的商业规划。商业运营需要资本作为支撑，资本需要商业运营实现价值。完善商业模式，制定未来三年“迪拜—阿布扎比都市发展圈”中医中心发展的商业规划、投融资方案，初步规划：①在阿布扎比再建一个中医基地，与迪拜现有基地相呼应，迪拜未来以商业体系建设为主。② 阿布扎比基地以教育培训和中药检测、产品研发为主要功能，目前正在与当地有影响的大学沟通，把合作项目建在当地大学，从而为中医在中东地区提供人力和技术支持，保障持续发展。同时，以该项目为基础，逐步打通中医人力资源和中药产品进入中东市场的门户。③在阿布扎比—迪拜都市圈建立一个500亩的国际健康科技园区。目前，正在制定国内外联合的投融资方案，筛选合作伙伴，测算投融资规模。

三、当前工作推进中需要解决的问题

1.适合中东市场的中医药服务技术后备项目不足，提供的中医药服务产品的差异化竞争、本土改良还有待进一步探索。从当地常见病入手，针对不同人群调整方案，使其更具有竞争力。

2.中药及相关产品的贸易通路、相关法律不明晰，合法进口渠道不通畅。需要更进一步研究中东地区的相关法律和规定，积极开展区域合作，打通中药产品的贸易通道。

3.国内人力资源较难赴海外执业、当地中医师行医资质的考核受语言及考核项目的因素通过率偏低。未来将加强国际人力资源的培训工作，加强语言及沟通环节的培训，期望通过高层的沟通，对中医师行医资质的考核认定有一定突破。

4.中医药服务贸易的海外投资和融资，需要相关部门政策支持。

资料来源：上海市商务委员会．上海服务贸易发展报告（2021年）[M]．上海：上海大学出版社，2022.

第九章 国际服务贸易政策

随着服务贸易在对外经济交往中占据越来越重要的地位,世界各国都非常重视本国对外服务贸易政策的取向,服务贸易政策成为各国对外经济贸易政策的重要组成部分。

与国际商品贸易政策相类似,国际服务贸易领域也存在着自由主义和保护主义两种不同的观点,其反映在政策层面上,同样也表现为自由贸易政策和保护贸易政策。

在国际商品贸易政策制定方面,从政策目标看,贸易保护主义思想又可划分为两大类:一类出于本国利益的考虑,认为在某些情况下,通过保护可提高本国现在或未来的福利(如最佳关税论、幼稚产业论等);另一类则从收入再分配的角度出发,把贸易政策的制定解释成利益集团博弈的结果。

实际情况是,出于各种经济和非经济因素考虑,服务贸易既不可能出现古典式的纯粹自由贸易,也不可能出现传统的商品进口替代的保护贸易,有管理的自由服务贸易政策将成为各国政府的理想选择。由于服务贸易的标的具有特殊性,服务贸易政策工具或手段主要是以非量化的法律、法规、协议和条约等形式出现的。

第一节　国际服务贸易政策的演变

一、服务贸易政策的演变历程

国际贸易政策通常不会早于国际贸易，而只会与之同时或稍晚一些。各国制定国际贸易政策的出发点是国际贸易对其政治和经济等诸方面的影响，以及各国对待国际贸易的态度。不同时期和不同国家的国际贸易政策往往是极不相同的。

早期的国际服务贸易规模较小，项目单一，在全部服务贸易收入中，运输服务和侨汇等相关的银行服务就占70%以上。新的服务贸易内容如电信、计算机软件，甚至是信息高速公路、多媒体技术、知识产权类服务及其他与现代生活相关的服务，只是在第二次世界大战后才出现的，有些则是在20世纪80年代末、90年代初刚刚兴起的。因此，在贸易政策上，早期的服务贸易限制较少，再加上当时的世界政治经济体系主要由少数几个工业发达国家所操纵，所以，在全球范围内基本上采取的是服务贸易自由化政策。第二次世界大战后初期，西方国家为了恢复经济，从国外大量引进服务人员，并欢迎技术转让和金融服务入境，于是，服务贸易进入了有组织的、商业利益导向的发展阶段。这一阶段，美国作为世界经济的“火车头”，通过《马歇尔计划》和《道奇计划》，分别对西欧和日本进行“援助”，伴随着货物输出，大量的资金和技术等服务也输往境外，并取得了巨额的服务收入。在该阶段，发达国家总体上的服务贸易壁垒较少，但发展中国家对服务贸易表现得并不积极，相反却设置了重重障碍，限制境外服务的输入。

20世纪60年代以后，随着各国经济的迅速发展，普遍意识到服务外汇收入是一项重要的外汇来源。同时，基于国家安全、领土完整、民族文化与信仰、社会稳定等政治、文化及军事目标的考虑，各国均对服务的输出入制定了各种政策和措施。其中有鼓励性质的，但更多的是限制性的，再加上传统的业已形成的限制性经营惯例，从而极大地限制了国际服务贸易的发展。

由于服务贸易项目繁杂，方式多样，因此，规范它的政策和法规也就层出不穷，加之各国基于本国的发展水平和具体情况，又实施不同的管理手段，所以更加重了它的复杂性。如果说服务贸易自由化更多地体现于一些鼓励性的措施与法规的话，那么服务贸易的保护一般依靠一国政府的各种法规和行政管理措施等非关税壁垒来实施，很难对其加以数量化的分析。由于在壁垒和“合法”保护之间存在着许多“灰色区域”，所以服务贸易自由化目标的实现比商品贸易要困难得多，其中充满着不确定性和主观随意性。从国家角度来看,发达市场经济国家因其国内服务业竞争力较强,一般主张服务贸易的自由化,要求发展中国家开放服务市场,以便它们具有优势的服务业进入发展中国家的服务市场。服务业比较落后使在某些服务部门不具备优势的发展中国家则不得不进行保护,对发达国家的服务业进入本国服务市场做出各种限制性规定。但有时为了引进外资和先进的服务,不仅开放某些服务项目,还常常以税收减免等优惠鼓励外国的服务业进入本国市场。

二、服务贸易政策的自由化趋势

消除服务贸易非关税壁垒,推进服务贸易自由化的努力,从第二次世界大战以后就开始了。1950 年 9 月,欧洲经合组织(OECD)成员国之间曾缔结了一个多边结算协议《欧洲支付协定》,规定向有困难的会员国提供贷款,同时,接受了成员国提出的《无形贸易自由化法案》;1959 年,该法案又得到了进一步的完善。1960 年,OECD 在讨论其发展宗旨时曾明确表示接受欧洲经合组织的《无形贸易自由化法案》。20 世纪 70 年代起,面对巨额的货物贸易逆差和同样巨额的服务贸易顺差,美国开始积极推进服务贸易的自由化。在美国的压力和欧洲的协调下,1986 年,服务贸易被正式列为新一轮乌拉圭回合谈判的议题,1993 年,《服务贸易总协定》(GATS)终于达成,1995 年,该协定正式投入运行。GATS 的签署和实施是国际多边贸易体制推动服务贸易自由化的一个重大突破,它为参与服务贸易的国家提供了服务贸易国际管理和监督的约束机制,为服务贸易的发展创造了一个稳定的、具有预见性的、自由贸易的法律框架,服务贸易逐步自由化的原则为世界各国所接受,国际服务贸易获得了一个崭新的发展空间。

货物贸易自由化的进程表明,在多边贸易体制中,自由化步伐的快慢主要取决于贸易各方的态度。由于在多数服务行业,尤其是高技术服务业中具有明显优势,发达国家始终是服务贸易自由化的积极倡导者和推动者。随着服务贸易自由化的推进,信息、技术、广告和咨询等新兴知识密集型服务业将成倍增长,发达国家无疑是服务贸易自由化的最大受益者。对于服务贸易的自由化,绝大多数发展中国家的初始态度都是坚决反对的,发展中国家的许多服务部门,特别是关键性的金融部门和极具成长潜力的新兴部门,都属于弱小产业和幼稚产业,经不起国际市场的激烈竞争,过早的自由化不仅会导致这些部门的消亡,而且会危及国家安全,破坏国家经济战略的实施。迫于发达国家的压力,也为改变在谈判中的被动局面,加之新兴工业化国家获取了部分服务贸易领域的竞争优势,发展中国家先后改变了谈判立场,服务贸易协定得以最终通过。然而,这并不意味着发展中国家服务业的劣势和服务业发展的不利局面会因此得到改观。

理论界大都认为服务贸易的发展将是不断自由化的趋势，但是，考虑到发展中国家与发达国家在多数服务业中的悬殊差距，对于发展中国家服务业开放的诸多方面问题意见不一。一方面，按照国际贸易经典理论，贸易自由化将使贸易双方受益，世界福利水平提高。货物贸易的自由化实践证明了这一点，也在一定程度上证明了贸易自由化与发展中国家的产业成长和经济发展呈正相关。而且，对于多数服务部门而言，服务贸易的自由化意味着贸易直接带来或间接促进了一揽子直接投资。然而，另一方面，比较优势原则的静态效应也意味着服务贸易的自由化极有可能导致发达国家与发展中国家之间的差距进一步固化和扩大化。在制造业的对外开放中，发展中国家面临着始终处于国际化产业链条中的低附加值环节、始终难以摆脱附属地位的状况，这种状况使发展中国家在服务业的自由化问题上踌躇不决，制造业中关于国际分工与国际贸易对南北双方利益分配不公的结论同样存在于服务贸易之中。因此，关于服务贸易开放的得失问题难以统一，具体到不同的行业，关于行业是否开放以及如何开放的争论则更为激烈。

第二节　服务贸易自由化政策

服务贸易自由化本应包括所有服务贸易形式，但以美国为首的发达国家最为关心的是生产者服务贸易的自由化，如银行、保险、电讯、咨询、会计等。目前，世界各国都对其具有优势的服务部门实行自由化政策，而对处于劣势的服务部门则实施保护政策。由于各国服务业的发展水平不一，各国的政策也差异较大，于是服务贸易自由化的谈判一直为世界许多国家所关注。

一、贸易自由化与经济效益

自由贸易能促进国际分工，提高劳动生产率，使经济富有效率，这是早已为古典贸易理论所证实的结论。经济效益实质上指一种状态。当一个行业以最小的社会成本生产一定量的产品时，该行业产品的价格与将其提供给消费者而导致的社会成本间近似无差异，即生产者与消费者共同使他们的福利实现帕累托最优，以至于不可能改善其中一个经济成员的福利而不损害其他经济成员的利益①。

经济效益与经济政策的发展目标密切相关，发展目标是社会成员提高其今后商品和服务支配能力的努力方向，它们不一定与经济效益目标相抵触。生产

① 经济有效率并不要求所有国家都采用先进的生产技术。

率增长是经济发展的一项重要指标,生产率是指每单位投入或投入组合的产出水平,所以在静态意义上与技术效率指标一致。

衡量所有生产要素的生产率称为全要素生产率。全要素生产率的增加幅度可用产出增长率与投入增长率之差来表示,当产出比投入增长更快时,全要素生产率就会提高。在图 9-1 中表现为某技术无效率厂商的生产从 B 点移至最优生产边界上的 A 点。同样,也可能通过技术创新将最优生产边界即厂商的目标位置向右下方移动,这样,就可以通过较少的投入生产同等水平的产品。

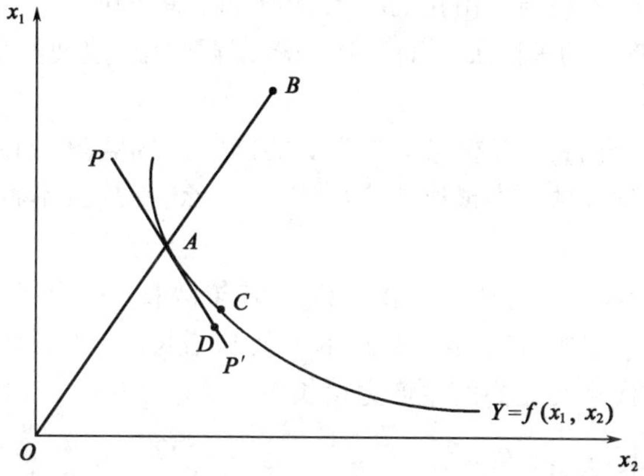

图 9-1 自由贸易与经济效益

如图 9-1 所示,假设一成本最小化厂商生产一定数量的产品 Y,由此需要两种进口的生产资料 x_1 和 x_2。等产量曲线 $Y=f(x_1,x_2)$ 代表最有效率地生产 Y 数量产品需要 x_1 和 x_2 的不同组合,等产量线上任何一点都是技术有效率点。然而 B 点相对于生产 Y 水平产品而言是有技术效率的,且 B 点的相对技术效率可以表示为 OB/OA。图中相对价格线 PP' 切等产量线于 A 点,A 点既有技术效率,又具有分配效率(C 点只具有技术效率)①。

在图 9-1 中,从 C 点移至 A 点,则可以使分配效率提高并降低生产成本,但并没有导致技术效率的任何提高。同样,对于 PP' 价格线而言,从 C 点移至新的位于最优生产边界且代表更高效率的 D 点可以提高生产率,但并不意味着分

① 分配效率是以生产要素的组合为出发点,它反映了要素的相对稀缺性。分配效率和技术效率的提高没有直接的联系。

配效率得到改善。故可以认为,强迫厂商面对国际价格的贸易改革与生产率的变化之间没有直接联系。

一般来说,贸易自由化可以排除阻碍新的合格生产者进入市场的壁垒,刺激那些有能力提供优质服务的厂商扩大生产,同时迫使那些能力有限的厂商退出市场。所以,贸易自由化是实现规模经济、提高经济效益的途径之一①。

通常认为贸易自由化与生产率增长之间为正相关关系,可以从以下三个方面来分析贸易政策与全要素生产率增长的关系。

(一)生产率的提高与自由化的联系

对于生产率的提高与自由化的联系有多种解释,例如:

其一,贸易壁垒的解除使厂商直接暴露在竞争中,迫使其更加努力地提高劳动生产率。

其二,自由化允许厂商参与更为广泛的国际市场竞争,如果这些厂商规模报酬递增且自由化导致厂商或行业产出增长,那么,平均成本将会下降,生产率得以提高。

其三,将宏观经济稳定性与自由化效应结合起来。一个稳定的宏观经济环境可以创造健康的投资环境和引发技术革新和增长,伴随更高的投资水平,出现更快的资本替代率和更高的生产力增长率。

(二)新增长理论

新增长理论属于研究长期影响经济增长率和生产率技术变革决定因素的经济理论之一。它分析了由于贸易自由化改变厂商经营的市场条件,包括可用技术、投资教育和研究的动机等,因而反过来贸易自由化会促进创新、技术变革和生产率增长的持续变化。

新增长理论强调提高生产率的技术变革的四种内生变量:提高专业化程度带来的收益;人力资本存量增大带来的收益;经验或实践中学习(边干边学)带来的收益;投资研究与发展带来的收益。并指出,在这四种内生变量中,正的外部效应或外溢效应导致更高的生产力增长率。

(三)服务的相关理论

许多理论都试图找到生产率增长与贸易自由化之间的联系,但没有一种理论是结论性的。此外,发展中国家实行贸易自由化后厂商和产业的经验事实与许多

① 将竞争引入严格管制下的行业,并不意味没有管制的竞争是服务的最优生产方式,贸易自由化的核心问题是如何使得管理与竞争能够最佳组合,从而保证消费者可以得到物美价廉的服务。

现行理论产生了相互冲突。因而，新增长理论也只是强调内生技术革新的结论只在某些情况下符合这种联系，并且这种分析多是针对制造业而非服务业而言的①。

二、服务贸易自由化的政策影响与选择

自由化政策的不同选择，在很大程度上会给贸易国带来不同的福利收益和成本。

（一）服务贸易自由化的宏观影响

无论对发达国家还是对发展中国家，服务贸易都是一把双刃剑，它既可能危及国家安全和主权，也可能因为能够提高国家竞争力而又最终维护国家安全。

1.服务贸易自由化与国家安全。这要从发达国家与发展中国家两方面讨论。

对于发达国家，服务贸易自由化主要从以下几方面影响国家安全：①可能削弱、动摇或威胁国家现有的技术领先优势，提高竞争对手的国家竞争实力；②可能潜在地威胁国家的战略利益，特别是潜在地威胁国家的长远军事利益；③可能造成高技术的扩散而给国家安全带来潜在威胁，因为服务贸易中包含大量的高技术要素或信息，一旦这些要素或信息扩散到其他国家或被恐怖组织掌握，则可能危及国家安全或民族利益；④可能危及本国所在的国际政治与经济联盟的长远利益。

对于广大发展中国家，概括起来，服务自由化主要从以下几方面影响国家安全：①可能对其幼稚服务业，特别是国有或国家控制的企业，造成毁灭性打击，不利于保护本国民族服务业，影响本国就业，动摇国家经济独立性的基础；②由于要取消对外国投资的某些限制，从而对本国金融服务市场稳定和安全构成潜在威胁，进而可能影响国家政权的稳定；③由于服务大量进口致使外汇外流，不利于发展中国家实现国际收支平衡目标，从而可能弱化国家的总体经济目标；④可能影响本国电讯服务市场的正常发展，这不仅可能弱化对国家政治、军事和经济机密的保护，而且可能侵犯国家主权；⑤可能威胁本国文化市场的安全，威胁本国民族文化的独特性和创造性，从而影响本国精神文化的正常发展。

2.服务贸易自由化与国家竞争力。服务贸易自由化推动服务部门专业化的发展，而服务部门专业化一方面产生规模经济效应，另一方面导致服务部门技

① 服务业通过自由化不仅可以提高分配效率，而且可以提高增长率幅度，因为服务投入直接有利于新技术的创新和吸收。在一定程度上国际服务贸易经常涉及生产要素而非产品要素的移动，它们更可能体现各种提高生产率增幅的越境外溢效应。因此，服务贸易自由化对提高生产率的技术创新扩散的冲击，很可能比没有要素移动的普通商品贸易自由化的直接效应更大些。

术标准化和服务综合化。这些均构成一国服务部门竞争力的基础。

总之,服务贸易自由化既与一些敏感性问题,如国家安全,特别是经济安全和文化安全密切相关,又对国家经济竞争力的提高发挥着越来越强烈和越来越广泛的影响。正因为如此,目前还没有一个国家愿意完全开放本国的服务市场,也没有一个国家倾向于执行严格的服务进口替代政策。

(二)发达国家服务贸易自由化的政策取向

发达国家对发展中国家开放本国服务市场的条件是以服务换商品,即发展中国家以开放本国服务市场为交换条件,要求发达国家开放其商品市场,而对于同等发达国家或地区,则需要相互开放本国服务市场,这就是所谓的“服务贸易补偿论”。

(三)发展中国家服务贸易自由化的政策取向

发展中国家能否从服务贸易自由化中获利,在很大程度上取决于其自身的政策取向。

发展中国家在服务贸易自由化的进程中,应注意两点:一是开放的基本步骤和顺序;二是每个基本步骤和顺序中涉及哪些服务部门或服务领域,它们对于开放服务市场的影响如何。

服务贸易自由化需要逐步进行,发展中国家在此进程中享有较大的政策操作空间。只要这些政策措施得当,发展中国家在服务贸易自由化中获取的收益就有可能超过损失。

第三节　服务贸易保护政策

对服务贸易的保护随着服务贸易在全球贸易中地位的日益突出而越来越为各国政府所重视。对服务贸易的保护无论在形式上还是在内容上,都远比商品贸易复杂和严厉。如何正确认识各国的服务贸易保护,通过谈判逐步开放各国的服务市场,实现服务贸易自由化,应成为迫切需要解决的问题。

一、服务贸易壁垒

服务贸易壁垒是指一国政府对外国服务生产者或提供者的服务提供或销售所设置的有阻碍作用的政策措施,即凡直接或间接地使外国服务生产者或提供者增加生产或销售成本的政策措施,都有可能被外国服务厂商认为属于贸易壁垒。服务贸易壁垒也包括出口限制。

（一）服务贸易壁垒产生的根源

自然垄断、非对称信息和经济外部性是服务贸易壁垒产生的经济学根源。

1.自然垄断。当某个行业或部门需要高额的原始投资和高技术的知识保障时，就必然将导致该行业或部门的自然垄断。投资于服务行业的条件原则上不是一种经济壁垒，但由于上述生产要素往往需要巨大的初始投资，因而可能阻碍其他竞争者自由地进入服务市场，从而形成自然垄断。

2.非对称信息。在国际服务贸易中，服务的双方之间可能存在错误信息或非对称信息。这些信息将导致道德风险和不利选择。因而，为保护国内消费者的利益，政府有必要采取谨慎的管制措施来保护消费者。

无论对自然垄断性服务行业，还是对竞争性服务行业采取管制措施，都将增加社会成本。这种增加的社会成本可能来自各种因素导致的管制失灵、与管制相关的费用的增加、由于管制滞后产生的损失等。一旦政府对某个服务行业采取管制措施，则消费者必须承担由管制带来的各种福利损失。假设消费者承担的福利损失（费用的增加）全部通过价格来转嫁，那么，在图 9-2 中，自然垄断性服务部门的平均成本将由于增加的管制成本而从 AC 上升到 AC'，平均成本费用形成的管制价格则从 OP_r 上升到 OP_r'。如此，$P_r'BCP_r$ 构成消费者承担管制带来的成本。显然，只有当管制带来的额外成本 $P_r'BCP_r$ 小于非管制垄断价格条件下生产者剩余 P_mJKP_r 与资源配置效率损失 JKI 之和 P_mJIP_r 时，政府管制才存在意义。

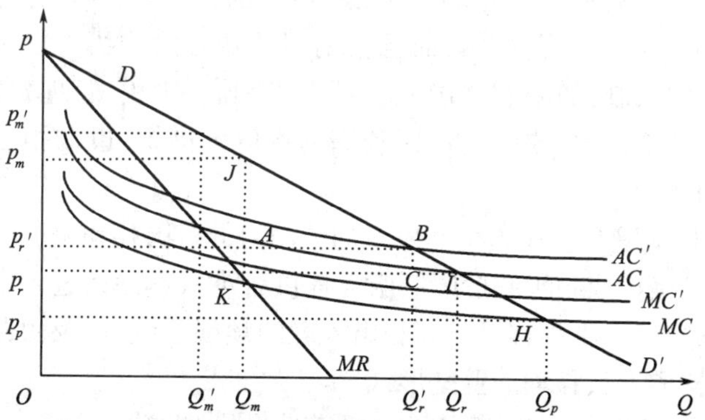

图 9-2　自然垄断性服务部门的管制成本与效益

3.经济外部性。如果消费者直接关注另一个经济代理人的生产或消费，那么，可以说这种经济情形包含了消费者经济外部性或外部效应。当某个厂商的生产可能性受到其他厂商或消费者选择的影响时，就会产生生产的经济外部性。

经济外部性最主要的特征是存在人们关注但又不在市场上出售的商品（如苹果园与养蜂场之间发生的正的经济外部性，工厂排出污水与养殖场之间发生的负的经济外部性）。在有限的竞争性市场中，一家厂商做广告势必迫使另外一家厂商也做相应规模的广告，以打破前者的市场垄断。然而，当竞争厂商发展到一定程度，巨大的研究与发展投入又会对其他中小厂商自由进入该服务市场构成自然垄断。

（二）服务贸易壁垒的种类及其衡量

1.服务贸易壁垒的种类。服务贸易壁垒的目的，一方面在于保护本国服务市场、扶植本国服务部门，增强其竞争力；另一方面则旨在抵御外国服务者进入，削弱外国服务者的竞争力。为便于理论分析，人们把服务交易模式与影响服务提供和消费的壁垒结合起来，将服务贸易壁垒划分为产品移动、资本移动、人员移动和商业存在壁垒四种形式。

（1）产品移动壁垒。产品移动壁垒包括数量限制、当地成分或本地要求、补贴、政府采购、歧视性技术标准和税收制度，以及落后的知识产权保护体系等。

（2）资本移动壁垒。资本移动壁垒的主要形式有外汇管制、浮动汇率和投资收益汇出的限制等。外汇管制主要是指政府对外汇在本国境内的持有、流通和兑换，以及外汇的出入境所采取的各种控制措施。外汇管制将影响到除外汇收入贸易外几乎所有的外向型经济领域，不利的汇率将严重削弱服务竞争优势，它不仅增加厂商的经营成本，而且会削弱消费者的购买力。对投资者投资收益汇回母国的限制，如限制外国服务厂商将利润、版税、管理费汇回母国，或限制外国资本抽调回国，或限制汇回利润的额度等措施，也在相当程度上限制了服务贸易的发展。

（3）人员移动壁垒。作为生产要素的劳动力的跨国移动是服务贸易的主要途径之一，也自然构成各国政府限制服务提供者进入本国或进入本国后从事经营的主要手段之一。种种移民限制和出入境的烦琐手续，以及由此造成的长时间的等待，都构成人员移动的壁垒形式。

（4）开业权壁垒。开业权壁垒又称生产者创业壁垒[①]。

① 一般地，即使外国厂商能够在东道国开设分支机构，其人员构成也受到诸多限制。除移民限制外，政府有多种办法限制外国服务厂商自由选择雇员，如通过就业法规定本地劳工比例或职位等。有些国家还规定专业人员开业必须接受当地教育或培训。

按照“乌拉圭回合”谈判采纳的方案,服务贸易壁垒又可分为两大类:影响市场准入的措施和影响国民待遇的措施。虽存在某些无法归入以上两大类的其他措施,如知识产权等,但人们认为现在应集中探讨市场准入和国民待遇问题。市场准入措施是指那些限制或禁止外国企业进入国内市场,从而抑制市场竞争的措施。国民待遇措施是指有利于本国企业但歧视外国企业的措施,包括两大类:一类为向国内生产者提供成本优势,如政府补贴当地生产者;一类是增加外国生产者进入本国市场的成本,以加剧其竞争劣势①。

2.服务贸易壁垒的衡量。对服务贸易壁垒的衡量,实质上就是对服务贸易壁垒政策水平、影响及有效性的数量评估。目前,衡量贸易政策保护程度的指标主要有三种:名义保护率、有效保护率和生产者补贴等值。

(1)名义保护率(NRP)。名义保护率是衡量贸易保护程度最普遍使用的指标。它通过测算世界市场价格与国内市场价格之间的差额,衡量保护政策的影响。世界银行将名义保护率定义为:由于保护引起的国内市场价格超过国际市场价格的部分与国际市场价格的百分比,即:

$$NRP=\frac{\text{国内市场价格}-\text{国际市场价格}}{\text{国际市场价格}} \tag{9-1}$$

如果一国对某种商品仅仅采取边境管制措施,名义保护率的测度方法在评估贸易政策对产出水平的影响方面是有效的。在仅使用关税的情况下,可用名义保护率衡量有关商品的关税等值。但并不是所有的政策效果都可以通过价格差异来测度。在服务贸易领域,各国服务价格的差异往往不仅仅是由关税壁垒引起的,还与要素禀赋、技术差异、规模经济和不完全竞争等因素密切相关。服务贸易大多难以使用关税手段进行保护,从而也就限制了 NRP 在衡量服务贸易保护程度方面的作用。

(2)有效保护率(ERP),又称实际保护率。将有效保护定义为包括一国工业的投入品进口与最终品进口两者在内的整个工业结构的保护程度。若这一结构性保护的结果为正,则其关税保护是有效的;反之,则是无效的。由此可见,一国的关税政策是否有效,不仅要看其最终产品受保护的程度,而且要看受保护产业的进口中间产品是否也受到了一定的保护,从而使得该产业的实际保护为正②。有效的关税保护取决于一个产业所面对的实际关税,而实际关税则是由中间产品(投入)与最终品(产出)的关税共同决定的。有效保护率就是用来衡量投入和产出政策对价值增值的共同影响的指标,即:

---

① 将贸易壁垒以影响市场准入和国民待遇为原则进行划分,也是较为有效的分类方法。现有国际贸易理论一般从外国厂商的市场准入和直接投资环境两大角度来分析贸易自由化的影响。

② 这实际上也就说明,许多政策不仅影响产出价格,而且还影响投入价格。

$$ERP=\frac{\text{国内加工增值}-\text{国外加工增值}}{\text{国外加工增值}} \qquad (9-2)$$

$$ERP=\frac{\begin{matrix}\text{最终品名}\\\text{义保护率}\end{matrix}-\frac{\text{中间品价格}}{\text{最终品价格}}\times\begin{matrix}\text{中间品名}\\\text{义保护率}\end{matrix}}{1-\frac{\text{中间品价格}}{\text{最终品价格}}} \qquad (9-3)$$

由式(9-2)和式(9-3)可见,计算服务贸易的实际保护率,需要获取有关服务业的投入—产出系数等信息资料,这些详细的信息资料往往难以获得。另外,实际保护率并没有反映导致产出扭曲的所有政策的效果,所以影响生产要素价格的因素可能在价值增值中没有得到反映,因而没有被包括在实际保护率的计算中,这其中包含了在衡量商品贸易领域的保护程度广泛采用的国内资源成本(DRC)的计算①。

(3)生产者补贴等值(PSE)。生产者补贴等值或生产者补贴等值系数方法最早被经济合作与发展组织用于对其成员国农业政策和农产品贸易的分析报告。随着这一衡量方法在许多国家的运用过程中被改进提高,尤其是在“乌拉圭回合”多边贸易谈判中被广泛接受后,正在日益受到重视,并不断完善。

生产者补贴等值是用来测算关税和非关税壁垒,以及其他与分析相关的政策变量保护程度的一种衡量指标,它是对政府各种政策,包括支持、税收和补贴等总体效应进行的评估。通常可用两种方法获得生产者补贴等值:一是通过观察政府政策的预期效果;另一是通过观察政策措施引起的国内外价格的变动。

生产者补贴等值方法是通过比较国内价格与国外价格的差异来考察一揽子政策的净效果,考虑贸易政策的总体影响,而不仅仅考察单个政策的效果,它测算的是政府政策给予生产者的价值转移量或政府政策对生产者收益的贡献。在不同的时期,不同的国家,甚至不同的领域,生产者补贴等值是不同的。

二、国际服务贸易保护政策及其效应

(一)服务贸易保护政策的效应分析

服务贸易保护是由关税和非关税措施共同构成的,在此,从这两个方面分析服务贸易保护政策的效应。

1.关税效应分析。服务贸易的关税效应具有其特殊性,即在考虑服务市场

① 国内资源成本常以国内生产一单位商品的资源成本(以资源的社会机会成本衡量)与以外部价格衡量的该商品的增加值之间的比例来表示。但计算国内资源成本,需要大量的与要素市场政策和要素产出系数有关的技术信息,这在服务贸易领域是不可行的,也是不现实的。

本身的关税效应的同时,还要考虑与之相联系的商品贸易市场的关税效应。

(1)关税的一般效应。为与商品贸易比较,现仍讨论一国 H 国为小国和大国两种情形。图 9-3 为世界总资本和总劳动在两国间进行分配的埃奇沃斯盒状图。K_h 和 L_h 分别为 H 国以 Q_x 为原点的资本和劳动禀赋。H 国的 K 禀赋相对丰裕,且 Y 为 K 相对密集型商品。图 9-4 中,T_hT_h'和 T_fT_f'为 H 国和 F 国的生产可能性曲线。商品自由贸易时两国分别在 C_h 和 C_f 点消费。当 F 国具有同样的贸易三角时,H 国在 C_h 点消费是因为出口 Q_hB 的 Y,进口 BC_h 的 X。

图 9-3 中,由于假定消费相似,包含在两国消费向量中的 K 和 L 要素必位于对角线 Q_xQ_y 上,且各国生产价值必等于消费价值,故包含于产品中的要素价值等于包含在消费中的要素价值。如此,则经过 E 点且以均衡要素价格比率为斜率的直线,将给出在对角线上 C 点处包含要素的两国消费。

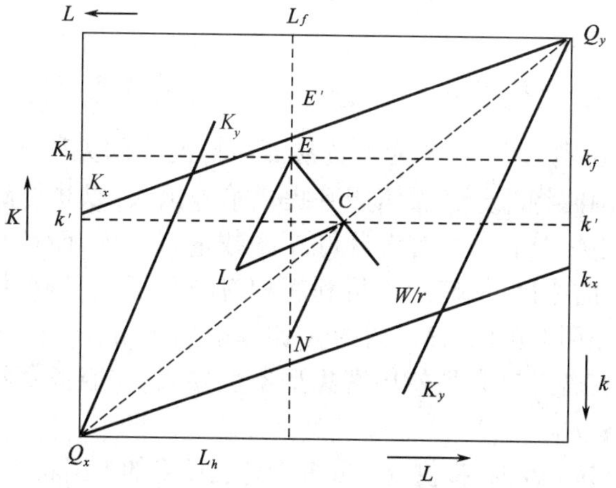

图 9-3 资源配置与国际贸易

在图 9-3 中,K_y 和 K_x 分别为产业 Y 和 X 的资本—劳动力比率,它们分别对应于图 9-4 中在 Q_h 和 Q_f 点上的均衡生产。通过画出与 K_y 平行的 EL 线和与 K_x 平行的 LC 线,就可确定包含于商品贸易中的生产要素(EL 线和 LC 线分别给出图 9-4 中生产 Q_hB 和 BC_h 所需的要素)。图 9-3 中的要素流三角 ELC 决定图 9-4 中包含在商品贸易三角中的要素流动。

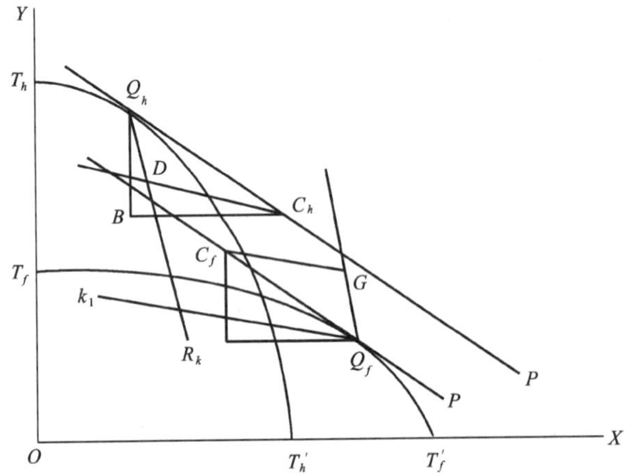

图 9-4　关税一般效应

其一,假定H国为小国(X为可贸易商品情况下的关税效应)。如果H国自由贸易,它在国内将部分K要素服务提供给外国人,以获得商品X的某些收益。当对X征收关税时,K所有者获得X的数量将减少,而且与提供这种服务给外国生产者之前相比,他们的可得利润相对减少了,于是重新对要素服务进行配置,并将其撤回至国内,使国内的K比以前更充裕,P_x/P_y和w/r的值都变大了。由此得出:若进口商品使用密集型不变要素,在服务贸易中关税将产生一般的商品价格效应。

当Y为可贸易商品时,提供资本服务给外国厂商的本国获得一定单位的Y商品的收益。当对Y征关税时,国内K的所有者发现,在国外获取要素服务的价格下降了,因而将更多的要素服务配置回本国,增加了K的供给,P_x/P_y和w/r值上升。因此,如果进口商品使用密集型可变要素服务,关税将降低进口的相对价格。

上述两种情况表明,当资本为可变要素时,无论进口何种商品,关税都将提高劳动密集型商品的价格。另外,关税还影响国内要素的收支。无论对X还是对Y征收关税,K的收益都将下降,而不变要素L的收益将上升,即劳动力都将得益于关税。在贸易自由化情况下,无论进口哪种商品,可变要素资本所有者的境况都会改善。

其二,假定H国为大国。如果贸易条件不变,关税将减小(图9-4中H国的贸易三角),而且,相对于进口价格,K的国内价格将上升,从而使国内消费者福利有所增加，并有可能超过自由贸易时的水平，这样一般存在最优关税率。根据勒纳对称性原理，对资本服务出口征税与对进口品征税的影响一样。当进口要素服务时，关税则起到对汇回的服务收入征税的作用①。

（2）关税的道德风险效应。关税积极的一面是保护了国内幼稚服务，使之尽快发展，积聚优势，得以与外国竞争者相抗衡；它的消极一面则是约束了国内消费者选择服务厂商的自由，受到保护的国内服务厂商形成了一种惰性，必然会凭借私人信息的隐蔽性提供低成本、低质量的服务。

格罗斯曼和豪恩是通过一个完全竞争的局部均衡模型，来分析关税和信息不对称导致的信息壁垒及其对服务部门产生道德风险行为影响的。假设某经济竞争过程分两个阶段，只销售和消费一种经验商品。在第一阶段，国内服务消费者必须在国内和国外服务厂商之间进行选择。第一阶段开始时，消费者了解现有厂商销售的外国服务产品的质量水平，但如果国内服务产品的质量高于某个最低临界质量水平，国内消费者就难以区分出哪个是国内服务产品。这样，本国的市场进入者将不会提供低于这个最低临界质量水平的服务产品。本国厂商提供高质量服务产品的动机与其成本相联系。低成本厂商试图提供高质量服务，以此提高服务声誉而获得长期利润最大化。相反，高成本厂商可使其在第一阶段的利润最大化，因为他们有动机选择提供低质量服务和不令消费者满意的服务。这类厂商属于低信誉厂商，其信息一旦被消费者识破，它们在第二阶段的市场上将处于不利地位。然而，在第一阶段中，国内服务厂商的服务质量一般不为消费者所了解。这样，在服务市场上就出现"次品市场"模型中逆向选择的结果（即低质量服务驱逐高质量服务，使服务质量与价格的关系被扭曲）。

总之，若国内厂商不能有效地对其服务质量发出信号，则暂时性的关税保护难以对国内厂商提高服务质量产生刺激，由这种关税引发的边际进入将减少消费者剩余。若厂商能够对其高质量服务发出信号，永久性关税保护同样会降低国内福利，因为对信号的投资提高了额外资本投资水平。

除上述关税壁垒外，政府管制、补贴、配额和许可证制度是四种最为常见的服务贸易非关税壁垒。

2.政府管制。假定图 9-5 中的服务市场是受政府保护的保险市场，P_C 为政

① 这说明：第一，对外国人获取的资本服务收入征收比国内资本服务收入更高税额的行为，都是变相地征收关税，服务贸易自由化要求减少这种额外税收。第二，如果与服务出口国进行关税战，那么，拥有大量服务进口商的国家可能会对来源于外国的收入保留差别税，即国内税收制度可以在一定程度上发挥贸易政策的作用。在交换一种商品以获取一种要素服务的模型中，关税等于对进口商品征收的消费税加上对资本服务征收的国内要素收入税。

府管制的保险费率，P_E 为均衡保险费率，I_C 为保险服务销售量，I_E 为保险政策的均衡数量；保险公司的租金为 $W+X$（X 为外国保险公司所获利），三角形 Y 为福利损失。它表明，不同政策对国家福利的影响，来自它对保险市场各种因素的影响。若允许外国保险公司进入并分享一定的市场份额 I_iI_C，且政府通过对保险费率的管制继续对保险市场进行保护，则（$Y+X$）将是该国总的福利损失。可见，既允许外国服务厂商进入，又对本国服务价格进行管制时，国家福利可能变得更差。若政府放松对国内保险服务市场的控制，允许更多的竞争厂商进入，则保险公司在管制条件下获得的税金将流入购买者（即投保人）手中，增加竞争将获得更多的福利收益 Y。此外，在竞争性保险市场上，国内保险公司将向外国同行学习，从而使国内保险公司不断提高技术水平，进行制度创新和管理创新。这些将使国内总供给曲线 S（国内外供给之和）移到 S'，此时的国家福利为（$Y+Z+$部分 Z'），显然大于没有外国厂商进入时国内管制的福利收益 Y。即政府管制虽保护了国内服务市场，却可能因抑制竞争而导致福利损失。

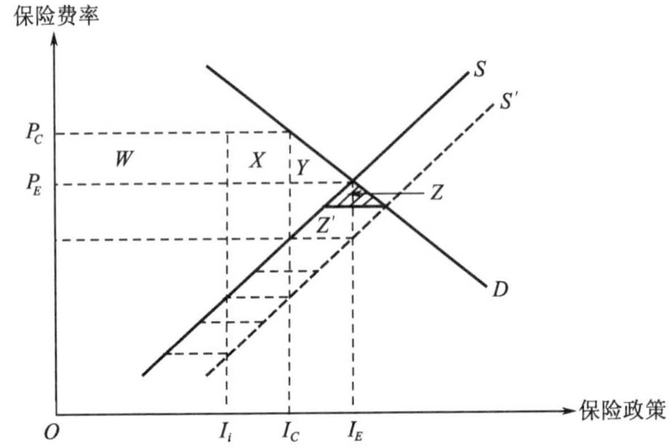

图 9-5　市场管制政策选择的福利效应

3. 补贴。借助于生产者补贴等值可较好地评估政府补贴的效果。在服务贸易领域，生产者补贴等值可定义为政府的各种政策转移给服务提供者的总价值与服务总价值之比，服务总价值等于服务的市场价值加上政府的直接支付，即：

$$\text{PSE}=\frac{\text{政府政策转移的总价值}}{\text{服务的总价值}}=\frac{Q(P_d-XP_w)+D+I}{QP_d+D} \tag{9-4}$$

式中：Q 为服务供给量；P_d 为以国内货币表示的服务价格；P_w 为以世界货币表

示的服务价格；X 为汇率换算系数；D 为政府的直接支付；I 为政府通过补贴投入、市场支持、汇率扭曲等方式给予服务提供者的间接转移。

政府政策的变化可改变 PSE 的大小；政府政策不变，只要世界市场参考价格、汇率和服务供给量中的任何一个变量改变了，PSE 的值就会改变。一国可通过将政府间接转移变成直接支付来降低 PSE 的值，也可通过将直接支付变成间接转移来提高 PSE 的值。当 $I>QP_wX$ 时，即当政府间接转移价值超过以自由贸易价格计算的国内服务生产价值时，PSE 就会大于 100%。

4.配额。在服务贸易领域，配额这种非关税壁垒往往出现在政府制定的各种劳动力限制措施中，它与签证、居留权、工作许可（营业执照）制度、劳工标准和个人汇款等限制措施，共同构成影响劳动力移动的主要政策手段①。

5.许可证。在国际服务贸易中，许可证制度多出现在生产者服务或专业服务领域，如通信、金融、运输、建筑工程、教育、医疗、会计、法律、咨询、数据处理和专业技术服务等部门中。服务贸易中的许可证制度与商品贸易中的许可证制度一样，是构成各国限制其他国家服务提供者进入本国市场的常见的非关税壁垒之一②。

（二）服务贸易保护政策的比较与选择

1.关税、补贴和配额。在商品贸易领域，关税能给政府带来收入，出口补贴却要增加政府的支出。从时间角度看，每一届政府的任期都是有限的，因此他们总是更乐意选择可以增加即期政府收益的关税政策，把只能在将来才会有收益的出口补贴政策置于其政策篮子的最底层。关税一般优于进口配额。如果一国要使用进口配额政策，那么为了减少这一保护政策的经济扭曲程度，就应当坚定不移地实施进口许可证的拍卖制度，以防止寻租行为的发生。

在服务贸易领域，情况有些不同。从服务进口国的角度看，作为一种扩大进口竞争产业产出规模的手段，对服务业产出的补贴一般优于关税。因为，在服务领域为本国厂商提供成本优势的政策将优于使外国厂商面对成本劣势的政策。关于关税与配额的关系，尽管评估各种数量限制措施非常困难，但依然可以找出决定其社会成本的两个主要变量，即租金目标和受影响产业的竞争态势。若国内厂商获取配额租金，且所有受影响的市场完全竞争，则关税和配额

① 当一国劳动力禀赋稀缺，国内市场出现进口劳动力需求时，为保护本国劳动力市场，政府通常使用配额有限制地进口劳动力资源。

② 服务贸易中的许可证制度含义比商品贸易中的许可证制度更加多样和复杂，其中的一个原因是，到目前，人们依然没能对服务贸易许可证制度的范围达成共识。但从实际效果看，开业权或建立权与许可证制度的效果大致相同。

在静态和效率意义上相同。若配额租金流向外国厂商,与关税相比,配额在进口竞争产业中的成本则是十分高昂的。

可见,从经济成本角度衡量,若定义 $X>Y$,则 X 的成本小于 Y,那么,使进口竞争产业的产出规模扩大的政策选择次序应该是:

对产出的补贴>关税≥配额[①]

2.进口限制、开业障碍和管制。三者分述如下:

(1)进口限制。对进口限制,目前尚难找到限制服务贸易的典型案例,但在实际经济中却存在着这样的大量事实。可以认为,如果政策目标是使本国进口竞争产业的规模大于没有实施任何政策时的规模,那么,最低成本的方法就是给国内服务生产者以补贴。

(2)开业障碍。开业权常常涉及政治上的敏感问题,但从经济角度看,则是一种简单的服务销售的进口选择方式。通过开业实体,服务生产者将服务进口问题转变为服务销售问题。如果要达到支持本国进口竞争产业的政策目标,最优方式则是对这些产业进行补贴,次优方式是对在当地开业或通过贸易提供服务的外国服务提供者征税[②]。

(3)管制。政府管制能够使国内服务消费者获得公平的经济利益,或在一定程度上保护消费者利益免受国内服务厂商低质量服务的侵害。理论和实践都表明,这种原本为了保护本国服务消费者(即改善了消费者的逆向选择境况),限制本国服务提供者道德风险的措施,客观上对外国服务提供者的竞争起到了抑制作用。因此,政府必须明确,选择管制目标不仅基于服务消费者的利益,而且也基于服务提供者的利益。

在上述三者之间,使进口竞争产业产出规模扩大的政策选择顺序是:

管制>进口限制≥开业权[③]

总之,各种保护政策交织在一起形成了一个政策选择菜单。在现实经济中,选择和执行何种保护政策并非轻而易举之事,这要求权衡各种保护政策的成本与收益。一般地,选择对本国服务产业进行补贴以提高其成本优势的措施,可能比抑制外国竞争者以削弱其成本优势的政策更有利于本国服务厂商的竞争。在服务贸易日益成为国际竞争新领域和新焦点的时代,采取直接补贴与

---

① 在此,关税效应等于配额效应时,需要具备相同的约束条件,但要达到这样的约束条件,配额的成本可能比关税高得多。

② 妨碍外国服务提供者竞争效率的措施(这类措施往往不会给政府带来财政收益)与商品贸易领域不同,对开业权的禁令和数量限制,无论从经济效益角度,还是从财政收益角度,都将难以长期维持下去。

③ 当开业权的选择采取"先来先得"或投标原则来确定时,进口限制与开业权的成本几乎一样,当开业权以政府行政指令形式确定时,开业权成本大于进口限制。

各种适时的管制措施相结合的服务贸易保护政策体系，最有可能成为各国政府的理性选择。

案 例

浅谈澳大利亚服务贸易自由化对中国的启示

近年来，澳大利亚的服务业总额占 GDP 的比重一直保持在 70%，服务业就业人口占澳大利亚就业人口的 4/5。因此，澳大利亚的服务贸易自由化成为澳大利亚政府的核心政策，在国际贸易中起到越来越重要的作用。尽管受到封闭的特殊地理区位和经济总量的影响，澳大利亚的服务贸易竞争力并不足以与美欧等传统发达国家媲美，但其与中国紧密相关的贸易关系和高度开放的自由化政策，可以为中国的服务贸易发展带来有益的促进。

一、澳大利亚的服务贸易现状

（一）服务贸易发展势头良好，贸易额平稳提升

从 WTO 数据库可知，2014 年，澳大利亚服务贸易总额达 1 179 亿美元，同比增长 3.6%，约占世界总额的 1.19%。其中，服务贸易进口总额、出口总额皆位于世界第 25 位，出口额为 543 亿美元，进口额为 636 亿美元，贸易逆差较上年缩小 1/3（澳大利亚外交事务和贸易部，2015）。从长期增长趋势看，2009—2014 年，澳大利亚服务贸易总额年均增长率为 4.7%。可以发现，虽然受全球经济下行和国际油价下跌的影响，澳大利亚的服务贸易发展仍整体呈稳步递增的趋势，尤其是出口额增长较大，同比增长8.5%，展现出良好的发展势头。

（二）服务贸易结构不断优化，呈多元化发展趋势

从历史演化角度，早在 20 世纪 60 年代，澳大利亚的服务贸易主要由运输服务产业所主导，以 1960 年为例，运输服务业分别占服务贸易进口额、出口额的 66%和 70%。随着全球化的发展和要素流动的加剧，澳大利亚的旅游服务业出口异军突起，占比逐步超过服务贸易出口额的半数，打破传统运输行业一家独大的局面。近年来，澳大利亚服务贸易产业结构显得更为均衡，旅游、运输、教育等传统服务贸易部门发展稳健，金融、电信、商务专业咨询等新兴产业的占比不断上升。总体来看，澳大利亚逐步摆脱对传统自然资源要素的依赖，推动服务贸易结构由劳动力、资本密集型，向技术、信息密集型发展。

（三）服务贸易总体开放度较高

通过 WTO 对《服务贸易总协定》（GATS）与最惠贸易协定（PTA）的比较研究发现，澳大利亚的服务贸易开放度在国际上较为领先。根据 WTO 的打分（0~100 分，0 为开放度最低，100 为开放度最高），澳大利亚在 GATS 中的开放

度承诺为56.9分，仅次于中国台湾地区、瑞士和挪威，力压美国的55.4分，位居全球第四。相比PTA中的82.5分，澳大利亚在多边框架下的开放承诺显得较为保守，尤其在邮政快递服务、视听服务以及健康与社会福利服务等方面，基本是完全限制的。在PTA的双边及区域服务贸易承诺中，这些限制部分打开，尤其在计算机服务、建筑施工服务、环境服务、旅游服务和辅助运输服务中，基本完全开放。总体上看，澳大利亚在多边承诺的开放度略低于双边及区域承诺。

(四)服务贸易监管体系呈多层次、分工协作型特征

整体上看，澳大利亚的服务贸易监管机制属于服务贸易促进型体系。从管理体系来看，澳大利亚并没有专门的服务贸易监管机构，采取了以中央政府部门主导，各级政府机构、法律部门和相关行业协会协调监管的模式。一般而言，外交事务和贸易部是服务贸易的主管部门，具体负责服务贸易政策的制定、谈判及相关联络等职能，其他各部门则负责和其相关的服务业及服务贸易具体监管事务，例如，在澳大利亚联邦政府相关的213个执行机构中，和服务贸易直接相关的就有澳大利亚贸易委员会(Austrade)、澳大利亚审慎监管局(APRA)、外国投资审查委员会(FIRB)和澳大利亚运输安全局(ATSB)等20多个机构。此外，行业协会的力量也是巨大的，如澳大利亚服务业圆桌会议(ASR)，作为澳大利亚服务业代表协会，成功促使政府推进TISA谈判(屠新泉,2014)。

二、澳大利亚服务贸易自由化的特点

(一)不断完善的服务贸易相关法律体系

随着经济全球化的发展，生产部门的分工不断细化，服务及相关贸易的重要性不断提升，商业环境的变化带来新兴现象的涌现。因此，澳大利亚对服务贸易的各相关行业法律法规不断进行调整与更新，主动建立更为透明和完善的服务业法律监管体系。不管是宏观层面的监管还是微观层面的技术与具体商业步骤，澳大利亚政府都进行了一一规定，做到服务贸易真正意义上的有法可依。以1974年制定的《商业行为法》为例，2010年更名为“竞争和消费者法案2010”，不到40年内，该法案已经经历了近40次版本的修改。

(二)采取主动出击战略，推进双边、区域和多边谈判，争取自由化主导权

澳大利亚受特殊的地理区位影响，服务贸易很难突破相对隔绝的地域限制，相对于其他国家竞争力天生不足。在这样的背景下，澳大利亚政府更为积极地引导国际服务贸易谈判，力求通过更为开放的自由化策略，打开其他国家服务市场。为此，澳大利亚政府一方面积极推进WTO多哈回合谈判，另一方面通过APEC的区域谈判及各类FTA双边谈判，确保自身服务贸易自由化主导地位。随着多哈谈判陷入僵局，2011年澳大利亚作为主要召集人，和美国共同携手，发起了针对服务贸易自由化的《服务贸易协定》谈判，即TISA谈判。

（三）注重对高技术、高附加值服务贸易部门的培养，推进经济结构的整体提升

尽管澳大利亚拥有着丰富的自然资源要素禀赋，促进了运输和旅游服务贸易行业的发展。然而，经济结构的演进需要克服对劳动力、自然资源等基本要素的依赖，对于高技术、高附加值部门进行不断的积累。着眼于澳大利亚服务贸易部门，发展服务贸易不但需要与自身要素禀赋优势相结合，更要注重对高技术、高附加值服务贸易部门的培养。从 OECD 数据库资料可知，尽管 1995—2011 年澳大利亚的服务贸易额占总贸易额百分比由 24%下降至 16%，总体比重呈不断下降趋势，但其服务附加值一直稳定维持在 40%，表明其对外出口产品的服务附加值不断提升，经济结构逐步优化。

（四）服务贸易自由化与国家战略相结合，稳固自身外部环境

澳大利亚对服务贸易自由化谈判较为积极。在区域及双边服务贸易谈判中，一方面注重和传统发达国家进行贸易合作，另一方面倾向平衡区域关系，和周边及亚洲各国进行深入的贸易合作，澳大利亚已经完成了和周边及亚洲主要国家的区域及双边贸易协定，如中国、新西兰、日本、韩国和东盟等。在多边服务贸易谈判中，澳大利亚十分重视对于谈判的引导，平衡贸易合作伙伴国的利益。例如，中国是澳大利亚最大的服务贸易伙伴国，在 TISA 谈判中，美国对中国加入 TISA 谈判的动机和执行承诺能力提出了怀疑，为了突破美国的阻挠，作为主要召集人，澳大利亚和欧盟都直接或间接地表示对于中国加入 TISA 谈判的支持。

三、澳大利亚服务贸易自由化对中国的启示

（一）服务贸易自由化与管制相结合，促进服务贸易相关立法的完善

我国的服务贸易相关立法较为薄弱，很多服务贸易部门的专门法规处于空白。由于缺乏相关立法，流程不够透明，在具体政策执行中，政府经常将贸易自由化促进简化为审慎监管的去除，这是不合理的。从澳大利亚对于自由化与监管的双向促进可以认识到，服务贸易自由化与审慎监管并非水火不容的两面，甚至起着相互补充、相互促进的重要作用。在市场机制不透明的情况下一味地自由化，无法保证服务贸易对于区域经济结构的推动，甚至会造成宏观经济的不稳定。以金融市场为例，通过自由化降低金融市场门槛，同时不能确保审慎监管的存在，外资热钱的涌入并不会逐步通向实体经济，而是以高杠杆、高风险的投资形式，加速区域经济环境的不稳定。因此，推进我国服务贸易自由化时，一方面需增强相应的监管能力，从准入限制向流程监管转移，另一方面要保持服务贸易监管的透明度，以法律法规的形式，确保监管手段的透明性、全面性和有效性。

(二)注重服务贸易自由化促进,但需有选择性渐进式开放

现阶段,我国对于市场自由化的热情与呼声较高,对于服务贸易的发展自然是好事,但依旧需要保持一定程度的审慎。一般而言,服务业的发展和市场开放水平息息相关,只有广泛地参与市场化竞争,才能促进自身效率的提高,占据全球市场的一席之地。从澳大利亚的经验可知,对于服务贸易自由化的促进,并非全面开放。如GATS谈判中,澳大利亚对于邮政快递服务、视听服务以及健康和社会福利服务这三大类服务贸易部门,采取近乎拒绝开放的态度。除了对于国内服务贸易幼稚产业的保护,更由于服务具有特殊性,一些敏感部门的失控较易对国家的经济和社会造成过多的不良外部性影响。因此,我国不但要注重服务贸易自由化与国家产业发展融合,更要注重特殊服务贸易部门对于我国经济社会稳定的影响。

(三)建立健全服务业和服务贸易相关统计体系

我国的服务贸易相关统计体系发展较为落后。2007年,在国家统计局和商务部的牵头下,我国才依据《国际服务贸易统计制度》建立了中国服务贸易统计数据库。随后的2010年,我国对《国际服务贸易统计制度》进行修订,将GATS定义的四种基本服务贸易模式纳入服务贸易统计,初步做到了与世界服务贸易统计体系接轨。自20世纪70年代,澳大利亚开始自主探求对服务贸易的统计方式,并逐步与国际其他国家协商同步。相比澳大利亚,我国的服务贸易体系发展过于被动,这样的统计体系,一方面不足以为国家提供充分的服务贸易历史数据,另一方面为中国的服务贸易不断融入国际市场带来阻力。

(四)推动服务贸易多元化发展,优化服务业产业机构

和澳大利亚类似,我国的服务贸易主体主要集中于运输和旅游这两个传统服务贸易部门。但从服务业产业结构上看,2015年我国服务业占GDP总量刚超越50%,而澳大利亚服务业占GDP总量已经长期位于70%以上,解决了超过80%的劳动人口就业。从贸易服务附加值也可看出,澳大利亚的贸易服务附加值超越直接服务贸易的1.5倍以上,产品中技术附加值含量远高于我国。因此,我国不但需要继续推动金融、保险、电子信息和专业咨询等技术、知识密集型产业的发展,而且需要充分利用自身比较优势,挖掘传统部门的高附加值环节,促进创新发展。

(五)主动出击,积极参与,把握国际服务贸易谈判的主动权

目前我国在国际服务贸易谈判中依旧处于被动地位,在TPP、TISA等一系列国际谈判中较受排挤。鉴于澳大利亚在国际服务贸易谈判中一向持主动出击的态度,我国政府一方面需加强自身改革,体现对服务贸易自由化积极响应的姿态,另一方面要在国际谈判中对自身核心领域的主导权毫不放松。以

GATS 谈判为例,澳大利亚积极推进运输自由化,注重强调海上多模式运输服务的重要性,同时对于海上运输服务又提出了一系列限制措施(阿哈罗尼、纳查姆,2013)。显然,由于澳大利亚地理位置相对孤立,海运业是服务贸易也是国民经济发展的命脉,通过主动参与引导谈判,控制和自身最为相关的谈判进程,从而把握谈判的主动权。

资料来源:梁洪基.浅谈澳大利亚服务贸易自由化对中国的启示[J].市场周刊(理论研究),2016(3).

第十章 国际服务贸易规则与国别政策及管理

当前世界经济已步入后工业化社会和全球化时代，国际服务贸易成为其中最具活力的增长源，日益受到人们的关注。随着社会经济的发展，特别是科学技术的发展，服务贸易日益在经济生活中发挥重要的作用，已不再是货物贸易的被动服务者，而成为与其并重的国际贸易不可或缺的部分。资源优化配置和比较优势原理在服务领域显示的作用毫不亚于其在物质生产领域发挥的作用，国际服务贸易既是全球化过程的一种产品，也是它的一种促进因素。运输、通信和金融服务一直是国际商品贸易的支柱。各国政府越来越认识到低效服务部门会对一国发展进程产生阻碍作用，以及服务业对于一国发展进程所起的战略作用，它涉及国家主权、意识形态的认同、国防安全、基础设施结构、人力资本的发展和就业机会的提供、本国企业在国际市场的竞争力和适应性及决策功能等。

因此，随着服务贸易的迅猛发展和其对一国经济发展所起的重要作用，多边贸易的谈判重点也从货物贸易转向服务贸易。在关贸总协定乌拉圭回合之前的七轮多边贸易谈判中，货物贸易的大部分市场已经基本开放，剩下的领域各国在短期内很难取得进展，而服务贸易的自由化才刚刚开始，有着广阔的开放领域。因此，服务贸易的自由化成为多边贸易谈判的主要议题。

第二次世界大战以后，随着服务贸易在世界经济、政治中的地位日益提高，以及经济全球化、区域集团化的发展，有关国际性和区域性服务贸易协定不断达成，逐渐形成一个相对完整的体系。国际服务贸易协定在一定程度上协调了各国的服务贸易政策，促进了国际服务贸易的发展。

分析研究国际服务贸易规则及各主要国家、地区服务贸易的政策对于我们有效履行国际服务贸易协定、积极参与服务贸易规则的修正与完善，以及发展我国的服务贸易均具有极其紧迫的现实意义。

第一节 《服务贸易总协定》概述

从 1995 年 1 月 1 日世界贸易组织正式运行开始，国际服务贸易的发展就基本纳入由《服务贸易总协定》(GATS)规范的多边规则框架之下，大约 95%的国际服务贸易都遵从 GATS 的规定。可以说，GATS 标志着服务贸易国际多边体制的建立，它确立了有关服务贸易的规则和原则的多边框架，极大地促进了国际服务贸易的发展。

一、《服务贸易总协定》及相关协议的产生

(一)《服务贸易总协定》产生的背景

1.发达国家对服务贸易自由化的倡导。以美国为首的发达国家积极倡导服务贸易自由化。美国的服务贸易自由化主张源于两方面：一是跨国集团的压力；二是推进美国在服务贸易和国际投资领域的利益。由于美国在许多服务行业，如金融、保险、数据处理、专业服务、电讯、广告、影视娱乐等部门都具有明显的优势。作为世界最大的服务贸易出口国，美国急切地希望打开其他国家的服务贸易市场，通过大量的服务贸易出口来弥补其贸易逆差，推动经济增长，而各国对服务贸易的不同程度的限制，成为美国利益最大化的障碍。为了促使国际社会在服务贸易方面达成有利于美国的国际协定，以帮助其打开海外的服务业市场，弥补长期

以来在货物贸易上的巨额逆差,美国在关贸总协定中极力主张建立服务贸易自由化的国际规则,因此,美国积极倡导实行全球服务贸易自由化。

早在东京回合谈判中,美国政府根据《1974 年贸易法》的授权,试图把服务贸易作为该回合谈判的议题之一,因为当时有更加迫切的问题需要解决,美国没有提出服务贸易的减让谈判,但在东京回合中所达成的海关估价、政府采购协议中写入了一些服务贸易的内容。发展中国家和一些发达国家抵制美国的提议,欧共体起初对美国的提议持疑虑,但经过调查发现欧共体的服务贸易出口量要高于美国,转而坚决地支持美国。日本虽然是服务贸易的最大进口国,呈逆差形势,但由于在国际贸易中呈现顺差,加之为调解与美国之间日益尖锐的贸易摩擦,也支持美国的主张。

2.发展中国家对服务贸易自由化的态度发生转变。当美国开始提出服务贸易问题时,绝大多数发展中国家都坚决反对服务贸易自由化。其主要原因是:服务业中的许多部门,如银行、保险、证券、通信、信息、咨询、专业服务(如法律、会计等),都是一些资本—知识密集型行业,在发展中国家这些行业不具备竞争优势;发展中国家的服务部门尚未成熟,难以抵挡发达国家激烈竞争的冲击,过早地实行服务贸易自由化会挤垮这些尚处于幼稚阶段的民族服务业,因此,在这些行业获得竞争力以前,不会实施开放;有些服务行业还涉及国家主权、机密和安全。

随着发达国家在服务贸易谈判问题上的认识逐步统一,发展中国家坚决抵制的立场有所改变。首先,一些新兴的发展中国家和地区某些服务业已取得相当的优势,如韩国的建筑工程承包就具有一定的国际竞争力,新加坡的航空运输业在资本、成本和服务质量上也具有明显的优势,这些国家希望通过谈判扩大本国优势服务的出口。其次,大部分发展中国家一方面迫于来自发达国家的压力,另一方面也认识到如果不积极地参与服务贸易的谈判,将会形成由发达国家制定服务贸易的规则,而自己只能成为被动的接受者,其利益将会受到更大的损害。因此,许多发展中国家也先后表示愿意参加服务贸易谈判。

(二)《服务贸易总协定》产生的过程

1986 年 9 月,埃斯特角部长宣言中将服务贸易作为三项新议题之一列入乌拉圭回合谈判议程。经过数次谈判,于 1991 年底形成了《服务贸易总协定》草案,该草案包括 6 个部分 35 个条款和 5 个附件,规定了最惠国待遇、透明度、发展中国家更多参与、市场准入、国民待遇、争端解决等重要条款,基本上确定了协定的结构框架。经过各国的继续磋商谈判,协议草案根据各国的要求进一步修改,1993 年 12 月 5 日,贸易谈判委员会通过了《服务贸易总协定》(General Agreement on Trade in Service,GATS)。

1994 年 4 月 15 日,各成员方在马拉喀什正式签署《服务贸易总协定》,并于 1995 年 1 月 1 日和世界贸易组织同时生效。《服务贸易总协定》作为多边贸易体制下规范国际服务贸易的框架性法律文件,它的出现是服务贸易自由化进程中的一个里程碑。

(三)与服务贸易相关的协议

《服务贸易总协定》有广义和狭义之分。狭义的《服务贸易总协定》指协定本身及其附件,广义的《服务贸易总协定》还包括补充协议等。这些补充协议主要是指世贸组织在金融服务、基础电信和信息技术三方面达成的关于服务贸易的协议,这些协议不仅将服务贸易自由化原则向具体成果方面推进了一大步,同时,也将对世界经济产生重要影响。

1.《金融服务协议》。为使所有成员同意在无条件最惠国待遇基础上缔结永久性的金融服务协议,促进金融服务贸易自由化,经 WTO 各成员方的多次谈判,签署了《金融服务协议》,该协议于 1999 年 3 月 1 日开始生效。《金融服务协议》的主要内容包括:允许外国公司在国内建立金融服务机构并享受与国内公司同等的进入市场的权利;取消对跨境服务的限制;允许外国资本在本国投资项目中所占比例超过 50%①。据此,签约方将开放各自的银行、保险、证券和金融信息市场,绝大多数世贸组织成员对开放其金融服务市场和保证非歧视经营条件做出承诺,使金融服务贸易依照多边贸易规则进行,这有助于建立一个具有预见性和透明的法律环境。因此,该协议对全球金融服务业有着巨大的影响。

2.《全球基础电信协议》。从 1994 年 5 月起,包括美国、日本、欧盟在内的成员经过近 3 年的艰苦谈判,最终于 1997 年 2 月 15 日签订了于 1998 年 1 月 1 日生效的《全球基础电信协议》。作为推动国际电信服务贸易发展的有力因素,该协议的主要内容是敦促各成员方向外国公司开放电信市场,并结束在国内电信市场上的垄断行为。协议涉及语音电话、数据传输、传真、电话、电报、移动电话、移动数据传输、企业租用私人线路以及个人通信等各项电信服务。世贸组织各成员方在电信服务自由化方面承担的义务依协议的规定有所不同。其中 18 个成员方将完全取消对外国公司进入本国市场的限制,47 个成员方允许外国电信公司对本国电信企业进行控股,而印度等 30 个国家允许外国资本在本国电信企业中占 25%的股份。由于电信垄断将逐步取消,各成员方电信服务业的竞争必然加剧,这有利于现有通信技术的更新改造,促使电信服务部门进一步提高服务质量。作为政府长

---

① 全球 95%以上的金融服务贸易将在这个协议的调整范围内,涉及 18 万亿美元的证券资产,38 万亿美元的国内银行贷款,2.2 万亿美元的保险金。

期垄断的行业之一,电信业的开放,必然导致政府利益直接受损,但这部分损失将转化为商业利润,使民营企业和广大消费者从中受益①。该协议必将给电信产业及其贸易带来极大的利益,既为发达国家也为发展中国家提供迎接新世纪挑战的更好机遇。

3.《信息技术产品协议》。由于信息技术将对世界经济,特别是对电信服务业的发展产生巨大的影响,因此,将信息技术产品贸易自由化与电信服务贸易自由化联系起来,是服务贸易自由化中的一项重要内容。1996 年 12 月 13 日,世贸组织在新加坡举行部长级会议,美国和欧盟提出签订信息技术协定以消除全球信息技术产业的关税。世贸组织通过了关于信息技术产品的部长级会议宣言,并成立了信息技术产品贸易发展委员会以监督协议的执行,推动信息技术产品贸易的发展以及负责扩大信息技术协议的签字方。1997 年 3 月 26 日,签订了《信息技术产品协议》②,并于 1997 年 7 月 1 日生效。协议涉及的范围包括:电脑、电信设备、半导体、制造半导体的设备、软件、科学仪器等 200 多种信息技术产品③。

二、GATS 规定的服务贸易的内容

乌拉圭回合达成的《服务贸易总协定》(GATS)中的第一条,对国际服务贸易的定义从 4 个方面进行了规定:包括过境交付(Cross-Border Supply)、境外消费(Consumption Abroad)、商业存在(Commercial Presence)和自然人流动(Movement of Personnel)四种形式。服务贸易的内容十分广泛,根据关贸总协定乌拉圭回合关于服务贸易谈判时总协定秘书处开列的提交各缔约方参考的服务贸易项目清单,服务贸易涉及 150 多个项目。另根据《服务贸易总协定》的 4 条标准归类划分,大致有以下 20 多个领域:

(1)国际运输,包括卫星发射服务;
(2)跨国银行和国际性融资投资机构的服务及其他金融服务;
(3)国际保险与再保险;
(4)国际信息处理和传递;
(5)国际咨询服务;
(6)海外工程承包和劳务输出入;

---

① 据美国一家咨询机构的研究报告,全球电信市场开放后的 10 年内,各国电信用户可节省 1 万亿美元的开支。

② 当时有 40 个成员方签约,这些成员方的信息技术产品贸易量相当于全球同类产品贸易量的 92.5%。

③ 协议规定,到 2000 年以前降低或取消多项信息技术产品的关税,总值约 6 000 亿美元的信息技术产品可望实现自由贸易。协定要求到 2000 年前将信息技术产品的进口关税降为零(少数签约方如哥斯达黎加、印度尼西亚等的最后期限为 2005 年)。

(7)国际电讯服务;
(8)跨国广告和设计;
(9)国际租赁;
(10)售后维修、保养和技术指导等服务;
(11)国际视听服务;
(12)国际会计师、律师的法律服务;
(13)文教卫生的国际交往服务;
(14)国际旅游;
(15)跨国商业批发和零售服务;
(16)专门技术和技能的跨国培训;
(17)长期和临时性国际展览与国际会议会务服务;
(18)国际仓储和包装服务;
(19)跨国房地产建筑销售和物业管理服务;
(20)其他官方或民间提供的服务,如新闻、广播、影视等。

三、《服务贸易总协定》的基本原则与内容

与有关货物贸易的协定一样,GATS 的运作也有三个层次。其正文包含普遍适用的原则和义务;附件处理具体服务贸易部门所适用的规则;各国的具体承诺提供市场准入机会。但与货物贸易有所不同的是,GATS 还有第四个特别的部分,即关于最惠国待遇豁免的清单,它列明了各国分别在哪些服务领域暂时不适用非歧视性原则中的最惠国待遇原则。各国的具体承诺与 GATT 下的关税减让表一样,是 GATS 的一个组成部分,最惠国待遇的豁免也是如此。

(一)GATS 的宗旨与基本原则

1.GATS 的宗旨。GATS 的宗旨是,通过建立服务贸易多边规则,在透明和逐步自由化的条件下扩大全球的服务贸易。该协定兼顾了各成员间服务贸易发展的不平衡,允许各成员对服务贸易进行必要管理,鼓励发展中成员提高国内服务部门的效率和竞争力。

2.GATS 的基本原则。GATS 中规定了各成员必须遵守的基本义务,其中最重要的原则有:

(1)最惠国待遇原则。最惠国待遇原则指服务贸易总协定的各成员方给予任何其他成员方的服务和服务提供者的待遇,应立即无条件地给予另一成员方相似的服务和服务提供者。也就是说,成员方对来自不同成员方的服务和服务提供者在本成员方境内应赋予同等待遇,使他们受到公平的对待。

GATS 所规定的最惠国待遇是一项一般性义务，是成员方政府在制定和实施有关服务贸易的措施时应遵循的义务，而不管成员方承诺开放服务贸易领域的范围如何。但是，“关于最惠国待遇豁免”的附件规定，世贸组织成员在特定情况下，经世贸组织允许可以对最惠国待遇实行暂时的例外，即暂时在某些特定服务领域，在世贸组织成员间不履行最惠国待遇义务，即 GATS 的最惠国待遇原则适用于除被各国一次性列为暂时豁免的那些部门以外的所有服务部门。

(2)国民待遇原则。国民待遇原则是指各成员方应根据各自的承诺，以同等条件对其他成员方的服务和服务提供者开放国内服务贸易市场，使它们能享受与国内同类的服务或服务提供者同等的地位和待遇。对于货物贸易和知识产权(TRIPS)来说，国民待遇是一条普遍适用的原则。但在 GATS 中所规定的国民待遇与上面讲到的最惠国待遇不同，它属于具体承诺的义务。成员方可根据本国的经济发展水平来承担实施国民待遇的义务，也就是说成员方只在那些已承诺开放的服务部门实施国民待遇原则。

(3)透明度原则。GATS 要求，有关服务贸易的法规应遵循透明度原则，各国政府必须公布所有与服务贸易有关的法律法规和习惯做法以及所参加的有关的国际协定，并且要求在 WTO 建立后两年内(即 1997 年底前)，在政府机构中建立咨询点。这样，外国企业和政府便可利用这些咨询点，获得有关服务部门的法律法规信息。此外，对于已做出具体承诺的服务部门适用的法律法规，各国政府还必须将任何的变动情况通知 WTO。但也有例外，如果一旦对外公布，会妨碍法律法规的实施或危害社会公共利益或某一企业合法利益的机密材料，可不对外公布。

(4)市场准入。它是指成员方对其他成员方承诺开放本国的服务市场。市场准入的目的，是通过减少各成员方管制服务贸易的障碍，最终实现服务贸易自由化。

成员方可以在开放市场时设定限制，但必须在事先做出的承诺中对此做出明确记载，若修改承诺必须遵守严格的程序条件。市场准入不是成员方应承担的普遍义务，而是一项具体承诺的义务，即通过各成员方之间双边和多边谈判达成协定后，才成为成员方承担的义务。

任何成员都应向提供服务的另一成员方开放其本国市场，各成员应给予其他成员的服务和服务提供者以不低于其在减让表上承诺的待遇；如果减让表中给出了不止一种的有关服务提供的准入途径，则外国服务提供者有权自由选择其最满意的一种服务提供方式。同时，本条款要求在承担市场准入义务的部门中，原则上不能采取数量限制的措施阻碍服务贸易发展。

(5)服务贸易一体化安排。GATS 允许各成员在世贸组织体系之外，参加推动服务贸易自由化的协定。对发展中国家之间的有关协定采取较为灵活的政策,允许其按发展水平达成某些协定。但是参加协定的各方对该协定外的国家不应采取提高服务壁垒的措施,任何成员决定加入某一协定或对某一协定进行重大修改时,都应迅速通知各成员,而各成员应组成工作组对其进行检查。如果某一成员认为某个协定损害了自己的利益,则按 GATS 关于争端解决的协定可提起争端解决。

(6)发展中国家更多参与。通过发展中国家国内服务业力量的加强、效率和竞争力的提高来实现发展中国家在世界服务贸易中更多的参与和服务业出口的扩大,应采取一些特别的并为各方所接受的措施来改善目前服务贸易的状况。考虑增强一些最不发达国家的国内服务能力以及他们接受本协定中具体义务的困难,给予他们某些特殊优惠安排。该条款在 GATS 中明确列出,对于促进发展中国家服务业的发展具有积极的意义,这是发展中国家努力争取的结果。

从内容上看,这一条款并没有对发展中国家的更多参与给予具体的规定,所谓“特别的并为各方所接受的措施”及“特殊优惠安排”只是一种模糊的表示,但恰恰是这样一种含糊的定义,为发展中国家在服务贸易谈判中争取更多优惠条件创造了更为广阔的空间。例如,发展中国家可以利用本条中“增强发展中国家服务能力、效率、竞争力”的规定,要求外国的服务提供者转让技术,提供管理经验和方法,更多地吸收当地的服务成分等;还可以根据扩大服务业出口、提高发展中国家在国际服务贸易中所占地位的原则,要求发达国家更多地开放市场,尤其是劳务出口市场,而同时对本国服务市场进行更有效的保护(如限制国外商业存在的类型、对其使用差别税率等)。

(7)尊重国内规章。GATS 尊重国内规章,但要求这些规定不得与其有关规定相抵触或妨碍该国所承诺的义务的履行;各成员本着公正、合理及客观的原则来制定和管理所有影响服务贸易的措施,不得导致其他成员的服务提供者过重的负担;发展中国家有权进行特殊安排,包括可以在某些部门为了实现国家政策目标而采取垄断授权的方式,允许其对服务及服务提供者提出要求以使其满足某些规定等。

国内规章条款的目的是确立 GATS 与各成员国内法规之间的关系。发展中国家可以根据本条的规定,在 GATS 相关条文及本国承诺的基础上,通过国内法规的制定和执行,把其他成员的服务及服务提供者纳入本国的法制体系,进行有效管理,这对于保证发展中国家的经济、社会安全及公众利益极为有利。

(8)世贸组织成员可援引的例外。例外主要有以下四类。

第一,确保国际收支平衡的例外措施。GATS 允许世贸组织成员在其国际收支或金融地位严重恶化的情况下，就其做出具体承诺开放市场的服务贸易，采取限制性措施，或对与这种服务贸易有关的支付或货币转移做出限制。

第二，政府服务采购例外。GATS 规定，政府采购服务不受最惠国待遇、具体承诺及国民待遇的义务约束。

第三，普遍例外。本条款的宗旨是确保 GATS 不干涉各国为保护公共安全所采取的措施。主要内容包括：不阻碍出于维护公共道德、秩序、人民健康及生态环境而采取的必要措施的实施；不得要求任何成员公布国家机密，不得阻止任何成员保护其基本安全利益，不得阻止任何成员根据联合国宪章维护国际和平与安全。

第四，政府可采取服务补贴促进服务业发展。GATS 规定，在某些情况下，补贴会给服务贸易造成扭曲，各成员应进行多边谈判，达成必要的协定。同时，允许发展中国家在此方面有灵活的处理。

由于与国内政策、投资优惠安排、研究与开放的政府资助等问题有着更为紧密的联系，服务业的补贴问题较货物贸易中的补贴问题更为复杂；而发展中国家根据“发展中国家更多参与”等条款，完全可以对某些行业进行补贴。因此，要求立即取消全部补贴，是不现实也是理由不充分的。根据 WTO 的补贴与反补贴措施协定，允许发展中国家以渐进的方式取消出口补贴，但是在此过程中，不得提高现有的补贴水平。

（二）GATS 的主要内容

GATS 由三个大的方面组成：一是适用于所有成员的基本义务的协定，即《服务贸易总协定》条款；二是作为《服务贸易总协定》有机组成部分的涉及各服务部门的特定问题和供应方式的附件，以及关于最惠国待遇豁免的附件；三是根据《服务贸易总协定》的规定应附在《服务贸易总协定》之后，并成为其重要组成部分的具体承诺。

GATS 的主要内容包括序言、主体部分（29 个具体条款）以及 8 个附件。

1.序言。序言部分主要阐述了成立 GATS 的目的及其宗旨，即在透明和逐步自由化的条件下，扩大服务贸易，并促进各贸易伙伴经济增长和发展中国家的增长，提高服务贸易自由化水平，强调协定应有助于提高发展中国家的服务能力、效益和竞争力，并特别提出对最不发达国家应给予特殊照顾。序言承认了各国经济状况的差异，对发展中国家的利益给予了充分重视，这是广大发展中国家积极斗争的结果，也是 GATS 赖以存在的重要基础之一。

2.主体部分。主体部分包括六大部分，共 29 条。

第一部分（第 1 条）：范围与定义，即确定了《服务贸易总协定》的目标、宗旨及总原则。

第二部分(第2~15条):普遍义务与原则,即规定了各成员的普遍义务与原则,它们是GATS的核心内容之一,各国一旦签约,就必须普遍遵守这些条款的要求。具体条款包括:最惠国待遇原则、透明度原则、发展中国家更多参与、经济一体化、国内规章、认可①、垄断和专营服务提供者②、商业惯例③、紧急保障措施④、转移和支付⑤、确保国际收支平衡的限制措施、政府采购、普遍例外和补贴。

第三部分(第16~18条):具体承诺,即规定了各成员服务部门开放的具体承诺义务。具体包括市场准入、国民待遇和附加承诺。其中前两项是GATS中最重要的条款,也是谈判中各方争论的焦点。

第四部分(第19~21条):逐步自由化,即规定各成员尤其是发展中国家服务贸易逐步自由化的原则及权力。本部分包括三个条款,即具体承诺义务的谈判、具体承诺细目表和细目表的修改。其内容是就进一步扩大服务贸易自由化的谈判原则、适用范围、具体承诺的减让表以及减让表的修改做出了具体规定。这一部分实际上是第三部分规则的延伸。这里所说的“义务”主要是指市场准入和国民待遇,其目的是为具体部门的谈判规定原则、程序、范围、目标和一些特殊例外,旨在促进第三部分具体承诺的落实。

第五部分(第22~26条):组织机构条款。这一部分主要规定了GATS的争端解决机制及组织机构。包括磋商、争端解决和执行、理事会、技术合作和与其他国际组织的关系等条款。WTO是迄今为止唯一具有争端解决机制的国际组织,这一机制在促进国际经济贸易一体化方面发挥了巨大的作用。其中“争端解决和执行”条款,对维护各成员的合法利益至关重要。在对发展中国家有重

---

① 目的在于促使国际有关服务提供的标准趋于一致,主要是为服务贸易的商业存在和自然人移动两种形式的实际操作扫清技术上的障碍。

② 垄断服务提供者是指某成员方境内被该方政府授权或指定为某种服务的唯一提供者的任何公营或私营的实体;专营服务提供者则指由政府指定的某种服务的少数几个提供者中的一家。本条要求“各成员在指定一些经营实体为拥有垄断或专营权的服务提供者时,必须确保任何其他方的服务提供者在相同情况下也能享受到不低于它给本国服务提供者的这种待遇”。并且,垄断和专营服务提供者不能利用其地位,对其垄断和专营范围之外的业务施加不正当的影响,从而破坏竞争的公平性,并损害竞争对手的利益。

③ 主要是指对服务提供者进行限制的条款。它规定,可以采取措施限制某些企业在服务市场上实施影响竞争的做法,包括一些有关服务出口的反竞争性限制。

④ 准许某一成员“在由于没有预见到的变化或由于某一具体承诺而使某一服务的进口数量太大以至于对本国的服务提供者造成了严重损害或威胁时,该成员可以部分地或全部地中止此承诺以弥补这一损害”。

⑤ 规定有关服务贸易的具体承诺的执行不能因受到支付和货币转移方面的限制而受到阻碍。

大利益的减让没有如实履行时,它可以诉诸争端解决谅解,与相关方进行磋商,甚至根据第21条“减让表修改”的规定,调整义务来维护自身的利益。

此外,本部分的“技术合作”条款要求发达国家成员和其他工业化国家成员应尽量为其他成员的服务提供者,特别是来自发展中国家或地区的服务提供者提供服务方面的技术援助。此规定为发展中国家在谈判中要求技术转让上的更多优惠提供了依据。

第六部分(第27~29条):最后条款。包括GATS中利益的否定、术语的定义及附件等。

3.附件。GATS的八个附件是①:关于最惠国待遇豁免的附件;关于根据本协定自然人移动提供服务的附件;关于空运服务的附件;关于金融服务的附件一;关于金融服务的附件二;关于海运服务谈判的附件;关于电讯服务及基础电讯谈判的附件;其他有关文件,即关于专业服务的部长决定、有关组织机构和环境部长的决定。

第二节 主要国家、区域组织国际服务贸易政策及管理

一、世界主要(区域)经济组织服务贸易政策及管理

(一)欧盟服务贸易政策

1.欧盟内部的服务贸易政策。

(1)《罗马条约》。欧盟内部服务贸易一体化的历史渊源可追溯到1957年缔结的《罗马条约》。该条约明确指出,要消除共同体内各种经济障碍,实现“商品、人员、劳务和资本的自由流通”。可见服务贸易自由化被作为构建欧洲经济共同体的重要政策目标之一,占有非常重要的战略地位。从广义来讲,《罗马条约》提出的四大自由,除商品外,其余都与服务业有关。

第一,人员的自由移动政策。对自然人移动设置壁垒,可能来自国籍或个人专业资格(文凭、学位、驾驶执照等)方面的考虑;而对企业法人的移动限制,则更多地集中在其执业资格的认定,即开业权和经营权的审定授予方面。为消除上述壁垒,《罗马条约》第52条规定:“必须在过渡时期内逐步消除对某一成员国公民在另一成员国国土上营业自由的限制,这种消除限制同样应扩展到对居住于另一成员国国土上的某成员国公民建立代理机构、分支机构及附属机构

① 声明本协定的附件是本协定的有机组成部分。

的活动。”第48条规定:“在共同体内部,劳动者的自由往来最迟应在过渡时期结束时得以实现。”“它包括消除对成员国劳动者之间在就业、报酬及其他劳动条件方面基于国籍的歧视。”根据上述规定,共同体成员国的任何一个公民都可以应聘于其他任何一个成员国的企业,可以因此而自由迁移,不仅可以因就业而居住于其他成员国,且在就业完毕后仍有权继续居留,也可以在其他成员国从事非工资报酬性质的活动。企业法人也拥有在其他成员国国土上依法建立公司、设立营业所或分支机构的权力。该条约比GATS关于自然人及其流动条件的概念、范围要宽泛得多,国民待遇原则体现得更全面、更彻底。

第二,金融政策。欧盟金融政策的内部协调始于20世纪70年代。金融服务一体化主要解决公司设立自由和经营自由两大问题。1977年12月12日通过的欧共体的“第一项银行业指令”,便是走向协调信贷机构法规的第一步。其中特别重要的是提出了“母国控制原则”,即由特定信贷机构设有总部的成员国主管机构,对该信贷机构经营于各成员国的分支机构实行全面监督,并就各成员国主管机构监督标准提出了要求。1989年12月欧共体发布了“第二项银行指令”,对信贷机构的监督制度,特别是准许营业的条件做了统一规定。该指令具体协调内容包括:准许营业条件、自有资金与清偿比率、信贷机构与非金融活动的监管、会计规则等。附录制定了一个“银行业务项目表”,成为各成员国信贷机构的经营指南。它几乎覆盖了一般银行的所有经营项目。该指令要求成员国必须在1993年1月2日前通过其国内立法贯彻实施第二项指令的各项规定,这样,该指令实际上转变为直接约束欧共体银行业的统一法规。欧共体保险业内部一体化的目标也是要消除各成员国之间保险服务开业权和经营权方面的限制。

第三,运输政策。《罗马条约》奠定了共同运输政策的基础。条约第74~84条就运输方面的歧视规定了一些明确的禁令,更重要的是,授权执委会为一项广泛的共同政策提出建议,以实现共同市场的总目标。1961年4月,《绍斯备忘录》确认了运输部门的四个特点:在提供基础设施方面高度的公共干预;导致价格不稳定的低下的供求弹性;大量传统的公共服务责任;运输和其他部门目标之间的复杂关系。正是对这些特征所持的观点确定了以后12年内共同运输政策发展的基调。《绍斯备忘录》建议的政策目标是:消除在整个共同市场建设道路上运输可能设置的那些障碍;在共同体一级把运输统一起来(在共同体内使运输服务自由流动);在共同体内建立运输体系的总体组织。

第四,电信政策。欧盟在电信业单一市场的建设目标是在1998年1月1日前在大多数成员国之间实现电信服务、网络系统服务的自由化。具体实施计划是:第一步是形成电信终端及网络设备的统一流通市场。这就要做好全欧盟范围内的统一标准化工作，1988 年建立的“欧洲电信标准研究院”有力地推动了这一领域的进展。第二步便是实现电信服务经营自由化。从 1990 年起，除少数部门（如公共电话及基础电信网络）外，欧盟陆续放开了增值电讯、资料信息传输等几乎所有部门的业务经营限制。在移动电话领域、固定网络等领域里实行了全方位开放。

（2）《欧盟服务业指令》。服务贸易自由化是欧盟实行统一内部市场的重要组成部分。为此，欧委会于 2004 年 2 月 24 日提出了《欧洲议会和欧盟理事会关于服务业内部市场指令》（简称《欧盟服务业指令》）的建议，2006 年 2 月 16 日，通过了该指令草案。2006 年 12 月 12 日，欧盟颁布了《关于内部市场服务业指令的第 2006/123/EC 号欧洲议会和理事会指令》（简称《新指令》）。

《欧盟服务业指令》被认为是近十年来欧盟最为重要的立法之一，其目的在于消除各成员国服务业领域存在的贸易壁垒，建立统一的服务业市场，以提高总量占欧盟经济 70%的服务业市场的竞争力和活力。这是继金融、货物自由流通后，欧盟市场一体化建设中迈出的又一关键性步骤。

《新指令》要求欧盟各成员国确保其服务市场的自由准入和非歧视待遇，最重要的是取消了跨境经营企业须在营业地设立独立分支机构的要求，取消了其他成员国进行服务性经营需向当地政府报批的要求。但《新指令》包含了许多例外原则，如将有关金融、私人保安、公证、教育、公共卫生、社会服务等领域排除在开放范围之外。《新指令》同时放弃了 2006 年 2 月出台的草案中备受争议的“原属国原则”（即有关跨境经营的服务企业只遵守企业注册地法规而非营业地法规的规定），而采用了“经营国原则”。该指令规定欧盟各成员国应在 2009 年 12 月 28 日前完成符合本指令所需的国内立法及行政规定。

（3）最低限度协调（Minimum Harmonization）和相互认可（Mutual Recognition）原则。欧盟是世界上最大的国家联合体，其内部服务贸易政策的制定需要同时兼顾各成员国的利益，远比一个国家服务贸易政策的制定复杂得多。各成员国的历史、文化、语言、法律体系等各方面都存在一定的差异，某些政策方面必定存在一定的差异性，是根本无法完全融合的。为了最大限度地促进服务市场一体化，欧盟在内部服务贸易政策的制定和协调方面主要遵循两项基本原则——最低限度协调和相互认可原则。

最低限度协调是指为了确保一体化市场的有效运行，将成员国的标准进行最低限度的融合。该原则的目的是维护基本的公众利益。最低限度的融合能够阻止成员国为其他成员国的产品和服务树立标准壁垒，有利于欧盟区域内的自由竞争。但最低标准同样也会起到负面作用，会使某些服务完全被踢出市场，这在某种程度上又限制了自由竞争。

相互认可原则指在基本规则达成协议之后,欧盟成员国认可彼此之间在法律、规则和标准方面的差异,这有利于欧盟在没有达成进一步的政策融合之前促进贸易的自由开展。但在该原则下,各成员国相关政策的差异会增加服务提供企业的行政管理负担,不利于实现单一的内部服务市场的目标。因此,欧盟需要不断地采取措施对规则进行深度的融合以深化欧盟内部服务市场一体化,但新规则和措施的不断出台又会导致过度监管问题,同样会加重企业的行政管理负担,欧盟需要在中间找到平衡点。

2.欧盟对外服务贸易政策。欧盟服务贸易政策制定的主要依据是 GATS。鉴于欧盟内部服务贸易一体化进展远远超过了 WTO 在这一领域的进展,因此如何消除客观上带来的这种内部优于外部的影响,自然受到外部世界的关注。欧盟对外界多次重申,它的内部单一市场经济绝不排斥对外开放和外来竞争的增加。表现在:一是欧盟积极参与乌拉圭回合服务贸易多边体制谈判,并在 GATS 和其他相关协议中签字①;二是在服务贸易开价单中,无论是市场准入还是国民待遇,都做出了较高的开放承诺,对此世贸组织成员国也给予了肯定的评价;三是在认真履行乌拉圭回合服务贸易谈判承诺义务方面,欧盟也有一些实际表现。

不过,欧盟在处理其对外贸易关系时一直有一种双边主义的倾向,这对其贸易伙伴来讲始终是一种不稳定因素。以金融服务为例,在银行、证券业、保险业的部门管理条例/理事会指令中,都有关于“互惠条款”的文字内容,其大意是:如果第三国(非欧盟成员国)对来自欧盟成员国的服务或服务提供者实行歧视待遇,欧盟委员会即可要求与该第三国进行谈判以求改变上述歧视性做法,并可要求欧盟成员国限制或延迟批准该第三国请求在欧盟设立子公司或取得欧盟公司股份的申请。这是一种典型的双边互惠型的“国民待遇”。

欧盟单一市场经济的特征决定了其市场准入和国民待遇的适用有其自身特点。具体到服务贸易,适用规则如下:原则上如果第三国公民或企业在欧盟某一成员国取得了开业或提供服务的许可权,那么根据欧盟内部“单一执照”制度,该第三国有关机构或个人便具有在其他欧盟成员国自由设立分公司或提供

---

① 欧盟委员会于 2003 年 4 月 29 日正式向世界贸易组织提交了其在服务贸易谈判中的建议清单,承诺将进一步向外国公司开放欧盟的服务贸易市场。欧盟在建议清单中表示,将提高电信、银行、保险、物流、建筑和旅游等行业的市场开放水平。但它同时也以“保护公共服务”为由,将教育、医疗和视听服务领域排除在市场开放的建议清单之外。欧盟贸易委员帕斯卡·拉米在当日举行的记者招待会上还宣布了将对发展中国家实行的优惠措施。拉米表示,欧盟将放宽对发展中国家公司及其雇员进入欧盟服务市场的各种限制,包括在签证发放和居留期方面提供新的便利等。拉米还表示,欧盟的这些建议“实质性”地改善了外国公司,尤其是发展中国家公司进入欧盟服务贸易市场的条件,欧盟希望此举能够推动多哈发展回合中服务贸易领域里的谈判进程。

服务的权利。这就是说,在一个成员国选准突破口,便可获得整个欧盟的“通行证”。从这个角度讲,欧盟内部一体化政策协调程度越高,对外部带来的利益就越大,这一点对于工程、商业等服务业尤为重要。当然,欧盟现状中依然存在着内部协调尚未完全到位的情况,许多外部非成员国往往利用这些领域中的政策空隙,选择薄弱环节,寻找进入欧盟内部大市场的机会。可见内部一体化水平的高低会直接影响欧盟外部政策的实施效果。欧盟近年在一些主要的关键部门(如银行业)采取了一系列补救措施,旨在防止第三国规避行为的发生,加强内部的监管力度。

(二)北美自由贸易区的服务贸易政策

由美国、加拿大、墨西哥三国签署的《北美自由贸易协定》于 1994 年 1 月 1 日正式生效,它标志着北美自由贸易区(NAFTA)的诞生。该协定涉及内容广泛,是该地区内贸易与投资等政策的重要基础。从政策协调取得的进展和成果看,北美自由贸易区服务一体化可谓起步晚、进展快、起点也较高。

NAFTA 服务贸易自由化计划具有广泛包容性的特点,除了否定清单中列出的保留限制作为未来的自由化目标外,其他均被视为自由贸易目标范围。该协定关于服务业的政策及管理办法被分散地纳入该协定第五部分有关投资、竞争政策和自然人临时流动等条款中。

由于《美加自由贸易协定》[①]使两国贸易自由化已取得较大进展,因此美加两国服务贸易开放程度远远大于墨西哥,这使墨西哥在《北美自由贸易协定》签订时做出了较大让步。例如:在投资方面,墨西哥承诺将大幅度地放开对外国投资的限制,在大多数领域里给美、加公司以本国公司同等待遇(其中包括服务业投资)。投资条款的适用范围就被延伸至房地产、证券、股票和工程承包等广泛领域。再如陆地运输,墨西哥决定最终要放开对跨边界的客、货运输限制。相比来看,美加两国间政策调整的余地不大。

在《北美自由贸易协定》中,涉及服务贸易的金融、电信业是极其重要的部门,其主要规定包括如下内容。

1.金融业,具体分析如下:

(1)主要原则。《北美自由贸易协定》确定了建立一个在原则上由政府调节金融服务规定的基础上的整体格局。凡涉及银行、保险公司、证券公司服务和其他金融服务的措施均应执行本规定。此外,各国要确定其放开金融服务的具体承诺、遵守商定的原则。

---

① 该协定于 1988 年 1 月 2 日签订,并于 1989 年 1 月生效。

第一,贸易的存在和跨境交易。协定规定,某一成员国的金融服务提供者可在另一缔约国开业,从事银行、保险、证券的交易和提供所在国确定的其他金融性质的服务。各国将允许其居民在另一国境内得到金融服务,并不对任何金融部门的跨境交易规定限制条件,也不得对已有的限制增加补充规定,但已被国家专门排除在这些义务之外的部门例外。

第二,非歧视待遇。各国应给予在其境内的金融服务提供者以国民待遇,即给予竞争机遇的待遇,以及最惠国待遇。这是使竞争机会平等的措施,它不得把其他国家的金融服务提供者置于较本国提供者不利的地位。

第三,程序的透明性。为处理在其金融市场开业的申请,各国将通知有关人员必备的开业条件;应有关人员的要求,提供有关申请手续的信息;尽可能在120天内对开业申请做出行政决定;最晚在开业申请生效时公布实施措施,给有关人员就准备采取的金融条件或措施发表意见的机会,以及设立一个或数个信息中心,解答对金融服务部门规定的有关问题。

第四,预防性措施和收支平衡的措施。尽管协定尚有其他规定,但各国当局将保留进行合理调整的权利,以保护金融体系的稳定和完整。在特殊情况下,各国还能采取旨在保护收支平衡的措施。

第五,磋商。协定确定了各成员国之间就有关金融服务的事务进行磋商的专门程序。

(2)各国的承诺。该协定确立的这些原则与GATS是一致的。就金融服务而言,关键是最惠国待遇、国民待遇、市场准入三条原则如何具体适用,三国的具体承诺如下。

第一,墨西哥。将允许根据自由贸易协定其他成员国的法律组成的金融公司在其境内设立金融机构,这些机构在到2000年结束的过渡期内将受市场的某些限制。2000年以后,墨西哥可以对银行和证券部门实行临时性保护。

银行和交易所:在银行业的开放方面,墨西哥放弃了长期坚持的永久限制美国公司在墨西哥金融领域占有份额的立场,过渡期内,同意美、加投资公司和银行自协定生效之日起,可以进入墨西哥银行业,但其市场份额第一年不能超过8%,以后7年内逐年递增1%。对证券公司的参与的最高限额则从10%增加到20%。同样在过渡期内,墨西哥对单个银行参与市场的最高限额规定为15%,对单个交易所参与的最高限额则为4%。过渡期满后,对银行的购买将继续受合理的预防性措施的约束,最高限额为银行市场的4%。

非银行金融公司:墨西哥将允许加拿大和美国的非银行金融公司在墨西哥设立各种子公司,以不低于墨西哥本国机构享受的优惠条件提供消费信贷、商业信贷、抵押贷款或信用证的服务。但是,在过渡期内这类子公司增加的资产不得超过银行增加的资产以及有限定目的的非银行金融公司增加资产总和的3%。汽车公司子公司提供的同其生产汽车有关的信贷服务,不受3%的限制,也不得考虑确定这一限制比例。

保险公司:在市场准入方面,墨西哥准许加拿大和美国以两种方式进入其保险市场。一是凡与墨西哥国内合资的美、加保险公司,可将其在合资企业中的股份逐步由1994年的30%增加到1998年的51%,至2000年的100%。这些企业将不受下述总体或单独市场份额的限制。二是美、加保险公司在墨西哥可以建立子公司,但要受总体市场份额不超过6%的限制,到1999年,可调高至12%,单独市场份额不超过15%。但这一限制从2000年起将被取消。另外,目前已和墨西哥保险公司合营的加拿大和美国公司可增加在这些公司的股份,1996年起可增至100%。当协议生效后,中间性及辅助性保险服务公司即可获准在不受上述所有权或市场份额限制的情况下建立子公司。

其他公司:自由贸易协定成员国的金融代理和租赁公司,将受与交易所参与市场最高限额同样性质和期限的临时性限制的约束,但没有对单个参与的最高限额做限制。协定生效后,综合性保税仓库、担保机构、兑换所以及由自由贸易协定成员国投资公司控制的公司也可以在墨西哥境内设立分支机构,并不受市场参与比例的限制。

第二,美国。美国将允许已合法购买一家在美国营业的墨西哥银行的墨西哥金融集团,在购买后的5年内继续经营其在美国的交易所,但这种购买必须在协定生效前,且购入的银行和交易所分别在1992年1月1日和1992年6月30日在美国市场营业。交易所不得扩大其经营范围,也不得购买美国的其他交易所。同时,它还将受限制交易所和其分支机构间交易的非歧视性措施的约束。除这些规定外,这一承诺将丝毫不影响墨西哥金融集团的美国银行的交易。在证券市场上,美、加公司第一年所占份额上限为10%,然后逐步增加,6年内达到20%;以后4年达到30%,10年后取消限制。

第三,加拿大。对于“外国企业和个人到加拿大经营,不允许非当地居民整体购买属联邦管辖的任何加拿大金融机构25%以上的股份”的规定不适用美国、墨西哥的企业和个人。墨西哥的银行也不受加拿大对自由贸易区以外的银行实行的不得超过资产12%的限制的约束,在加拿大境内设立一家以上的分行时也无需得到财政部的批准。在证券市场的开放方面,与美国的承诺相同。

2.电信业。电信业开放协议的要点可归纳为以下几个方面;①公用电信电路对成员国开放使用,允许转让终端,使用专用线,建设专用通信网,提供专用通信业务和提供VAN业务。②在认可后,办理上还使用业务的手续应迅速简便。③终端的相互确认制度。④成员国可以保持公用电信网、公用业务的垄断。但当公用通信公司与其他成员国的通信公司竞相提供 VAN 业务、高级业务时,不应采取反竞争行动。⑤成员国可以拒绝(原则上允许)专用线转销、共享及公用电信电路与专用线的连接。

《北美自由贸易协定》没有制定三国统一的对外服务贸易政策。正如自由贸易区在一般意义上无需制定统一对外关税那样,美、加、墨三国在对外服务贸易政策制定方面享有充分的自主权。

3.其他服务业。美加自由贸易协定是第一个综合管理服务贸易的一套原则。NAFTA 扩展了这些保护并将之延伸到墨西哥,并将除航空、海运和基本电讯以外的所有服务包括在 NAFTA 中。

这些领域包括:会计、广告、建筑设计和施工、广播、商业化教育、咨询、工程、增值电讯业、环保服务业、医疗管理、商业批发与零售、陆地运输、法律服务、出版业和旅游业等。上述领域全部适用国民待遇。在企业的设立和相关管理人员流动方面,也基本采用自由入境和国民待遇。

协议削弱了美国的许可证和认证的要求,但是需与 NAFTA 的非歧视原则一致,专业人员许可,如律师、医生、会计师,要基于保证竞争力的标准,而非国籍。在两年内取消许可证的国籍限制。协定不允许墨西哥和加拿大专业人员在美国执业,除非他们有同美国专业人员一样的许可证和认证程序。例如,设计师在 NAFTA 条款下只能以商人的身份进入美国,但不可以在美国执业,除非得到了美国的执照。

(三)亚太经合组织的服务贸易政策

服务贸易自由化是亚太经合组织(APEC)贸易与投资自由化总体战略目标的一个重要组成部分。二者的进展及过程始终保持一致。1994 年发表的《茂物宣言》宣布了该地区贸易与投资自由化的长远目标:发达国家不迟于 2010 年、发展中国家不迟于 2020 年实现贸易和投资自由化。自由化的宗旨是:减少该地区贸易和投资壁垒,促进货物、服务和资本在各成员之间的自由流通。《茂物宣言》标志着 APEC 发展历程中由务虚走向务实的重要转折点。服务贸易同货物、投资一起被纳入 APEC 的整个战略目标之中,从此被提上议事日程。

1.APEC 服务贸易自由化的方式。亚太地区服务贸易自由化必须遵循 APEC 贸易与投资自由化的总的指导原则。服务贸易自由化的方式与 APEC 的整体合作方式相同,将采取自愿与协调相结合的方式,即在协商一致的共同目标下,由成员国自主自愿采取单边行动和执行集体行动,通过协调来推进自由化的进程。这是亚太地区独具特色的合作方式,是由该地区独特的经济特点决定的。有关协调机制的运作方式也与其他区域组织不同,具体表现为它只对各成员国初始阶段和以后阶段的单边行动计划进行审议，而不对各个单边行动的可比性制定统一标准；审议的目的是要求各成员保持各自的行动计划的可比性，“其结果将反映为行动计划持续的、自愿进行的改进”。可见 APEC 现阶段采用的是一种偏重“纵向协调”的“软约束”机制。

2.《大阪行动议程》与服务业的自由化。1995 年 11 月，APEC 领导人非正式会议通过的《大阪行动议程》，为贸易、投资自由化及便利化制定了 9 条总原则。这 9 条原则归纳起来主要是 3 点：①开放性。APEC 奉行“开放的地区主义”，不搞排他性的贸易集团。②灵活性。在强调各成员国贸易、投资自由化措施的总体可比性的同时，也要承认各国（地区）发展水平的差别和自由化起点的不同，允许在实现自由化的时间表上有所区别。③渐进性。实现贸易与投资自由化的长期目标需要一个颇为漫长的过程。

《大阪行动议程》所规定的服务业领域的自由化目标是：逐步减少服务贸易市场准入限制；逐步为服务贸易提供最惠国待遇和国民待遇。为达到这一目标，APEC 要求：各成员为服务贸易多边谈判做出积极贡献；扩大 GATS 在市场准入和国民待遇方面的承诺，并在适当的时候取消最惠国待遇例外；考虑采取进一步行动促进服务的提供。服务贸易主要包括：电讯、交通、能源、旅游四个方面，APEC 提出了在这四个方面的集体行动计划。除此之外，各成员的单边行动计划中提出了金融服务业自由化计划。

电信业。主要包括：于 1998 年在适当情况下与国际增值网服务贸易准则相一致；与设备证明协调化的准则在适当的情况下大体一致。

交通业。主要包括：促进执行国际民用航空组织和国际海运组织标准、规章及安全措施；鼓励参加与联合国欧洲经济委员会的对话，并朝着道路车辆规则一致化方向发展；检查采取适当的步骤促进私有化或交通基础设施项目合作化的可能性；在下一个 10 年内，尽可能快地寻求消除不利于国际交通和贸易主要信息流动的规章制度。

能源业。主要包括：从规章制度、程序方面找出影响电力基础设施投资的障碍，促进对能源部门的投资；在适当情况下将这种活动扩大到能源供给环节的其他方面；协调和制定相同的能源鉴定标准，使有关测试议定书和实验室鉴定相互承认。

旅游业。主要包括：APEC 成员将找出影响旅游增长的障碍，并制定本地区改善旅游流动和投资的战略。

3.《马尼拉行动计划》与服务业的自由化。1997 年 1 月起付诸实施的《马尼拉行动计划》是实施《大阪行动议程》宏伟蓝图的具体行动。该计划包括四方面的内容：一是总论；二是集体行动计划；三是单边行动计划；四是关于经济技术合作项目的进展报告。在这一行动计划中,进一步规定了电讯、交通、能源、旅游四个主要服务贸易自由化领域的集体行动计划。

电信业:1996 年 APEC16 个成员达成协议,在 1998 年以前实现与 APEC 国际增值网络服务贸易准则相一致;制定并通过一个电讯服务业可完全实行自由化的部门参考清单,预计到 2010/2020 年或之前将在每个成员中实现自由化。1997 年建立一个关于一致性评估的相互认可协定模式,并经表决后执行。预期利益为:电讯标准和一致化的进一步协调将消除电讯业的障碍;电讯服务市场的自由化将促进 APEC 成员的发展,并提供更多的获取信息技术的机会。

交通业:1996 年完成公路交通协调项目第三期,分析本地区受管制的 51 种优先运输工具的设计特征;在 10 个成员中进行电子数据互换通信试验;完成交通阻塞地点研究第三期,包括编制一个"最佳实践"手册,提出缓解交通阻塞的政策纲要;提交一份关于更具竞争力的航空服务选择报告,供交通部长们考虑;完成海员项目第一期,评估本地区对受过训练的海员的供需状况。预期利益为:公路交通协调项目将提高公路交通工具标准的透明度,找出标准可以协调、相互认可协定允许的领域,促进交通工具贸易。

能源业:1996 年,部长们正式通过 14 项非约束性能源政策原则。同年,电力基础设施促进第二期计划实施,旨在确定有利于促进工商部门对电力基础设施进行投资的政策和机构安排。1997 年,电力基础设施促进第二期计划实施,包括由部长们批准的旨在利用电力基础设施投资的特别商业论坛和电力管理部门论坛的工作计划。到 2010 年这段时间,电力部门将需要巨额的投资以满足电力需求的快速增长。

旅游业:1996 年在智利召开消除旅游障碍和旅游业投资研讨会。预期利益为:旅游业是 APEC 成员的一个重要部门,有潜力为本地区经济增长发挥更大的作用,消除旅游业障碍将会提高这种作用。

二、世界主要国家服务贸易政策及管理

(一)美国

服务业是美国经济快速增长的部门,国内服务业产值占 GDP 的比重超过 60%,并创造了 80%的就业机会,在美国的经济发展中占有极其重要的地位。

1.美国服务业的有关产业政策。美国在其 APEC1996 年单边行动计划中指出,其服务业在贸易和投资方面是世界最开放的体制之一,在商业、音像、教育、环境、金融、保险、文化娱乐等部门限制很少。

在旅游业,旅游部门不允许外国官方旅游机构在美国进行商业活动。

在运输业,海运部门有法定外籍船员比例限制,空运服务要符合美国联邦航空管理局的安全标准。美国负责起草执行运输服务政策的部门是运输部海运管理机构。美国史上第一部比较完整的海运法是《1916年的航运法》,该法明确规定对美国的海运企业进行保护并鼓励它们向海外扩张。美国对海运的政策以保护和支持为主。美国政府对海运业实施的保护在《琼斯法》中这样规定:美国两地间的货运服务只能由在美国建造、登记,由美国所有的船舶经营。经营美国沿海和内河航运的船公司、外国个人公司或政府,在该美国船公司的股份不允许超过25%,否则就取消沿海内河航运权。美国船公司如果将其在美国注册的船舶在未经联邦运输部长批准的情况下出售给外国公司的行为属于违法行为,将受到美国法律追究。此外,联邦政府支出项目的运输也需要由美国船舶负责承运。

在金融业,美国1982年出台了《1982年加恩圣杰曼法》,放松了对商业银行发展的控制,允许银行从事有限的证券承销和保险业务。全球金融自由化浪潮推动了美国金融业向混业经营过渡,1999年美国出台《金融服务现代化法》,开创了美国金融服务业发展的新时代。该法案进一步巩固了美国金融法规,明文取消了《1993年银行法》对银行与证券机构合并的限制,允许金融公司扩大金融服务的规模和经营范畴,但没有改变银行业与商业之间的关系。另外,美国政府通过取消价格管制、便利审批等手续、给予外国银行国民待遇,以促进竞争。1978年《国际银行法》规定外国银行可以进入联邦电子支付体系、贴现窗口和存款保险,规定外国银行与国内银行在平等的基础上开展业务活动,这实际上给予了外国银行国民待遇。

在电信业,美国电信服务的绝对优势远远超过其他国家。美国基础电信(如电话、电视机和无线电)的拥有率早已达到了饱和点,现在仍在上升,尽管上升的速度比过去慢。现在美国的电信营业额约占世界的30%。美国在电信业方面提供完全的市场准入和国民待遇,限制较少。美国《1996年电信法》停止执行原规定的"总统在国家安全受到影响,或为了实施法律的目的,可对联邦通讯委员会准予外国公司进入美国电信和市场的许可加以否决"限制条件。1999年以来,美国政府针对电信业又颁布了一些新政策,制定新的定价原则和法规,以进一步加强国内和国际电信服务的竞争,并推动卫星服务的进一步私有化。美国在基础电信服务方面有着严格的规定:外国公司以及外方持股20%以上的美国公司都不能经营基础电信服务。此外,外国公司不能经营广播、电信业务,而且受外国法律管辖的公司,20%的股权由国外持有的公司,或者某一美国公司直接或间接控制且这一公司25%的股权由国外持有,都不能经营广播、电视业务。

2.美国政府对服务业的管理。在管理方面,美国的服务业有相当一部分是政府官办或受政府管理的。据统计,美国联邦政府、州政府、县市政府为其服务业提供的服务,约占全美服务业总值的20%左右,所以美国政府对服务业的管理较其他产业更直接、更具体。美国政府对服务业管理的范围包括公用事业、运输业、通信业、银行业和保险业等。管理的办法是政府限制服务业的收费标准,限制企业准入和退出市场,限制商家的投资收益以及限制各类服务企业可以使用的业务协定。具体实施办法是通过法规、法律文件和行政命令来强制实行,政府对收费标准和市场准入的限制主要适用于运输业和金融业,对投资收益的限制适用于垄断性的电信、电力和煤气等大公司。这样做有利于打破垄断,建立有序竞争的局面。

美国政府在加强服务业管理的同时,至少还推行了20项计划以帮助服务业提高国际竞争力。这些计划包括商务部国际贸易管理局提供的服务业全面出口计划,运输部提供的远洋航空计划以及出面为服务企业签订有关双边协议,政府多家机构为促进服务业发展所提供的信贷计划等。服务企业也可获得政府专业性的、具体部门的管理和服务,如银行和证券公司可以通过财政部获得与外国企业同等的竞争机会,旅游公司可以通过国家旅游管理局的协助吸引国外旅游者到美国旅行观光,小型服务企业可以通过小企业管理局获得直接贷款和贷款保护等。

政府还通过制定政策和贸易法规为美国的服务业创造便利的条件。美国贸易代表办公室负责协调美国政府内服务贸易政策的制定,并与其他机构一起谈判有关服务的双边和多边贸易协定。国际贸易管理局、专利及商标办公室在国务院、美国贸易代表办公室、版权办公室等机构的配合下,负责保护知识产权和改进国际市场商业执照的条件,充分的知识产权保护对很多服务企业的竞争力至关重要,例如计算机软件行业、电影业和音像录制业等。此外,基于按不同的运输方式分别管理的管理模式已经过时,美国政府正在酝酿筹建"大运输部",以期各运输部门之间统一融合,以统一的规则、较少的行政机关和较少的工作人员,依靠信息化实施更高效的管理。将来,大运输部很可能成为美国较为集中统一管理物流主要环节的政府行政管理部门。

以美国为代表的数字经济和数字贸易强国,在全球数字贸易中推行数据自由流动和存储设施的非本地化,强调数字贸易领域知识产权保护,《美国—墨西哥—加拿大协定》(USMCA)将数字贸易作为独立一章进行详细说明。欧盟重点关注对跨境数字服务企业征收数字服务税,高度关注数字垄断问题和公民个人隐私保护,主张保护隐私、立法先行,2016年出台的《通用数据保护条例》(GDPR)于2018年5月正式生效。另一方面,数据安全风险与日俱增,攸关国家安全、公共利益和个人权利,对全球数字治理构成新的挑战。大量数据频繁跨境流动,从理念、立法、管理机制等方面考验政府的治理能力。各国法律法规标准不一,推高全球企业的合规成本。

(二)加拿大

加拿大服务贸易的法律法规涵盖了服务贸易的各个方面。根据《服务贸易总协定》和《北美自由贸易协定》,加拿大先后出台了如银行法、加拿大投资法、金融管理法、保险公司法、电信法等许多有关服务贸易的法律法规,并结合本国实际情况不断加以补充和完善。

加拿大政府为了保护本国利益的需要,对其服务贸易给予了一些限制,但限制领域少。在旅游业方面基本上是开放的;在金融业方面采取开放、透明的政策;在国际活动服务方面没有歧视性政策,在港口的进入和港口设施的使用方面也没有限制;在空运方面参加了 APEC 的《新加坡小组空中运输服务协议》,在 GATS 下,保留了市场准入的限制和乘客运输、货物运输的国民待遇。

根据加拿大的投资法、广播法、电信法和保险公司法,对投资加拿大的广播、电信、保险等行业的外国公司的所有权、业务范围予以限制。外国公司在广播业的控股权不得超过 33.3%,在电信业中不得超过 46.7%。在保险业中政府对外国公司实行审批制度,限制其经营的业务范围,规定外国人寿保险公司在加拿大境内不得开展其他业务。在加拿大的外资银行中外资所占比例不能超过 12%,国内交通运输只能由加拿大的自然人或合法人员经营等。1998 年 10 月,加拿大终止了对使用国际设施服务项目的垄断,还取消了对使用外国地球移动通信卫星的限制,允许私人对海底国际通信电缆拥有 100% 的所有权。1999 年,加拿大开始实行外国银行分支机构管理法和相关条例,这些条例允许外国银行在加拿大设立专业性的、以商业为主的分支机构。

与此同时,加拿大还采取各种措施对外国投资公司进行规范。1995 年加拿大政府采取税收刺激手段,推出《加拿大影视制片税收信贷》,为那些制作加拿大影视片的外国公司提供可偿还税收信贷;在音像服务中,加拿大采用限制影视内容的措施,规定外国公司在经营中须有一定比例的加拿大影视片方可营业;在建筑服务中,加拿大对外国公司实行许可证管理制度,规定在纽芬兰、诺瓦斯科舍等省的从业者须是当地居民,外国公司不得进入;在工程服务中,当地建筑公司享有与加拿大政府签约的优先权,使外国公司在同等条件下无法和加拿大公司竞争。上述种种贸易壁垒,使加拿大有效地维护了本国人民利益,增加了就业机会,充分体现了"加拿大的净利益"。这些法律法规对加拿大服务贸易出口非常有利,有助于加拿大服务行业经营有序,有利于加拿大服务贸易的出口，并使其市场经营环境不断趋于完善。

（三）澳大利亚

澳大利亚在给予外国公司国民待遇的基础上，专业服务部门大部分都对外国公司开放，只有法律服务例外。在出入境方面对商业专业人员和外国公司有具体规定。在旅游业的宾馆和饭店服务、旅行机构服务、导游服务方面没有市场准入和国民待遇方面的限制。1998 年，澳大利亚承诺，改革金融部门的管理体制以鼓励更加开放、有效的竞争，承诺取消外资进入四家国内主要银行的综合限制。放宽对外国船只在澳大利亚沿海获准从事贸易活动的限制。1999 年进一步指出，将在国际航空服务领域继续推进自由化，在符合国家利益的前提下，尽可能地与更多的经济体签订开放天空的协议，同时将澳大利亚国际民航部门外国投资的比例放宽到 49%。从 2000 年 7 月 1 日起，将对电信业完全开放，取消对网络基础设施提供者和安装者的数量限制。为新的电信服务供给者提供进入澳大利亚电信市场的机会。除了国有电信公司，对于外资进入电信业没有特别的限制。国有电信公司的 1/3 已经私有化，其中 35%的股份可供外国投资者购买。

（四）日本

由于日本服务业起步较早，发展水平高，在国际市场上有很强的竞争力，日本在 GATS 中对本国服务业的市场准入进行了非常低的限制。日本是在乌拉圭回合 100 多个服务贸易领域做出放宽限制承诺的少数国家之一，在相当多的部门对外国机构没有规定，但在海上运输服务业和法律服务业等行业有特殊的限制。日本政府在 GATS 中对本国大部分服务部门都进行了承诺，主要包括：通信、金融、建筑、旅游、分销、教育和商业服务部门等 10 个部门。目前在运输服务业，日本只对国内设立的飞机维修服务企业数量进行限制，对提供铁路公路运输紧急保障措施服务的企业数量进行限制。在建筑及相关服务业，日本政府对该类服务除水平承诺外，没有任何限制。在金融服务业，日本已经对本国保险业进行了全部开放，承诺允许国外保险服务提供者设立外资独资保险子公司，形成自由的保险市场；在 GATS 承诺中，日本政府允许国外投资者在日本设立外资证券公司，外资比例额度可达 100%。在通信服务业，近年来日本数次对《电信事业法》进行修订，进一步开放国内电信市场，1998 年允许外资进入第一分类电信市场，并取消《国际电信电话股份公司法》，放开国际电信电话业务，使其全部民营化。2003 年合并第一和第二电信服务，减少对第一分类电信市场的市场准入限制。

（五）俄罗斯

俄罗斯目前正在适应现存的规则和法律条令，同时接受新的有关条例，以使俄罗斯在此方面的立法能够尽快符合 GATS 的准则。在单边行动计划中，俄罗斯承诺在服务领域内的规范性法律制度要符合 GATS 的要求，加入在 APEC 和 WTO 框架下的多边贸易谈判。在电信业，规定经营电信的法人必须获得俄罗斯关于信息交流的国家法律和关于收音机发射和高频设备的授权机构签发的许可证。外资可以进入指定专线服务和地方电话交换服务的增值服务。在金融服务业，外资可以进入保险业，所占股权比例上限为 49%，但非依法人和没有得到国家许可的外资不准进入。商业银行和非商业银行的信贷机构的运行要得到中央银行的许可；外资可在俄境内设立金融分支机构，外资参与的股权比例目前为 12%。有价证券的相关服务必须获得许可。在旅游业，外资进入实行许可证制度，但有效的立法对外资进入旅游业没有限制。在海运方面需要许可证。在空运方面，货运或客运及其他运输服务要有许可证；在俄罗斯领土上空的飞机要在双边基础上进行控制。

（六）印度

印度没有一个专门管理服务业和服务贸易的机构，也没有一部专门的服务贸易管理法案，但自 20 世纪 90 年代以来便有了总体的贸易指导原则《印度对外贸易发展政策》，其对服务贸易法律及政策的管理主要是通过国会、法律与司法部、商工部及其他主管部门制定和管理。

印度以“服务出口导向”为主，稳步推进服务贸易开放政策。自 2004 年起印度开始制定《印度对外贸易发展政策》，以此作为其对外贸易发展指导原则，每 5 年为一个计划执行区间。印度鼓励国内具有竞争优势的行业（如电信行业）积极参与竞争，逐渐降低了对相对弱势行业妨碍竞争的限制和外资准入限制，相继采取措施在限制较多的服务行业（如建筑、保险、私人商业、新闻传播、零售和航空等）领域不断开放。在广播电视行业，提高了传送、直接到户服务、有线网络、移动电视和空中数据转发服务领域外商直接投资的投资比例，在自动途径下该比例为 49%，政府审批途径下该比例为 100%；100%持股的外国投资在自动途径下可以做非新闻电视频道的上传和电视频道的转播。此外，印度逐步破冰零售业和航空业。在零售业，2018 年允许单一品牌跨国零售商通过审批程序在印度开展零售业务，放松了零售业的来源地规定。在航空业，2016 年印度允许外国非航空企业拥有印度航空公司 100%的股份，2018 年允许外资航空公司购买印度国有航空公司 49%的股份。

三、中国服务贸易政策

（一）中国入世与服务业的总体承诺

中国政府在加入 WTO 谈判中根据 GATS 的要求做出的承诺将直接影响中国服务贸易的政策。

1.许可。具体承诺如下：

(1)中国将自加入时起在正式刊物上公布中国所有的许可程序和条件。中国将保证中国的许可程序和条件不构成市场准入的壁垒，且对贸易的限制作用不超过必要的限度。

(2)依照中国在《WTO 协定》、议定书及其具体承诺减让表项下的承诺，对于中国具体承诺减让表所包含的服务，中国将保证：①中国的许可程序和条件在生效前公布。②在公布的内容中，中国将列明中国的许可程序和条件中所有相关主管机关进行审议和做出决定的合理时限。③申请人不经单独邀请即可申请许可。④收取的任何费用(不应被理解为包括通过拍卖或投标过程所确定的费用)将与处理申请所需行政费用相当。⑤中国的主管机构在收到申请后，将通知申请者根据中国国内法律和法规其申请是否被视为完备，如申请不完备，则应明确使申请完备所需的额外信息，并给予改正不足的机会。⑥对所有申请将迅速做出决定。⑦如申请被终止或被拒绝，将立即以书面形式通知申请人被终止或被拒绝的原因。申请人将有可能自行决定重新提交已解决被终止或被拒绝原因的新的申请。⑧如申请获得批准，将立即以书面形式通知申请人。许可或批准将可使申请人在为财政和其他类似行政管理目的而向国家工商行政总局进行公司注册后即可开始其商业经营。按照国家工商行政总局公布的法规要求，并依照中国的具体承诺减让表，注册将在递交完备文件后的 2 个月内完成。⑨如中国要求对向专业人员发放许可进行考试，则此类考试将定在合理间隔进行。⑩对于包括在中国具体承诺减让表中的服务部门，相关管理机关将独立于其所管理的任何服务提供者，且不负有责任。

此外，中国将与 WTO 成员进行磋商并制定符合中国具体承诺减让表及其在 GATS 项下义务的、关于无固定地点销售的法规。

2.合作伙伴选择。外国服务提供者将能够与自己选择的任何中国实体进行合营，包括合资企业经营行业以外的中国实体，只要该中国合作伙伴是在中国合法设立的。此种合资企业应在与国内企业相同的基础上，满足审慎要求和具体部门要求，这些要求必须是可以公开获得的。

3.股权的调整。

(1)已设立的合资企业的中外合作伙伴将可以讨论修改他们各自在合资企业中的参股水平，并在双方达成协议且经主管机关批准的情况下，实施该项修改。

(2)如此种协议符合中国的具体承诺减让表中的相关股权承诺，则将获得批准。

(二)中国入世与主要服务行业的承诺

1.银行服务。中国将取消外资银行办理外汇业务的地域和客户限制，外资银行可以对中资企业和中国居民开办外汇业务。逐步取消外资银行经营人民币业务的地域限制：入世时，开放深圳、上海、大连、天津的人民币业务；入世后5年内，取消所有地域限制。逐步取消人民币业务客户对象的限制。加入后2年内，允许外资银行对中国企业办理人民币业务；入世后5年内，允许外资银行对所有中国客户提供服务。允许外资银行设立同城营业网点，审批条件与中资银行相同；取消所有现存的对外资银行所有权、经营和设立形式，包括对分支机构和许可证发放进行限制的非审慎性措施。允许设立外资非银行金融机构提供汽车消费信贷业务，享受中资同类金融机构的同等待遇；外资银行可在入世后5年内向中国居民个人提供汽车信贷业务。允许外资金融租赁公司与中国公司在相同的时间提供金融租赁服务。进入2004年，银行业的人民币业务，除已承诺开放的上海等12个城市外，继续开放昆明、北京和厦门，允许外资金融机构向中国企业提供本币服务。

2.保险服务。中国入世时，营业许可的发放不设经济需求测试(即数量限制)。允许外国非寿险公司在华设立分公司或合资公司，合资公司外资股比例可达到51%；允许外国寿险公司在华设立合资公司，外资股比例不超过50%，外方可以自由选择合资伙伴；合资企业投资方可在减让表所做承诺范围内，自由订立合资条款；合资保险经纪公司在加入时的外资股比例可达到50%。此外，中国入世时，允许外国寿险公司、非寿险公司在上海、广州、大连、深圳、佛山提供服务。2004年保险业的寿险将取消地域限制，允许合资寿险公司向外国人和中国公民提供健康险、团体险和养老金/年金险服务。对于非寿险，取消地域限制。对于保险经纪，取消地域限制，外资比例不超过51%。对于再保险及法定保险，强制分保比例为5%。

3.证券服务。入世后，中国将分阶段开放资本市场，中国政府对证券业的开放做出的具体承诺如下：①自加入时起，外国证券机构可以(不通过中方中介)直接从事B股交易；②外国证券机构驻华代表可成为所有中国证券交易所特别会员；③允许外国机构设立合营公司，从事国内证券投资基金管理业务，外资比例不超过 33%，加入后 3 年内，外资比例不超过 49%；④加入后 3 年内，允许外国证券公司设立合营公司，外资比例不超过1/3，合营公司可以(不通过中方中介)从事 A 股的承销，B 股和 H 股、政府和公司债券的承销和交易，以及发起设立基金。2004 年证券服务承诺从事国内证券投资管理业务的中外合资公司中，外资比例可以达到 49%，允许外国证券公司设立合资公司，外资比例不超过 1/3，合资公司可以不通过中方中介从事 A 股的承销，B 股和 H 股、政府和公司债券的承销和交易，基金的发起。

4.信息技术服务。中国政府承诺自加入 WTO 时起，就加入《信息技术协定》，并将在 2005 年前逐步取消减让表中所列信息技术产品的关税，直至实现零关税。

《基础电信协议》要求所有成员应在客观、公正的基础上，遵守最惠国待遇和透明性原则，无差别地向缔约国承诺部分或全部开放国内的基础电信服务市场。中国已承诺分阶段、分地区、分步骤地开放市场。增值电信服务将开放 50%的股权；基础电信服务也将开放 49%的股权。大量外资企业进入中国的电信市场，将加快中国电信市场打破垄断、引入竞争和结构调整的步伐，形成多元化市场的格局。

5.旅游服务。根据承诺，不迟于 2003 年底，外国服务提供者在中国建设、改造和经营饭店、餐馆将不再受企业设立形式和股权方面的限制；不迟于 2003 年初，旅行社行业将允许外资控股；不迟于 2005 年底，允许设立外商独资旅行社；不迟于 2005 年底，取消对合资旅行社设立分支机构的限制。进入 2004 年，在旅行社和旅游服务方面允许外资拥有多数股权，中国已提前开放。

6.运输服务。中国入世时，在航运业方面的承诺是：国际运输，包括客运和货运允许外国船舶公司从事挂靠中国班轮运输，在这方面没有限制，允许设立中方控股的船舶公司；海运总服务，在船舶代理、装卸、集装箱场站、接管领域，允许设立合资企业，仓储货代也可独资；使用港口服务没有歧视；申请最惠国待遇义务豁免。

根据中国加入世界贸易组织的有关承诺和《外商投资道路运输业管理规定》的有关规定，自 2002 年 12 月 1 日起，经交通部批准立项，允许外国以及香港、澳门、台湾地区的公司、企业和其他经济组织或个人，在道路货物运输、道路货物搬运装卸、道路货物仓储和其他与道路运输相关的辅助性服务及车辆维修等道路运输领域，采用中外合资形式，同中国的公司、企业或其他经济组织共同举办由外商控股经营的中外合资道路运输企业，其中外商的投资比例可以达到 75%。

（三）进一步推动中国服务贸易高质量发展[①]

为进一步发展我国的国际服务，应以开放促创新，根据不同服务贸易模式，与产业特点相结合，针对国际服务贸易规则的最新变化，探索服务业扩大开放、服务贸易创新发展的新路径。

1.以改革促开放，不断推动制度创新，对接国际服务贸易投资规则新变化。制度是影响一国全球价值链参与程度的重要因素，由于服务贸易的特殊性，一国的相关制度更是成为影响服务贸易发展的重要因素。应对接全球服务贸易规则最新变化，构建法治化、市场化、国际化、便利化的营商环境，通过制度创新促进服务业开放，提升我国服务业的国际竞争力，从而进一步促进我国国际服务贸易的发展。

要建立健全服务贸易开放制度体系，推动服务贸易进一步扩大开放，进一步提高跨境服务贸易开放水平。深入推进服务贸易创新发展试点开放平台建设，建立健全跨境服务贸易负面清单管理制度，制定全国版跨境服务贸易负面清单，有序减少跨境交付、境外消费、自然人移动三种模式的准入限制。有序放宽增值电信业务、商务服务、交通运输等领域的外资持股比例。鼓励外资企业参与中国文化、数字服务、中医药服务等领域特色服务出口基地建设，发展服务贸易新业态新模式。

2.积极推动国际合作，加强国际监管合作，推动监管创新。加强与世贸组织其他成员沟通合作，支持世贸组织就服务贸易市场准入和规则制定等开展进一步谈判，推动全球服务贸易自由化便利化。充分利用区域全面经济伙伴关系协定、中欧投资协定等，推动与主要国家和地区进一步深化服务贸易重点领域合作。应确立有效监管的新理念，实行监管手段现代化，探索“互联网+监管”模式，建立基于大数据的风险指标体系和风险预警机制；积极推动监管方面的国际合作，努力消除因各国监管制度差异造成的服务贸易壁垒。加强服务贸易风险预警与应对，深刻认识当前国际经贸环境复杂性，深入研究全球经贸变局、经济秩序调整对服务贸易的影响，建立长效的服务贸易监测预警与应对机制。

要推动“一带一路”服务贸易合作高质量发展。加强与“一带一路”沿线国家海关、税收、监管等合作，推动实施更高水平的通关一体化。推动与“一带一路”沿线国家贸易投资合作优化升级。加强“一带一路”沿线国家金融领域合作，继续发挥共建“一带一路”专项贷款、丝路基金、各类专项投资基金的作用，支持多边和各国金融机构共同参与投融资。加强和完善“一带一路”沿线交通

---

① 商务部. 中国服务贸易发展报告(2020年). 2021-09-09.

运输物流网络建设,提升中欧班列开行质量,推动国际陆运贸易规则制定。推进实施共建“一带一路”科技创新行动计划,加强与“一带一路”沿线国家在数字贸易、跨境电商、知识产权等领域共同研究制定标准、规则和制度,建设数字丝绸之路、创新丝绸之路。积极与“一带一路”沿线国家开展医疗卫生和传染病防控合作,建设健康丝绸之路。

要深化与我国港澳台地区服务贸易合作,落实内地与香港、澳门《关于修订〈CEPA 服务贸易协议〉的协议》,进一步扩大内地服务贸易领域对港澳开放,支持内地企业与港澳企业携手开拓“一带一路”沿线国家市场。加强海峡两岸在金融、电子商务、文化创意、医疗照护、建筑、旅游、设计等服务贸易领域合作。

推动与俄罗斯、蒙古在运输、旅游、科技创新、中医药、减灾救灾等重点领域合作;拓展与南亚、中亚、西亚国家在能源治理与服务、建筑工程、运输服务等领域合作;深化与东盟国家在科技创新、数字经济、文化、旅游、专业服务等领域的合作。依托中国—拉美和加勒比国家共同体论坛,推进与拉美国家在中医药、健康服务、技术贸易、金融、信息通信等重点领域的合作。发挥好中非合作论坛机制作用,深化与非洲国家在数字经济、网络通信、文化旅游、金融服务、绿色环保等领域合作。促进与阿拉伯国家在能源、基础设施、物流服务、金融、工业及矿产合作、贸易和投资便利化等重点领域及核能、航天、卫星和新能源等高新技术领域合作。用好中国—葡语国家经贸合作论坛(澳门)和世界旅游经济论坛,拓展与葡语国家在金融、医疗卫生和文化、旅游等领域的合作。

拓展与发达国家和欧盟等区域组织在服务贸易领域的合作,加大与德国在智能制造、科技教育、文化旅游、技术贸易、国际物流及展会等领域合作力度。加强与美国、英国、加拿大等国家在研发设计、节能环保、环境服务、旅游文化、技术贸易等领域合作。深化与日本、韩国在工业设计、技术服务、节能环保、医疗康养、运输、旅游、文化等领域合作。加强与发达国家在医疗卫生、疫苗研制、传染病防治等领域的合作。推动与重点国家在工程建筑、数字基建等领域的深化合作。

3.积极参与国际服务贸易规则治理,建立国际经贸规则响应机制。参与国际数字贸易规则制定,为加强全球数字治理贡献中国智慧。当前,国际贸易方式处于以最终产品为主到以中间产品为主、再到以数字贸易为主的转变过程中。为应对未来数字贸易市场开放的趋势,应挖掘数字贸易的市场潜力,尽快建立推动数字经济加快发展的融资体系、支持技术和创新中心建设,加快构建有利于数字贸易发展的监管框架。

要推动完善全球服务贸易治理,坚决维护以 WTO 为核心、以规则为基础的多边贸易体制,积极参与世贸组织改革。积极参与相关知识产权多边规则磋商与制定,提升知识产权保护能力。参与金融领域国际标准和规则制订,加强国际交流。在推动跨境数据流动、完善数字知识产权保护和个人隐私保护、建立争端解决机制、加强网络数据安全保护、积极应对数字贸易壁垒等方面加强探索,积极参与国际规则及标准的制定。

当前,全球数字经济快速发展,主要经济体正在加紧争夺数字规则制定的主导权。2019 年 1 月,包括中国在内的 76 个国家已经开启与贸易有关的电子商务议题谈判并进行了多轮磋商。我国数字贸易取得明显进展的同时仍然面临诸多制约因素,包括数字服务领域开放程度有待提升、相关法律法规尚不能完全适应数字贸易发展需要等。完善中国数字贸易规则,可以从国内数字立法、试点跨境数据流动、积极参与国际谈判、探索更高水平数字贸易规则等方面入手,要参与国际数字贸易规则制定,完善国内数字监管的立法。健全数字贸易规则制度,推动规则、规制、管理、标准等制度性开放,扩大数字领域对外开放,积极主动参与数据安全、数字货币、数字税等多边、双边合作和国际规则制定。

4.健全服务贸易统计体系,开展国际统计口径比较研究。探索完善覆盖跨境交付、境外消费、商业存在、自然人移动等全模式统计制度,建立健全出入境旅游、中医药服务贸易、数字贸易等全领域统计标准,持续开展外国附属机构服务贸易统计、发包统计。建立科学的服务贸易统计模型。

加强统计基础研究,建立统计工作保障落实机制。加大财政对服务贸易统计监测工作的支持力度,加强对服务贸易发展趋势判断,开展中国与服务贸易重点伙伴统计口径的比较研究。定期修订服务贸易新业态、新模式、新领域统计目录,做好统计培训。鼓励地方开展服务贸易动态研判。

5.高水平打造多层次平台载体布局,强化与各类开放平台的政策协同。升级建设国家服务贸易创新发展示范区,实施好《全面深化服务贸易创新发展试点总体方案》。推动东部试点地区探索形成更多可推广可复制的新经验,鼓励中西部试点地区探索服务贸易创新发展新路径。

加快海南自由贸易港等对外开放平台建设。贯彻落实《海南自由贸易港建设总体方案》,稳步推进海南自由贸易港建设。落实好《海南自由贸易港跨境服务贸易特别管理措施(负面清单)》,实行以“既准入又准营”为基本特征的服务贸易自由化、便利化政策举措,培育具有海南特色的合作竞争新优势。发挥自由贸易试验区先行先试作用,对接国际高标准经贸规则,营造更加自由开放的发展环境,为服务贸易发展创造良好条件。推进服务业扩大开放综合试点示范,在加快发展现代服务产业体系、建设更高水平开放型经济新体制方面开展差异化探索。

加强中国服务外包示范城市建设，培育一批信息技术外包和制造业融合发展示范企业，提升服务外包数字化发展水平。鼓励对外发包，研究建立"双循环"新发展阶段下对外发包稳定产业链、供应链的体制机制，通过对外发包实现技术引进吸收再创新；支持有条件的企业向周边国家和地区发包，通过在境外设立商业存在方式，输出中国技术和中国服务标准，拓展当地市场，掌握供应链话语权。

推动试点地区、示范城市、出口基地与自由贸易试验区、自由贸易港、服务业扩大开放试点等国家开放平台的联动发展。充分利用国家开放平台，突破服务贸易创新发展、示范发展和特色发展的体制机制障碍，集聚政策合力，形成发展推力。推动服务贸易与国家重大战略布局相互支撑、相互促进，让服务贸易成为推动"一带一路"建设、京津冀协同发展、长江经济带发展、雄安新区建设、粤港澳大湾区建设等国家战略实施的新引擎。以试点地区、示范城市及出口基地为重点，推动建设一批全国性、区域性、专业性公共服务平台。

6.放宽对高端人才流动限制，为研发、设计等知识密集型服务业发展提供人才支持。在服务贸易发展的四种模式中，自然人流动占比只有1%~2%，虽然占比不大，却在决定服务贸易高质量发展与结构升级中起着至关重要的作用。以法律、研发、设计、金融、信息服务为代表的现代服务业具有知识密集型特征，推动放宽医疗、法律、科技服务、金融电子商务等服务业领域对境外服务提供者及其服务限制，引入竞争、激发潜能，推动研发、设计等知识密集型相关领域跨境服务贸易快速发展。

总之，我国政府通过继续推动服务贸易体制机制创新，加快服务贸易创新发展试点和服务外包示范城市建设，完善服务贸易促进体系，积极改善营商环境，有力地推动了服务贸易发展。今后还应进一步推动中国服务贸易高质量发展，推动服务贸易技术创新和模式创新，进一步提高服务领域开放水平，优化服务贸易全球布局；积极参与国际规则的制定，做好统计工作；加快服务贸易创新发展试点、服务外包示范城市、特色服务出口基地的建设。数字贸易是新一轮技术革命和产业革命的重要产物，大力发展数字新贸易，是赢得未来数字竞争主动权的战略先机。大力推动中国数字经济和数字贸易高质量发展，具体包括加强关键核心技术攻关，夯实数字基础设施，积极引导企业数字化转型，积极融入全球数字治理体系建设。2020年，中国在全球数字治理研讨会上提出发起《全球数据安全倡议》，致力于为加强全球数字治理贡献中国智慧。"十四五"期间，中国将深入贯彻落实国家"十四五"规划和2035年远景目标纲要中提出的"积极参与数据安全、数字货币、数字税等国际规则和数字技术标准制定"要求，为数字经济发展创建良好的外部环境。

参 考 文 献

[1] 阿维纳什·K.迪克西特,等.策略思维——商界、政界及日常生活中的策略竞争[M].王尔山,译.北京:中国人民大学出版社,2002.

[2] 安沃·沙赫.促进投资与创新的财政激励[M].匡小平,秦泮义,译.北京:经济科学出版社,2000.

[3] 白仲尧.中国服务贸易方略[M].北京:社会科学文献出版社,1998.

[4] Carl Shapiro,Hal Vanan.信息规则:网络经济的策略指导[M].张帆,译.北京:中国人民大学出版社,2000.

[5] 陈贻龙,邵振一.运输经济学[M].北京:人民交通出版社,1999.

[6] 陈林龙.现代西方商业银行核心业务管理——风险管理、财务计划、机构设计、网上银行[M].北京:中国金融出版社,2000.

[7] 陈宪.国际服务贸易——原理·政策·产业[M].上海:立信会计出版社,2000.

[8] 陈宪,程大中.国际服务贸易[M].北京:高等教育出版社,2003.

[9] 陈瑞华.信息经济学[M].天津:南开大学出版社,2003.

[10] 陈宪,殷凤.国际服务贸易[M]. 第二版.北京:机械工业出版社,2016.

[11] 大卫·N.海曼.公共财政:现代理论在政策中的应用[M].章彤,译.北京:中国财政经济出版社,2001.

[12] 丁学良.什么是世界一流大学[M].北京:北京大学出版社,2004.

[13] 冯英健.网络营销基础与实践[M].北京:清华大学出版社,2002.

[14] 符尧.近年我国教育服务贸易现状[J].经贸实践,2017(20).

[15] George Basalla.技术发展简史[M].周光发,译.上海:复旦大学出版社,2000.

[16] 龚新宇,李才波.比较优势理论在国际服务贸易中的适应性分析[J].当代财经,2000.

[17] 宫占奎,朱彤,等.国际贸易发展趋势与中国政策选择[M].天津:南开大学出版社,1999.

[18] 宫占奎,陈建国,等.区域经济组织研究:欧盟、北美自由贸易区、亚太经合组织[M].北京:经济科学出版社,2000.

[19] 宫占奎,刘晨阳,等.APEC 贸易投资制度框架与政策比较[M].北京:

中国对外经济贸易出版社,2001.

[20] 郭庆旺,赵志耘.财政理论与政策[M].北京:经济科学出版社,2003.

[21] 郭月蓉.全球金融服务贸易下我国银行业的发展策略[J].边疆经济与文化,2014(7).

[22] 郝洁.推进金融服务业有序开放的若干思考[J].国际贸易,2015(3):60-62.

[23] 何鸿明,周采铭,等.卫生经济学[M].上海:上海科学普及出版社,1987.

[24] 贺培.经济与金融体系中的支付系统[M].北京:中国财政经济出版社,2002.

[25] 吉莉安·道尔.理解传媒经济学[M].李颖,译.北京:清华大学出版社,2004.

[26] 贾根良.发展经济学[M].天津:南开大学出版社,2004.

[27] 江生忠.中国保险产业组织优化研究[M].北京:中国社会科学出版社,2003.

[28] 蒋未娜,侯胜田.中医药服务贸易现状及发展趋势研究[J].中医药报,2017(15).

[29] 金周英,任林.服务创新与社会资源[M].北京:中央财经大学出版社,2004.

[30] 孔庆峰,等.技术性贸易壁垒——理论、规则和案例[M].北京:中国海关出版社,2004.

[31] 雷·马歇尔,马克·塔克.教育与国家财富:思考生存[M].顾建新,赵友华,译.北京:教育科学出版社,2003.

[32] 理查德·A.马斯洛夫,佩吉·B.马斯格雷夫.财政理论与实践[M].邓子基,邓力平,译.北京:中国财政经济出版社,2003.

[33] 李善同,侯永志.加入 WTO 与中国服务贸易[M].北京:商务印书馆,2003.

[34] 厉以宁.教育经济学[M].北京:北京出版社,1984.

[35] 廖成娟.国际医疗服务贸易的发展、影响与启示[J].卫生经济研究,2016(5).

[36] 林荣日.教育经济学[M].上海:复旦大学出版社,2001.

[37] 刘常庆.高等教育国际化规范与挑战——法律的视角[D].2017.

[38] 刘庆林.国际服务贸易[M].北京:人民邮电出版社,2004.

[39] 罗伯特·M.索洛,等.经济增长因素分析[M].史清琪,等,译.北京:商

务印书馆,1991.

[40] 罗斯·M.斯塔尔.一般均衡理论[M].鲁昌,许永国,译.上海:上海财经大学出版社,2003.

[41] 罗余才,刘军.国际服务贸易学[M].北京:中国财政经济出版社,1999.

[42] 罗文琦.中国电信服务贸易发展现状——问题与应对措施[J].改革与战略,2016(10).

[43] 吕国胜,吴国生,等.现代金融服务:变革传统经验理念的尝试[M].北京:中国金融出版社,1999.

[44] 马克·斯考森,肯那·泰勒.经济学的困惑与悖论[M].吴汉洪,苏晚囡,等,译.北京:华夏出版社,2003.

[45] 曼昆.经济学原理[M].梁小民,译.北京:机械工业出版社,2003.

[46] 迈克尔·波特.竞争战略——分析产业和竞争者的技巧[M].陈小悦,译.北京:华夏出版社,1997.

[47] 迈克尔·帕金.经济学[M].梁小民,译.北京:人民邮电出版社,2003.

[48] Macho Stadler I,Pérez-Castrillo J.D.信息经济学引论:激励与合约[M].管毅平,译.上海:上海财经大学出版社,2004.

[49] 饶友玲.企业电子商务解决方案[M].大连:东北财经大学出版社,2001.

[50] 饶友玲.国际技术贸易[M].天津:南开大学出版社,2002.

[51] 饶友玲.国际服务贸易——理论、产业特征与贸易政策[M].北京:对外经济贸易大学出版社,2005.

[52] Rasmusen E.博弈与信息——博弈论概述[M].王晖,白金辉,等,译.北京:北京大学出版社,生活·读书·新知三联书店,2003.

[53] 任若恩,余修斌.保险经济学[M].北京:北京航空航天大学出版社,2000.

[54] 荣朝和.西方运输经济学[M].北京:经济科学出版社,2002.

[55] 斯蒂格利茨.经济学[M].姚开建,刘凤良,译.北京:中国人民大学出版社,1997.

[56] Soon-Yong Choi,Dale Stahl,Andrew Whinston B.The Economics of Electronic Commerce[M].MTP,1997.

[57] 孙树华,蔡宁.药物经济学与医药产业[M].北京:科学出版社,2004.

[58] T·G.勒维斯.非摩擦经济——网络时代的经济模式[M].卞正东,王宇,等,译.南京:江苏人民出版社,2000.

[59] 王惠臣.论运输管制——公共性与企业性的悖论[M].北京:高等教育

出版社,1997.

［60］王艳玲.现代物流实务与法律［M］.北京:人民交通出版社,2001.

［61］维克托·R.福克斯.谁将生存？健康、经济学和社会选择［M］.罗汉,焦艳,等,译.上海:上海人民出版社,2000.

［62］乌家培,谢康,等.信息经济学［M］.北京:高等教育出版社,2002.

［63］吴洪,黄秀清.通信经济学［M］.北京:北京邮电大学出版社,2003.

［64］吴鸣.公共政策的经济学分析［M］.长沙:湖南人民出版社,2004.

［65］我国国际教育服务贸易境外消费概况［EB/OL］.2018-05-11(http://www.eeelw.com/cankao/76906.html).

［66］西奥多·W.舒尔茨.教育的经济价值［M］.孙延亭,译.长春:吉林人民出版社,1982.

［67］项义军,安雪莹. 我国金融服务贸易发展现状、存在问题与对策建议［J］.对外经贸,2016(4).

［68］谢识予.经济博弈论［M］.上海:复旦大学出版社,1997.

［69］谢康.国际服务贸易［M］.广州:中山大学出版社,1998.

［70］薛敬孝,佟家栋.国际经济学［M］.北京:高等教育出版社,2000.

［71］亚瑟·梅丹.金融服务营销学［M］.王松奇,译.北京:中国金融出版社,2000.

［72］杨成平,田樱.FDI 对保险服务贸易的影响及对策研究［J］.安阳师范学院学报,2017(12).

［73］杨森林,郭鲁芳,等.中国旅游业国际竞争策略［M］.上海:立信会计出版社,1999.

［74］曾满超,薛伯英,等.西方教育经济学流派［M］.北京:北京师范大学出版社,1990.

［75］张建民.中国服务贸易市场准入研究［M］.北京:中国财政经济出版社,1998.

［76］张尚学.货币银行学［M］.天津:南开大学出版社,2001.

［77］张萍.服务贸易规则重构对中国的影响及应对［J］.国际经济合作,2017(6).

［78］赵化勇,孟建.电视媒介经济学［M］.北京:华夏出版社,2004.

［79］赵瑾.国际服务贸易政策研究［M］.北京:中国社会科学出版社,2015.

［80］赵瑾.以高水平开放促进服务贸易发展［N］.经济日报,2018-11-22.

［81］郑吉昌.国际服务贸易［M］.北京:中国商务出版社,2004.

［82］中国服务贸易协会(http://www.catis.org.cn).

[83] 中国服务贸易指南网(http://tradeinservices.mofcom.gov.cn).

[84] 钟守真,李培.信息资源管理概论[M].天津:南开大学出版社,2000.

[85] 钟天朗.体育经济学概论[M].上海:复旦大学出版社,2004.

[86] 庄丽娟.国际服务贸易理论的研究进展及其特征[J].华南农业大学学报(社会科学版),2004(1).

[87] 邹树梅.现代旅游经济学[M].青岛:青岛出版社,1998.